Das große Wanderbuch der Kanarischen Inseln

ZEICHENERKLÄRUNG ZU DEN TOURENKARTEN

- Autobahn
- Hauptstraße
- Landstraße
- Nebenstraße/Ortsstraße
- Fahrwege
- Forstweg
- Fußpfad
- Bahnlinie mit Bahnhof
- Tourenführung mit Anfangs- und Endpunkt
- Tourenvariante
- Sehenswerter Ort/Stadt
- Gipfel
- Pass
- Quelle/Wasserfall
- Parkmöglichkeit
- Bushaltestelle
- Bahnhof
- Anfangs-/Endpunkt
- Richtungspfeil
- Touren-Nr.
- Seilbahn
- Gondelbahn
- Fernwanderweg

- Aussicht
- Einkehr/Hütte
- Kirche/Kloster
- Turm
- Museum
- Therme
- Denkmal
- Schloss/Burg/Ruine
- Höhle/Grotte
- Prähistorische Fundstelle
- Strand
- Camping
- Rastplatz
- Information
- Bildstock
- Markanter Baum
- Landschaftlicher Höhepunkt/Sehenswert
- Mühle
- Flughafen
- Tunnel
- Randhinweispfeil
- Maßstableiste (1 : 100 000) — 0 … 1 km, N

Das große Wanderbuch der Kanarischen Inseln

TENERIFFA

LA GOMERA/EL HIERRO

LA PALMA

GRAN CANARIA

LANZAROTE/FUERTEVENTURA

BRUCKMANN

PIKTOGRAMME ERLEICHTERN DEN ÜBERBLICK:

Schwierigkeitsgrad:
- ○ leicht
- ◑ mittel
- ● anspruchsvoll

- Weglänge
- Gehzeit
- Höhenunterschied
- ☺ kindgerecht

INHALT

TENERIFFA
von Peter Mertz

LA GOMERA/EL HIERRO
von Heinrich Bauregger

LA PALMA
von Peter Grimm

GRAN CANARIA

von Karin Pegoraro und Manfred Föger

LANZAROTE/FUERTEVENTURA

von Peter Grimm

Teneriffa
N
0
10 km
Roque de Dentro
Punta del Hidalgo
Taganana
Tejina
Igueste
Las Montañas de Anaga
San Andrés
Tacoronte
La Laguna
La Palma - Madeira - Gomera
Santa Cruz de Tenerife
Gran Canaria - Cádiz Lanzarote - Fuerteventura
Puerto de la Cruz
La Esperanza
San Juan de la Rambla
Buenavista del Norte
La Orotava
Cumbra Dorsal
Punta de Teno
Icod de los Vinos
Orotava-Tal
Arafo
Erjos
Güimar
Naturpark Teno-Gebirge
Pico del Teide 3715 m
Observatorion Astronomico del Teide
Parque Nacional del Teide
Tamaimo
Los Gigantes (Felsen)
Lomo de Mena
Caldera de las Cañadas
Chío
Guía de Isora
Parador
Alcalá
San Juán
Barranco del Infierno
Vilaflor
El Río
Adeje
San Miguel
Los Cristianos
El Médano
Gomera
Las Galletas
Costa del Silenci
1
2
3
4
5
6
7
8
9
10
11
12
13
14
15
16
17
18

TENERIFFA

Peter Mertz

TENERIFFA – INSEL DES EWIGEN FRÜHLINGS

Kaum ein anderes Urlaubsziel kann mit mehr Beinamen aufwarten, die alle versuchen, das Flair Teneriffas auszudrücken. Ob »Insel des ewigen Frühlings, Insel der Glückseligen, Kontinent im Kleinen, Badewanne Europas oder Insel aus dem Feuer geboren« – jedes Attribut beschreibt eine Besonderheit Teneriffas und befaßt sich mit einem seiner Vorzüge. Welche Variante man für seinen Urlaub wählt und welche Eindrücke einem vom Aufenthalt im Gedächtnis bleiben, wird jeder auf seine Weise entscheiden.

Vulkane und Meer – Meer und Vulkane. Mit dieser Mischung verspricht Teneriffa Reizvolles nicht nur für Urlauber. Viele Mitteleuropäer entdeckten das Eiland als Sitz für ihren Lebensabend und bauten sich hier ihre kleine Finca. Noch in den sechziger Jahren war das Urlaubsziel ein Geheimtip einiger weniger. Mittlerweile ist Teneriffa längst ein Ort des Massentourismus geworden, vor allem für Gäste aus Deutschland, England und Skandinavien. Waren es 1967 knapp 200 000, übertraf man 1975 bereits die Ein-Millionen-Grenze. Heute strömen mehr als fünf Millionen Sonnenhungrige jährlich auf das Eiland. Eine Sonnenscheingarantie an 220 Tagen und eine mittlere Temperatur von 20 °C tragen zur Beliebtheit bei. Jahreszeiten im mitteleuropäischen Sinne gibt es nicht, vor allem keinen stürmischen Herbst und keinen Winter.

Paradies für Wanderer: Teneriffa, die Insel des ewigen Frühlings, bietet neben Sonne, Sand und Meer einsame Natur.

Die Beliebtheit der Insel hat aber auch ihre Schattenseiten. Doch nur wenige Kilometer von den Auswüchsen der Fremdenverkehrs-Industrie entfernt, birgt Teneriffa sein Geheimnis in einer absolut einsamen Natur. Das Tenogebirge beispielsweise versetzt einen Wanderer in den Glauben, allein auf diesem Fleckchen Erde zu stehen. Ein Glück also für die Naturliebhaber, daß sehr viele Gäste ihre Sehnsucht nach Wohlempfinden mit Sonne, Sand und Meer zufriedenstellen. Vielleicht hat der große Alexander von Humboldt immer noch recht, als er sagte: »Ich habe im heißen Erdgürtel Landschaften gesehen, wo die Natur großartiger ist, reicher in der Entwicklung organischer Formen. Ich muß gestehen, nirgends ein so mannigfaches, ein so anziehendes, durch die Verteilung von Grün und Felsmassen so harmonisches Gemälde vor mir gehabt zu haben, als auf Teneriffa.« Mit einem Gedenkstein am Humboldt-Blick hoch über dem Orotavatal wurde dem Gelehrten für diesen Satz gedankt, der Tourismusexperten nicht besser hätte einfallen können.

Dieses Buch führt durch alle Landschaftstypen Teneriffas, vom schroffen Anagagebirge im Osten und dem Tenogebirge im Westen bis zur einsamen Hochgebirgsnatur der Cañadas. Im Süden erwarten uns glutheiße und karge Landschaften, die mit Kanaren-Wolfsmilch und Feigenkakteen bewachsen sind. Die tiefschwarzen Wanderpisten im Vulkanrevier kontrastieren zu den Forstwegen des Orotavatales, die durch dichten, schattigen Kanarischen Kiefernwald verlaufen. Höhepunkt in jeder Hinsicht ist schließlich der Nationalpark Cañadas del Teide mit der großen Caldera. Die »Landschaft über den Wolken«, die meist unter wolkenlosem Himmel und im Mai in einem wahren Blütenmeer erstrahlt, ist zweifelsohne die Hauptattraktion Teneriffas.

Teneriffas Landschaft lebt von Kontrasten: wüstenartige Gebiete im Süden, schattige Wälder im Nordosten, karge Vulkanlandschaften im Inneren und üppig bewachsene Täler im Norden.

Wie Teneriffa entstand

Teneriffa hat eine Fläche von 2057 qkm und besitzt damit etwa 28 % der Landfläche des **Kanarischen Archipels**, der aus sechs weiteren Inseln – La Palma, Lanzarote, Gran Canaria, Fuerteventura, Hierro und Gomera – besteht. Die Herleitung des Namens »Teneriffa« ist nicht eindeutig geklärt: *tener* heißt in der Sprache der Urbevölkerung der Guanchen entweder Berg oder Schnee, gleiches gilt auch für die Silbe *ife*. Somit läßt sich die Bezeichnung des Eilands mit »schneebedeckter Berg« übersetzen, womit in jedem Fall der Teide, das markanteste Phänomen der Insel, gemeint ist.

Teneriffa ist eine Insel aus Wasser und Feuer, ihre Baumaterialien sind vulkanischen Ursprungs. Es entstand nicht von Anfang an als eine Insel, sondern zuerst als drei Eilande. Im Norden ragte das → **Anagagebirge** und im Westen das → **Tenogebirge** aus dem Wasser. Dazu kam eine Berggruppe im Süden beim heutigen Adeje und Arona. Den Mittelteil bauen die höchsten, aber auch jüngsten Gebirgszüge, die → **Cañadas** und die **Cordillera Dorsal** auf, die erst einige Millionen Jahre später entstanden sind. Diese Bergrücken führten die einzelnen Inseln zu einem Eiland zusammen. Der Vorgang begann vor 2 Millionen Jahren. Vor 500 000 Jahren förderte ein gewaltiger Ausbruch saures Magma zutage und warf den Ur-Teide auf, der wahrscheinlich ebenfalls 3000–3500 m hoch war und heute mit 3718 m Teneriffas und Spaniens höchster Berg ist. Durch einen Felssturz ungeheuren Ausmaßes rutschte dieser vor 170 000 Jahren über die Nordseite ins Meer und ließ die riesige Caldera der Cañadas entstehen.

Erst nach diesem Ereignis lagerte der Teide in mehreren Ausbrüchen Lavaschicht um Lavaschicht aufeinander und baute sich zum heutigen Vulkankegel auf. Dieser Prozeß ist noch nicht abgeschlossen. Die letzten Vulkanausbrüche fanden in unserer Zeit statt, zuletzt 1909 aus dem Chinyero bei Santiago del Teide. An den Hängen und Küsten ragen rund um die Insel 135 kleine, etwa 200 m hohe Vulkankegel aus dem Boden. Zuletzt hat die Erosion einen großen Anteil am heutigen Aussehen, die schroffe Landschaftsformen wie die tief eingeschnittenen Barrancos und Steilwände entstehen ließ.
Eine weitere Attraktion der Insel sind auch die **jungvulkanischen Landschaften** im Nordwesten, wo die letzten Vulkanausbrüche stattfanden. Ein Blockmeer aus erstarrten Lavaströmen füllt die Hänge unterhalb des Pico Viejo. Dazwischen versucht die Natur, mit kleineren und größeren Pflanzen wieder Fuß zu fassen.

Pflanzen und Tiere

Galapagos der Pflanzen: Viele Arten der Insel gibt es nirgendwo sonst auf der Welt, z. B. die riesengroßen Natternköpfe.

Aus botanischer Sicht wird Teneriffa auch das »Galapagos der Pflanzen« genannt. Denn auf keiner anderen Insel der Welt kommen so viele endemische Arten vor wie hier. In den letzten Jahrhunderten brachten vor allem die Kauf- und Seeleute zahlreiche exotische Pflanzen aus aller Welt nach Teneriffa. Darunter befinden sich viele auffällige Garten- und Parkpflanzen wie Strelitzien, Bougainvillea, Agaven, Jacaranda, Pfefferbaum, Oleander oder Afrikanischer Tulpenbaum.
Insgesamt lassen sich neun Formationen unterscheiden, hier die wichtigsten: Die **Küstenzone** wird von Pflanzen beherrscht, die dem erhöhten Salzgehalt in Meeresnähe widerstehen können. In Bereichen zwischen Küste und 700 m hat sich der **Sukkulentenbusch** ausgebildet. Diese Pflanzen speichern das wenige, zur Verfügung stehende Wasser, um es in noch trockeneren Zeiten zu nutzen. Geprägt wird der Sukkulentenbusch vor allem durch Wolfsmilchgewächse und Feigenkakteen. Am häufigsten ist die endemische Kanaren-Wolfsmilch mit ihrem säulenförmigen Wuchs. Ab 800 m Höhe folgen die **Nebelurwälder** bzw. **Lorbeerwälder**. Dieser »Laurisilva« kommt jedoch nur mehr in den Gipfelregionen des Teno- und Anagagebirges vor und setzt sich aus üppigen immergrünen Baum- und Straucharten zusammen. Die Wälder können nur dort wachsen, wo der Passatnebel die notwendige Feuchtigkeit liefert. Daher trifft man sie niemals auf der Südseite Teneriffas an. Noch in diesem Laurisilva

beginnt die **Fayal-Brezal-Formation**, die über 1500 m Höhe reichen kann und durch den Gagelstrauch (span. Faya) und die Baumerika (span. Brezo) geprägt ist. Vor allem im Anagagebirge werden ganze Hänge von diesem Bewuchs überzogen. Der **Kanarische Kiefernwald** schließt an den Nordhängen in Höhen um 1000 m an die Lorbeerstufe an und schiebt sich bis 2000 m vor. Im Süden beginnt die untere Waldgrenze bereits um 900 m.

Oberhalb der Baumgrenze folgt die **Hochgebirgszone**. Hier müssen die Pflanzen mit extremer Strahlung, Trockenheit und Kälte fertig werden. Diese Zone kommt in Teneriffa ausschließlich in den Cañadas vor und dringt am Teide bis in 2900 m Höhe vor. Charakteristisch für diese Region mit heißen Sommern und extrem kalten Wintern ist der Teide-Ginster mit intensiv weißen Blüten. Die auffälligsten Pflanzen der Hochgebirgszone sind aber die Natternköpfe, auch Taginasten genannt, mit ihren bis zu 2,5 m hohen zylinderförmigen Blütenständen. Wildprets Natternkopf blüht purpurrot und gilt als Stolz Teneriffas. Der Teide-Natternkopf entwickelt blaue Blütenwalzen und blüht schon Ende April. Eine weitere berühmte Pflanze der Hochgebirge ist das Teide-Veilchen, das bis in Höhen um 3400 m siedelt und 1799 von Alexander von Humboldt entdeckt wurde.

Die Kugelbüsche im Kanarischen Kiefernwald sind an das trockene Klima angepaßt: Dank ihrer Form verdunsten sie weniger Wasser.

Im Gegensatz dazu ist die Tierwelt relativ artenarm. Abgesehen von Nutztieren trifft man nur 13 Landsäugetierarten an. Die meisten wurden vom Menschen eingeführt, vor allem das Mufflon und die Wildziege. Das bekannteste und zugleich verkannteste Element ist der Kanarienvogel, der eigentlich ein Girlitz ist und fast nichts mehr mit dem bunt gefiederten, sangesfreudigen Vogel unserer Zoohandlungen zu tun hat. Die Westkanareneidechse, die häufigste Reptilienart, kommt mit drei endemischen Unterarten in allen Lebensräumen der Insel vor und zählt vor allem auf den Cañadas zur Touristenattraktion. Entlang der Wanderwege werden vor allem aber die Schmetterlinge auffallen, von denen drei besonders interessant sind. Der im Lorbeerwald lebende Zitronenfalter besitzt orangegelbe Flügel, der rote Indische Admiral bildet zipfelförmige Vorderflügel aus, und der Monarch ist mit 10 cm der größte Schmetterling Teneriffas.

Puerto de la Cruz: die Iglesia de la Peña in der Calle Quintana.

Die Geschichte der Insel

Die Tinerfinos stammen von den Guanchen ab, die seit dem 15. Jahrhundert unterdrückt und verfolgt wurden. Als die Spanier 1495 die Guanchen endgültig besiegten, gerieten sie über Jahrhunderte in Vergessenheit. Erst in jüngerer Zeit erinnert man sich auf Teneriffa wieder der ethnischen Wurzeln. Doch die Eroberer haben mit der Kultur der Altkanarier so gründlich aufgeräumt, daß nicht viel über das Volk der Guanchen, über ihre Lebensart, Sitten und über ihre Herkunft bekannt ist.

Die spanischen Eroberer konnten die Kultur der Guanchen nicht erkennen oder verstehen. Rätsel gaben ihnen vor allem die Bestattungsmethoden auf, denn ein Volk, das im 16. Jahrhundert auf der technischen Stufe der Steinzeit lebte, aber die hohe Kunst des Einbalsamierens verstand, konnte nicht zugeordnet werden. Noch mehr Rätsel gaben die unentzifferbaren Schrift- und Bildzeichen auf, die auf Steinen und Felswänden gefunden wurden. Mythen und Vermutungen werden noch lange die Herkunft der Guanchen umranken, in ihren Moralvorstellungen müssen die Altkanarier aber sehr unkonventionell gewesen sein. Männer durften drei Frauen haben, und zur »Heirat« reichte bloß der Wille der Partner.

Bewegte Geschichte: Guanchen, Händler und Piraten.

Nach der Unterwerfung der Guanchen durch Alonso de Lupo nach schweren, zwei Jahre dauernden Kämpfen wurde Teneriffa unter den Mitstreitern aufgeteilt und die überlebende Urbevölkerung als Sklaven in die Neue Welt verkauft. La Laguna bekam den Status einer Hauptstadt, sowohl für Teneriffa als auch für den gesamten Kanarischen Archipel. Man begann mit großflächigem Zuckerrohranbau. Zunächst machten Genueser Kaufleute enorme Gewinne, bis dieser Industriezweig durch die Konkurrenz aus Südamerika 1554 seinen Niedergang erlebte.

Piratenüberfälle gehörten im 16. Jahrhundert zum Alltag der Insel, die vor allem aber auch den an der Küste Teneriffas stationierten spanischen Überseeflotten galten. Denn die mit Silberschätzen aus Mittel- und Südamerika zurückkehrenden Schiffe machten auf den Kanarischen Inseln Station. Auch die englische Flotte versuchte im 16. und 17. Jahrhundert dreimal, das Eiland einzunehmen, scheiterte aber stets. 1797 wurde sogar der berühmte Admiral Nelson in die Flucht geschlagen.

Die kriegerischen Auseinandersetzungen brachten den Handel zeitweise zum Erliegen. Im 19. Jahrhundert verfiel die Insel in eine Armut, die durch die weltweiten Krisen im Zusammenhang mit Zuckerrohr und Wein bedingt war. 1852 und 1878 vernichten Mehltau und Faulschimmel zahlreiche Rebstöcke. Mehr und mehr Kanarier waren gezwungen, die Inseln zu verlassen. Erst um 1820 schaffte man durch die Zucht der Cochenille-Laus, die einen roten Farbstoff liefert, einen neuen wirtschaftlichen Aufschwung. 1822 wurde Santa Cruz de Tenerife zur Hauptstadt erhoben, und 1852 bekamen die Kanaren einen Status als Freihandelszone. Doch als in Europa die Anilinfarben erfunden wurden, kam auch der Handel mit dem Farbstoff wieder zum Erliegen. Da kamen der Tinerfino Pedro Reid sowie der Brite L. Jones auf die Idee, die großflächigen Zuckerrohrmonokulturen in Bananenplantagen umzuwandeln, die bis heute die Landwirtschaft Teneriffas beherrschen.

Teneriffas stolze Regenten aus vorspanischer Zeit: Guanchenkönig auf dem Platz vor der Kirche in Candelaria.

1927 teilte man die Kanarischen Inseln in zwei Verwaltungsbezirke (Provinzen) auf, wobei zur Provinz Santa Cruz de Tenerife die Inseln La Palma, Gomera und Hierro gehören. Eine markante Jahreszahl, die vor allem für das spanische Festland große Bedeutung hatte, ist der 17. Juli 1936. An diesem Tag zettelte der damalige tinerfinische Militärgouverneur F. Bahamonde Franco den Spanischen Bürgerkrieg an, und bereits drei Tage später fiel der Archipel in die Hände der Faschisten. 1939 ging Franco als Sieger aus dem Bürgerkrieg hervor und installierte in Spanien eine bis 1971 dauernde Militärdiktatur.

In den sechziger Jahren entdeckten die Mitteleuropäer die Kanaren als Urlaubsdestination, was der Insel einen bisher nie dagewesenen wirtschaftlichen Aufschwung brachte. Der Beitritt Spaniens zur EU (1986) führte in den neunziger Jahren zu einer Destabilisierung des Bananenhandels, da dieser mittlerweile nicht mehr mit der Konkurrenz aus Südamerika mithalten konnte. 1996 fiel der EU-Sonderstatus, es wurden zahlreiche Übergangslösungen gesucht, um die Konkurrenzfähigkeit der Kanaren aufrechtzuerhalten.

Essen & Trinken

Tapas sind kleine Zwischengerichte, die auf Tellerchen serviert und zum Wein gegessen werden. Es gibt mehrere klassische Rezepte. Einige Beispiele:

- **Boquerones:** sauer eingelegte Sardellenfilets mit Knoblauch und Öl.
- **Esaladilla:** Kartoffelbrei mit Gemüse, Essig, Öl und Zwiebel.
- **Croquetas:** Fisch und Kartoffelbrei, zu Kroketten verarbeitet.
- **Tortilla española:** Kartoffelomelett mit verschiedenen Zutaten.

Essen und Trinken

Auf Teneriffa gibt es natürlich wie in jeder Touristenhochburg zahllose Lokale, die mehrsprachige Speisekarten mit zum Teil internationaler, aber auch tinerfinischer Küche anbieten. Das einzige Lokal, das von Michelin drei Kochlöffel bekommen hat, ist »El Patio« in Playa de las Américas. Dieser teure, aber gute Speisetempel gehört neben der »Casa Vasca« in Puerto de la Cruz zum Feinsten auf Teneriffa. Wer jedoch echt kanarisch essen will, begibt sich besser ins gebirgige Hinterland, etwa ins Anagagebirge.

Vielfältige Küche: ländlich, mediterran und mit Einflüssen aus Amerika.

Die tinerfinische Küche ist äußerst abwechslungsreich. Grundsätzlich wird viel Gemüse verwendet, dennoch ist die Küche eher deftig als leicht und mediterran. Denn sie war und ist eine Küche der Bauern und Fischer. Man unterscheidet die ländliche, etwas aufwendige Küche des niederen Adels und der wohlhabenden Bauern von den einfacheren Rezepten der Landarbeiter und Pächter. Die dritte Stilrichtung stammt von den Fischern, die den Speisezettel durch den Tausch von Meeresprodukten gegen landwirtschaftliche Erzeugnisse bereicherten. Die vierte Richtung ist die der Hafenstädte. Dort spielten Anregungen der Durchreisenden eine Rolle, die aus dem Mittelmeerraum kamen und auch Erfahrungen aus Amerika mitbrachten.
Ohne Kartoffeln ist die tinerifinische Küche undenkbar. Es gibt allein 50 verschiedene Sorten dieser Knollenfrucht, die vor allem zu den weithin bekannten Papas arrugadas verarbeitet werden.

Typisch tinerfinische Gerichte

Puchero canario

Dieser Eintopf wird, wie könnte es anders sein, aus Kartoffeln zusammen mit verschiedenen Gemüsesorten wie Kohl, Kürbis, Kichererbsen und Mais zubereitet. Verschiedene Variationen enthalten grüne und gelbe Bohnen, Süßkartoffeln, ja sogar Birnen. Bis zu sieben Sorten Fleisch, dazu Gewürze wie Nelken, Kümmel und Paprika machen das Gericht äußerst schmackhaft. Am Tisch würzt man beliebig mit Essig und Öl sowie mit einer *mojo* nach.

Anleihe aus der spanischen Küche: die Paella.

Papas arrugadas

Diese in Salzwasser schrumpelig gekochten Knollenfrüchte sind besonders würzig. Am besten schmecken die schwarzen *papas negras*, besonders kleine Kartoffeln mit gelbem Fleisch. Diese werden samt der Schale gegessen. Zu den Kartoffeln reicht man meist *mojos*, verschiedene Soßen, die mit scharfem Paprika oder mit Koriander zubereitet werden.

Fische

Der nur rund um Teneriffa vorkommende Vieja ist sehr beliebt und wird auf verschiedene Weise zubereitet. In manchen Gegenden kommt der Fisch getrocknet auf den Tisch. Ferner sind Brassenarten oder Heringe begehrt, die in den Gewässern rund um den kanarischen Archipel besonders häufig sind. Der bekannteste ist der *chicharro* (Schildmakrele).

Gofio

Gofio ist ein Brotersatz, das leicht malzig schmeckt und in jedem Supermarkt zu kaufen ist. Das als kanarisches Grundnahrungsmittel dienende Gofio war schon den Guanchen bekannt und soll besondere körperliche Kräfte liefern. Dabei handelt es sich um ein Pulver, das durch Rösten und Mahlen der vollen Mais-, Weizen- und Gerstenkörner hergestellt wird. Dieses Pulver wird dann durch einen weiteren Röstvorgang gegart. Man muß es dann nur noch mit Flüssigkeit anrühren und kann es bereits verzehren.

Die Kanarios essen Gofio fast täglich entweder als Suppe, mit Honig als Süßspeise oder zusammen mit Speck als Snack. Mit Rotwein schmeckt Gofio ganz besonders gut.

Mein Tip

- Das Restaurant **Mesón El Drago** im Dörfchen Socorro bei Tegueste zählt bei Gourmets zu einer der ersten Adressen für tinerfinische Kost. Vor allem »Conejo en salmorejo«, Kaninchen in scharfer Wein- und Knoblauchsoße. Tel. 922 54 30 01
- **Schlemmen im alten Kloster** – Das El Monasterio in La Montañeta, gleich oberhalb von Puerto de la Cruz, ist ein Geheimtip für Genießer. Ganz im Gegensatz zur allgemeinen Genügsamkeit, die man Klöstern nachsagt, wurde die ganze Anlage restauriert und zu einem Feinschmeckertempel umgewandelt. In den einzelnen Häuschen des Klosters befinden sich mehrere Restaurants, doch der Höhepunkt ist der Weinkeller mit 200 Weinen. Als Zugabe genießt man einen atemberaubenden Blick auf die Küste und das Orotavatal. El Monasterio erreicht man über die Straße Puerto – Icod, bei der Abzweigung La Vera nach links und 1 km aufwärts. Tel. 922 34 07 07
- Das **Los Corales** in der Calle Cuesta la Villa 48 in Santa Ursula zählt zu einem Spitzenrestaurant für tinerfinische und internationale Küche. Der Weinkeller ist bestens sortiert, noch dazu bietet das Lokal eine herrliche Aussicht auf das Orotavatal. Tel. 922 30 19 18.

WANDERN AUF TENERIFFA

Wandern ist eine der besten Möglichkeiten, die Schönheiten Teneriffas abseits des Touristentrubels kennenzulernen. Die Touren reichen von ausgedehnten, einfachen Spaziergängen über klassische Bergwanderungen bis zur Besteigung des 3718 m hohen Teide.

Ausrüstung und Voraussetzungen

Die meisten Wanderwege befinden sich in gutem Zustand, sind ausreichend markiert und hin und wieder mit Wegweisern ausgestattet. Vor allem im Anaga- und Tenogebirge wurden in den letzten Jahren einige Wege verbessert. Dennoch sind sie oft steinig oder durch eine feine Grusauflage rutschig. Andere Hindernisse sind Polster aus Kiefernnadeln oder die Feuchtigkeit des Passatnebels etwa im Anagagebirge. Man sollte sich daher stets für gute Wanderschuhe entscheiden. Beginnen Sie Ihre Wanderung stets in den Morgenstunden, mit Ausnahme von Kurztouren wie in den Barranco del Infierno. Dann ist die Hitze noch nicht zu groß und man hat ausreichend Zeit vor sich. In den Cañadas muß sich der Wanderer unbedingt auch auf die Höhenlage einstellen und eine entsprechende Ausrüstung mitführen. Wasserflasche, Sonnencreme, Sonnenschutz, Wetterschutz und eine kleine Reiseapotheke gehören zu jeder Wanderausrüstung. Wanderungen im Anagagebirge können ausgesetzte Wegpassagen beinhalten. Schwindelfreiheit und Trittsicherheit ist in diesem Gelände von Vorteil.

Die beste Tageszeit zum Wandern: der frühe Morgen.

Wetter

Auf der Hochebene der Cañadas sowie am Teide befindet man sich in hochalpinem Gelände, das bei Sonne zwar friedlich und angenehm wirkt, bei Schlechtwetter aber mit Regen und Kälte aufwartet. An den Nordhängen Teneriffas, vor allem im Bereich von Aguamansa im Orotavatal, im Anaga- und Tenogebirge ist der am Vormittag einfallende Nebel zu berücksichtigen, der Berghänge und Kammhöhen einhüllt und zu Orientierungsproblemen führen kann. In den Bergen entwickelt sich des öfteren ein böiger Wind, der mit den Föhnstürmen der Alpen vergleichbar ist. Nach starken Regenfällen ist in den Barrancos mit kleinen Erdrutschen und wassergefüllten Bächen zu rechnen. Die Straße zur Punta de Teno darf bei Regen beispielsweise nicht befahren werden.

Wanderkarten

Angenehm schattig sind die Wege im Lorbeerwald der Cumbre Dorsal.

Wanderkarten im Sinne der mitteleuropäischen Gewohnheiten gibt es auf Teneriffa eigentlich nicht. Man ist auf Übersichtskarten, Führer oder kleinere, zum Teil handgezeichnete Skizzen angewiesen, die man in Buchgeschäften, Andenken- und Zeitungsläden sowie in Supermärkten bekommt. Die Karte mit dem besten Maßstab, die auch Wanderrouten enthält, ist die Freytag & Berndt-Karte (M= 1:75 000), die jeweils bei den Wanderungen angegeben ist. Landkarten für Autotouren im Maßstab 1:100 000 oder 1:150 000 sind weniger ein Problem, hier gibt es mehrere Anbieter (Kümmerly & Frey 1:150 000, Shell-Generalkarte Teneriffa 1:150 000, Baedeker-Karte 1:100 000). Wer bei einer internationalen Firma einen Mietwagen bezieht, bekommt mit den Fahrzeugpapieren eine kostenlose Karte von Teneriffa.

Die wichtigsten geographischen Begriffe für Wanderer

Auf Wanderungen und in den Karten stößt man auf spanische Bezeichnungen, deren Kenntnis die Orientierung wesentlich erleichtert. Hier eine Zusammenstellung der wichtigsten Begriffe.

arena	Sand
barranco	Schlucht
boca	Geländeeinschnitt
bosque	Wald
caldera	Kessel, Krater
calle	Straße
camino	Weg
cañada	Kratertal
casa forestal	Forsthaus
choza	Schutzhütte, Unterstellplatz
cruz	Kreuz
cumbre	Bergkamm
degollada	Paß
faro	Leuchtturm
finca	Bauernhof
fuente	Quelle
jardín	Garten
ladera	Abhang
llano	Ebene
lomo	Bergrücken
malpaís	naturbelassenes Lavafeld
médano	Düne
mirador	Aussichtspunkt
montaña	Berg
monte	Bergwald
paisaje	Landschaft
peña	Fels
pico	Bergspitze
pinar	Kiefernwald
playa	Strand
punta	Landzunge
rambleta	Plattform
refugio	Hütte, Unterkunft
río	Fluß
risco	Felsen, Grat
urbanización	neu erschlossenes Siedlungsgebiet
zona recreativa	Erholungsgebiet

1 Von der Playa Martiánez zum Loro-Parque

Stadtrundgang durch Puerto de la Cruz: Playa Martiánez – San Telmo – Casino Taoro – Plaza del Charco – Playa Jardin – Loro-Parque

leicht
6 km
2 Std.
↑80 m
↓80 m

Tourencharakter: Einfache Wanderung mit gemütlichem Stadtrundgang und kurzem Aufstieg zum Taoro-Park über Treppenanlagen; Besichtigung des Loro-Parque (mind. 3 Std.).
Beste Jahreszeit: Ganzjährig.
Ausgangspunkt/Endpunkt: Puerto de la Cruz – Playa Martiánez.
Wanderkarte: Stadtplan von Puerto de la Cruz, M = 1:50000.
Markierung: Keine.
Verkehrsanbindung: Über die Autopista del Norte TF 5 nach Puerto de la Cruz, Abfahrt Playa Martiánez; mit dem Direktbus 101 von Santa Cruz nach Puerto de la Cruz.
Einkehr: Zahlreiche Bars und Cafés entlang der Wanderroute und im Park.
Tourist-Info: Tourismusbüro Puerto de la Cruz, Tel./Fax 384769.

→ **Puerto de la Cruz** an der Nordwestseite Teneriffas, ist ohne Zweifel einer der reizvollsten Urlaubsorte auf der Insel.

Wegverlauf

Wir beginnen an der **Playa Martiánez** und folgen der Uferstraße nach Westen. Gleich nach den Meeresschwimmbädern kommen wir zur **Avenida de Colón** und **San Telmo**.

Hoch über der Brandung fällt die weiße Kapelle **San Telmo** auf. Über Stufen geht es ein wenig abwärts und sogleich wieder aufwärts. Wir erreichen die Aussichtsterrasse **La Punta del Viento**. Hier biegen wir rechts ab und erreichen nach wenigen Metern den 1992 erbauten **Europa-Platz**. Am Westrand sehen wir bereits den alten Fischerhafen. Oberhalb des Hafens befindet sich das alte Zollhaus – **Casa de la Aduana**. Wir schwenken nach links, gelangen zum Hauptplatz **Plaza del Charco**, folgen der Calle Domingo und kommen schließlich zur **Iglesia San Francisco**. Wir biegen nach rechts in die **Calle San Juan** ein und gehen diese leicht aufwärts, bis ans Ende der Fußgängerzone und in die Altstadt. Wir steuern auf das Appartementhochhaus Belair zu, um zum **Taoro-Park** aufzusteigen. Im einstigen Nobelhotel Taoro ist heute ein Spielcasino untergebracht. Kurz vor dem Casino führt links eine kleine Seitenstraße zum **Risco Bello**, einem aquatischen Garten mit Café (Besichtigung 9.30-18.30 Uhr). Hinter dem Casino flanieren wir eine Weile durch den Ta-

Die Meeresschwimmbäder in Puerto de la Cruz.

1

oro-Park, an dessen Westseite das **Hotel Tigaiga** zu sehen ist. Außer den bekannt guten Kuchen erwarten uns hier ein herrlicher Ausblick auf Puerto und ein kleiner botanischer Garten.
Wir kehren in die Altstadt zurück und wenden uns der Calle Iriate zu, die am Beginn der Fußgängerzone nach links abbiegt. Hier befindet sich die **Casa Iriate**, in dem 1755 der bekannteste Erzähler der Insel, Don Tomás de Iriate, geboren wurde. Von hier aus kehren wir, geradeaus und die nächste Querstraße rechts gehend, zum Hauptplatz Plaza del Charco zurück.
An dessen Westende folgen wir der Calle del Lomo stadtauswärts und erreichen das kleine **Castell San Felipe.** Hier schließt sich ein jüngerer Ortsteil von Puerto de la Cruz an, der durch den 1992 angelegten **Playa Jardin** bekannt geworden ist. Der weit geschwungene Strand erstreckt sich über mehr als 1 km bis zum Fischerort **Punta Brava**. Zu diesem hübschen Ort gelangen wir auf der unteren Promenade über die Calle Guanyanfanta. Wir wandern an der Westseite der Punta Bravas hinauf zur Hauptstraße und blicken auf das Hotel Maritim. Kurz davor liegt das Ziel unserer Wanderung, der berühmte **Loro-Parque**. Die Anlage ist eine Mischung aus Zoo, Freizeitpark und botanischem Garten. Mit dem »Loro-Parque-Express«, einem Bummelzug, fahren wir zurück bis zur Playa Martiánez.

Freizeitvergnügen aller Art bietet der Loro-Parque.

2 Von Puerto de la Cruz zum Café Vista Paraiso

Prachtpromenade und Paradiesblick: Playa Martiánez – La Paz – Botanischer Garten – El Rincón – Café Vista Paraiso

leicht

8 km

2¾ Std.

↑350 m
↓350 m

Tourencharakter: Abwechslungsreiche Wanderung auf Straßen, Feldwegen und Pfaden; am Ende steiler Aufstieg.
Beste Jahreszeit: Ganzjährig.
Ausgangspunkt: Puerto de la Cruz; Meeresschwimmbäder.
Endpunkt: Cuesta de la Villa.
Wanderkarte: Stadtplan von Puerto de la Cruz, M = 1:50000, Freytag & Berndt
Markierung: keine.
Verkehrsanbindung: Über die Autopista del Norte TF 5 nach Puerto de la Cruz, Abfahrt Playa Martiánez; mit dem Direktbus 101 von Santa Cruz.
Einkehr: Café-Bar Bollullo (Do. Ruhetag), Café Vista Paraiso (So. Ruhetag).
Auskunft: Tourismusbüro Puerto de la Cruz Tel./Fax 384769.

Eine der schönsten Wanderungen von Puerto de la Cruz aus führt vom mondänen Strand von Martiánez zum Ortsteil La Paz und hinauf zum Café Vista Paraiso.

Wegverlauf

Die Meeresschwimmbäder von Martiánez an der **Avenida de Cólon** sind unser Ausgangspunkt. Die Avenida de Cólon führt zum Naturstrand der Playa Martiánez. Wir biegen links in die Avenida Aguilar y Quesada ein und wandern ein wenig aufwärts, ehe uns unser Weg nach einem Einkaufszentrum wiederum nach links in die Calzada Martiánez leitet. Diese führt unmittelbar zum Treppenweg Camino las Cabras, auf dem wir den Aufstieg in den Ortsteil **La Paz** beginnen. Nach 10–15 Min. erreichen wir die breite Promenade Camino San Amaro, die uns zur hoch über der Steilküste gelegenen Aussichtsplattform Mirador de la Paz bringt. Von hier aus folgen wir der Aussichtspromenade nach Westen. Diese endet vor dem Nobelhotel Semiramis mit einem Stiegenaufgang. Er bringt uns zur **Calle Leopoldo Cólogan Zulueta**, auf der wir die Hotel- und Appartementsiedlung von La Paz verlassen. Zuvor bietet sich die Möglichkeit, durch die Calle Los Robles einen Abstecher zum Botanischen Garten von Puerto de la Cruz zu unternehmen (ca. 2 Std., tägl. 9–18 Uhr).

Eine lohnende Variante: ein Abstecher zum Botanischen Garten.

Wieder zurück auf der Hauptroute verlassen wir La Paz und folgen der gut ausgebauten Promenade, die in die ersten Plantagen östlich von Puerto führt (45 Min.). Der Weg wird nun steinig, unterquert die östliche Ausfallstraße der Stadt und leitet in leichtem Auf und Ab als betonierter Fahrweg durch Bananenplantagen. Bald steigen wir auf einem Pfad in den **Barranco de la Arena** ab und sogleich wieder auf und stoßen auf ein asphaltiertes Sträßchen. Diesem folgen wir nach links

Vom Café Paraiso schaut man auf die Küste des unteren Orotavatals.

und kommen nach kurzer Zeit an die Steilküste von **Bollullo**. Beim Restaurant Bollullo wählen wir den Fußweg zum tiefschwarzen Sandstrand (1 Std.).

An der Abzweigung der Treppe, die zum Strand führt, halten wir uns rechts und wandern auf einem nun etwas abenteuerlichen Weg weiter. Ein schmaler Pfad folgt der Steinmauer einer Bananenplantage, bald bewegen wir uns links, bald rechts von dieser. Schließlich gelangen wir zu einem Barranco, dem wir aufwärts folgen. Der etwa 10 m tief eingesenkte Graben ist dicht bewachsen, unser Wanderweg ist allerdings ausgetreten und gut begehbar. Nach 10 Min. steigen wir am Ende des Barranco zu einer kleinen Asphaltstraße auf, die von der Streusiedlung **El Rincón** hierher führt (1 Std. 30 Min.). Dieser folgen wir nach links und orientieren uns nun am besten an den etwas verblichenen gelben Pfeilen. Sie sind an jeder wichtigen Abzweigung auf den Steinmauern zu finden, die den Weg begrenzen. Nach 15 Min. (ab dem Barranco) erreichen wir die Casa Victor, hinter der der letzte Abschnitt unserer Wanderung beginnt. Wir steigen nach rechts den steilen Hang in zahllosen Serpentinen zum **Café Vista Paraiso** auf. Nach 20 Min. endet der ziemlich strapaziöse Aufstieg mit einer langgezogenen Treppe, die in eine Asphaltstraße einmündet. Auf dieser erreichen wir nach links nach 400 m das Café Vista Para-iso (2 Std. 10 Min.). Schließlich folgen wir der mit »Bus« gekennzeichneten Treppe hinauf zur Nordautobahn. Zuerst nach links, dann nach rechts gehend überqueren wir die Autobahn und gelangen ins Örtchen Cuesta de la Villa. Von der Haltestelle der Linie 101 kehren wir mit dem Bus nach Puerto de la Cruz zurück (2 Std. 40 Min.).

3 Durch das Orotavatal zum Mirador Humboldt

Auf den Spuren des berühmten Naturforschers: Aguamansa – Los Organos – El Topo – Almadi – Pino Alto – Humboldtblick

anspr.

18 km

7 Std.

↑ 350 m ↓1250 m

Tourencharakter: Anstrengende Ganztagestour mit zum Teil lang gezogenen Steigungen und steilen Abstiegen. Ab dem späten Vormittag ist der obere Abschnitt in Passatwolken gehüllt.
Beste Jahreszeit: März, April, Mai, Oktober, November.
Ausgangspunkt: La Caldera (1200 m).
Endpunkt: Café Humboldtblick (300 m).
Wanderkarte: Freytag & Berndt, Teneriffa M = 1:75 000.
Markierung: Ab und zu weiße Farbpunkte, Steinsäulen und Wegweiser.
Verkehrsanbindung: Mit der Buslinie 345 von Puerto de la Cruz zur Caldera, über La Orotava zurück (Linie 101); mit dem Auto über La Orotava nach Aguamansa, 1 km nach dem letzten Haus nach links abzweigen.
Einkehr: Bar-Restaurant an der Caldera, Café Humboldtblick (Mo. Ruhetag); unterwegs keine Einkehrmöglichkeit, unbedingt genügend Wasser mitnehmen!

Die Tour führt uns durch das obere Orotavatal und später steil abwärts. Nach der Durchquerung teils wunderschöner Kiefernwälder erreichen wir das aussichtsreich gelegene kleine Örtchen **Pino Alto**. Der berühmte Humboldtblick, auf einer der schönsten Aussichtsterrassen der Insel gelegen, bildet den lohnenden Höhepunkt.

Wegverlauf

Unsere Wanderung beginnt an der **Caldera** oberhalb von → **Aguamansa**. Diese Freizeitlandschaft mit Grillstellen und Lagerplätzen ist der Ausgangs- bzw. Endpunkt zahlreicher Wanderrouten. Wir gehen an der Bar vorbei in östlicher Richtung und folgen dem Wegweiser »Organos« auf eine breite Schotterpiste. Nach wenigen hundert Metern erreichen wir nach Querung einer Steinbrücke die Abzweigung

Blick vom bewaldeten Rücken bei Ovejas auf Kulturterrassen.

des Pilgerpfades nach → **Candelaria**. Ein gemütlicher Picknickplatz mit Brunnen lädt zu einer kleinen Rast, ehe die anstrengende Tour so richtig beginnt. Wir queren einen Barranco und folgen dem Forstweg unterhalb der Felsformationen. Ihres Aussehens wegen werden diese »Orgelpfeifen« genannt. Der Weg steigt zuerst ganz sachte an und verläuft durch Waldabschnitte aus Lorbeer- und Eucalyptusbäumen. Später senkt er sich und führt in einen Barranco hinein, um nach einem steinernen Forsthaus sofort wieder anzusteigen. Die steilen Hän-

3

ge sind nun zur Gänze mit Kiefernwald bewachsen, der im Verlauf der Strecke immer beeindruckender wird. Manche Bäume erreichen Höhen um 50 Meter und wirken wie dunkelgrüne Riesenpilze. Wir erreichen die **Choza El Topo**, eine kleine Unterstellhütte am linken Wegrand, an der von rechts die schmalere Waldstraße des »Orgelpfeifenrundwegs« einmündet (1 Std.).

Wir folgen dem breiten Forstweg und durchwandern den gewaltigen **Barranco del Infierno**. Rechts steigt eine säulenförmige Felswand aus Lava auf, die über und über mit üppiger Vegetation bewachsen ist. Etwas weiter sehen wir tief in den ins Tal ziehenden Barranco. Der Wald lichtet sich und gibt herrliche Blicke auf den Teide und den Rand der → **Cañadas** frei. Wir sollten uns daran ausreichend satt sehen, denn in den kommenden 1 1/4 Std. verstellt uns der dichter werdende Kiefernwald jeden Ausblick. Wir steigen nun in mehreren großzügig ausladenden Serpentinen am Ostrand des Barranco aufwärts – ein etwas steril wirkender Wegabschnitt. Hin und wieder sehen wir in den Lavawänden, die den Weg einrahmen, aufsteigende Basaltgänge. Allmählich wird das Gelände schroffer, Lavasäulen treten bizarr aus dem Kiefernwald hervor, und der Weg führt um eine Felsnase herum ins freie Gelände (2 Std.).

Einst aus Südafrika importiert, schmücken Strelitzien heute zahlreiche Gärten und Parks der Insel.

Nun wandern wir beinahe eben durch die Steilwand der **Ladera**. Der Blick weitet sich plötzlich und reicht von der Cumbre Dorsal auf das Orotavatal und weiter bis zur Küste hinab. Nun beginnt der zum Teil steile Abstieg durch die Osthänge des Orotavatales. Das nächste Etappenziel ist der Rastplatz der **Choza Almadi** (2 Std. 30 Min.), der bereits wieder inmitten von dichtem Kiefernwald liegt. Hier verlassen wir den breiten Forstweg und biegen an der Hütte auf einen Waldpfad ein, der auf der Kammhöhe der Ladera abwärts führt. An den folgenden Wegkreuzungen halten wir uns jeweils links und kommen nach 20 Min. zum **Cruz de las Lajitas** (2 Std. 50 Min.). Der herrliche Lagerplatz mit dem Heiligenschrein liegt auf einer Plattform, von der aus wir unverstellt auf das Orotavatal sehen können.

Nun folgen wir wieder einem Forstweg, der weiterhin steil abwärts führt. Der Kiefernwald

wird allmählich von einem Gebüsch aus Baumerika und Lorbeer abgelöst, ein untrügliches Zeichen dafür, daß wir der Zivilisation näher kommen. Diese Gebüschformationen sind durch die Rodung der Wälder entstanden. Früher betrieben die Menschen hier Ackerbau, und als die Bewirtschaftung eingestellt wurde, begannen die Flächen zu verwuchern. An den folgenden Abzweigungen halten wir uns jeweils links und kommen westlich des bewaldeten Rückens von **Ovejas** auf einen Forstweg, der quer durch den Hang vom Orotavatal wegführt. Am Ende dieses Weges stoßen wir auf eine Forststraße, der wir nach links folgen (3 Std. 30 Min.). Diese führt in Serpentinen und querverlaufenden Streckenabschnitten durch Feldterrassen und kleinere Waldstücke in Richtung **Pino Alto**. Die eindrucksvolle Vegetation am Wegesrand und die Ausblicke auf Puerto de la Cruz lenken von der asphaltierten Straße ab, auf der wir nach einer halben Stunde den kleinen Ort Pino Alto erreichen (4 Std. 30 Min.). Das Dorf liegt hoch über dem Orotavatal und verfügt über eine großzügig angelegte Aussichtsterrasse. Von dieser aus folgen wir der schmalen Fahrstraße nach links und durchqueren das Örtchen.

Vom Humboldtblick breitet sich vor uns das untere Orotavatal aus, im Hintergrund der Teide.

Bald senkt sich die Straße steil nach unten und führt an den letzten Häusern vorbei zu einem Wasserreservoir. Nahe des dahinter stehenden Strommastes folgen wir einer kleinen Straße abwärts. Der zunächst zementierte, später gepflasterte Weg leitet uns durch Feldkulturen; wir unterqueren eine Wasserleitung und wandern stets abwärts unserem Endpunkt, dem **Café Humboldtblick**, entgegen. Dieses liegt an der Hauptstraße La Orotava-Santa Ursula und ist der lohnende Abschluß dieser sich etwas hinziehenden und teils auch schwierigen Wanderung (5 Std.). In unmittelbarer Nähe des Cafés befindet sich die Haltestelle der Buslinie 101, und wir können nach **Puerto de la Cruz** zurückfahren. Wer auch den Rückweg zu Fuß zurücklegen möchte, folgt links vom Café dem Fahrweg durch bebautes Gebiet und gelangt später über El Rincón und den Camino de la Costa wieder nach La Paz oberhalb von Puerto de la Cruz (vgl. Wanderung 2, 6 Std. 15 Min.).

Optischer und kulinarischer Genuß auf einer der berühmtesten Aussichtsterrassen der Insel: das Café Humboldtblick.

4 Von Aguamansa nach Icod de Alto

Durch Kiefernwald an der Grenze der Passatnebelzone: Aguamansa – Cruz de Luis – Chamajiga – Mirador la Corona – Icod de Alto

mittel

16 km

5 Std.

↑100 m
↓700 m

Tourencharakter: Wenig schweißtreibende, dafür lange Streckenwanderung durch Kiefernwald und Baumerikagebüsch; praktisch keine Steigungen; stellenweise etwas steiler Abstieg.
Beste Jahreszeit: März, April, Mai, Oktober, November.
Reine Gehzeit: 5 Std.
Ausgangspunkt: Aguamansa (1000 m).
Endpunkt: Icod de Alto (560 m).
Wanderkarte: Freytag & Berndt, Teneriffa M = 1:75 000.
Markierung: Keine durchgehende Markierung, an den größeren Wegkreuzungen Steinsäulen und Wegweiser.
Verkehrsanbindung: Mit der Buslinie 345 von Puerto de la Cruz nach Aguamansa; die Linie 354 in Richtung Puerto de la Cruz hält in Icod de Alto.
Einkehr: Bar La Fuentes in Aguamansa, Bars in Icod de Alto, unterwegs keine Einkehrmöglichkeit.

Die mitunter etwas gleichförmige Wanderroute eröffnet die Möglichkeit, ohne größere Anstrengungen den Kanarischen Kiefernwald an der unteren Passatnebelgrenze kennenzulernen. Gleichzeitig erfahren wir einiges über die Bewirtschaftungsmethoden der Tinerfinos und kommen an alten Stollen vorbei. Auf dem Weg zu einem kleinen Höhenort an der Nordküste Teneriffas begegnen uns einladende Rastplätze und Aussichtsterrassen.

Wegverlauf

Die Tour beginnt in → **Aguamansa** an der Forellenzucht, die oberhalb der Haltestelle der Buslinie 345 liegt. Wir gehen ein wenig bergan zum Gelände der Fischzucht und verlassen es sogleich rechts des Zauns. Ein paar hundert Meter geht es nun aufwärts – dies wird der einzige Anstieg unserer leichten und bequemen Wanderung bleiben. An einer Abzweigung folgen wir nicht dem mit »Caldera« beschilderten Weg, sondern halten uns rechts. Nach 10 Min. mündet diese Schotterstraße kurz nach einem Picknickplatz in eine Forststraße ein, die von der Cañadas-Straße abgeht und nach Westen verläuft. Diese Straße ist für die nächsten 9 km unsere Wanderroute. Sie verläuft in ganz leichtem Auf und Ab ziemlich genau an der Untergrenze des Kiefernwaldes, der hangunterseits in Rodungsflächen und Gebüsch aus Baumerika und Gagelstrauch übergeht. Dies ist gleichzeitig auch die Grenzlinie des Passatnebels, der sich jeden Tag am späten Vormittag an den oberen Hängen des Orotavatales zu bilden beginnt und etwa bis in eine Höhe von 1100 m reicht. Die Kanarische Kiefer kann näm-

Grenze des Passatnebels: Täglich stauen sich hier am Vormittag die Nebelwolken.

Rastplatz Chanajiga oberhalb von Benijos.

lich die zu Nebel kondensierte Feuchtigkeit mit ihren Nadeln aus der Luft »kämmen«. Die Tröpfchen fließen von den Nadeln ab und dringen in den Boden ein. Wegen seiner wichtigen Funktion für den Grundwasserhaushalt hat man den Wald in der Passatnebelzone von Rodungen verschont und die Flächen erst unterhalb der Nebelgrenze in Kulturflächen umgewandelt. Manche davon sind heute bereits aufgelassen und zu Baumerikagebüschen verwachsen. Zunächst steigt unser etwas schottriger und holpriger Weg ganz leicht an und windet sich in einigen Kurven durch Gelände mit Strauchbewuchs. Im Frühjahr strahlen die zart rosaroten Blüten der Zistrosen aus dem grünen Dickicht. Nach 30 Min. durchqueren wir den **Barranco Siete** und wenig später den **Barranco de la Suerte**, in dem sich der Stolleneingang der Galeria Pino Soler und ein Pumphäuschen befinden. Diese Stollen dienen der Trinkwassergewinnung und zapfen Wasseradern an, die im Erdinneren in vulkanischen Gängen von den Cañadas in die Tiefe verlaufen.

Aus dem Stollen führen heute noch die Schienen einer kleinen Grubenbahn zur Abraumhalde im Barranco (1 Std.).

4

Der Ausstieg aus dem Barranco wirkt im Vergleich zum restlichen Weg etwas schroff. Bald danach durchqueren wir Rodungsflächen und sehen, sofern es der Passatnebel noch zuläßt, auf die darunterliegenden Hänge von Benijos. Die Piste taucht nun in den Kiefernwald ein und führt zu einer Abzweigung, an der es rechts zur Unterstellhütte **Antonio Lugo** und weiter nach Benijos geht. Wir halten uns geradeaus und gelangen nach 10 Min. an eine weitere Abzweigung, die mit einer Steinsäule markiert ist. Links führt eine Forststraße in Richtung Cañadas-Straße und zur Choza Wildbret, einer Unterstellhütte etwa 150 m oberhalb unserer Wanderroute. Für den Aufstieg dorthin würden wir etwa 30-40 Min. benötigen.
Wir bleiben aber auf unserem Waldweg und erreichen schon bald die nächste Wegkreuzung; hier zweigt die Wanderroute in die Cañadas ab. An der mit der ICONA-Steinsäule »Lomo de los Tomillos« gekennzeichneten Gabelung folgen wir dem Weg nach rechts, der nun leicht abfällt (1 Std. 30 Min.). Am steinigen Charakter der Waldstraße hat sich nichts geändert, dennoch kann die Unterlage durch Kiefernnadeln angenehm weich zu begehen sein. Wir durchqueren kleinere Hangeinschnitte und kommen an eine abwärtsführende Wasserleitung heran, die sich schon von weitem durch ein dumpfes Rauschen bemerkbar gemacht hat. Das Gelände lichtet sich, und der Weg verläuft durch größere Rodungsgebiete, die mit Ginster bewachsen sind. Nach etwa 45 Minuten (ab der letzten Abzweigung) gehen wir um einen Hangrücken herum und sehen vor uns die Weggabelung **Cruz de Luis** mit der Unterstellhütte (2 Std. 15 Min.). Von hier aus führen Wege hangabwärts nach Las Llanadas und aufwärts in die Cañadas, geradeaus geht es zum großen Freizeitgelände **Chanajiga** (2 Std. 30 Min.). Wir folgen dem beschilderten Weg und erreichen den weiträumig angelegten Rastplatz nach einem

Mirador La Corona: eine Aussichtsterrasse mit Heiligenschrein hoch über Los Realejos.

4

Kilometer. Im Wald verstreut finden wir Unterstellhütten, Grillstellen und gemütliche Bänke, von denen aus wir einen schönen Ausblick auf den westlichen Rand des Orotavatales haben. Linker Hand mündet die von Palo Blanco heraufkommende Asphaltstraße.

Wir queren den Parkplatz und biegen in einen Taleinschnitt ein, in dem ein Kinder- und ein Ballspielplatz angelegt sind. Nun tritt unser Weg in die **Ladera de Tigaiga**, die westliche Steilwand des Orotavatals, ein, die aber ganz mit Gebüschvegetation bewachsen ist. Der Forstweg zieht eben und in gewohnter Breite weiter. Entlang dieser Passage genießen wir einen herrlichen Rundblick auf das untere Orotavatal, auf → **Puerto de la Cruz** und später auf → **Los Realejos**. Das tiefblaue Meer rahmt diese Kulisse ein. Zahlreiche Häuschen und Dörfer liegen inmitten der Hangterrassen und bilden ein buntes Mosaik. Wir sehen Straßendörfer, deren Häuser wie auf zwei Schnüren aufgefädelt links und rechts der Hauptstraße angeordnet sind. Nach 10 Min. rückt der **Mirador de Sergio** heran (3 Std.). Die Laderawand ist nun mit dichtem Nebelurwald bewachsen. Er blieb infolge der Steilheit des Geländes von einer Nutzung verschont.

Herrlicher Blick auf das untere Orotavatal vor meerblauem Hintergrund.

Ab der Chanajiga benötigt man für den Weg etwa 45 Min.; er endet an den Sendemasten auf der Kammhöhe der Ladera oberhalb des Mirador El Asomadero. Eine ICONA-Steinsäule bezeichnet diesen Punkt mit »Corral Quemado« (3 Std. 45 Min.).

Nun beginnt der Abstieg zu dem kleinen Dörfchen **Icod de Alto.** Wir folgen dem rechts abzweigenden und mit grünen Punkten markierten Fahrweg, der auf der Kammhöhe abwärts zieht. Vorbei an den rotweißen Sendemasten des Aussichtspunktes **Mirador El Asomadero** (4 Std.) steigen wir weiter ab und treten alsbald in baumfreie Terrassenkulturen ein. Immer wieder kommen wir an die Fahrstraße zum **Mirador La Corona** heran. Wir erreichen diese Aussichtsterrasse mit Heiligenschrein hoch über Los Realejos nach 30 Min. (4 Std. 30 Min.). Nach einer kurzen, aussichtsreichen Rast mit Blick auf das gesamte Orotavatal folgen wir einem Feldweg, der unterhalb des Aussichtspunktes in westlicher Richtung verläuft. Zuvor biegt linker Hand die asphaltierte Zufahrtsstraße ab, die wir aber nicht beachten. Wir wandern stets abwärts, bis der Weg in eine Asphaltstraße einmündet und die letzte Etappe bis zu unserem Endpunkt Icod de Alto einleitet. Schließlich erreichen wir an der kleinen Kirche des Ortes die Hauptstraße nach Los Realejos. Erfrischen können wir uns in einer der Bars am Dorfplatz (5 Std.).

5 Von Aguamansa nach Arafo

Unterwegs auf dem alten Pilgerpfad: Aguamansa – Tres Cruces – La Crucita – Arafo

anspr.

15 km

4¾ Std.

↑ 900 m ↓1200 m

Tourencharakter: Streckenwanderung mit steilem Aufstieg und langgezogenem Abstieg, teils asphaltierte Wegstücke am Ende der Tour.
Beste Jahreszeit: März, April, Mai, Oktober, November.
Ausgangspunkt: Aguamansa (Forellenzucht).
Endpunkt: Arafo (Dorfplatz).
Wanderkarte: Freytag & Berndt, Teneriffa M = 1:75 000.
Markierung: Anstieg: gelbe Farbkleckse; Abstieg: Pfosten, gelbe und rote Punkte, Steinmännchen.
Verkehrsanbindung: Mit der Buslinie 345 von Puerto de la Cruz nach Aguamansa; mit der Buslinie 121von Arafo nach Santa Cruz und mit dem Direktbus 102, 103 zurück nach Puerto de la Cruz; Anfahrt mit dem Auto über die Cañadas-Straße.
Einkehr: Bars in Aguamansa, Barpavillon und Restaurants in Arafo, unterwegs keine Einkehrmöglichkeit.

Auf dieser Wanderung bewegen wir uns auf einer klassischen alten, von Pilgern angelegten Verbindungsroute. Die Kirche von → **Candelaria** auf der Südseite der Insel beherbergt das größte Inselheiligtum, das Bildnis der Wundertätigen Madonna. Obwohl die Wanderung mit einem langen Auf- und einem noch längeren Abstieg verbunden ist, zählt sie wegen der vielgestaltigen Landschaften entlang der Route zu den schönsten.

Wegverlauf

Die Wanderung beginnt auf dem alten Pilgerpfad nach Candelaria in → **Aguamansa**. Diesmal folgen wir an der Bushaltestelle der Cañadas-Straße, vorbei an der Bar Aguamansa bis zur Haarnadelkurve oberhalb der Fischzucht. Hier deutet ein großer hölzener Wegweiser auf den **Camino a Candelaria**, der sogleich in den Wald eintritt. Schon auf den ersten Metern erkennen wir, daß dieser Weg mühevoll in den Lavaboden eingearbeitet wurde und den Anstieg teils mit Erdstufen, teils mit Serpentinen überwindet. Wir stoßen auf einen Fahrweg und folgen diesem nach links am Eingang zum Wasserstollen **Galéria La Puente** vorbei. Hinter dem Pumpenhaus biegen wir rechts in den Wald ab und arbeiten uns durch den Hang allmählich aufwärts. Die Forststraße, die von der Caldera kommt, unterbricht den Waldpfad nach 15 Min. Bei einem Rastplatz mit Brunnen biegen wir nach rechts vom Forstweg ab. Ein Hinweisschild mit der Aufschrift »Camino a Candelaria«, »Chimoche« und »Pedro Gil« bestätigt nochmals die Wanderrichtung. Nur 100 m oberhalb des Rastplatzes treffen wir auf drei

Holzkreuze – **Tres Cruces** –, die auf einer Lichtung stehen und den eigentlichen Beginn des Candelaria-Weges ankündigen. Die stetig aufwärts führende Route ist zunächst von stattlichen Kiefern begleitet, später wandern wir unter großen Eucalyptusbäumen. Die nächste Wegkreuzung nach 15 Min. ist mit »Lomo de los Brezos« bezeichnet und markiert die Abzweigung des Forstweges zum Rastplatz **Pedro Gil** (30 Min.).

Der Pilgerweg beschreibt teils enge, teils weit ausladende Serpentinen, hat sich an einer Stelle aber auch tief in das lockere Vulkangestein eingegraben. Allmählich rückt ein abgeflachter, licht bewaldeter Rücken näher. Wir treffen sogleich auf den querverlaufenden **Organos-Höhenweg** (45 Min.). Diesem folgen wir leicht aufsteigend knapp 50 m nach rechts und verlassen ihn sogleich an der aufwärts führenden Weggabelung. Bald darauf beginnt der Wald noch lichter

Der Beginn des Pilgerpfades oberhalb von Aguamansa.

5

zu werden und kündigt das baumfreie Gelände rund um die Montaña de la Crucita an. Der Weg wird immer steiler und ist infolge starker Auswaschungen schwer zu begehen. Auf 1600 m Höhe durchqueren wir bunte, vorwiegend rot gefärbte Lavaformationen (1 Std. 20 Min.). Der Wald tritt bald völlig zurück und gibt den Blick auf den Teide und hinter uns auf das Orotavatal frei. Wir kommen an einen kurzen Quergang heran und übersteigen eine Lavasteinmauer. Es folgt eine steile Wegpassage über eine Felskanzel, und allmählich dringt der Autolärm der Cumbrestraße zu uns herunter. Nun haben wir noch etwa 10 Min. teils durch Ginstergebüsch anzusteigen, ehe wir in 1980 m Höhe die Cumbrestraße exakt bei km 30 erreichen. Der Sattel, die schmalste Stelle des Cumbre Dorsal, ist mit »Montaña Crucita« gekennzeichnet (2 Std.).

Zauberhafte Vulkanlandschaft: schwarze Felsen, rotbrauner Sand, durchsetzt von grünen Kiefern.

Wir überqueren die Straße und setzen unsere Wanderung auf dem nur wenige Meter rechts des Rastplatzes abwärtsführenden Forstweg fort (Hinweisschild »Caldera de Pedro Gil«). Die Landschaft wirkt nun unglaublich bizarr. Die Kiefern ragen ohne Unterwuchs aus dem rotbraunen Sand, dahinter türmen sich die schwarz gefärbten Felsen des Pico del Valle auf. Durch den breiten Hangeinschnitt sehen wir auf die Ladera de Güimar hinab. Wir wandern auf weichem Vulkanschutt abwärts und können die großzügigen Serpentinen des Forstweges durch senkrecht abwärtsführende Abschneidepfade abkürzen. Anfangs läßt sich auf dem Lavagrus bequem dahinrutschen, sobald wir aber wieder die Kiefernwaldstufe erreicht haben, wird der Unterwuchs härter. Zuvor haben wir mehrfach den Fahrweg gekreuzt und wählen nun wieder die Piste, um in steter Hangquerung durch den Kiefernwald zu wandern. Wir kommen an ein Hochtal heran, das von dem übermächtig wirkenden Aschehaufen der **Montaña de las Arenas Negras** beherrscht wird (3 Std. 15 Min.). Der Vulkankegel steht genau im Einschnitt zwischen den Ausläufern der Montaña Crucita im Osten und denen des Pico del Valle im Westen.

Schattiger Abstieg unter Kastanien.

Der Weg ist nun mit feinem schwarzem Vulkansand bedeckt, der unter den Schuhen metallisch knirscht. Wir befinden uns auf etwa 1400 m Höhe und haben noch knapp 900 m Abstieg vor uns. An einer Schutzhütte, die am Ende des Vulkangebiets liegt, zweigen wir nach links ab. Bemerkenswert sind die Kastanienbäume, die den Abstieg begleiten und wenig später von einer Lichtung mit Zistrosengebüschen abgelöst werden. Hier endet auch der Fahrweg bei einer Schranke, und der alte Pilgerpfad hat uns wieder. Er ist hier, wie wir

5

es bereits rund um **Aguamansa** gesehen haben, deutlich in den Waldboden eingeschnitten. Enge, steil abwärtsführende Serpentinen durchqueren den Kiefernwald, der aus besonders hohen Exemplaren besteht. Wir queren einen zumeist ausgetrockneten Wasserkanal und erreichen gleich danach die obersten Feldterrassen von **Arafo** (1000 m). Die bereits aufgelassenen Ackerböden sind verwildert, die Mauern großteils zerfallen. Wir passieren eine letzte Geländestufe im Kiefernwald, ehe uns der Pilgerpfad in die baumfreie Terrassenlandschaft von Arafo entläßt. Bevor der alte Pfad durch eine asphaltierte Wirtschaftsstraße ersetzt wird, bewegen wir uns in engen Serpentinen und von Steinmauern begleitet durch eine Gebüschflur. Eine Wasserleitung führt am Weg entlang, ehe wir auf den von rechts heranführenden Asphaltweg einbiegen. Der Blick fällt weit auf den fern wirkenden Ort und das breit ausladende Becken von Güimar (4 Std. 15 Min).

Nun liegen noch 2 km bis zum schattigen Dorfplatz von Arafo vor uns, diese sind jedoch stellenweise sehr steil und führen senkrecht den Hang hinunter. Hier wünschen wir uns den knieschonenden Lavagrus von der Montaña de las Arenas zurück. Auf den Feldterrassen fruchtet zumeist Wein, für den die Gegend rund um **Arafo** und → **Güimar** bekannt ist. Noch einmal kommen wir zu einer Weggabelung, an der wir links und sogleich wieder rechts abbiegen. Die Stichstraße erreicht beim Restaurant Añavingo die ersten Häuser von Arafo und führt durch die Calle de Eduardo Curbelo Fariña abwärts. Einmal weitet sie sich zu dem Platz »Plazuela del Llano«, auf dem sich ein Pilgerbrunnen mit Kreuz und ein kleines Museum befinden. Anschließend begleitet uns die geschlossene Häuserreihe bis zum Hauptplatz von Arafo, auf dem unter mächtigen Platanen ein gemütlicher Pavillon mit Bar zum Ausruhen einlädt (4 Std. 45 Min.).

Sehenswerte Schnitzereien im Inneren besitzt die Kirche von Arafo.

6 Von Los Silos nach Erjos

Durch das »Tal der Aussteiger« ins äußere Tenogebirge: Los Silos – Barranco de Cuevas Negras – Erjos – Barranco de Bucarón – Los Silos

anspr.

16 km

5 ½ Std.

↑950 m
↓950 m

Tourencharakter: Abwechslungsreiche Rundwanderung auf alten Saumpfaden, Forst- und Feldwegen; durch den Aufstieg und die lange Gehzeit insgesamt anstrengende Tour.
Beste Jahreszeit: März, April, Mai, Oktober, November.
Ausgangs- und Endpunkt: Los Silos (vor der Kirche).
Wanderkarte: Freytag & Berndt, Teneriffa M = 1:75 000.
Markierung: Wegweiser, grüne und weiße Farbpunkte an Bäumen, weiße Rhomben.
Verkehrsanbindung: Mit der Buslinie 363 von Puerto de la Cruz nach Los Silos; mit dem Auto über die Küstenstraße nach Icod, dort in Richtung Buenavista del Norte abbiegen.
Einkehr: Bars in Los Silos, Bar Abreu in Erjos, unterwegs keine Einkehrmöglichkeit.

Das Tenogebirge gehört zu den ältesten Landschaften Teneriffas. Es begeistert durch abgelegene Dörfer und tief eingeschnittene Barrancos. Wir können fast während der gesamten Wanderung ungestört die reiche Natur genießen.

Wegverlauf

Südlich der Kirche von → **Los Silos** zeigt ein Wegweiser mit der Aufschrift »Erjos« auf eine kleine Gasse. Diese entlang durchqueren wir zunächst den südlichen Teil des Dorfes. Dann wandern wir parallel zu einem Barranco. An einer Weggabelung halten wir die Richtung und gelangen in die Calle Susana. Beim Haus Nr. 41 verlassen wir den zementierten Rampenweg und steigen nach links in das Bachbett ab (grüne Markierungen). Nach 100 m verlassen wir den steinigen Pfad, und halten uns rechts, um aus dem Bachbett zu steigen. Nahe der letzten Finca verengt sich die Straße zu einem alten Saumpfad, der durch Feldterrassen hindurch dem Tal der Aussteiger zustrebt.

Im Tal der Aussteiger am Aufstieg nach Erjos.

Der Weg wird bald steiler, wir wandern auf den **Roque de las Moradas** zu, der als schroffe Felsklippe aus dem Grün des Barranco leuchtet (25 Min.). Nach gut einer Stunde reichen erste Lorbeerbüsche und Baumerika bis an den Weg heran, der Lorbeerwald rund um Erjos naht. Wir erreichen die verfallenen »Aussteigerhäuser« von **Cuevas Negras** – ehemalige Einsiedlerunterstände (1 Std.). Nach den Einsiedlerhäusern wechseln wir auf die rechte Hangseite des Barranco. Bald

6

danach treten wir in den schattigen Lorbeerwald ein. Hier wird der Weg steiler und die Unterlage infolge der größeren Feuchtigkeit rutschiger. Der anstrengende Aufstieg dauert etwa 45 Min. Je näher wir an Erjos herankommen, um so mehr weitet sich das Tal wieder. Der Maultierpfad verbreitert sich zu einem Feldweg, der durch Feldterrassen hindurch auf die Häuser von **Erjos** zustrebt, die sich über uns auf dem Rand des Barranco de las Cuevas Negras zeigen. Unser Weg mündet in eine Dorfstraße, die uns rechts an einer Häuserzeile vorbei in die Ortsmitte führt (2 Std. 30 Min.). Wir wandern auf der Hauptstraße weiter und biegen nach 500 m in eine nach rechts abzweigende Waldpiste ein. Dies ist der Beginn des Lorbeerwegs, der durch den **Monte del Agua** nach El Palmar führt (vgl. Wanderung 8). Auf ihm wandern wir etwa eineinhalb Stunden gemächlich dahin. Nachdem wir mehrere Taleinschnitte passiert haben, wendet sich die Route nach Norden und führt aus dem **Barranco de los Cochinos** durch ein weniger bewaldetes Wegstück. Sogleich erreichen wir den ICONA-Wegweiser »Las Moradas«, der den Abstieg nach Los Silos markiert (4 Std.).

Wir folgen 15 Min. lang dem steil hinunter führenden Pfad, der dann in eine schmale Forststraße mündet. Dieser folgen wir nach links bis zum Wegweiser »La Lavaderos«. Er zeigt den Abstieg ins Tal an (rechts). An einem verlassenen Gehöft (4 Std. 45 Min.) wenden wir uns nach links in Richtung des **Roque Blanca** und steigen nun auf dem alten Pfad ins Tal ab (5 Std. 15 Min.). Wir passieren eine Wasserleitung, treten aus dem engen Barranco de Bucarón heraus und haben bald die Dorfstraße von Los Silos erreicht (5 Std. 30 Min.).

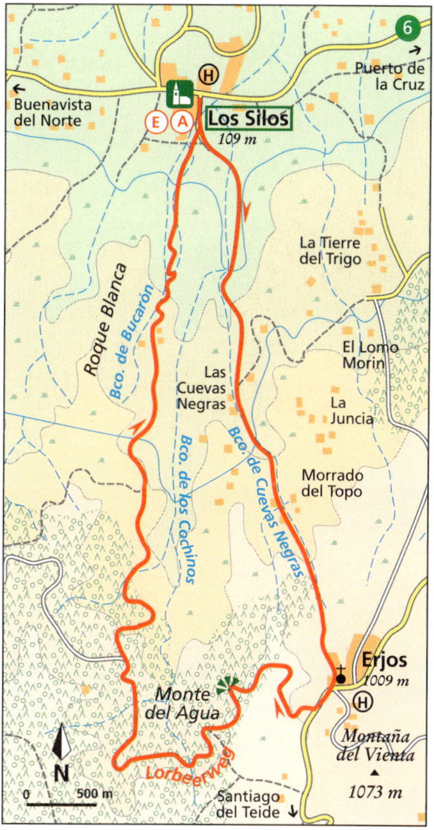

Rund um den kleinen und großen Gala

7

Wiesen, Lorbeerwald und Felssteppe: Erjos – Cruz de Gala – Degollada de Mesa – Kleiner Gala – Santiago del Teide

Tourencharakter: Abwechslungsreiche Streckenwanderung, im Lorbeerwald zum Teil feucht und rutschig, Trittsicherheit von Vorteil.
Beste Jahreszeit: März, April, Mai, Oktober, November.
Ausgangspunkt: Erjos, Hauptplatz.
Endpunkt: Santiago del Teide.
Wanderkarte: Freytag & Berndt, Teneriffa M = 1:75 000.
Markierung: ICONA-Rauten und Wegweiser; rote Punkte.
Verkehrsanbindung: Von Puerto de la Cruz mit dem Bus 363 bis Icod, von dort mit dem Bus 460 bis Erjos; von Playa de las Americas direkt mit dem Bus 460.
Mit dem Auto von Puerto de la Cruz über die Küstenstraße bis nach Icod, von dort Richtung Gua de Isora bis nach Erjos.
Einkehr: Bar Abreu in Erjos, Supermarkt in Erjos, Bars in Santiago del Teide; unterwegs keine Einkehrmöglichkeit.

mittel

12 km

4 ¾ Std.

↑230 m
↓100 m

Linke Seite: Die Roque del Dentro an der Nordküste

Auf der Wanderung durch das westliche Tenogebirge durchqueren wir den oberen Abschnitt des Monte del Agua mit seinen ursprünglichen Lorbeerwäldern, umrunden die bewaldete Kuppe des Großen Gala und besteigen den Kleinen Gala.

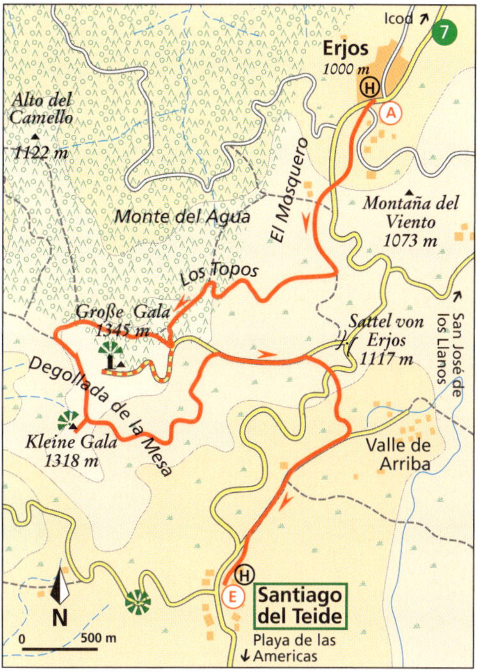

Wegverlauf

Unsere Wanderung beginnt in **Erjos** unmittelbar auf dem Hauptplatz. Wir wandern zunächst quer durch den Ort in Richtung Süden, um nach ungefähr 600 m auf die Hauptstraße nach Santiago del Teide zu treffen. Auf der gegenüberliegenden Straßenseite setzt sich ein Feldweg fort, der leicht absteigend in das Talbecken **El Mosquero** oberhalb von Erjos zieht. Wir folgen diesem Weg und gelangen in eine Teichlandschaft. Hier müssen wir uns kurzzeitig auf den Wegverlauf konzentrieren, um den Einstieg

7

zum Sattel von Los Topos oberhalb von Erjos nicht zu verpassen: Beim zweiten größeren Teich biegen wir rechts auf den Feldweg ab, bis dieser nach 100 m in einen Fahrweg mündet. Zwar verzweigt sich der Fahrweg abermals, wir gehen aber geradeaus auf eine Erdstraße zu, die nun steil ansteigt. Wir wandern in mehreren Serpentinen durch Gebüsch und erreichen den Sattel von **Los Topos** (45 Min.). Dies ist ein markanter Punkt, da der Weg in den Lorbeerwald des **Monte del Agua** eintritt.

Seltenes Relikt: der immergrüne Lorbeerwald.

Wir gehen in den Lorbeerwald, dessen Boden stets feucht und rutschig ist und etwas Vorsicht verlangt, queren den Nordhang des **Großen Gala** und erreichen einen kleinen Aussichtspunkt mit Sicht auf den Barranco de los Cochinos. Nach wenigen 100 m treffen wir auf eine Abzweigung, an der wir uns links halten und weiter aufwärts wandern. 10 Min. später erreichen wir eine schottrige Waldstraße, auf der wir nach links bis zur Einmündung in eine asphaltierte Piste, die zum Gala-Gipfel führt, ansteigen (1 Std. 15 Min.). Wenn wir einen Abstecher zum 1354 m hohen Gipfel unternehmen wollen, folgen wir gute 20 Min. der Fahrstraße. Vom plateauartigen Gipfel genießen wir bei klarem Wetter einen phantastischen Rundblick über das gesamte → **Tenogebirge**. Wir kehren zur Abzweigung zurück und setzen die Wanderung auf der Hauptroute fort (2 Std.).

Nach einem Eisentor biegen wir links auf einen ebenen, geschotterten Fahrweg ein, der mit dem Wegweiser »El Saltadero« gekennzeichnet ist. Wir durchqueren einen Lorbeerwald, den wir nach etwa 15 Min. verlassen. Eine durchs Gebüsch führende Abkürzung bringt uns zum Sattel oberhalb des **Cumbre de Bolico** (2 Std. 20 Min.). Der geradeaus verlaufende Weg steigt über den Cumbre de Bolico nach El Palmar ab, wir wenden uns aber beim Wegweiser »Saltadero« dem Gala-Höhenweg zu. Dieses Wegstück führt an der Westflanke des Großen Gala hoch über dem Barranco Madre del Agua durch eine außergewöhnlich schöne Felssteppe. Wir wandern beinahe eben durch die-

Die Ebene oberhalb von Erjos am Beginn der Wanderung.

se exotisch wirkende Landschaft und erreichen den Sattel **Degollada de Mesa**, wo der Aufstieg zum **Kleinen Gala** beginnt (2 Std. 45 Min.). Den kurzen Abstecher von etwa 30 Min. (hin und zurück) sollten nur Geübte unternehmen, er führt über einen teils luftigen Felspfad zum schroffen, nach allen Seiten steil abfallenden Gipfel.

Dunkelpurpurrote Wolfsmilch am Kleinen Gala.

Wir nehmen denselben Weg zur Degollada de Mesa zurück und beginnen den Abstieg nach Santiago del Teide (3 Std. 15 Min.).

Zuerst benutzen wir den etwas holprigen Ziegenpfad, der mit einigen Steilstufen auf einen bequemen Fahrweg zuläuft. Auf diesem passieren wir einen Hang, bis wir nach 30 Min. auf die asphaltierte Fahrstraße zum Gipfel des Großen Gala treffen. Wir steigen auf dieser Straße noch ein wenig ab – bis knapp vor den **Sattel von Erjos –** und erreichen die ICONA-Steinsäule »El Pelado« (4 Std.). Links führt der Weg nach Erjos zurück, wir steigen rechts auf einem zunächst steilen Pfad zur Straße nach Santiago del Teide ab. Diese überqueren wir und finden am Straßenrand einen Wegweiser, der den Abstieg durch das **Valle de Arriba** anzeigt. Über einen mäßig steilen Bergpfad wandern wir auf die Talsohle zu, von wo wir der asphaltierten Fahrstraße bis nach → **Santiago del Teide** folgen (4 Std. 45 Min.).

8 Von Erjos nach El Palmar

Durch den »Märchenwald« des Monte del Agua: Erjos – Mirador Emmerson – Barranco de los Cochinos – Las Portelas – El Palmar

leicht

11 km

3 Std.

↑ 380 m
↓ 380 m

Tourencharakter: Größtenteils Waldwanderung auf bequem zu begehendem Forstweg mit ab und zu etwas steileren Stellen.
Beste Jahreszeit: März, April, Mai, Oktober, November.
Ausgangspunkt: Erjos (1000 m).
Endpunkt: El Palmar (622 m).
Wanderkarte: Freytag & Berndt, Teneriffa M = 1:75 000.
Markierung: Wegweiser und ICONA-Steinsäulen.
Verkehrsanbindung: Mit der Buslinie 460 von Icod nach Erjos, zurück mit den Linien 107, 355, 363, 365 und 366. Mit dem Auto von Icod in Richtung Gua de Isora.
Einkehr: Bar Abreu in Erjos, Bar El Callejon in Las Portelas, Bars in El Palmar.

Der Lorbeerwald des Monte del Agua gehört zu den ursprünglichsten Wäldern Teneriffas. Die Tour gewährt beeindruckende Blicke in den dicht bewachsenen Barranco de los Cochinos.

Wegverlauf

Vom Kirchplatz in **Erjos** wandern wir in südlicher Richtung die Hauptstraße entlang und treffen gleich nach den Häusern auf einen schmalen Wiesenpfad, der nach rechts abwärts führt. Auf diesem durchstreifen wir die üppig bewachsene, terrassierte Senke unterhalb von Erjos und kommen zu einem Wiesenweg. 10 Min. später erreichen wir beim Wegweiser »Pie de Erjos« den Lorbeerweg. Wir folgen der Piste nach rechts, passieren eine hölzerne Absperrung und queren kurzzeitig einen mit Gestrüpp und Sukkulentenbusch bewachsenen Hang. Danach treten wir in den dichten Lorbeerwald des **Monte del Agua** ein. Dieser ursprüngliche Waldtyp begeistert durch seine Vielzahl an Baumarten und krautigen Pflanzen.
Unsere Route folgt stets der abwärtsführenden Waldstraße. Nach 10 Min. sehen wir am rechten Wegrand einen ausgetretenen Pfad, der etwa 200 m weit zu einem baumfreien Aussichtspunkt führt (30 Min.). Wenn es der Passatnebel zuläßt, ist die Sicht auf den weiten **Barranco de los Cochinos** frei, der sich wie ein grünes Tuch vor uns ausbreitet.
Zurück auf der Hauptroute kommen wir nach einiger Zeit zu einem Blockfeld, das rechts in einer Kurve an den Weg heranreicht (Brunnen). Nach der Querung mehrerer Barrancoeinschnitte lichtet sich der Wald etwas und passiert die ICONA-Steinsäule »Las Cuevitas«, von der ein schmaler Pfad in den Barranco de Bucarón hinabführt (1 Std.

8

5 Min.). Nach etwa 4,5 km (ab Erjos) rückt ein markanter Felsen an den Weg (1 Std. 30 Min.). Dieser auffällige Punkt ist vor allem bei Ornithologen als **Mirador Emmerson** bekannt.

Der Weg steigt geringfügig an und erreicht einen kleinen Sattel. Hier können wir rechts bereits auf das Talbecken von El Palmar sehen. Wir schwenken nach rechts, kommen zur Steinsäule »La Calabacera« und wandern in Richtung El Palmar (2 Std.). Der letzte Abschnitt des Wegs verläuft durch die gerodeten Hänge oberhalb von **Las Portelas**, ehe wir an der Haltestelle der Buslinien 355 und 366 auf die Hauptstraße Buenavista-Masca treffen (2 Std. 30 Min.). Wir folgen an der ICONA-Steinsäule »Aruga« (neben der Bushaltestelle) dem Feldweg mit der Bezeichnung »Lomo del Medío«. Ein befestigter Fahrweg leitet uns in die Calle de la Cruz. Bei der Bar **El Callejon** biegen wir in einer Kehre der Dorfstraße nach links und wandern weiterhin abwärts. Wir berühren kurz die Hauptstraße, durchqueren ein paar Felder und erreichen die ersten Häuser von **El Palmar**. Nach Passieren eines kleinen Barranco treffen wir nahe einer Brücke auf den ICONA-Wegweiser »Las Cuevas«. Auf der alten Straße weitergehend kommen wir nach wenigen 100 m zum Dorfplatz mit der Bushaltestelle (3 Std.).

Einer der ursprünglichsten Wälder Teneriffas: der Lorbeerwald.

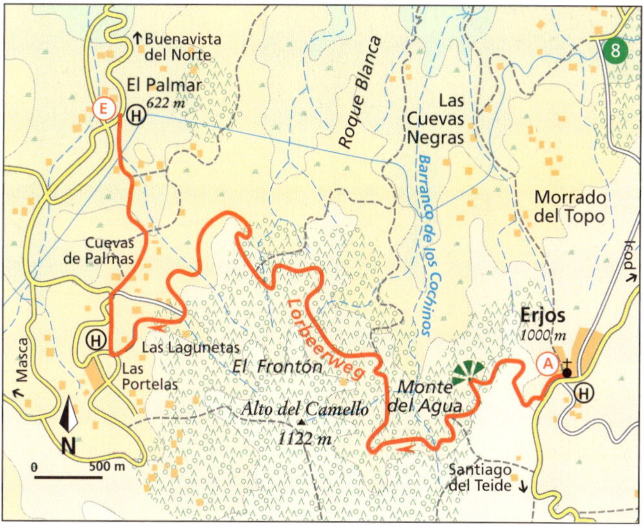

Durch den Barranco de Masca

Die wildeste Schlucht Teneriffas : Masca – Barranco de Masca – Playa de Masca – Masca

9

Tourencharakter: Abenteuerliche Wanderung auf steinigen Wegen, teilweise weglose Stellen und Geröllpassagen; Trittsicherheit und etwas Bergerfahrung sind notwendig, vom Playa de Masca aus keinerlei Wege aus der Schlucht. Schwierig v. a. durch den Aufstieg auf dem Rückweg.
Beste Jahreszeit: März, April, Mai, Oktober, November.
Ausgangspunkt/Endpunkt: Masca.
Wanderkarte: Freytag & Berndt, Teneriffa M = 1:75000.
Markierung: Wegweiser, innerhalb der Schlucht stets deutlich sichtbarer Steig.
Verkehrsanbindung: Busse verkehren nur von Buenavista aus (»Masca-Bus« 355); mit dem Auto von Buenavista über die schmale Straße in Richtung Masca; von Playa de las Americas über Guia de Isora nach Santiago del Teide, dort nach Masca abbiegen.
Einkehr: Bars und Gasthäuser in Masca (Casa Enrique, Bar Fidel). Ein besonderer Tip ist das Restaurant El Guanche.

anspr.
km 11 km
6 Std.
↑600 m
↓600 m

Linke Seite: Taborno im Anagagebirge.

»Wer Masca nicht gesehen hat, hat nichts gesehen«. So lautet eine tinerfinische Volksweisheit. Und es stimmt: Das Dorf Masca an der Westküste inmitten des Tenogebirges gehört zu den Höhepunkten Teneriffas.

Wegverlauf

Die Tour durch den Barranco beginnt unmittelbar in → **Masca**. Wir folgen der abwärtsführenden Steinrampe durch Bougainvilleen und steigen kurz vor der Bar »Fidel« in den Pfad ein. Bereits zu Beginn haben wir das steilste Stück des Wegs zu bewältigen, vor allem das rutschige Terrain des senkrecht nach unten führenden Pfades verlangt Trittsicherheit. Wenn wir früh am Morgen aufbrechen, können wir noch in angenehmer Kühle wandern, auf dem Rückweg am

9

Nachmittag ist der Hang der sengenden Sonne ausgesetzt. Um diesem Steilstück zu entgehen, kann man auch den Alternativpfad von **Lomo de Masca** aus benutzen. Dazu gehen wir von der Bushaltestelle auf der Hauptstraße nach Westen. Der Abstieg beginnt bei der Haltestelle des Masca-Busses und verläuft zuerst auf einer betonierten Rampe. Beide Zugangswege zur Schlucht führen, nachdem sie Feldterrassen durchquert haben, nahe einer kleinen Holzbrücke zusammen.

Nun steigen wir am linken Barrancorand in die Schlucht ein. Zunächst wandern wir auf einem etwas schmalen Steig etwa 10 m über dem Bacheinschnitt, zu dem wir später hinabsteigen und dann dem Bachbett folgen. Wir bahnen uns den Weg durch Riesenschilf, die Route ist allerdings stets deutlich ausgetreten. Bald kommen wir an eine betonierte Mauer, die den oberen Barranco zu einem weiten Schotterbecken abriegelt. Wir befinden uns auf etwa 400 m Höhe am Einstieg in den engeren Schluchtbereich. Hoch über uns ragt zur Rechten der Roque Catano auf, seitlich davon fließt ein kleines Rinnsal über Felsplatten herab und sammelt sich zu kleinen Tümpeln (45 Min.).

Die Brücke über den Bachlauf im oberen Abschnitt des Weges.

Unser Weg setzt sich links der Stauhaltung fort in die Schlucht hinein. Wir passieren ein hölzernes Tor, das wir sogleich wieder verläßlich verschließen, und überwinden eine deutlichere Geländestufe. Ab dieser Stelle ist unser Pfad nicht mehr zu verfehlen, da es innerhalb der Schlucht keinerlei Abzweigungen mehr gibt. Die Felswände rücken immer näher zusammen und lassen immer weniger Licht in die Schlucht. Zweimal gelangen wir an Stellen, wo der Weg durch große Felsblöcke versperrt ist. Hier helfen uns weiße Markierungen und Steinmännchen, die auf die beste Route zum Überwinden der Steinbarriere hinweisen. Wir passieren einen relativ ebenen Abschnitt und überqueren größere Schotteransammlungen, die zum Teil dicht bewachsen sind. Bei 130 Höhenmetern beginnt der engste Teil der Schlucht. Vor allem an der Basis der Schlucht hat die Erosion bizarre Felsgebilde, Bogen und spitze Türme geschaffen. Der Pfad windet sich einige Male um Felsnasen herum, und bald ist das Rauschen des Meeres zu vernehmen (2 Std.).

Mit Hilfe unserer Hände passieren wir eine Steilstufe mit zwei größeren Felsblöcken. Knapp vor dessen Ende weitet sich die Schlucht, die nun stärker mit Geschiebe und Bachkiesel gefüllt ist. Wir steigen im

9

Ein dicht mit Plocama bewachsener Abschnitt der Schlucht. Die Büsche gleichen Tamarisken.

Bachbett über eine ausgetrocknete Stufe hinab und erreichen das untere Ende des Barranco. Nun sehen wir über den kleinen Kiesstrand zum Meer hinaus, links und rechts ragen die bis zu 500 m hohen Felswände der Gigantes auf. Wenige Minuten später breitet sich die **Playa de Masca** vor uns aus (2 Std. 30 Min.). Ein Bauer hat diesen romantischen Platz für sich ausgewählt und eine kleine Finca errichtet.

Der Kiesstrand eignet sich nur bei ruhiger See zum Baden, ansonsten sind die vielen Strömungen zu stark. Der waghalsig angelegte Steg wird nur von Booten angelaufen, die im Rahmen einer organisierten Wanderung von Buenavista oder Playa de las Americás aus die Wanderer abholen und zu ihrem Ausgangspunkt zurückbringen. Wer auf eigene Faust die Schlucht durchquert, muß zu Fuß nach Masca zurückkehren. Zu campieren und zu übernachten ist weder in der Schlucht noch am Kiesstrand erlaubt – der Barranco gehört zum Naturpark Tenogebirge und wird gelegentlich von der Guardia Civil vom Meer aus kontrolliert.

Reizvoller Rückweg durch die Schlucht.

Beim Rückweg sieht manches in der Schlucht anders aus, und selten gestaltet sich eine bereits durch den Hinweg bekannte Tour so kurzweilig wie hier (6 Std.).

10 Barranco del Infierno

Leichtfüßig in die Höllenschlucht: Adeje – Barranco del Infierno – Adeje

leicht

8 km

2¾ Std.

↑250 m ↓250 m

Tourencharakter: Wanderung auf deutlich ausgetretenem Pfad, außerhalb der Schlucht der Sonne ausgesetzt, innerhalb der Schlucht auch untertags kühl; stark frequentiert.
Beste Jahreszeit: März, April, Mai, Oktober, November.
Ausgangspunkt/Endpunkt: Adeje.
Wanderkarte: Freytag & Berndt, Teneriffa M = 1:75 000.
Markierung: ICONA-Schilder, weiße Punkte.
Verkehrsanbindung: Bus 416 von Playa de las Américas und Los Cristianos aus; mit dem Auto auf der Autopista del Sur von Norden kommend über Guia de Isora nach Adeje. Die Route durch den Ort bis zum Ausgangspunkt ist ausgeschildert; an der Kreuzung mit der eisernen Kanone rechts abbiegen.
Einkehr: Bar-Restaurant Otelo am Ausgangspunkt, weitere Bars in Adeje, besonders zu empfehlen ist Los Arcos.

Die für jede Altersgruppe geeignete Wanderung führt von → **Adeje** aus in den eindrucksvollen, tief eingeschnittenen Barranco del Infierno. Wir erleben den größten Wasserfall Teneriffas, der in drei Kaskaden durch einen engen Felstrichter in ein kleines Becken stürzt, und durchqueren dabei den formenreichen Taleinschnitt, in dem das Kleinklima rasch wechselt. Während es zu Beginn trocken und heiß ist, erwartet uns im hinteren Abschnitt ein kühles Tal, das selbst im Sommer von frischem Süßwasser durchflossen wird. Diese kurze und sehr beliebte Wanderung lohnt sich vor allem am Morgen und in den Spätnachmittagsstunden.

Wegverlauf

Das kleine Dörfchen **Adeje**, dessen schattige Hauptstraße sich mit kleinen Cafés und vielen zierlichen Gebäuden schmückt, ist Ausgangspunkt der Tour in die Höllenschlucht. Der Bus hält oberhalb des Ortszentrums knapp vor dem Verkehrsrondell, das durch eine eiserne Kanone auffällt und die Abzweigung zur Schlucht markiert. Rechts daneben sehen wir die stolze

Casa Fuerte. Wir wandern durch eine immer steiler werdende Gasse, in der zahllose Autos geparkt sind, zum Bar-Restaurant **Otelo**. Stufen führen hinter dem Restaurationsbetrieb zum Wanderpfad, der unmittelbar mit einem weiten Blick über den äußeren Barranco aufwartet. Der Weg ist meist trassiert und an abschüssigen Passagen durch Holzpflöcke befestigt.

Der innere Schluchtbereich mit dem Auwald.

Wir ziehen etwa 200 m oberhalb der Schlucht taleinwärts, steigen leicht zu einer Felsnase auf und erreichen den Rastplatz **Acequia larga**, der zugleich ein hervorragender Aussichtspunkt ist. Ein alter und ein neuer Aquädukt rücken an den Weg heran. Der alte, oberhalb des Weges, ist aus Holz gefertigt, während der neue, tieferliegende aus einer betonierten Rinne besteht. Der Weg schlängelt sich an einem Bach entlang aufwärts und passiert einen weiteren Rastplatz, der am Übergang zum Auwald der Schlucht liegt (1 Std.). Von nun an begleitet uns ein dichtes Gestrüpp aus Brombeeren, Efeu und anderen Kletterpflanzen, und die Felswände treten immer enger zusammen. Der Bachlauf wird von einem sommergrünen Laubwald aus Kanaren-Weiden begleitet, die eine botanische Besonderheit sind. Über dem Wasser können wir immer wieder Libellen sehen, auch das Quaken von Fröschen ist zu hören.

Im letzten Abschnitt steigt der Weg noch einmal leicht an und erreicht nahe einer seitlich herabstürzenden Kaskade ein kleines Plateau. Um zum engen Trichter des Wasserfalls vorzustoßen, müssen wir ein paar unangenehm rutschige Passagen oberhalb des Bachlaufes bewältigen. Danach ist der enge Kessel des Talschlusses erreicht, in den der 80 m hohe schleierartige Wasserfall hinabstürzt (1 Std. 30 Min.). In diesen engen Felsendom kann selbst zur Mittagszeit kein Sonnenstrahl eindringen. Wir kehren auf demselben Weg zur Bushaltestelle in Adeje zurück (2 Std. 45 Min.).

11 Conde – der Aussichtsberg

Wahrzeichen des Südens: Arona – Vento – Conde – Vento – Arona

mittel

9 km

3 ¼ Std.

↑500 m ↓500 m

Tourencharakter: Wanderung auf schmalen Bergpfaden, teilweise steile Anstiege aus den Barrancos und zum Gipfelplateau, durchweg schattenloses Gelände, Orientierung einfach.
Beste Jahreszeit: März, April, Mai, Oktober, November.
Ausgangspunkt/Endpunkt: Arona (630 m).
Wanderkarte: Freytag & Berndt, Teneriffa M = 1:75 000.
Markierung: Weiße Pfeile, Steinmännchen.
Verkehrsanbindung: Mit den Buslinien 112. 342, 477. 480, 482 nach Arona. Mit dem Auto über die Autopista del Sur, Abfahrt Arona.
Einkehr: Bars und Restaurants in Arona.

Der markante Conde (1001 m) ist einer der schönsten Aussichtsberge im Süden Teneriffas. Vom plateauartigen Gipfel überblicken wir die westliche und südliche Küstenlandschaft und sehen bei klarem Wetter bis zu den Gala-Gipfeln im Tenogebirge.

Wegverlauf

Unsere Wanderung beginnt in → **Arona**, im Ortsteil **Vento**. Von der Bushaltestelle im Zentrum folgen wir der Dorfstraße hinauf bis zur Kirche. Dort biegen wir nach links in die Hauptstraße Richtung Vilaflor ein und nehmen nach 100 m rechts die Dorfstraße nach Vento. Der Wanderweg biegt in der Calle Vento beim Haus Nr. 30 nach Westen ab (15 Min.).

Schon 20 m weiter gabelt sich der Weg. Wir müssen uns links halten und steigen zum kaum sichtbaren **Barranco de las Casas** ab. Auf der Gegenseite führt der Weg quer zum Hang halbrechts aufwärts und senkt sich sogleich in den **Barranco de Ancón**, der bereits etwas tiefer liegt. Wir wandern nach links einen Kanal entlang und nähern uns allmählich der dritten Schlucht. Die deutlich tiefere und schroffere Schlucht **Barranco del Rey** durchqueren wir auf einem kunstvoll in den Felswänden angelegten Saumpfad, der mit Mauern und Pfählen gesichert ist. In engen Serpentinen steigen wir mehr als 50 m zur Basis der Schlucht ab. Nach einer kurzen Strecke im Bachbett folgen wir dem neu angelegten Pfad durch den nördlichen Steilabbruch aufwärts (30 Min.).

Durch drei Barrancos zum Gipfel des Conde.

Nun steht dem Aufstieg auf den Gipfel des **Conde** nichts mehr im Wege. Ein zuerst schmaler, dann aber deutlich ausgebauter Hirtenpfad durchquert zunächst alte Feldterrassen und kommt an einem verfalle-

11

Der Ausblick vom Gipfel auf die Südhänge der Cañadas.

nen Bauernhaus mit Dreschplatz vorbei. Der Pfad wird steiler und bewältigt den Höhenunterschied in mehreren Spitzkehren. Wir erreichen den Südsattel unterhalb des Conde.

Ein Quergang den südlichen Gipfelhang entlang läßt uns ein wenig verschnaufen, dann führt der Weg mehr oder weniger direkt nach oben. Der steinige Pfad, der mehrere Steilstufen aufweist und den ehemaligen Hirtensteig ersetzt, verlangt Konzentration und Trittsicherheit. Die sparrigen Sträucher am Wegesrand bieten keinen Halt. Steinmännchen und weiße Punkte zeigen uns hier die richtige Route. Knapp unter dem Plateau taucht der alte Hirtenpfad wieder auf und führt in angenehmen Serpentinen auf das Plateau (1 Std. 45 Min.).

Unerwartet öffnet sich vor uns ein weites, sanft ansteigendes Gelände. Da der Gipfel durch eine Lavadecke vor Erosion geschützt ist, blieb diese einem Tafelberg ähnliche Form bestehen. Vom höchsten Punkt aus, der durch eine Betonsäule gekennzeichnet ist, haben wir einen phantastischen Blick auf die Südseite.

Der Abstieg verläuft auf derselben Route. Wir queren die drei Barrancos, kommen nach Vento (3 Std.) und wandern zur Bushaltestelle nach Arona zurück (3 Std. 15 Min.).

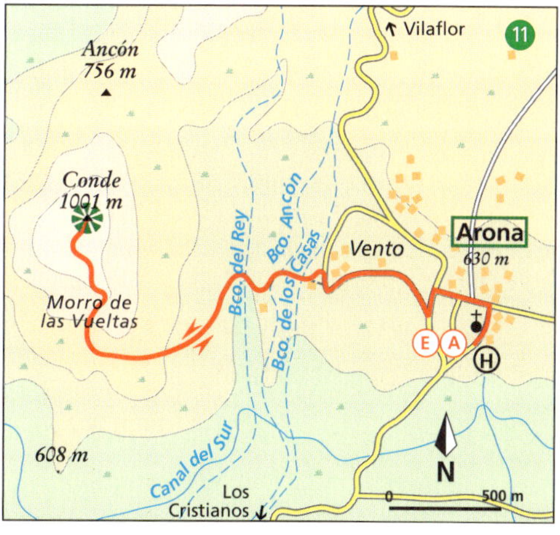

12 Von der Punta del Hidalgo zum Cruz del Carmen

Eine Reise in die Vergangenheit des Anagagebirges: Punta del Hidalgo – Chinamada – Las Carboneras – Cruz del Carmen

anspr.

14 km

5 Std.

↑830 m
↓830 m

Tourencharakter: Teils steiler Bergpfad mit einigen ausgesetzten Stellen; teils Fahrwege und Waldpfade, Trittsicherheit und Schwindelfreiheit sind von Vorteil.
Beste Jahreszeit: Frühjahr und Herbst.
Ausgangspunkt: Punta del Hidalgo (70 m).
Endpunkt: Cruz del Carmen (900 m).
Wanderkarte: Karte des Parque Rural Anaga, M = 1:50000.
Markierung: ICONA-Wegweiser, zum Teil alte, verwaschene Holzwegweiser; ab Las Carboneras Wegweiser des Naturparks Anaga; ab und zu weiße Farbtupfer.
Verkehrsanbindung: Mit dem Bus 105 von Santa Cruz; von Puerto de la Cruz mit dem Direktbus 102 nach La Laguna, Umstieg in die Linie 105. Vom Cruz del Carmen aus verkehren (2-bis 3-mal täglich) die Buslinien 073, 075, 076 und 077. Mit dem Auto auf der TF 5 über La Laguna nach Las Canteras, über die TF 121 zur Punta Hidalgo.
Einkehr: Bar Tesegre und Bar Valentin in Las Carboneras; Bar-Restaurant am Cruz del Carmen.
Tourist-Info: Besucherzentrum des Parque Rural Anaga am Cruz del Carmen, Tel. 63 35 76. (9 – 16 Uhr).
Hinweis: Für Wanderer, die mit dem Auto zur Punta del Hidalgo fahren, empfiehlt es sich, die Wanderung in Las Canteres zu beenden, wo der Bus der Linie 105 hält (halbstündige Verbindung zur Punta del Hidalgo).

Außer durch seine Barrancos ist das nordwestliche Anagagebirge wegen der alten Höhlensiedlungen bekannt geworden. Vor allem in Chinamada lebten die Menschen noch bis vor kurzem in Behausungen, die einst in das weiche Vulkangestein eingearbeitet worden waren. Von der Punta del Hidalgo aus durchqueren wir den Barranco del Rio und steigen ins Anagagebirge auf. Außer dem sehr ursprünglich anmutenden Ort Chinamada lernen wir auch das kleine Bergdorf Las Carboneras kennen. Die Tour endet an der Aussichtskanzel Cruz del Carmen im Lorbeerwald von Las Mercedes, wo wir dem Besucherzentrum des Naturparks Anagagebirge einen Besuch abstatten können. Die bizarre Steilküste an der Nordseite, die abgeschiedenen Dörfchen sowie die kunstvollen Terrassenlandschaften lassen die etwas mühsame Wanderung zu einem kurzweiligen Erlebnis werden.

Die Punta del Hidalgo am Ausgangspunkt.

Wegverlauf

12

Die prächtige **Punta del Hidalgo**, einer der wenigen Badeorte an der Nordküste Teneriffas, ist der Ausgangspunkt zu dieser Tour. Wir fahren mit dem Linienbus 105 bis an die Endhaltestelle, einem Rondell am Ostrand der Halbinsel, in dessen Mitte das Denkmal des kanarischen Volkssängers Sebastián Ramos steht. Der Platz liegt hoch über dem **Barranco del Rio** und gewährt erste Blicke auf die schroffe Küste und in das Anagagebirge. Im Vordergrund ragen die imposanten Zwillingsfelsen des **Roque Dos Hermanos** auf, die wir auf der ersten Etappe erklimmen werden. Zu Beginn gestaltet sich die Route wegen einiger Schotterstraßen etwas unübersichtlich. Mehrere Wegweiser zeigen die verschiedenen, hier beginnenden Wanderrouten an. Wir folgen dem breiten Schotterweg nach rechts zum **Barranco del Rio**. Eine abzweigende Betonstraße beachten wir nicht und gelangen nach 10 Min. an die Basis des Flußtals. Quer über Bachschotter streben wir auf eine Holztafel zu, die anzeigt, daß hier der Naturpark Anagagebirge anfängt. Nachdem wir eine Holzbrücke überquert haben, steigt ein gut ersichtlicher Bergpfad durch die mit Sukkulentenbusch reich bewachsenen Hänge am Osthang des Barranco empor. Mehrere Serpentinen, die zum Teil steil sind und den kleineren Hangeinschnitten folgen, überwinden die 330 Höhenmeter bis zum ersten markanten Stop auf dieser Wanderung, dem Aussichtspunkt **Era de los Almácigos** (45 Min.). Vor uns bricht die Nordküste senkrecht ins Meer herab, das tosend gegen die schroffen Klippen schlägt. Nach einer weiteren Wegschlinge erreichen wir die ockerfarbenen, windgehöhlten Felsen des **Roque Dos Hermanos**. Hier durchschneidet der Weg als schmaler Steig die vulkanisch geformten

12

Wandfluchten hoch über der Punta Frontera. Schwindelfreiheit erleichert das Gehen. Zusätzlich ist nun noch ein luftiges Wegstück über einen schmalen Grat zurückzulegen. Danach kommen wir in die südwestexponierten Hänge oberhalb des Barranco del Rio zurück. Der Pfad schwenkt nach links und beginnt eine Seitenschlucht auszukurven. Kunstvoll ins Lavagestein gehauene Stufen überwinden Steilstufen, die zu Wegpassagen unterhalb mächtiger Überhänge aus schwarzen Lavafelsen führen. Die Wegführung ermöglicht herrliche Ausblicke über den Barranco bis hinüber zum Örtchen Batán an der Westseite. Nach einem Quergang beginnt der Weg zu einem Hangrücken mit den ersten Feldterrassen von Chinamada aufzusteigen (1 Std. 30 Min.). Noch immer fehlen knapp 250 Höhenmeter bis zum Höhlendorf. Kleinere Drachenbäume, Feigen und Agaven kündigen das Näherrücken der Siedlung an, doch vorerst verläuft der Pfad weiter in kühner Trassenführung durch die steilen Lavahänge. Zeitweise dienen Felsbänder als Unterlage. Der Barranco del Rio liegt inzwischen weit unter uns. Sobald wir um eine Felsnase gebogen sind, rücken die Häuschen von **Chinamada** ins Blickfeld. Durch die schmalen, mühevoll angelegten Äcker geht es auf einem Wiesenpfad bis zur neu errichteten Kirche. Hier endet der alte Saumpfad und weicht einer modernen Asphaltpiste (2 Std.). Wir können uns ein wenig in dem Dörfchen umsehen; auch heute noch treffen wir auf die eine oder andere ins weiche Lavagestein gehauene Behausung. Äußerlich sind diese wie herkömmliche Hausfassaden gestaltet – mit weißem Anstrich, Blumenschmuck und Fensterläden.

Der Roque Dos Hermanos.

Links vom Kirchengebäude zweigt ein kleiner Pfad links ab, der die Terrassenkulturen nördlich des Ortes quert und nach 15 Min. den lohnenden Aussichtspunkt **Aguaide** erreicht. Von der Steinkanzel blickt man aus 800 m Höhe senkrecht ins Meer. Vom Kirchplatz aus folgen wir der kaum befahrenen Asphaltstraße nach Las Carboneras. Nach einem Hangdurchstich wechseln wir auf die Ostseite des Roque de Tenejia und genießen einen weiten Blick auf das Anagagebirge mit dem schroffen Roque de Taborno (706 m). Vorbei an einem schattigen Rastplatz mit

Ein Taleinschnitt mit Kulturterrassen oberhalb des Barranco de Taborno vor Las Carboneras.

Brunnen und Holzbänken steigen wir leicht aufwärts und passieren noch einen weiteren kleinen Sattel. Danach eröffnet sich bereits die Sicht auf das kleine Bergdörfchen → **Las Carboneras**, das wir bald auf der nun ebenen Straße erreichen (2 Std. 45 Min.).
Wir durchqueren die Siedlung und kommen an zwei einladenden Bars vorbei. Kurz hinter dem Ortsende biegt nach rechts ein alter Maultiersteig jetzt über Stufen in den Hang ein und führt durch Baumerikagebüsch in mehreren Serpentinen zum Sattel **Las Escaleras** (3 Std. 15 Min.). Wir passieren einen Brunnen, an dem wir unseren Durst stillen können. Vom Sattel aus folgen wir dem befestigten Pfad nach links, der nach einer Serpentine in die Fahrstraße zum Cruz del Carmen einmündet. Dieser folgen wir 1200 m durch die Streusiedlung **Batán de Arriba**, bis in einer Haarnadelkurve geradeaus ein Forstweg abzweigt. Die mit dem Schild »Las Yedras« gekennzeichnete Piste verläuft am unteren Rand des Cruz del Carmen in den westlichen Las Mercedes-Wald (4 Std.). Wir folgen dieser Straße, die in schattigen Lorbeerwald hineinführt, bis nach wenigen Minuten nach links der Waldsteig zum Cruz del Carmen abzweigt. Nach einem etwas steileren Aufstieg auf lehmig-rutschiger Unterlage erreichen wir den auf 900 m Höhe liegenden Aussichtspunkt am **Cruz del Carmen**, von dem man an klaren Tagen einen schönen Blick auf die Ebene von La Laguna und den dahinter aufragenden Cumbre Dorsal genießt (4 Std. 30 Min.). Unmittelbar am Parkplatz der Aussichtsplattform hat die Verwaltung des Parque Rural Anaga ein kleines Besucherzentrum errichtet. Bildtafeln und Schaustücke zeigen die Besonderheiten der Tier- und Pflanzenwelt sowie die schönsten Winkel dieses sehr ursprünglichen Gebirgszuges. Für Fragen zu Wanderrouten oder zum Naturraum ringsum steht fachkundiges Personal zur Verfügung. Rund um den Parkplatz, der inmitten des Lorbeerwaldes liegt, können wir auch die wichtigsten Baumarten dieses Waldtyps kennenlernen.

Schöner Blick auf die Ebene von La Laguna und den Cumbre Dorsal.

13 Die Vueltas de Taganana

In der ursprünglichsten Landschaft Teneriffas: Casa Forestal de Taganana – Taganana – Playa de San Roque

leicht

8 km

2½ Std.

↑900 m
↓900 m

Tourencharakter: Bequeme Wanderung, im Nebelwald mitunter etwas rutschig; letztes Wegstück auf asphaltierten Straßen.
Beste Jahreszeit: März, April, Mai, Oktober, November.
Ausgangspunkt: Casa Forestal de Taganana (832 m).
Endpunkt: Playa de San Roque (Meeresniveau).
Wanderkarte: Karte des Parque Rural Anaga M = 1:50000.
Markierung: Wegweiser zu Beginn.
Verkehrsanbindung: Mit der Buslinie 077 von La Laguna in Richtung El Bailadero bis zum Forsthaus (dem Fahrer ankündigen, daß man aussteigen möchte); mit der Buslinie 246 zurück nach Santa Cruz. Mit dem Auto von La Laguna über die Straße am Cumbre Dorsal.
Einkehr: Bars in Taganana und San Roque.
Auskunft: Besucherzentrum des Parque Rural Anaga am Cruz del Carmen, Tel. 633576.

Die Vueltas de Taganana gehören sowohl zu den ältesten als auch zu den eindrucksvollsten Saumpfaden des Anagagebirges. Sie durchqueren den schönsten Abschnitt des Lorbeerwaldes.

Wegverlauf

Gleich hinter dem Forsthaus **Casa Forestal de Taganana** beginnt unser Weg. Wir steigen zuerst auf einem schattigen, in die Erde eingeschnittenen Maultierpfad zum Sattel **Cruz de Taganana** unterhalb des **Roque de los Pasos** auf (5 Min.). Hier biegt von rechts der Verbindungspfad von El Bailadero ein. Ein altes Schild neben dem steinernen Unterstellhäuschen weist auf die Vueltas hin, die sogleich in den **Barranco de las Iglesias** hinabführen. Auf diesem Weg durchqueren wir den am besten erhaltenen Nebelurwald Teneriffas. Die steilen Böschungen der zum Teil tief in den Hang eingeschnittenen Kehren bie-

Der Kettenfarn im Lorbeerwald wirkt besonders exotisch.

13

ten zahlreichen Farnen und Moosen ideale Wuchsbedingungen. Nach etwa 45–50 Min. beginnt sich der Wald zu lichten und in Gebüsch überzugehen. Der Weg führt aus dem schattenspendenden Dickicht heraus und tritt in die Kulturterrassen oberhalb von Taganana ein (1 Std.).

In der Folge wandern wir am Westhang des Barranco de las Iglesias entlang und kommen durch Feld- und Weinterrassen dem Örtchen immer näher. An einer Weggabelung, wo der Pfad nach Afur abzweigt (vgl. Wanderung 19), halten wir uns rechts. Nach 10 Min. erreichen wir → **Taganana** (1 Std. 20 Min.). Wir folgen dem zementierten Weg durch einen Palmenhain hindurch abwärts, bis wir auf eine breitere asphaltierte Straße treffen und nach links abbiegen. Nach wenigen Metern führt rechts eine Straße in den Camino Portugal, auf dem wir an weißen Häuschen entlang etwas steil abwärts steigen. Wir gelangen auf eine weitere Asphaltstraße, die uns nach rechts zum Kirchplatz bringt (1 Std. 35 Min.).

Krönender Abschluß der Wanderung: die Playa de San Roque.

Wir queren den Barranco de las Iglesias und erreichen die kleine Kirche und den lorbeerbaumbestandenen Dorfplatz. An dessen Rückseite führt ein Treppenweg zur Hauptstraße hinab, der wir nun in einem weiten Bogen folgen.

Wir wandern auf das Meer zu und kommen am Bar-Restaurant Comida Canarina vorbei (1 Std. 50 Min.).

Entweder beenden wir hier unsere Wanderung und gehen zur nächsten Bushaltestelle oder wir legen auf der Hauptstraße noch den Weg bis zu dem kleinen Badeplatz an der **Playa de San Roque** mit dem Weiler **Roque de las Bodegas** zurück. Dieser liegt 2,5 km von Taganana entfernt (2 Std. 15 Min.) und besitzt einen Strand und mehrere Bars.

14 Die große Faro-de-Anaga Randtour

Zum Nordostkap Teneriffas: Chamorga – El Draguillo – Las Palmas – Faro de Anaga – Playa de Bermejo – Chamorga

mittel

14 km

5 ¼ Std.

↑450 m ↓800 m

Tourencharakter: Sehr lohnende Rundwanderung auf weitgehend schmalen Bergpfaden, mehrere längere und steile An- und Abstiege; Ausdauer und Trittsicherheit sind erforderlich.
Beste Jahreszeit: März, April, Mai, Oktober, November.
Ausgangspunkt/Endpunkt: Chamorga (500 m).
Wanderkarte: Karte des Parque Rural Anaga M = 1:50 000.
Markierung: Gelbe Wegweiser rund um den Faro de Anaga, grüne und rote Farbtupfer.
Verkehrsanbindung: Mit der Buslinie 247 ab Santa Cruz; mit dem Auto von La Laguna aus über die Höhenstraße am Cumbre Dorsal bis ans äußerste Ende der Straße nach Chamorga.
Einkehr: Bar Casa Alvaro Chamorga in Chamorga.
Auskunft: Besucherzentrum des Parque Rural Anaga am Cruz del Carmen, Tel. 63 35 76.

Das → **Anagagebirge** ist eines der Wanderparadiese der Insel. Die als Große Faro-de-Anaga-Runde bekannte Tour startet in → **Chamorga** am Ende der Cumbre-Straße und bringt uns bis zum Leuchtfeuer an der Nordspitze Teneriffas. Unterwegs passieren wir kleine, beschauliche Weiler, die nur zu Fuß zu erreichen sind, bizarre Küstenlandschaften mit einer seltenen Flora, die Vogelfelsen Roque del Dentro sowie das wilde Nordostkap oberhalb der Bucht von Bermejo. Ein schattiger, aber steiler Bergpfad durch den Barranco de Roque Bermejo bringt uns nach Chamorga zurück. Die Wanderung ist in den Nachmittagsstunden am eindrucksvollsten. Dann fällt goldenes Licht auf die Nordküste und verleiht der Landschaft einen zusätzlichen Reiz.

Chamorga im äußersten Norden des Anagagebirges.

Wegverlauf

Wir biegen in Chamorga beim Wegweiser »Cabezo de Tejo« bei der Bar am Ende der Fahrstraße in ein Wiesental ein und folgen dem aufwärtsführenden Weg. Die Route bis zum Sattel unterhalb des Aussichtspunktes Cabezo de Tejo ist mit der von Wanderung 21 identisch (30 Min.). Am Sattel entscheiden wir uns für den Abstieg nach El Draguillo und durchqueren auf einem Serpentinenpfad den untersten Abschnitt des Lorbeerwaldes. Der gut ausgebaute Camino ist trotz des Höhenunterschiedes von knapp 650 m, den wir zu überwinden haben, einigermaßen bequem zu gehen. An steileren Passagen helfen

14

Steinstufen, die Höhe zu überwinden. Nach etwa 100 Höhenmetern geht der Lorbeerwald in Gebüsch über, und der Weg wird von mächtigen Adlerfarnfluren gesäumt. Bald erreichen wir die baumfreien Hänge oberhalb von El Draguillo, wo Feldterrassen den ehemaligen Bewuchs aus Lorbeerwald ersetzen. Der Weg beschreibt nun steilere Serpentinen und schlängelt sich durch das mühsam angelegte Ackerland. Im oberen Hangabschnitt ist es bereits verwildert, während es, je mehr wir uns El Draguillo nähern, um so besser gepflegt ist. Nach dem etwa 45-minütigen Abstieg haben wir **El Draguillo** erreicht (170 m, 1 Std. 15 Min.).

Der alte Bergpfad zum Faro setzt sich rechts des Drachenbaumes, der El Draguillo seinen Namen gab, fort und durchquert zuerst einen kleinen Barranco. Anschließend steigen wir steil in ein Felssturzgelände an und folgen dem steinigen Pfad durch den Küstensteilhang. Sobald der Weg nach einem Schutthang den Wendepunkt erreicht und abzusteigen beginnt, werden die Häuser von **Las Palmas**, der nächsten Station unserer Wanderung sichtbar. Wir steigen auf dem schmalen, etwas luftigen Pfad dem Plateau entgegen, das sich einladend nach Nordwesten zum Meer hin zieht. Nach zwei unangenehmen, zum Meer hin steil abfallenden Geröllfeldern sowie der Querung des **Barranco las Hermanitas** folgen wir den abschüssigen Serpentinen bis zum Weiler Las Palmas (2 Std. 15 Min.).

Typisch und namengebend: der Drachenbaum.

Links und rechts des Weges stehen Feigenkakteen in einer Höhe, wie

14

wir es auf Teneriffa nirgends sonst zu sehen bekommen. Die bis zu 5 m hohen Exemplare dieser stattlichen Pflanzen haben die Gestalt eines Baums. Von den Dattelpalmen, die dem Weiler seinen Namen gaben, sind heute nur noch zwei erhalten. Der einsame Platz, der nur über diesen Steig zugänglich ist, ist kaum noch bewohnt. Dennoch respektieren wir die Wegführung, die außen um den Weiler herumführt und den wenigen Menschen, die noch hier leben, ihre Ruhe läßt. Der ausgetretene Pfad führt an die Steilküste heran, die fast 150 m zum Meer hin abbricht. Wir umrunden den Ort und betreten am Ostende wieder den alten Pfad, der einen ausgewaschenen, brüchigen Barranco quert und mit einem rostigen Wegweiser (»El Faro«) gekennzeichnet ist. Wir haben nun einen steilen Aufstieg durch verwildertes Feldterrain vor uns und erklimmen allmählich die Steilhänge der Nordküste. Während Sukkulentenbusch unseren Weg begleitet, rückt der Vogelfelsen **Roque de Dentro** immer näher. Der ehemalige Vulkan liegt etwa 100 m vor der Küste und bietet zahlreichen Seevögeln Nist- und Futterplätze. Nach 20 Min. passieren wir einen kurios aussehenden Felsblock mit einem steinernen Keller darunter (2 Std. 45 Min.). Hier wurde früher Wein angebaut.

Nistplatz für zahlreiche Seevögel: der Roque de Dentro, ein ehemaliger Vulkan.

Wir nähern uns nun dem felsigen Kamm des **Roque de Adermo** und können uns an der Quelle **Fuente Junquillo** erfrischen (2 Std. 55 Min.). Der Pfad senkt sich deutlich ab, um nach einem Hangrücken nochmals anzusteigen. Sobald die Wegspur aus den steilen Hängen unterhalb des Roque de Adermo in offeneres Terrain ausläuft, lugt zum ersten Mal das Gebäude des Leuchtturmes aus dem Hang. In den durch zahllose Felsen gegliederten Hängen können wir im Frühjahr den seltenen und nur an der Nordseite des Anagagebirges vorkommenden Einfachen Natternkopf sehen, der 2 m groß wird und weiß blüht. Allmählich hält der Pfad auf den **Faro de Anaga** zu. In bequem zu gehendem Gefälle bewegen wir uns in Richtung des wenig schmucken Gebäudes, das die äußerste Nordspitze der Insel markiert (3 Std. 30 Min.). Der Leuchtturm steht auf dem **Roque de Bermejo** etwa 250 m hoch über der Bucht – ein Aussichtsplatz, wie er nicht so leicht zu finden ist.

Für den Rückweg nach Chamorga gibt es zwei Möglichkeiten: Am Leuchtturm beginnt ein Bergpfad, der über die **Montaña Fajada** in 1½ Std. nach Chamorga führt und Schwindelfreiheit verlangt. Wir wählen den einfacheren, nach links abgehenden Schluchtweg, zu dem wir zunächst beinahe bis zur **Playa de Bermejo** absteigen müssen (4 Std.). Der alte, breite Weg führt uns in ausladenden Serpentinen zur Basis des Barranco de Bermejo hinunter. Von einem markanten, mit mehreren Wegweisern gekennzeichneten Platz aus sind es nur noch wenige Minuten bis zur einsamen Playa de Bermejo. Wir begeben uns aber nach rechts auf den alten Maultierpfad, der durch den Barranco de Bermejo nach Chamorga verläuft, das 450 m höher liegt. Zunächst passieren wir Ackerbaugebiete und steigen dann über eine steile Rampe, an einem verfallenen Gehöft vorbei, in den Cañon ein. Der eindrucksvolle Weg erreicht nach 1 1/4 Stunden (ab dem Leuchtturm) karge Feldterrassen sowie die ersten Bauernhäuser von → **Chamorga**. Wir folgen der schmalen Dorfstraße und erreichen den Parkplatz am Ende der Anagahöhenstraße (5 Std. 15 Min.).

Die einsame Nordküste mit dem Roque de Dentro.

Variante: Wer mit dem Bus zur Wanderung anfährt, sollte Playa de San Roque als Ausgangspunkt wählen. Die Badebucht wird vom Taganana-Bus bedient (Linie 246), der tagsüber recht regelmäßig fährt. Um von Santa Cruz nach Chamorga zu kommen, muß man dort schon um 5 Uhr losfahren, nur samstags verkehrt ein Bus um 7.30 Uhr. Die Route von der Playa de San Roque verläuft auf einer asphaltierten Straße über die langgezogene Bucht Playa de Benijo (15 Min.) in das Örtchen Benijo (100 m, 30 Min.). Am oberen Ortsausgang beginnt an der Bar El Frontón eine Schotterstraße, die hoch über der Playa Fabián teils steil ansteigend nach El Draguillo leitet (1 Std. 15 Min.). Dort mündet die Straße unmittelbar in die Wanderroute. Am Ende der Rundtour kehrt man von El Draguillo auf demselben Weg nach Playa de San Roque zurück. Der Hauptanstieg liegt bei dieser Variante in der Mitte der Tour, sie verlängert sich aber auf gut 7 Std. Wer die Wanderung in Chamorga abbricht, spart ein Stück des Anstieges und 2 Std. Gehzeit.

15 Über den »Engländergipfel« nach Santa Cruz

Auf alten Pfaden in die Hauptstadt: Taborno – Pico del Inglés – Val Tahodio – Santa Cruz

mittel

13 km

4 Std.

↑ 400 m
↓1000 m

Tourencharakter: Wanderung auf breitem, gut begehbarem Maultiersteig; Abstieg stellenweise rutschig; letztes Wegstück auf Asphaltstraßen.
Beste Jahreszeit: März, April, Mai, Oktober, November.
Ausgangspunkt: Taborno (670 m).
Endpunkt: Barrio de la Alegría, Ortsteil von Santa Cruz.
Wanderkarte: Freytag & Berndt, Teneriffa M = 1:75 000.
Markierung: Einige ICONA-Wegweiser.
Verkehrsanbindung: Mit der privaten Buslinie der Fa. Transmera (nur wochentags) nach Taborno; von Barrio de la Alegría mit dem Stadtbus 955 ins Zentrum. Mit dem Auto über die Höhenstraße am Cumbre Dorsal nach Taborno.
Einkehr: Bar Abigai in Taborno, Bar Casa Carlos, Bars in Santa Cruz.
Auskunft: Besucherzentrum des Parque Rural Anaga am Cruz del Carmen, Tel. 63 35 76.

Die Route folgt einem alten Transportweg, den die Bauern aus dem Tal von Taborno zum Markt nach Santa Cruz gehen mußten, bevor es die modernen Straßen gab. Immer wieder passieren wir auf diesem Weg in die Lavafelsen am Wegesrand eingeschnittene Unterstände, die den Menschen früher als Rastplätze dienten. Aus der Stille des → **Anagagebirges** gelangen wir zunächst in das etwas verbaute Tahodiotal und später in die mondäne Hauptstadt → **Santa Cruz** mit ihren Prachtstraßen und der großzügigen Uferpromenade.

Wegverlauf

Unmittelbar an der Bushaltestelle in **Taborno** führt eine breite Steinrampe vom Parkplatz auf den Hang des Kammausläufers hinauf. Den Weg, der nach etwa 15 m links abzweigt, ignorieren wir. Bald endet die Rampe und geht in den alten Maultierpfad über, auf dem die Bauern früher nach Santa Cruz gelangten. Alle Feldfrüchte, vorwiegend Kartoffeln, aber auch Wein, mußten auf diesem Weg in die Hauptstadt gebracht werden. Dementsprechend breit ist der Pfad ausgebaut. Steilstellen werden über Serpentinen und in die Erde gehauene Steinstufen, flachere Stellen über gleichmäßig ansteigende Rampen überwunden. Zunächst wandern wir in baumfreiem Gelände durch Ginstergebüsch, treten aber bald in den schattigen Baumerika- und Lorbeerwald ein, der uns bis zum ersten Etappenziel, dem Pico del Inglés, weitgehend begleiten wird. Nachdem der Weg eine Hangkrümmung nach links passiert hat und von links der Pfad aus Afur einmündet, beginnt der eigentliche Anstieg auf den Cumbre.

Weg durch schattigen Baumerika- und Lorbeerwald.

Die Trassenführung beschreibt immer wieder Steilkurven, die aus dem Lavagestein oder der rötlich verwitterten Erde gehauen sind. Ab und zu, wenn wir den Flachstellen des Kammrückens folgen, wird der Weg eben. Trotz Sonne und warmen Wetters ist der Untergrund stets etwas feucht und rutschig und verlangt ein konzentriertes Gehen. Allmählich wird der Bewuchs dichter, wir gewinnen an Höhe. Bis zur Cumbre-Straße müssen 200 Höhenmeter überwunden werden, doch dank der angenehmen Wegführung sind diese kaum zu spüren. Immer wieder genießen wir Blicke hinunter auf die Taleinschnitte von Taborno und Afur, am westlichen Hang des Barranco können wir die idyllisch gelegene Siedlung Las Carboneras sehen. Sobald der Anstieg nachläßt, kommen wir an ein in den Hangwald eingebettetes Haus heran. Ab hier ist der Weg mit einer Zementkruste versehen und kündet das Näherrücken der Cumbre-Straße an. Diese ist an der Bar **Casa Carlos** erreicht, die allerlei Köstlichkeiten, insbesondere die deftige tinerfinische Eintopfspezialität Escarbon, Kaninchen und Ziegenkäse bereithält (1 Std.).

Für die kommenden 400 m ersetzt die moderne Cumbre-

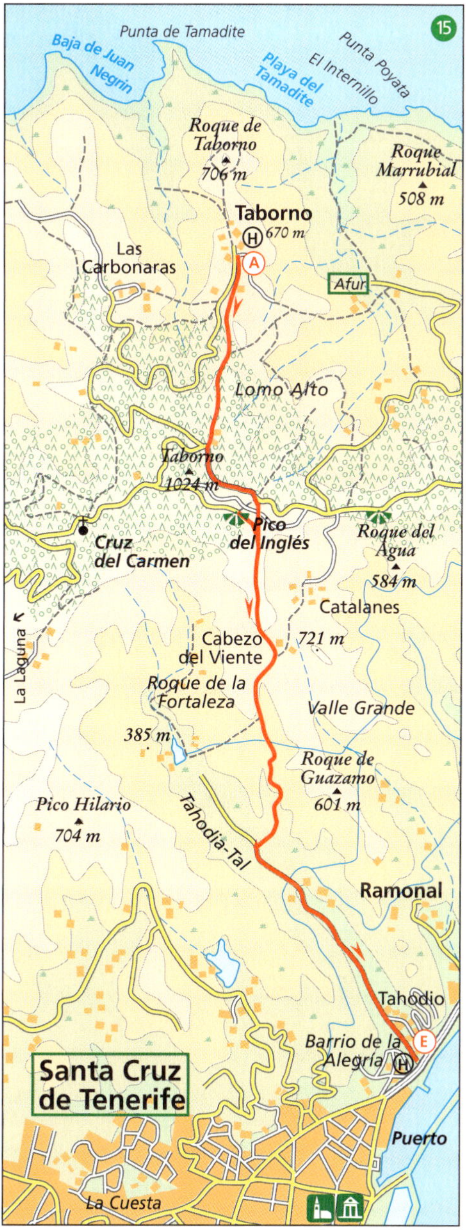

15

Straße unseren alten Maultierpfad. Wir folgen dieser leicht abwärts und biegen beim nächsten Gehöft auf eine rechts ansteigende geschotterte Zufahrtsrampe ab. Schon nach 25 m deutet ein weißer Pfeil auf einem Felsen nach rechts, und der Maultierpfad hat uns wieder. Bald treten wir in Baumerikabusch ein, er ist mannshoch und versperrt die Sicht auf die Südseite des Anagagebirges. Um den herrlichen Ausblick zu genießen, bietet sich nach wenigen hundert Metern ein Abstecher zum **Pico del Inglés** an. Wir treffen auf eine Weggabelung, an der wir etwa 300 m mit stetem Blick auf die Aussichtskanzel zurückgehen und an einem verfallenen Restaurantgebäude über eine Schotterrampe und Stufen ansteigen (1 Std. 15 Min.). Das Panorama, das bei gutem Wetter von den Roque de Dentro im Nordosten über den gesamten Anagahauptkamm bis zum Mercedes-Wald reicht, teilen wir mit zahlreichen Schaulustigen, die den Pico del Inglés bequem mit dem Auto oder dem Bus angefahren haben. Sollte der Passatnebel nicht oder nur gering eingefallen sein, ragt am westlichen Horizont der Teide wie ein ferner Zuckerhut aus dem Dunst.

Taborno, der Ausgangspunkt der Wanderung.

Wir kehren auf demselben Wegstück bis zur Abzweigung zurück und folgen einem gelben, verwaschenen Wegweiser in Richtung »Barrio de la Alegría«. 2 Std. Gehzeit, so informiert uns ein moderner Wegweiser der Naturparkverwaltung, werden dafür benötigt. Wieder zurück auf der Hauptroute, wandern wir beinahe eben auf einem nach Süden auslaufenden Kammrücken dahin und überwinden kleinere Geländestufen. Immer noch befinden wir uns inmitten des Lorbeerwaldes, aus dem einige größere Eukalyptusbäume herausragen. Vorbei an drei von links einmündenden Seitenpfaden und einem verfallenen Bauernhaus, kommen wir nach etwa 20 Min. (ab dem Pico) zu einer Gabelung mit drei Wegen. Der richtige ist jener, der geradeaus verläuft und sogar noch leicht ansteigt. Er führt allmählich auf den schroffer werdenden Kamm hinaus, von wo aus wir plötzlich Sicht in die Tiefe haben. Der Pfad ist von den Maultieren früherer Zeit noch deutlich ausgetreten und unterscheidet sich dadurch von kleineren Jägersteigen, die immer wieder nach links und rechts abzweigen. Schließlich erreichen wir den letzten Ausläufer des Kammrückens, den **Cabezo del Viento** (2 Std.).

Vom Bergkamm genießt man den Blick in die Tiefe.

15

Hier beginnt nun der steile und zuweilen beschwerliche Abstieg ins Tal. In dem rutschigen Gelände und angesichts der vielen kleinen Kehren ist Trittsicherheit von Vorteil. Wir lassen den Wald hinter uns und treten in die Sukkulenten-Gebüschvegetation ein. Nun rückt die Hauptstadt ins Blickfeld, und das **Tahodiotal** breitet sich vor uns aus. Kehre um Kehre, zum Teil weisen sie noch den alten Pflasterbelag auf, arbeiten wir uns abwärts. Wir erreichen Häuser des Weilers Catalanes und kommen später an Felspassagen vorbei, in denen kleinere Grotten zu sehen sind. Ein Bauernhaus mit einem großen Eukalyptusbaum rückt heran, wenige Minuten später folgt ein zweites, ehe wir zu einer Wegkreuzung kommen, an der wir uns rechts halten. Wir folgen dem ICONA-Schild »Barrio de la Alegría« und gelangen allmählich in einen Seitencañon, den **Barranco de Valle Luis**. Dort wechseln wir auf dem deutlich erkennbaren Pfad mehrmals die Hangseite und kommen, teils über Wiesenstufen, an die Basis des Tahodiotales heran (3 Std. 15 Min.). Alte und neue Bauernhäuser, dazu Gärten, Feigenbäume und Ackerterrassen liegen rechts und links des Weges. Sobald wir aber den Talboden erreicht haben und der alte Maultierpfad durch eine Asphaltstraße ersetzt ist, sind allerorts die Spuren der nahen Großstadt zu finden. Nun folgen wir parallel zum ausgetrockneten Barranco 3 km der Talstraße. Ab und zu überragen große Eukalyptusbäume den rechten Bachrand, ansonsten bietet die Landschaft des äußeren Tahodiotales wenig Eindrucksvolles (4 Std.).

Der Blick vom Pico del Inglés auf die Nordostseite des Anagagebirges.

Am Eingang des Santa Cruz-Ortsteils Barrio de la Alegría treffen wir auf ein Schulgelände mit Sportplatz. Die davor parkenden Busse sind ausschließlich für den Schülertransport gedacht. Die öffentliche Bushaltestelle samt Fahrkartenkiosk befindet sich 400 m weiter unten. Wer noch einen Stadtrundgang in Santa Cruz anschließen möchte, folgt der abwärtsführenden Straße und biegt nach wenigen hundert Metern rechts auf die breite Küstenstraße ab. Diese erreicht nach kurzer Zeit die Ramblas und die breite Uferpromenade der Hauptstadt (4 Std. 15 Min.).

16 Von El Portillo zur Fortaleza

Im Bannkreis des Teide durch die Cañadas: El Portillo – Fortaleza – Huevos del Teide – El Portillo

mittel

13 km

4½ Std.

↑350 m ↓350 m

Tourencharakter: Rundwanderung fast ausschließlich auf feinem Bimsgrus; Orientierung mitunter nicht einfach.
Beste Jahreszeit: März bis Juni, September bis November.
Ausgangspunkt/Endpunkt: Besucherzentrum des Nationalparks Teide in El Portillo.
Wanderkarte: Freytag & Berndt, Teneriffa M = 1:75 000.
Markierung: Zu Beginn Zahlenschilder der Nationalparkverwaltung (Nr. 4), Rückweg mit Nr. 6/7 gekennzeichnet.
Verkehrsanbindung: Von Playa de las Américas mit dem Cañadas-Bus 342, mit dem Auto über Arona oder Grandilla nach Vilaflor zur Boca de Tauce und weiter nach El Portillo; von Puerto de la Cruz mit der Linie 348, mit dem Auto über La Orotava und Aguamansa.
Einkehr: Bar-Restaurant El Portillo.
Auskunft: Parador Nacional Cañadas del Teide, Tel. 38 64 15.

Rundwege sind in den → **Cañadas** die Ausnahme. Diese Wanderung ist deshalb gut zur Einstimmung geeignet. Bis zur Fortaleza ist sie leicht zu bewältigen und bietet einen Einblick in die typische Cañadas-Landschaft mit sanften Vulkanhügeln, schroffen Felsbändern und eigenwilligem Bewuchs. An den ersten Zielpunkt, den Felsstock der Fortaleza, schließt eine »Wildnisstrecke« an, die zum Teil auf undeutlichem Pfad, zum Teil weglos durch die Bimsgruslandschaft zieht. An den untersten Hängen des Teide treffen wir dann auf die »Huevos del Teide«, eine bemerkenswerte Vulkansteinformation.

Der Hang der Montaña Blanca am Umkehrpunkt des Wegs.

Wegverlauf

Unmittelbar an der Cañadas-Straße in **El Portillo** befindet sich das schön gelegene Besucherzentrum des Nationalparks, **Centro de Visitantes**, mit großem Parkplatz. Wir heben uns den Besuch des Schauraumes und des Botanischen Gartens für das Ende der Tour auf und folgen der Steinrampe, die links des Gebäudes leicht aufwärts führt. Diese bringt uns zu einem breiten und von jeder Schlacke freien Weg, der uns den Eintritt in diese bizarre Landschaft eröffnet. Schütterer Bewuchs aus Teide-Ginster und Kugelgebüschen begleitet uns, dazwischen ragen immer wieder kleinere Lavabrocken aus dem ockerfarbenen Bimsgrus. Nach wenigen Minuten kommen wir an den Rand einer kleinen Senke heran, links des Wegs befindet sich eine gemau-

16

erte Steinbank. Wir steigen in die kleine Cañada ab und durchqueren sie in einem weiten Rechtsschwung. Dabei passieren wir einen gesperrten, nach rechts abzweigenden Weg. Unser Weg führt aus der Senke wieder leicht aufwärts und trifft auf einen breiten Fahrweg. Dieser kommt von der Siedlung Las Cañadas del Teide herüber und wird uns zur Fortaleza leiten. Täfelchen mit der Nummer 4 zeigen an, daß wir nach rechts abbiegen müssen. Nach links verläuft der Wanderweg 6 zur Montaña Blanca, den wir auf dem Rückweg benützen (20 Min.).

Wir steigen leicht an, links des Weges ragen die Felsen des **Roque del Peral** auf. Anschließend geht es stets abwärts auf die steilen Felsklippen der Fortaleza zu, und wir erreichen die langgezogene Sandebene der **Cañada de los Guancheros**, die sich vor den **Riscos de la Fortaleza**, der »Felsfestung«, ausbreitet (45 Min.). Die Gewaltigkeit der Landschaft trifft uns unvermutet, von El Portillo aus wirkt der Felsriegel wie eine unbedeutende Erhebung. Doch jetzt erkennen wir darin eine dramatische Wandflucht, die gut 100 m senkrecht aus der Ebene ragt. Die Fortaleza ist im Zuge eines gewaltigen Erdrutsches entstanden, der vor 170 000 Jahren den Ur-Teide über die Nordseite Teneriffas ins Meer gleiten ließ. Der rotbraune Felsrücken blieb gleichsam als letzte Bastion des Urberges in der Landschaft stehen.

Letzte Bastion des Ur-Teide.

Um auf den Fels zu steigen, benutzen wir einen schmalen Bergpfad,

16

der knapp vor Beginn der Felsen zum kiefernbewachsenen Sattel **Degollada del Cedro** rechts der Fortaleza führt. Im lichten Kiefernwald befinden sich eine Kapelle und der einladende Picknickplatz Cruz de Fregel (1 Std.). Links läuft eine Forststraße an der Rückseite des Hanges der Fortaleza entlang. Am Ende dieser Straße steigen wir auf einem schwach gekennzeichneten Pfad zur Abbruchkante an und genießen einen herrlichen Blick über die Cañada de los Guancheros und den Kiefernwald hinweg bis zum Großen Gala im Tenogebirge (1 Std. 15 Min.). Der Abstieg kann über den mittlerweile verwachsenen Fahrweg erfolgen, der von der Degollada del Cedro nach rechts in den Hang unterhalb der Felsen führt. Gleich nach dem Sattel passieren wir eine braune Schranke und folgen der gemächlich absteigenden Rampe bis zur Sandebene (1 Std. 30 Min.).

Schwieriger Weg zu einer markanten Attraktion: die »Huevos del Teide«.

Für die nächste Wanderetappe folgen wir an einer Felsgruppe, die inmitten der Sandebene markant aus dem ocker-weißen Sand ragt, einem wenig begangenen und daher schlecht gekennzeichneten Weg. Zugegebenermaßen ist das folgende Wegstück bis zu den Huevos del Teide nicht immer leicht zu erkennen und kann Wanderern, die Orientierungsprobleme haben, Schwierigkeiten bereiten. Wir wagen dieses kleine Abenteuer und folgen den undeutlichen, aber dennoch sichtbaren Pfadspuren. Wir steigen stets aufwärts, zunächst sanft, dann steiler, und orientieren uns im Sand mit Hilfe von Steinmännchen, gelegten Steinspuren oder Fußtritten. Später wird der Pfad durch einmündende Querwege deutlicher, doch müssen wir uns dennoch auf seinen Verlauf gut konzentrieren. Sobald wir nach einer Steilstufe das mit Ginster bewachsene und durch Vulkangestein unwegsame Gelän-

16

de verlassen haben, brauchen wir uns um die Wegführung keine allzu großen Sorgen mehr zu machen. Der Bimsgrus, der die Landschaft bedeckt und nur durch niederliegende Kugelbüsche unterbrochen wird, ermöglicht ein Querfeldeingehen. Wir müssen uns nur zur Montaña Blanca hin orientieren, die stets vor uns im Blick steht. Wir kommen an eine letzte markante Geländestufe heran und spüren, daß uns die Weichheit des Untergrundes nun wenig behagt. Es ist kaum möglich, einen Tritt anzusetzen, was das Aufwärtssteigen ein wenig erschwert. Oben angekommen, wandern wir entlang des Kammes auf eine markante Felskanzel zu und sehen im Hintergrund bereits die Wege zur **Montaña Blanca**, auf die wir zuhalten. Der breite Fahrweg von der Cañadas-Straße herauf beschreibt die klassische Aufstiegsroute zum Teide. Von links unten führt deutlich der Pfad von El Portillo zur Montaña nach oben, auf dem wir zurückgehen (2 Std. 45 Min.). Zuvor folgen wir jedoch noch etwa 20 Min. dem Fahrweg zu den **Huevos del Teide** und sehen uns diese besonders markanten Lavagesteinformationen an (vgl. Wanderung 30) (3 Std. 15 Min.).

Der Abstieg nach El Portillo verläuft durchweg auf dem Pfad, der wie ein weißes Band in den ockerfarbenen Untergrund einschneidet und an keiner Stelle Orientierungsprobleme bereitet. Nach 45 Min. stoßen wir auf den Fahrweg aus Las Cañadas del Teide, den wir bereits vom Hinweg kennen. Auf diesen biegen wir links ab, um nach einer kleinen Einsattelung zu einer weiteren Abzweigung zu gelangen, die uns ebenfalls schon vertraut ist. Wir schwenken nach rechts und befinden uns wieder auf dem Weg, der uns direkt zum Besucherzentrum bringt (4 Std. 20 Min.).

Einfacher Abstieg über ockerfarbenes Gestein.

Die Cañadas mit dem Felsriegel der Fortaleza im Hintergrund.

17 Die Roques de Garcia

Bizarre Formationen in den Cañadas: Parador – Roques de Garcia – Ucanca-Ebene – Roques Azulejos – Parador

leicht
8 km
2¼ Std.
↑150 m ↓150 m

Tourencharakter: Angenehme Wanderung auf Schotterwegen und Bergpfaden; einem langgezogenen Abstieg folgt ein steiler Gegenanstieg.
Beste Jahreszeit: April bis Juni, September bis November.
Ausgangspunkt/Endpunkt: Parador Nacional (2150 m).
Wanderkarte: Freytag & Berndt, Teneriffa M = 1:75000.
Markierung: Mit Steinen ausgelegter Weg.
Verkehrsanbindung: Von der Playa de las Américas mit dem Cañadas-Bus 342, mit dem Auto über Arona oder Grandilla nach Vilaflor zur Boca de Tauce und weiter zum Parador; von Puerto de la Cruz mit der Linie 348, mit dem Auto über La Orotava und Aguamansa zum Parador.
Einkehr: Café-Restaurant im Parador Nacional.
Auskunft: Parador Nacional Cañadas del Teide, Tel. 386415.

Die windgeformte Vulkanlandschaft rund um die Roques de Garcia ist fester Bestandteil einer jeden Inselrundfahrt. Die Felsen mit dem berühmten »Finger Gottes« sind zwar leicht mit dem Auto zu erreichen, die kurze Wanderung rund um die Lavagebilde lohnt jedoch in jedem Fall.

Wegverlauf

Wir starten am **Parador Nacional** und folgen der Zufahrtstraße, queren die Cañadas-Straße und gelangen zum Parkplatz am Aussichtspunkt **Mirador de la Ruleta**. Der Pfad zu den Felsen beginnt nördlich des Parkplatzes und führt zunächst an Absperrungen entlang, die die Nationalparkverwaltung zum Schutz der Vegetation errichtet hat. Wir gehen über sandige Wegpassagen direkt auf den »Finger Gottes«, den **Roque Cinchado** zu. Seine überhängende Haltung und die Tatsache, daß er an der Basis schmaler ist als an der Spitze, machen ihn so markant (10 Min.).

Wir folgen dem deutlichen Pfad, der zu beiden Seiten mit

Steinen ausgelegt ist. Nach 10 Min. kommen wir rechts an einen Aussichtspunkt heran, von dem aus wir die gesamte wüstenartige **Ucanca-Ebene** überblicken können. Gleich anschließend erreichen wir die große Felsformation der **Roques de Garcia**. Ab und zu verläuft die Trasse auf plattigem Gestein, das noch deutlich die Laufrichtung der Lava erkennen läßt. Immer wieder fallen die Blicke auf den mächtig vor uns aufragenden Teide. Am Ende dieser Felsgruppe beginnt der Weg leicht anzusteigen. Unmittelbar an der Abbruchkante zur Ucanca-Ebene kommen wir an die Wende des Weges heran, die sich nahe am nordwestlichen Felsen, der **Torre Blanca**, befindet (40 Min.).

Der Weg schwenkt nach Süden und steigt über den Steilabbruch hinter dem Felsen etwa 100 Höhenmeter in die Ausläufer der oberen Ucanca-Ebene ab. An der Basis angekommen, wandern wir auf sandigem Terrain dem nächsten Vulkangebilde, dem **Catedral**, entgegen (1 Std. 25 Min.). Deutlich sind die Türmchen der dicht gebündelten Basaltsäulen sichtbar. Steinmännchen weisen uns hier den Weg, der ab und zu undeutlich sein kann. Knapp vor dem Catedral zweigt ein Weg nach links ab, der über einen Aufstieg von 150 m direkt zum Mirador de la Ruleta führt. Wir halten uns rechts und wandern auf der Westseite am Catedral vorbei.

Der Roque Cinchado.

Die Ucanca-Ebene wird immer weitläufiger. Nach 20 Min. schwenken wir ostwärts und halten auf die blau schimmernde Felsformation der **Roques Azulejos** zu. Nach kurzer Zeit steigen wir etwa 70 m zu einem Aussichtspunkt nahe der Fahrstraße an, der rund um diese Felsformation angelegt wurde (1 Std. 55 Min.). Die brüchigen Felsen sollten nur mit großer Vorsicht bestiegen werden. Ein Schotterweg führt nördlich der Felsen zur Hauptstraße, der wir 600 m folgen, um auf der zweiten Abzweigung zum Parador Nacional zurückzukehren (2 Std. 15 Min.). Im Besucherzentrum kann man sich über die Lebensräume und die geologischen Besonderheiten der Cañadas informieren (täglich von 9-16 Uhr).

18 Auf den Pico del Teide

Die Königstour der Insel: Cañadas-Straße km 40 – Huevos del Teide – Montaña Blanca – Refugio Altavista – Pico de Teide

anspr.
10 km
4½ Std.
↑1400 m
↓1400 m

Tourencharakter: Durch den großen Höhenunterschied anstrengend, am Vulkankegel Bergpfad mit Geröllanstiegen und Steilhängen.
Beste Jahreszeit: März, April, Mai, Oktober, November.
Ausgangspunkt: km 40 an der Cañadas-Straße.
Endpunkt: Talstation der Teide-Seilbahn.
Wanderkarte: Freytag & Berndt, Teneriffa M = 1:75 000.
Markierung: Rote und grüne Farbtupfer, Nummerntafeln im untersten Bereich, später nicht zu verfehlender Bergpfad.
Verkehrsanbindung: Von Playa de las Américas mit dem Cañadas-Bus 342, mit dem Auto über Arona oder Grandilla nach Vilaflor zur Boca de Tauce und weiter nach El Portillo; von Puerto de la Cruz mit der Linie 348, mit dem Auto über La Orotava und Aguamansa.
Einkehr: Kiosk an der Bergstation der Seilbahn, Bar-Restaurant in der Talstation.
Auskunft: Parador Nacional Cañadas del Teide, Tel. 38 6415.
Bewilligung: Für die Besteigung des obersten Gipfelbereichs bzw. des Pico Viejo kann man im Nationalpark-Büro Santa Cruz eine schriftliche Genehmigung beantragen (von allen Personen, die an der Besteigung teilnehmen wollen, müssen Paßkopien vorgelegt werden). Calle Emilio Calzadillo 5, 4. Stock, 38002 Santa Cruz.
Hinweis: Versuchen Sie vor Beginn der Wanderung herauszufinden, ob die Seilbahn tatsächlich verkehrt. Bei Sturm oder gar Schnee stellt sie den Betrieb ein. Im allgemeinen ist sie zwischen 9 und 16/17 Uhr in Betrieb (Hinweisschilder beachten).

Für jeden wanderfreudigen Teneriffa-Urlauber ist die Besteigung des Pico de Teide beinahe ein Muß. Der Teide fasziniert nicht nur durch seine Form und die imposante Höhe von 3718 m, sondern vor allem durch die gewaltige Aussicht. Von der Rambleta aus, dem befestigten Ringweg unterhalb des Gipfels, hat man bei klarer Sicht beinahe den ganzen kanarischen Archipel vor sich liegen.

Wegverlauf

Wir starten an einem kleinen Parkplatz an der **Cañadas-Straße** bei km 40. Von hier aus sind nicht weniger als 1400 m zu überwinden. Den höchsten Punkt zu besteigen, ist heute aus Naturschutzgründen verboten (es sei denn, man hat eine schriftliche Genehmigung). Wissenschaftler haben errechnet, daß durch den ganz normalen Besucheransturm täglich bis zu 600 000 Steine verschoben, herausgetreten oder abwärts befördert wurden. Wächter mit Trillerpfeifen achten sehr streng auf die Einhaltung des Verbotes.

Ideal für diese Tour: die ganz frühen Morgenstunden.

Zu dieser Wanderung sollte man sehr früh aufbrechen, die Tageserwärmung tritt schon in den Vormittagsstunden ein und wirkt sich in dem baumlosen Gelände besonders stark aus. Dennoch können im

18

Die Montaña Blanca mit den Huevos del Teide.

Gipfelbereich auch untertags Temperaturen um den Gefrierpunkt herrschen. Ein Wind- und Kälteschutz ist daher unabdingbar.
Wir folgen der breiten, gut ausgeschilderten Fahrstraße, die sich in einigen Kurven von der Cañadas-Straße wegbewegt. Zunächst queren wir hellbraun gefärbte Bimssteinhalden, bis ein Fahrweg nach rechts abzweigt. Wir halten uns links und wandern weiterhin leicht ansteigend auf den nun ins Sichtfeld gerückten Fuß des Bergs zu. Von rechts mündet der Fußsteig ein, der nach El Portillo führt und eine weitere Möglichkeit zur Besteigung des Teide darstellt. Unsere Fahrstraße

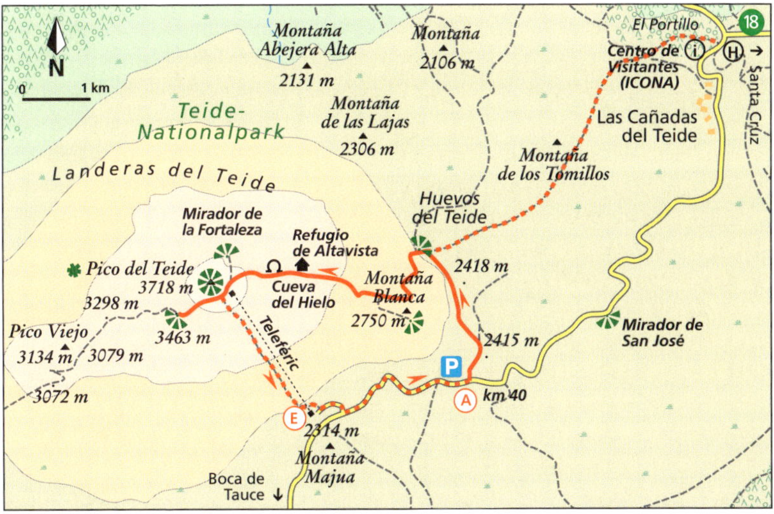

18

zieht in mehreren Spitzkehren einen weißlich-braun gefärbten Bimssteinhang hinauf. Die vielfältigen Schattierungen der vulkanischen Landschaften treten immer markanter hervor. In einer weit nach Norden auslaufenden Haarnadelkurve fällt zur rechten die Felsburg **Castillo de los Pedreros** auf. Schon nach wenigen Kehren verlangen die vulkanischen Gebilde **Huevos del Teide,** die »Eier des Teide« nach einer kurzen Pause (1 Std.). Bei den großen, schwarzen Lavakugeln

Refugio de Altavista am Aufstieg zum Teide.

handelt es sich um Obsidianbrocken, die beim letzten Ausbruch des Teide vom Hauptstrom abrissen und sich während des Abrutschens zu Kugeln formten. An der nächstmöglichen Flachstelle blieben sie liegen und ragen heute als eiförmige Gesteinsblöcke aus dem Bimsgrus.
Ab den »Huevos« gestaltet sich das Vorwärtskommen kurzzeitig mühsam. Der lockere Bimsgrus bietet den Tritten kaum Halt und läßt uns immer wieder zurückrutschen. Es empfiehlt sich daher, weiterhin der Fahrstraße zu folgen und nicht den direkten Weg über die abkürzenden Pfade zu nehmen. In mehreren Serpentinen erklimmen wir die **Montaña Blanca** und befinden uns nun auf knapp 2700 m (1 Std. 25 Min.). Dieser Vorberg, immerhin der vierthöchste Gipfel Teneriffas, wirkt neben dem gewaltigen Kegel des Teide eher bescheiden. Der Fahrweg kommt zu einer Wegkreuzung, wo an dem Schild »Refugio de Altavista« nach rechts der Aufstiegsweg zum Teide abbiegt. Hinweistafeln warnen hier eindringlich vor der Höhenkrankheit, die sich durch Übelkeit, Schwindel und rasches Ermüden bemerkbar macht. Stellt man während des Aufstieges diese Anzeichen fest, sollte man keinen falschen Ehrgeiz zeigen und die Tour abbrechen. Der Wanderweg wird nun zum Bergpfad, der sich in zahllosen Windungen den lavabedeckten Hang hinaufschraubt. Ein wenig begleitet uns noch Gebüsch aus Teide-Ginster, doch je höher wir ansteigen, um so nackter wird die Landschaft. Nach rund 1 1/2 Std. (ab dem Sattel) erreichen wir auf 3260 m die 1893 erbaute Hütte **Refugio de Altavista** (Übernachtungsmöglichkeit, 3 Std.). Die einfach ausgestattete Selbstversorgerherberge mit 68 Betten befindet sich inmitten eines Blockmeeres aus Vulkangestein, das aus scharfen Kanten und Anbrüchen besteht. Von der Hütte aus führt ein großzügig mit Steinen ausgelegter Weg in die Lavafelder hinein. Wir steigen um mehrere Felsnasen herum und überwinden scharfe Grate. Nach wenigen Minuten bietet

Alte Schutzhütte in einem Meer aus Vulkangestein: Refugio de Altavista.

18

sich uns die Möglichkeit, einen Abstecher nach links zur **Cueva del Hielo** zu unternehmen (3 Std. 15 Min.). In der Höhle hält sich das gesamte Jahr über Schnee. Über eine Eisenleiter können wir in den natürlichen »Eiskasten« hinabsteigen. Zurück auf dem Hauptweg folgen wir dem ansteigenden Pfad noch gut eine halbe Stunde und biegen schließlich in einer weiten Schleife auf den **Rambleta-Rundweg** ein (3 Std. 45 Min.). Auf dem zur Promenade ausgebauten Steinweg tummeln sich ab 10 Uhr vormittags die Fahrgäste der Seilbahn. Rechts gelangen wir zur Aussichtsplattform **Mirador de la Fortaleza**, die einen grandiosen Ausblick auf das Orotavatal und die östlichen Cañadas bietet (3 Std. 50 Min.). In etwa 10 Min. können wir auf dem bequemen Weg zur Bergstation der Seilbahn gehen (3555 m, 4 Std.). Von hier aus lohnt es sich, den etwa 1 km langen Panoramaweg zur Aussichtsplattform auf den **Pico Viejo** zurückzulegen (4 Std. 20 Min.). Der ebenfalls gut ausgebaute Pfad führt in einigem Auf und Ab zu einem Rastplatz auf der Westseite des Teide, von wo aus wir den zweitgrößten Vulkankegel von oben einsehen können. Der 3134 m hohe Viejo besitzt ein 800 m breites Gipfelplateau, das hoch aus der Ucanca-Ebene ragt. An den Nordhängen schließen die mit Kiefern bewaldeten Hänge des äußeren Tenogebirges an. Der letzte Ausbruch am Pico Viejo ereignete sich 1798. Drei Monate lang wurden Lava und Gas in 1000 m hohen Eruptionen aus einem 700 m breiten Riß geschleudert. Die feinen Ascheanteile gelangten dabei in hohen Luftströmungen bis auf die Inseln Hierro und Gran Canaria.

Einer der schönsten Plätze Teneriffas: Mirador de la Fortaleza.

Die Rückkehr zum Ausgangspunkt der Königstour erfolgt mit der Seilbahn, die uns in wenigen Minuten zur Talstation bringt. Von dort geht es 3 km entlang der Cañadas-Straße bis zu dem kleinen Parkplatz.

Der Teide am frühen Morgen.

ADEJE

Höhe: 250 m
Einwohner: 12 000

Lage: Das gemütliche Dörfchen Adeje liegt nördlich der Playa de las Américas im Südwesten der Insel.

Geschichte: Adeje war in früherer Zeit Sitz eines tinerfinischen Königs, der sich das ganzjährig aus der Höllenschlucht fließende Wasser zunutze machte. 1555 wurde ein befestigtes Wehrhaus, eine sogenannte »Casa Fuerte« errichtet, um die Ansiedlung vor Piratenangriffen zu schützen. Bereits damals bestanden rund um Adeje zahlreiche Plantagen, die im Gegensatz zu heute Zuckerrohr hervorbrachten. Als später hauptsächlich Tomaten gepflanzt wurden, diente die Casa Fuerte als Verpackungshaus. Das inzwischen restaurierte Gebäude, das durch die davor aufgestellte Kanone erkennbar ist, soll zu einem kleinen Museum ausgebaut werden.

Die Hauptstraße von Adeje lädt zum Flanieren ein.

Sehenswert: Adeje ist vor allem durch seine Lage am Eingang des **Barranco del Infierno**, der Höllenschlucht, bekannt geworden. Das Örtchen selbst besticht durch die mit Indischem Loorber bestandene **Hauptstraße**, in der kleine Cafés, Boutiquen sowie die **Pfarrkirche** mit dem weitläufigen Platz zu einem Besuch einladen.

> **Tip**
> Das Restaurant **Los Arcos** in der Calle Tinerfe el Grande unterhalb des Kreisverkehrs ist einen Besuch wert. Es stellt auch gehobenere Ansprüche mit internationaler und spanischer Küche zufrieden, Tel. 922 71 07 70.

AFUR

Höhe: 300 m
Einwohner: ca. 50

Tinerfinisches Leben in einem abgelegenen Dorf.

Erst seit kurzem ist das entlegene Dörfchen an der Nordküste des Anagagebirges durch eine asphaltierte Straße mit der Höhenstraße verbunden. In Afur findet man noch weitgehend unberührtes tinerfinisches Leben. Das Gemischtwarengeschäft verkauft neben Lebensmitteln auch Strickwaren, Bürsten oder Töpfe und lohnt einen Besuch schon wegen des Ambiente. Die Bar bietet Rotwein von den umliegenden Hängen und serviert im als Restaurant dienenden Nebenraum Kaninchen- oder Zicklein-Gerichte.

AGUAMANSA

Höhe: 1000 m
Einwohner: ca. 1500

Lage: Die höchst gelegene Siedlung des Orotavatals liegt südöstlich von Puerto de la Cruz genau auf 1000 m Höhe am Übergang von den bewirtschafteten Feldkulturen zum Kanarischen Kiefernwald.

Sehenswert: Aguamansa ist vor allem als Ausgangspunkt für Wanderungen bekannt. Die meist schattigen, gut ausgebauten Wege führen zu den Felsformationen von **Los Organos**, zum Krater **La Caldera** oder zum Höhenrücken der **Cumbre Dorsal**. Immer wieder trifft man auf die Chozas, hölzerne Unterstände, die als Rastplätze dienen (z. B. Choza Chimoche). Am oberen Ortsausgang (km 18) befindet sich die Forellenzucht, an die ein Verwaltungsgebäude der **ICONA**, der Kanarischen Naturschutzbehörde, anschließt. Obwohl es sich um keine Informationsstelle handelt, wird Wanderern gerne mit Auskünften weitergeholfen. Auf einer hölzernen Info-Tafel neben dem Haus sind alle Wanderwege der Umgebung dargestellt. Die **Forellenzuchtstation** kann täglich von 10-15 Uhr besichtigt werden und enthält ferner eine Rebhuhnzucht, ein angelegtes Wäldchen mit typischen Pflanzen, ein Vogelgehege und ein kleines Erholungsgelände mit Ententeich.

Ausgangspunkt für Wanderungen zu den Felsen von Los Organos: Aguamansa.

ANAGAGEBIRGE

Höhe: 400–1024 m

Lage: Die Anaga-Halbinsel im Norden Teneriffas stellt den ältesten und ursprünglichsten Teil der Insel dar. Das schroffe, aus vulkanischem Gestein aufgebaute Gebirge, das von tiefen schluchtförmigen Tälern durchschnitten wird, umfaßt den gesamten Nordteil Teneriffas und wird im Süden von der Hochebene von La Laguna begrenzt.

Schroffe Kämme und tiefe Schluchten kennzeichnen das Anagagebirge.

Sehenswert: Im Anagagebirge finden sich noch immer kleine tinerfinische Ortschaften, zu denen man großteils nur über schmale Straßen gelangt. Das Anagagebirge besitzt die am besten erhaltenen **Nebelurwälder** Teneriffas, die den oberen Abschnitt der **Cumbre Dorsal** in Höhen zwischen 700 und 900 m bedecken und die Feuchtigkeit des Passatnebels ausnützen. Deshalb steht das gesamte Gebirge seit 1987 als **Parque Rural de Anaga** unter Schutz. Anaga ist keine Gegend für Son-

nenhungrige: Tag für Tag stauen sich die Passatwolken und hüllen die oberen Gipfel des Bergkammes an der Nordseite ein. Die Südseite hingegen, die weit weniger feucht ist, trägt einen einzigartigen Sukkulentenbusch aus Wolfsmilchgewächsen und Feigenkakteen.

Das »Rückgrat« von Teneriffas Nordosten: der Cumbre Dorsal.

Der einem Rückgrat gleichende Hauptkamm oder **Cumbre Dorsal** wird aus zahlreichen Lavagängen aufgebaut, die an einigen Stellen knapp 1000 m erreichen. Der höchste Gipfel ist der 1024 m hohe Taborno.

Die **Höhenstraße** entlang der Cumbre Dorsal, die von **Las Mercedes** dem Kamm entlang bis **Chamorga** führt, ist an sich bereits eine Sehenswürdigkeit. Der erste Mirador ist die Aussichtsplattform von **Cruz del Carmen** im **Mercedes-Wald** (920 m), von der aus man die Ebene von → **La Laguna** und den dahinter beginnenden **Cañadas-Rücken** mit dem **Bosque de Esperanza** einsieht. In der Kapelle am Mirador wird seit 1720 die Figur »Nuestra Señora de las Mercedes« verehrt. Der **Mirador Pico del Inglés** (960 m) folgt nur 1,5 Kilometer hinter dem Cruz del Carmen und ist ca. 1 km von der Hauptstraße über eine nach rechts abzweigende Stichstraße zu erreichen. Der **Mirador El Bailadero** (759 m) mit dem auffällig grün gefärbten Restaurantgebäude liegt auf der schmalsten Stelle des Hauptkamms. Dementsprechend kann man vom Straßenrand die Nordseite mit → **Taganana** sowie die Südhänge des Gebirges mit der Bucht von → **San Andrés** einsehen. An der Kammstraße erreicht man auch herrliche Rastplätze wie den **Parque Forestal** zwischen El Bailadero und Chamorga. Am **Cruz del Carmen** hat die Naturparkverwaltung ein kleines **Besucherzentrum** eingerichtet.

Geheimtip: Die Badeanlage vom »Club Characo de la Arena«.

An der Nordseite zweigen immer wieder Nebenrouten ab, die über zum Teil äußerst kurvenreiche Bergstraßen zu den kleinen Örtchen wie → **Afur**, → **Taganana**, → **Las Carboneras**, → **Chamorga**, → **Chinamada** oder **Batán** führen. Bei **El Bailadero** zweigt eine Verbindungsstraße ab, die zur Südküste nach → **San Andrés** und weiter nach → **Santa Cruz** führt.

▶ ARONA

Höhe: 630 m
Einwohner: 18 000

Arona liegt im Süden Teneriffas nordöstlich von Los Cristianos. Angesichts des beschaulichen und ursprünglichen Ortsbildes läßt sich kaum vermuten, daß Arona die reichste Gemeinde Teneriffas ist. Denn die → **Playa de las Américas**, eines der wichtigsten Touristenzentren der Insel, gehört zu Arona und liefert große Steuereinnahmen.

Von dem prächtig gestalteten **Hauptplatz** mit Indischen Lorbeerbäumen überblickt man den Süden Teneriffas wie von einer Aussichtsterrasse. Auch das 1979 aufwendig errichtete **Rathaus** im traditionellen kanarischen Stil mit den kunstvollen Holzbalkonen läßt den Wohlstand des Dörfchens erkennen. Oberhalb des Platzes treffen wir auf die einschiffige, im spanischen Kolonialstil gehaltene **Pfarrkirche**, in der ein schöner Altaraufsatz zu sehen ist. Im nahen Ortsteil **Vento** beginnt die Wanderroute auf den 1001 m hohen **Roque de Conde**. Wenige Kilometer vor Arona liegt an der Verbindungsstraße nach Los Cristianos der Greifvogelpark **Las Aquilas** (Tel. 922 75 30 01, Fax 922 75 30 62, geöffnet täglich von 10–18 Uhr), eine Mischung aus botanisch-tropischem Garten, Zoo und Vergnügungspark.

Mein Tip

Das gemütliche, kleine Lokal **Patio Canario** befindet sich in einem alten, renovierten, schlichten kanarischen Haus mit Innenhof und serviert seinen Gästen kanarische und belgische Küche. Das kleine Restaurant hat nur für 25 Personen Platz, eine Reservierung ist daher erforderlich; nur im Winter geöffnet von Mitte Oktober bis Mitte April, 13–15 und 19–23 Uhr, So und Mo Ruhetag; Calle Dominguez Alfonso 4, Tel. 922 72 55 03.

▶ BAJAMAR (PUNTA HIDALGO)

Höhe: Meereshöhe
Einwohner: 2800

Lage: Bajamar liegt an der Nordküste der Insel 15 km nördlich von La Laguna.

Sehenswert: Der einzige Badeplatz der Nordseite besitzt zwar einige Großhotels, ist aber dennoch kaum mit den Zentren im Süden vergleichbar. Die Touristenzone entstand als Gegengewicht zum immer stärker werdenden Tourismus in → **Puerto de la Cruz**, konnte aber dennoch nie so richtig Fuß fassen. Die Vorteile der Punta sind vor allem in der zerklüfteten Küstenlinie mit dem unmittelbar dahinter aufragenden → **Anagagebirge** sowie in der Abgeschiedenheit zu finden. Doch der Nachteil des Küsten-

Eine Mole schützt das Städtchen Bajamar vor dem tobenden Meer.

abschnittes überwiegt: Hier verhängen die Passatwolken den Himmel am häufigsten auf der ganzen Insel.

Mein Tip

Café Melita ist seit 1968 ein beliebtes deutsches Café, das im Ort mit zwei Lokalen vertreten ist. Eines befindet sich im Zentrum an der Avenida de Gran Per de Dios, das zweite an der Landstraße Carretera General Punta del Hidalgo. Die Lokale bieten auch eine große Auswahl an Vollkornbroten sowie Kuchen und Torten an; tägl. von 10–18 Uhr geöffnet.

Bajamar bedeutet so viel wie »unter dem Meer gelegen« und gehört zu den ältesten Touristenregionen der Insel. Hier haben sich vor allem deutsche Investoren niedergelassen und versucht, eine touristische Infrastruktur zu entwickeln. Mehrere Hotels, kleinere Ladenstraßen mit Restaurants und Bars sowie eine auffällig gestaltete Strandpromenade mit den kostenlos benützbaren Meeresschwimmbädern (Picinas Municipales) und viel Beton kennzeichnen diese Küstenzone. Bajamar verfügt auch über einen kleinen Strand, der durch eine Mole vor dem stets tobenden Meer geschützt wird. Entlang der Promenade **Paseo Werner Rautenberg,** die unterhalb des alten Bajamar entlang führt, haben sich kleine Fischrestaurants angesiedelt. Zahlreiche Cafés und Bars sind vor allem entlang der Hauptstraße zu finden. Saison ist hier vor allem von November bis Ostern.

Vor den Toren Bajamars: Punta Hidalgo, ein alter Fischerort und Ausgangspunkt für Wanderungen ins Anagagebirge.

In der **Punta Hidalgo** etwa 3 km nördlich von Bajamar kamen Investoren auf die Idee, zwei Großhotels (Oceano und Studios Altagay) in Form von zehnstöckigen Betonburgen zu errichten. Der ehemalige Fischerort, der abgesehen von den Hotelbauten sehr geschlossen und homogen wirkt, gilt heute als Ausgangspunkt für Wanderungen in die schroffen Barrancos des Anagagebirges. Am Ende der Straße hat man ein Rondell angelegt, in dem das Denkmal des kanarischen Volkssängers **Sebastián Ramos** steht. Die Aussichtsplattform am Rondell ermöglicht lohnende Blicke in den **Barranco del Rio** und auf die bizarren Felsformationen der **Dos Hermanos**. An der Küste führt die kurze Promenade **Avenida Marítima** entlang, die den öffentlichen Strand mit dem Meeresschwimmbad des Hotels Altagay verbindet. Die private Badeanlage »Club Charco de la Arena« am Scheitelpunkt der Landzunge gilt als Geheimtip und besitzt das größte Schwimmbecken der Gegend (eine Eintrittsgebühr wird erhoben, in der Nähe befindet sich ein Restaurant).

BOSQUE DE LA ESPERANZA

Höhe: 1000–1900 m

Der Esperanzawald überzieht den östlichsten Abschnitt des mächtigen Bergrückens der Cumbre de Pedro Gil, auch Cordillera Dorsal oder Cumbre Dorsal genannt, die von den → **Cañadas** ausgehend bis an die Hochebene von La Laguna grenzt. Die Cañadas-Straße 824 – **Carretera Dorsal** –, die in → **La Laguna** beginnt, durchquert diesen eindrucksvollen kanarischen Kiefernwald, der auch zahlreiche hochstämmige Eukalyptusbäume enthält. An der aussichtsreichen Route erreicht man mehrere Miradors und gemütliche Rastplätze. Vom Aussichtspunkt **Mirador de las Flores** überblickt man die gesamte Ebene von La Laguna mit dem dahinter aufragenden → **Anagagebirge**. Am Picknickgelände **Las Raices** (1000 m), etwas abseits der Hauptstraße, beginnen schattige Wanderwege, die entweder zum **Barranco Hondo** oder zum höher gelegenen **Rastplatz Las Lagunetas** bei **Fuente Fria** (1508 m) und zur Cumbre-Straße führen. Der **Mirador de la Cumbre** auf 1900 m Höhe bietet einen Ausblick auf das gesamte Orotavatal.

Lohnenswerter Aussichtsplatz: der Mirador de las Flores.

BUENAVISTA DEL NORTE

Höhe: 120 m
Einwohner: 4600

Buenavista del Norte liegt an der äußersten Nordwestküste von Teneriffa. Die letzte Ortschaft vor der einsamen Punta de Teno empfängt uns mit einem wunderschönen Hauptplatz im Ortszentrum. Die schattige **Plaza de los Remedios** ist von einigen hübschen Bürgerhäusern aus dem 16. und 17. Jahrhundert umgeben. Schmale Gäßchen, gesäumt von bunten Hausfassaden, bestimmen das Ortsbild. Hinter dem Hauptplatz befindet sich die Kirche **Virgen de los Remedios**, die einzige bauliche Sehenswürdigkeit. Erste Anfänge des Gotteshauses stammen bereits aus dem Jahr 1513, 1605 folgte ein Turm, der jedoch nichts mit dem gegenwärtigen aus dem 19. Jahrhundert zu tun hat. Buenavista bildet vor allem den Ausgangspunkt zu Wanderungen oder Ausflügen zur nahen → **Punta de Teno**.

> **Mein-Tip**
> **Das Fischrestaurant Pescador** in der Calle Los Molinos 27 wird vor allem von Einheimischen besucht und geschätzt. In einem hellen Speisesaal werden Fischgerichte, unter anderem gekochter Papageienfisch, zu absolut vernünftigen Preisen serviert (9–24 Uhr, Di geschlossen).

▶ CAÑADAS

Höhe: 1900–2300 m

Lage: Die gewaltige Hochebene der **Cañadas**, die Höhen zwischen 1900 und 2300 m erreicht und einen Durchmesser von 16 km aufweist, wird im Norden vom Teide, der Montaña Blanca und der Montaña Rajada, im Süden vom geschlossenen Felsring der Montaña de Las Cañadas, auch Amphitheater genannt, begrenzt. Die Cañadas gehören zum → **Parque Nacional del Teide**.

Sehenswert: Die Cañadas sind aus Lavaströmen unterschiedlichen Alters, ausgedehnten Feldern aus Obsidian, Zonen mit hellem Bimsstein, cremefarbenen Sandebenen und bizarren Felstürmen aufgebaut. Ihre Entstehung geht auf einen gewaltigen Erdrutsch zurück, der vor 170000 Jahren die Spitze des »Ur-Teide« über den Nordhang ins Meer abgleiten ließ. Dabei wurde die unvorstellbare Menge von 1 Million km³ Gestein und vulkanischem Material bewegt, das heute zwischen Teneriffa und La Palma am Meeresgrund liegt. Zurück blieb ein riesiges, hufeisenförmiges Becken, das an der Südseite von der heute noch aufragenden Felsbarriere der **Montañas de las Cañadas** umgeben ist.

> Highlight
>
> **Parador Nacional:** Das einzige Gebäude innerhalb der Cañadas – abgesehen von den Stationsgebäuden der Seilbahn – ist der Parador Nacional, ein kürzlich renoviertes Hotel samt Cafeteria, Souvenirladen und kleinem Besucherzentrum des Nationalparks. In diesem geht man auf die Besiedelungsgeschichte der Cañadas, auf das Leben der tinerfinischen Urbevölkerung, den Guanchen, sowie auf die ökologischen Bedingungen für die Tier- und Pflanzenwelt ein. Das Besucherzentrum liegt am Südrand des Nationalparks östlich des Mirador de la Ruleta und hat täglich von 9.15–16 Uhr geöffnet.

Die Cañadas werden auch als »Land über den Wolken« bezeichnet, da die Hochebene die tägliche Passatwolkendecke überragt und mehr als 250 Tage pro Jahr der Sonne ausgesetzt ist. Neben den Strauchformationen aus Teideginster sind für diese Landschaft die **Taginasten** oder **Natternköpfe** charakteristisch.

Typische Flora Teneriffas: Teideginster und Natternköpfe.

Innerhalb der Cañadas befinden sich einige herausragende Felsformationen und Landschaftsformen: Die **Roques de Garcia** nahe dem **Parador Nacional** bilden eine etwa 1000 m lange Kette von bizarren Felstürmen, von denen der **Roque Cinchado** der bekannteste ist. Ihre Entstehung hängt eng mit der geologischen Geschichte dieser vulkanischen Hochebene zusammen, sie sind als Reste der ehemaligen Kraterumrandung erhalten geblieben. Dieses Wahrzeichen Teneriffas besteht aus mehreren Gesteinsschichten unterschiedlicher Härte, die durch Wind und Frost auch unterschiedlich schnell erodieren. Die weicheren Schichten befinden sich jedoch an der Basis des Felsens und werden schneller abgetragen. Dadurch ist der Felsen kopflastig und wird einmal unter seinem eigenen Gewicht zusammenbrechen. Der nahe bei den Garcia-Felsen befindliche **Catedral** ist der Rest eines aus Basaltgestein bestehenden Vulkanschlots. Er ragt am Ostrand der **Ucanca-Ebene** auf, die wie eine wüstenähnliche Sandhochfläche wirkt. Nordwestlich der **Boca de Tauce**, dem Sattel im Süden der Cañadas, führt die Straße durch ein äußerst bizarres Lavafeld aus tiefschwarzem Obsidian, das bis an den Caldera-Rand reicht. Oberhalb dieses Feldes liegen die als **Las Narices** – »Nasenlöcher« – bezeichneten Austrittsstellen, die 1798 an den Südwest-Hängen des Pico Viejo entstanden. Nur 2,5 km vom Parador entfernt steht südlich der Straße bei **Llano de Ucanca** eine durch Erosion entstandene Felsbildung, die mit der Form eines Damenschuhs mit hohen Absätzen verglichen wird und **El Zapato de la Reina** – »Schuh der Königin« – genannt wird. Ganz nahe dem Parador liegen unmittelbar an der Cañadas-Straße die **Roques Azulejos**, ein durch Eisenhydrateinlagerungen bläulichgrün schimmerndes Felsgebilde.

Das »Land über den Wolken« – so werden die Cañadas auch genannt – wartet mit über 250 Sonnentagen im Jahr auf. Entsprechend angepaßt an das heiße, trockene Klima zeigt sich die Pflanzenwelt mit Kugelbüschen und den berühmten Natternköpfen.

▶ CANDELARIA

Höhe: 0 m
Einwohner: 7400

Lage: Der Küstenort Candelaria liegt nur 20 km südwestlich von Santa Cruz.

Sehenswert: Candelaria galt seit jeher als der wichtigste Wallfahrtsort Teneriffas. Vor allem am 14. und 15. August ist der große Platz vor der Basilika mit Wallfahrern überfüllt, die zu Ehren der **Virgen de Candelaria**, der Schutzpatronin des Kanarischen Archipels, hierher pilgern. Ziel der Wallfahrer war und ist die alles überragende **Basilica de Nuestra Señora de la Candelaria**, die am Südrand des Fischerortes markant aufragt.

Mein Tip

La Barraca gilt als das beste Speiselokal, das als Spezialität vor allem Gerichte aus Valencia mit ihren Reis- und Nudelrezepten anbietet. Paella erhält man stets frisch in fünf verschiedenen Variationen. Das Restaurant befindet sich in der Avenida Generalísimo.

Die Guanchen-könige am Hafen von Candelaria.

Die 1958 im neokanarischen Stil vollendete Kirche enthält im Inneren die Madonnenstatue »**Virgen de Candelaria**«, das meistverehrte Heiligtum der Kanarischen Inseln. Der Kirche ist ein kleines Museum angeschlossen, das Schaustücke der Jungfrau von Candelaria zeigt. (Öffnungszeiten Basilika und Museum: Mo-Fr 7.30–13 Uhr, 15–18.30 Uhr, am Wochenende 8–19 Uhr).

Auch der Platz vor der Kirche, **Plaza de la Patrona de Candelaria**, wartet mit Sehenswertem auf. Den Kai zieren übergroße **Bronzestatuen** von Guanchenkönigen, die vor der spanischen Eroberung auf der Insel herrschten. Bis 1993 standen hier rote Sandsteinfiguren, die jedoch dem Salzwasser und den Sturmfluten nicht länger standhielten. Ein weiteres sehenswertes sakrales Gebäude ist die barocke Pfarrkirche **Iglesia Santa Ana**, die etwas oberhalb der Basilika steht und im 18. Jahrhundert erbaut wurde. Vom Hauptplatz führen weite Treppen und kleine Gäßchen steil zu den weiß getünchten Häuschen hinauf. Wer in Candelaria Erholung sucht, findet einen dunklen Lavasandstrand, ein Meeresschwimmbad, mehrere Bars und Fischrestaurants sowie den Jachthafen **El Charcito** vor.

▶ CHAMORGA

Höhe: 580 m
Einwohner: knapp 500

Chamorga liegt am Ende der Kammstraße im äußersten Norden des Anagagebirges und verfügt über eine Bar. Wanderer unternehmen von hier immer häufiger Touren an die Nordspitze Teneriffas zum **Faro de Anaga**. Die bizarre Landschaft mit den lorbeerwaldbewachsenen Hängen, den Feldterrassen und den tief eingeschnittenen Barrancos macht Chamorga zu einem der eindrucksvollsten Plätze Teneriffas.

▶ CHINAMADA

Höhe: 600 m
Einwohner: 50

Das letzte Höhlendorf des Anagagebirges ist mittlerweile zwar durch eine Straße zugänglich, nach wie vor leben aber einige Bewohner in den aus dem Vulkangestein herausgeschnittenen **Berghöhlen**. Die Fassade der Felsbehausungen ist wie eine Hausmauer bemalt und geschmückt, so daß die Höhlenwohnungen nicht auf den ersten Blick zu erkennen sind. Am Beginn des Orts fällt die neu errichtete hausähnliche **Pfarrkirche** auf. Chinamada erreicht man am eindrucksvollsten zu Fuß, und zwar von der → **Punta Hidalgo** aus über den alten Saumpfad durch den **Barranco del Rio**.

Eindrucksvoller Weg zum Höhlendorf.

▶ EL MÉDANO

Höhe: 0 m
Einwohner: 1300

Lage: Die kleine Hotelsiedlung El Médano, was so viel wie »die Düne« bedeutet, liegt nur wenige Minuten vom Flughafen entfernt und ist über die Autopista del Sud sehr leicht zu erreichen.

Sehenswert: Der vorwiegend von Hotelbauten und Appartements beherrschte Küstenort gilt als das tinerfinische Mekka der Surfer und als eine der weltweit zehn besten Adressen dieser Sportart. Surfbretter und Surfunterricht werden direkt am Strand und im Hotel »Playa Sur Tenerife« angeboten. Hier trifft sich auch die Surfelite, die einmal im Jahr zu einem internationalen Wettkampf nach El Médano kommt.

Zusätzlich besitzt El Médano mit der **Playa de la Tejita** einen der schönsten Sandstrände der Insel, der noch dazu natürlich entstanden ist. Er erstreckt sich auf einer Länge von fast 2 km bis zum markanten Felsen der **Montaña Roja** (171 m), die die Bucht im Süden begrenzt.

Zu den weltweit besten Surfrevieren zählt El Médano.

Nordwestlich nur unweit von El Médano entfernt ist der kleine Fischerort **El Abrigo** durch seine Fischrestaurants bekannt geworden, die in einer langen Reihe an der Küste liegen. Hier treffen sich vor allem die Einheimischen zu großen Tafelrunden zusammen.

▶ GARACHICO

Höhe: 10 m
Einwohner: 4700

Lage: Garachico liegt an der Nordwestküste der Insel zwischen Los Silos und Icod de los Vinos.

Sehenswert: Garachico präsentiert sich heute noch als typisch tinerfinischer Hafenort. Der Ort schiebt sich auf einer aus vulkanischer Schlacke geformten Halbinsel ins tiefblaue Meer hinaus. Selbst die neuen Häuser fügen sich in Größe und Form in den mittelalterlich anmutenden Grundriß ein.

Am 5. Mai 1706 brach der Volcán Negro am Fuße des **Pico Viejo** aus. Die Lavaströme flossen in zwei Armen aus dem Schlot und steuerten den steilen Hang hinab auf Garachico zu. Ein Arm verschüttete den Hafen, der zweite steckte die Kathedrale, die Klöster des hl. Franziskus und die ganze obere Stadt mit den schönsten Gebäuden in Brand. Nur acht Tage später folgte ein weiterer Strom, der die Menschen aus der Stadt fliehen ließ. Als sie nach 40 Tagen wiederkamen, standen sie vor einer verwüsteten Stadt. Der Hafen konnte nicht wieder hergestellt werden, wodurch → **Santa Cruz** und → **Puerto de la Cruz** zum Haupthandelszentrum der Insel wurden. Garachico versank in die Bedeutungslosigkeit.

Unverkennbares Garachico: der Ort liegt auf einer aus vulkanischer Schlacke entstandenen Halbinsel.

Heute finden wir einen reizenden Ort vor, der abseits des Touristenrummels zum Verweilen einlädt. An der Hafenbucht treffen wir auf das **Castillo de San Miguel**, das mehrere Wappenreliefs über dem Eingang zeigt. Es diente seit 1571 zur Verteidigung des Orts gegenüber Feinden, die vom Meer her versuchten, Garachico einzunehmen. Im Inneren wird eine kleine naturhistorische Sammlung aus Muscheln, Fossilien und Mineralien gezeigt. Hinter dem Kastell steht der Allgemeinheit ein kunstvoll in die zerklüftete Vulkanfelsküste eingebautes Meeresschwimmbad zur Verfügung. Entlang der schattigen Promenade, wo einige Cafés gemütliche Gastgärten anbieten, gelangt man in die Altstadt zur **Plaza de Juan Gonzáles de la Torre**. Hier verbirgt sich manch stiller Winkel wie der **Rincón de las Poetas**, die Dichterecke. Am Fuß des steil ansteigenden Berghanges beginnt ein kleiner Garten, den man rund um ein freigelegtes Hafentor gestaltet hat, das 1706 verschüttet wurde. Wo das Tor heute steht, endete vor dem Vulkanausbruch das Naturhafenbecken.

Highlight

Das **Museum im Kloster San Francisco** zeigt zwei Dauerausstellungen zu den Themen »Naturwissenschaften« und »Garachico im 16. und 17. Jahrhundert«. Dabei wird auch bekundet, daß der Ort Sklaven für die Feldarbeit in der Neuen Welt exportierte und dadurch zu kleinem Wohlstand kam. Geöffnet Mo bis Fr 9–19 Uhr, Sa, So 9–13 Uhr, geringfügiger Eintritt.

Ganz in der Nähe steht die **Pfarrkirche von Santa Ana**, die 1706 ebenfalls fast ganz unter den Lavamassen begraben wurde. 1716 errichtete man den dreischiffigen Bau bis auf den Turm neu. Hinter der Kirche erstreckt sich etwas erhöht der im Volksmund **Plaza de Arriba** genannte zentrale Hauptplatz, der an die Plaza Principe in Santa Cruz erinnern soll. An der Südseite grenzt der **Palacio Condes de la Gomera** an, der aus dem 17. Jahrhundert stammt und ebenfalls unter dem Vulkanausbruch litt. In der ehemaligen Kirche des Klosters Santo Domingo ist heute ein **Museum für Zeitgenössische Kunst** eingerichtet, das tägl. von 10–13 Uhr und 15–18 Uhr geöffnet ist.

▶ GUIA DE ISORA

Höhe: 598 m
Einwohner: 11 000

Guia de Isora liegt im Südwesten Teneriffas an der Hauptdurchzugsstraße zwischen → **Santiago del Teide** und → **Adeje** inmitten der niederschlagsärmsten Region der Insel. Hier bleiben die feuchtigkeitsbringenden Passatwinde aus, so daß der Landwirtschaft bis vor kurzer Zeit nur unterirdische Quellen zur Verfügung standen.
Die breite Hauptstraße bietet für Touristen nicht viel. Weit interessanter ist ein Rundgang durch den älteren Ortsteil. Das wichtigste Bauwerk von Guia ist aber die am Hauptplatz befindliche Kirche **Virgen de la Luz**. Im Inneren zählen Artesonado-Decken, zwei Christus-Darstellungen des kanarischen Künstlers Luján Pérez sowie das Bildnis der Patronin der Kirche zu den Besonderheiten.

▶ GÜÍMAR

Höhe: 289 m
Einwohner: 13 000

Lage: Güímar liegt an der Ostküste Teneriffas zwischen Puerto de Güímar und Arafo.

Alter Wohnsitz eines Guanchenfürsten.

Sehenswert: Das eher ursprüngliche, aber schmucklose Dorf, das inmitten der Feldterrassen des Valle de Güímar liegt, war in früherer Zeit der Wohnsitz eines Guanchenfürsten. Oberhalb der Hauptstraße befindet sich die **Kirche Iglesia de San Pedro de Apóstolo**, der eine lokale Bedeutung beigemessen wird und die eine Statue des Schutzpatrons enthält. Am Südrand des Talbeckens ragt zwischen Güímar und dem Hafen der 276 m hohe **Volcán de Güímar** auf, dessen Krater einen Durchmesser von 300 m hat. Der etwa 4 km von Güímar entfernt am Meer liegende **Puerto de Güímar** bietet neben einigen Hotelanlagen einen künstlich aufgeschütteten Sandstrand.

Eine der Hauptattraktionen von Güímar ist im Ortsteil Chacona der 1997 eröffnete Völkerkundepark **»Parque Etnográfico Pirámides de Güímar«** (Pyramiden von Güímar), der auf die Forschungstätigkeit des berühmten norwegischen Anthropologen Thor Heyerdahl zurückgeht. Die vermutlich aus vorspanischer Zeit stammenden Stufenpyramiden, die lange Zeit von der Wissenschaft unbeachtet blieben, bilden das Kernstück des Parks. Audiovisuelle Vorführungen veranschaulichen das Leben der Urweinwohner. (Pirámides de Güímar, Calle Chacona, Tel 922514510, Fax 922514511; e-mail: piramides@fredolsen.es; Internet: http://www.fredolsen.es/piramides). Der Park samt Café und Andenkenladen ist tägl. von 9.30–18 Uhr geöffnet (es wird eine Eintrittsgebühr erhoben), die Zufahrt ist in Güímar ausgeschildert.

Einst Wohnsitz der Guanchenkönige: Güímar.

▶ ICOD DE LOS VINOS

Höhe: 233 m
Einwohner: 22 500

Lage: Icod liegt im westlichen Teil der Nordküste nur 20 km von Puerto de la Cruz entfernt.

Sehenswert: Icod ist die zweite bedeutende Stadt der Insel. Wie der Beiname schon sagt, erlangte die 1501 gegründete Ortschaft durch ihre Weine einen hohen Bekanntheitsgrad. Heute besuchen die meisten Touristen Icod wegen des Drachenbaumes – **Drago Milenario** – der zugleich der berühmteste Baum der Insel ist. Dem 18 m hohen Gewächs sagt man ein Alter von mehr als 3000 Jahren nach. In Wirklichkeit dürfte sein Alter maximal 350 Jahre betragen. Heute befindet sich der Drago im schmucken Ambiente eines kleinen botanischen Gartens. Der Eingang zum Garten befindet sich etwas oberhalb des Kirchplatzes in einer nach rechts abzweigenden Seitengasse. Ganz in der Nähe des Drago Millenario ist das **Schmetterlingshaus Mariposario del Drago** eingerichtet. In dem modernen Pavillon fliegen Hunderte exotischer Schmetterlinge frei her-

Der bekannteste Drachenbaum der Insel: der Drago Millenario.

Highlight

Casa de los Caceres: Links des Platzes ist das Kulturhaus Casa de los Caceres eingerichtet, das aus dem späten 18. Jahrhundert stammt und über einen ausnehmend schönen Patio verfügt. Das Haus ist Mo-Fr von 9–20 Uhr geöffnet, an den Wochenenden sind die Öffnungszeiten jedoch eingeschränkt.

um (geöffnet von 9.30–18 Uhr, Infotel. 922 81 51 67).

Der Drachenbaum von Icod.

Der bereits erwähnte **Kirchplatz** rund um die **Iglesia de San Marco** gehört zu den romantischsten Parkanlagen auf Teneriffa. Umgeben von schönen Patrizierhäusern enthält er den traditionellen Kiosko. Die Kirche **San Marcos** wurde im 17. Jahrhundert erbaut und ist später mehrfach vergrößert worden. Im Inneren ist besonders ein ganz aus Silber gearbeiteter Barockaltar sehenswert. Im angeschlossenen Kirchenmuseum wird ein 2 m großes, aus Silber ziseliertes und in Kuba gefertigtes Kreuz gezeigt. Zu den Kostbarkeiten von San Marco gehören auch mehrere Skulpturen aus dem 17. und 18. Jahrhundert. Aus dem 15. Jahrhundert stammt eine flämische Darstellung des heiligen Marcos.

Berühmt: die Karfreitagsprozession von Icod de los Vinos.

Vom Platz führen schöne Stufenanlagen zu einer schmalen Gasse, die die Verbindung zur hektischen und betriebsamen Neustadt herstellt. Jedes Jahr findet zum Osterfest die **Karfreitagsprozession** statt. Dabei werden Heiligenstatuen zusammen mit einem Jesusbild durch die Stadt getragen.

Knapp oberhalb der Kirche trifft man auf die **Plaza de la Constitución**, die noch ganz im alten tinerfinischen Stil gehalten ist.

▶ IGUESTE

Höhe: Meereshöhe
Einwohner: 1200

Das recht ursprüngliche Dörfchen liegt am Ende der südlichen Küstenstraße etwa 6 km östlich von → **San Andrés** und der **Playa de las Teresitas** entfernt. Neben einem kleinen Strand mit Bar dient das Örtchen als Ausgangspunkt zu Wanderungen ins → **Anagagebirge** und zu den alten Leuchtfeuern auf den südöstlichen Hängen dieses Gebirges.

▶ LA LAGUNA (San Cristobal de La Laguna)

Höhe: 549 m
Einwohner: 112 560

Lage: La Laguna liegt inmitten der fruchtbaren Hochebene, die im Westen von dem beginnenden Cumbre Dorsal mit dem Esperanzawald und im Osten von den Ausläufern des → **Anagagebirges** begrenzt wird. Die »edle und treue« Stadt wirkt etwas verschlossen, vor allem dann, wenn die Nebel aus dem Anagagebirge ihre dunklen Wolken über die Stadt schieben.

La Laguna: einst geistiges und politisches Zentrum der Insel.

Geschichte: Die ehemalige Hauptstadt war zwischen 1510 und 1822 das geistige und politische Zentrum Teneriffas wie auch des Kanarischen Archipels. Heute ist La Laguna die zweitgrößte Stadt Teneriffas und Sitz der Universität sowie des Bischofs. Der spanische Eroberer Fernando Alonso de Lugo gründete die Stadt 1496 als Verwaltungshauptort für den gesamten Archipel und setzte sich als ersten Gouverneur ein. 1710 gab Papst Clemens XI. den Auftrag zur Gründung einer Universität.

Sehenswert: Die wichtigsten Sehenswürdigkeiten liegen im historischen Stadtkern. Als Ausgangspunkt empfiehlt sich die **Plaza del Adelantado**, ein großzügiger Platz mit schönem alten Baumbestand. Die Mitte des Platzes schmückt ein mehrstufiger **Marmorbrunnen**. Rings herum stehen schöne Prunkbauten wie der **Palacio de Nava**, die **Casa Padre Anchieta** oder das **Kloster Santa Catalina**. Der **Palacio de Nava** wurde Ende des 16. Jahrhunderts erbaut und besitzt eine Fassade aus kunstvoll bearbeitetem Stein. In der Nähe des Platzes befinden sich auch das **Rathaus**, das **Stadtarchiv** und die **Casa de los Capitanes**. Sie bilden eine geschlossene Straßenfront, die aus dem 16. und 17. Jahrhundert stammt und typische Elemente der kanarischen Architektur wie die Holzerker und Holzdeckenkonstruktionen im Mudéjarstil aufweist. Im Inneren sind Wandgemälde zur Geschichte der Insel zu sehen. Einige Meter westlich des Zentrums sind die Kirche und das Konvent **Santo Domingo** zu erwähnen. Baubeginn des Priesterseminars der Dominikaner war im 16. Jahrhundert, aber es gab später einige Erweiterungen. Der Innenraum der Kirche stammt beispielsweise aus den sechziger Jahren des 20. Jahrhunderts. Die ruhige Anlage kann wochentags von 18–19.30 Uhr, sonn- und feiertags auch von 10–12 Uhr besichtigt werden.

Mein Tip

- **Café Fin de Siglo** in der Calle Barcelona; hier treffen sich die Universitätsprofessoren und die Studenten, um Sandwiches, Salate und tinerfinische Wurst zu essen. Das Restaurant ist im Stil eines Bistros eingerichtet; Tel. 922 63 13 11.
- **El Tocuyo:** Ein echter Insidertip für Weinkenner ist das kleine, traditionsreiche El Tocuyo in der Calle Juan de Viana. Hier trifft man sich zum abendlichen Weintrinken. Das Lokal mit viel spanischem Ambiente befindet sich in einem studentischen Kneipenviertel in Uninähe, das vor allem Nachtschwärmer anlockt. Die Palette reicht von Bierkneipen bis zu Oldiebars.

Die Calle **Obsidio Rey Redondo** bildet die zentrale Achse der Altstadt und lädt mit den zahlreichen Geschäften und Boutiquen zum Bummeln ein. Im Norden stößt man auf den mächtigen Bau der **Catedral de Los Remidios**, deren Bau 1511 begonnen wurde und die eigentlich bis heute nicht fertiggestellt ist. Die klassizistische Front und Kuppel stammen aus dem 20. Jahrhundert. Der Hauptaltar ist kunstvoll aus getriebenem Silber gefertigt, in den Seitenaltären sind flämische Gemälde zu sehen (Öffnungszeiten Di 10.30–13.30 Uhr, 17.30–19 Uhr, werktags 8.30–13.30 Uhr, 17.30–19.30 Uhr, keine Besichtigungen am Sonntag). Am nördlichen Ende der Hauptstraße Obsidio Rey Redondo befindet sich das berühmte Baudenkmal der **Iglesia de la Concepción**, die einen siebenstufigen, säulengeschmückten Glockenturm besitzt. Im Inneren zählen die bemalten und reich verzierten Holzdecken und das Taufbecken zu den Besonderheiten. Wenn man von der Plaza Junta Suprema östlich der Iglesia durch die Calle San Augustin südwärts in Richtung Hauptplatz wandert, kommt man am **Convento San Augustin** vorbei, der eines der ältesten Gebäude der Kanaren ist. Später trifft man auf den **Palacio Episcopal**, den Bischofspalast, der unmittelbar neben dem **Casa Lercano** steht. In dem aus dem 16. Jahrhundert stammenden Gebäude ist seit 1993 das **Museo de Historia de Tenerife** untergebracht (tägl. von 10–17 Uhr geöffnet). Die Ausstellungen befassen sich mit dem Leben der Guanchen, der Eroberung Teneriffas durch die Spanier sowie mit der Rolle der Kirche in Zusammenhang mit der gesellschaftlichen Entwicklung. Die Calle San Augustin führt über die rechts abbiegende Calle **Naya y Grimón**, in der ebenfalls einige schöne Palazzi zu sehen sind, zur Plaza del Adelantado zurück.

Ein alter Holzbalkon in der Calle San Augustin.

Lohnender Besuch: das Museo de Historia de Tenerife bietet Geschichte von der Zeit der Guanchen bis heute.

Als Geschäftsstraße der Neustadt ist die **Avenida de la Trinidad** zu erwähnen, die in der Mitte eine schattige Allee aufweist. Die schönste und ruhigste Zeit für eine Stadtbesichtigung sind die Mittagsstunden, wenn das Verkehrsaufkommen etwas abebbt und die Bewohner ihre Siesta genießen.

▶ LA OROTAVA

Höhe: 345 m
Einwohner: 32 000

Lage: La Orotava liegt oberhalb von Puerto de la Cruz inmitten des fruchtbaren Orotavatales.

Einer der schönsten Orte Teneriffas: La Orotava.

Sehenswert: Zusammen mit den umgebenden Plantagen und Obstgärten sowie dem Blick auf Küste und Berge gehört La Orotava zu den schönsten Ortschaften auf Teneriffa. Schon im 16. Jahrhundert wurde in Form einer kleinen Ansiedlung der Grundstein zu La Orotava gelegt, die infolge der sehr günstigen klimatischen Verhältnisse und der damit verbundenen ertragreichen Landwirtschaft rasch zu Wohlstand kam. Bereits 1648 erhielt La Orotava die Stadtrechte und wurde damit vom damaligen Amtssitz → **La Laguna** unabhängig. 1704 und 1705 zerstörten Erdbeben den nördlichen Teil der Stadt sowie die Kirche an der Plaza Casañas. Bis 1813 gehörte auch das heutige → **Puerto de la Cruz** zu La Orotava.

Highlights/Tip

Fronleichnamsprozession in La Orotava: Alle Prozessionen dieser Art werden in Teneriffa besonders feierlich abgehalten. Doch in La Orotava erreichen sie einen Höhepunkt. Der Umzug findet erst eine Woche nach dem Feiertag statt. Der Rathausvorplatz wird zu diesem Zwecke mit farbigen Sanden und Erden aus den Cañadas »bemalt«. Am Morgen vor der Prozession schmücken die Einwohner die Gassen mit Blumenornamenten. Diese kreative Geschäftigkeit ist fast interessanter als der Umzug selbst.

Der beste Ausgangspunkt für einen Bummel durch die Altstadt ist die **Plaza de la Constitución** an der Carrera del Escuitor Estévez. Rund herum entwickelte sich der aus zwölf alten ländlichen Anwesen, den Doce Casas, bestehende alte Ortskern. Wichtig war, daß für jeden Herrensitz der Blick zur Küste und zu den Bergen erhalten blieb. Erst der Wiederaufbau nach dem Erdbeben im 18. Jahrhundert bescherte La Orotava ein uneinheitliches, aber nicht minder eindrucksvolles Stadtbild. Der mit riesigen, schattenspendenden Bäumen bewachsene Hauptplatz enthält einen romantischen Kiosk samt Terrassencafé und bietet einen weiten Blick auf die Küstenlinie bei Puerto de la Cruz. An der Nordostseite des Platzes befindet sich die **Iglesia de San Agustín** mit dem im 17. Jahr-

Über den Dächern von La Orotava, Blick auf den unteren Ort.

hundert entstandenen Kloster. Ein reich geschmücktes Portal aus buntem Vulkangestein bildet den Eingang zu dem heute als Musikschule genutzten Bau. Am Südrand der Plaza fällt das weinrot gefärbte Gebäude des ehemaligen **Liceo Taoro** auf, das heute ein Privatclub ist. Die prächtigen Räumlichkeiten wie Bibliothek, Bar und Aufenthaltsräume sind meist auch für Nichtmitglieder für die Besichtigung zugänglich.

Entlang der abwärtsführenden **Calle Tomás Zerolo** stehen zu beiden Seiten besonders schöne Stadtvillen aus dem 18. und 19. Jahrhundert mit sehenswerten Außenfassaden. Die Nr. 27 beinhaltet die sehenswerte **Casa Torrehermosa**, in der die Inselverwaltung kanarisches Kunsthandwerk ausstellt. Im unteren Abschnitt dieser typischen Gasse befindet sich das **Museo de Artesanía Iberoamerico** (Nr. 34), das kunstvolle Textilien und Keramiken aus Südamerika präsentiert (Öffnungszeiten Mo-Fr 9.30–18.30 Uhr, Sa 9.30–14 Uhr). Ein weiterer sehenswerter Platz ist die Plaza Casañas mit der Kirche **Nuestra Señora de la Concepción**. Nach der Zerstörung durch das Erdbeben von 1704/1705 baute man sie im barocken Stil mit einer seltenen dreidimensionalen Front wieder auf. Im Inneren begeistern ein prächtiges Chorgestühl sowie die Statuen der La Dolorosa und des hl. Johannes. Gegenüber steht das im spätklassizistischen Stil gehaltene Rathaus **Palacio Municipial** aus dem 18. Jahrhundert.

Vor der Kirche Nuestra Señora de la Concepción.

Eine weitere Sehenswürdigkeit sind die **Casas de los Balcones** an der Calle San Francesco. Das erste Haus, die **Casa Menez-Fonseca** ist für ihren bepflanzten Innenhof berühmt. In der **Casa de los Turistas** bieten Kunsthandwerksläden Stickereien und Trachten aus dem Orotavatal an (Öffnungszeiten jeweils Mo-Sa 10–13 Uhr und 16–19 Uhr). Gegenüber der Kirche San Francisco beginnt das sogenannte **Mühlenviertel El Farrobo** mit etlichen Wassermühlen aus dem 17. und 18. Jahrhundert. In der Mühle Nr. 3 verkauft Sebastian Gonzáles Hernandéz kanarische Gofios, die allerdings mittlerweile mit einem Elektromotor hergestellt werden. In der Calle Hermano Apolinar befindet sich der Botanische Garten **Hijuela del Botánico**, eine Außenstelle der größeren und bekannteren Anlage von La Paz in Puerto de la Cruz (geöffnet tägl. von 9–14 Uhr).

LOS CRISTIANOS

Höhe: Meereshöhe
Einwohner: 2500

Zentrum der Strandurlauber: Los Cristianos.

Lage: Los Cristianos liegt an der Südküste der Insel und ist in nur 45 Min. über die Autopista del Sur von Santa Cruz aus zu erreichen. Bis in die sechziger Jahre bestand der Ort aus wenigen Häuschen, die sich rund um das Hafenbecken gruppierten. Die kilometerlangen Strände führten schließlich zu einem regelrechten Erschließungsboom. Durch den Bau des Südflughafens, der nur wenige Minuten entfernt ist, sowie durch die Autopista del Sur war der Ansturm auf die Südküste nicht mehr aufzuhalten.

Oberhalb des Hafenbeckens besitzt Los Cristianos rund um die **Plaza del Carmen** noch ein kompaktes Ortszentrum, in dem jedoch die alten Häuser fehlen. Trotz der umgreifenden Tourismusindustrie leben hier immer noch Handwerker und einige Fischer, die dem Ort noch ein wenig Ursprünglichkeit belassen haben. In einem der Cafés rund um die Plaza lohnt es sich durchaus, einen Nachmittag zu verbringen und das Treiben in den Gassen und am Hafen zu beobachten. Die Fußgängerzone, die die Verbindung vom Ort zum Hafen herstellt, wird mittlerweile nur noch von Restaurants, Boutiquen und Straßencafés gesäumt. Westlich schließt die weite, halbkreisförmige Bucht an. Der etwa 1,5 km lange Sandstrand, der ausnehmend flach ins Meer ausläuft, zählt zu den längsten der Insel.

Sehenswert: In der Calle General Franco befindet sich das neu errichtete **Kulturhaus**, das wechselnde Gemälde- und Kunstausstellungen zeigt. Die integrierte Bücherei enthält auch eine Abteilung für Ausländer. Das Zentrum besitzt ein Kino sowie ein Theater (Monatsprogramme sind in der Tourist-Information im Kulturhaus erhältlich, Mo-Fr 9–15.30 Uhr, Sa 9–13 Uhr, keine Zimmervermittlung).

Gute Unterhaltungsmöglichkeiten leichter Art bieten sich in beiden Orten zur Genüge. Die Diskotheken von Los Cristianos wie der Césars Fun Palace oder die Discoteca Establo in der Calle Juan Pablo Abril öffnen ab 22 Uhr. Die großen Terrassencafés veranstalten Freiluftkonzerte, meist werden dazu britische Sänger oder Musikgruppen eingeladen.

Highlights

Auch der **Zoo von Teneriffa** ist in Los Cristianos angesiedelt. Er liegt in unmittelbarer Nachbarschaft des Cactus-Parks an der Autopista del Sur und zeigt als Hauptattraktion einen vier Zentner schweren Orang Utan sowie weitere Affen. Daneben gibt es Lamas, Papageien und viele andere Tiere aus aller Welt. Der Zoo ist täglich von 9.30–18 Uhr geöffnet.

Der **Cactus Park Desierto Feliz** ist nur wenige Kilometer von Los Cristianos entfernt und liegt unmittelbar an der Autopista del Sur nach Santa Cruz. Die Besucher finden inmitten der kargen, hügeligen Landschaft eine ausgedehnte Gartenanlage vor, in der vor allem trockenheitsliebende Pflanzen aus allen Erdteilen gedeihen. Der Besucher erhält am Eingang eine Broschüre, die alle Pflanzen des Parks erklärt.

Trotz Tourismusboom hat sich Los Cristianos noch ein wenig Ursprünglichkeit bewahrt.

▶ LOS GIGANTES

Höhe: Meereshöhe
Einwohner: 800 m

Lage: Los Gigantes, am Übergang der Südwestküste zum schroffen Tenogebirge gelegen, ist eine jener Urbanisationen, die in den letzten 30 Jahren infolge der touristischen Hochkonjunktur aus dem Boden schossen.

Sehenswert: Einen historischen Ortskern besitzt Los Gigantes ebenso wenig wie ältere, ursprüngliche Häuserzeilen. Dennoch ist das Städtchen noch einer der ruhigsten Orte der Südwestküste, der gleichsam im Windschatten des anschließenden Gebirges liegt. Der Name »Gigantes« kommt von den mächtigen Felswänden, die im Norden den steilen Abfall des → **Tenogebirges** bilden und bis zu 500 m hoch sind. Die Wände, **Acantilados de los Gigantes**, werden von mehreren Schluchten durchbrochen, von denen der **Barranco de Masca** die bekannteste ist.

Sie gehören zu den höchsten Steilklippen Europas: die Felsen von Los Gigantes.

Sehenswert ist jedoch der Blumenschmuck der Häuschen. Bougainvilleen, Totentrompeten oder Jacaranda zieren die weißen Fassaden und hängen von den treppenförmig angeordneten Häuserreihen herab. Lohnenswert ist auch ein Bummel rund um das Hafenbecken, das mit seinen weißen Segelbooten und Motorjachten einen bunten Kontrast zur Siedlung und den dahinter aufragenden wüstenähnlichen Hängen bildet. »Gigantisch« ist natürlich der Blick auf die schwarzen Felsen der Giganten, die nördlich des Hafens in mehreren Stufen senkrecht aus dem Meer ragen. Am Hafen bieten zahlreiche Unternehmen Bootsfahrten mit Glasbodenschiffen an, um die Unterwas-

Vor der Küste des schroffen Tenogebirges: Los Gigantes.

serwelt rund um die Felsen aus nächster Nähe zu erleben. Dabei ist es durchaus möglich, Delphine und Pilotwale, die sich in der Meeresstraße zwischen der Punta de Teno und der Insel Gomera aufhalten, zu sehen. Auch Taucher kommen hier auf ihre Rechnung. Einige Unternehmen betreiben einen Verleih für Tauchausrüstungen und bieten Schulungen an.

Der nahegelegene Hafenort **Puerto de Santiago** war ursprünglich der Hafen von → **Santiago del Teide** und genoß bis in die achtziger Jahre ein ruhiges Dasein. Durch die Erschließung der Südküste hielt auch hier der Bauboom Einzug, der Hotels und eine Meeresschwimmbadanlage – **Lago Santiago** – brachte. Der schwarze Sandstrand an der **Playa de la Arena** wurde mittlerweile zu einem touristischen Highlight umgebaut und zählt zu einem der beliebtesten Badeplätze Teneriffas.

▶ LOS REALEJOS

Höhe: 260–420 m
Einwohner: 26 000

Lage: Nur 5 km westlich von Puerto de la Cruz hat sich Los Realejos zu einem weiteren Zentrum innerhalb des Orotavatales entwickelt.

Sehenswert: Der Ort besteht aus dem Ortsteil **Realejo Alto** und dem tiefer gelegenen **Realejo Bajo**. Aus historischer Sicht erlangte der Ort 1496 durch die Unterwerfung der letzten Guanchenkönige durch die Spanier Bedeutung. Heute finden wir in Küstennähe die beiden **Ferienanlagen Romantica I** und **II** sowie den alten Gutsherrensitz **El Castillo** vor. Los Realejos ist infolge der intensiven Bautätigkeit bereits mit La Orotava und Puerto de la Cruz zusammengewachsen. Im alten Zentrum Realejo Alto ist vor allem die Pfarrkirche **Iglesia de Santiago** sehenswert, die bereits 1498 erbaut, in späteren Jahrhunderten jedoch mehrmals vergrößert und verändert wurde. In dem aus dem 18. Jahrhundert stammenden Turm hängt eine Glocke, die vom spanischen Herrscher Ferdinand von Aragón gestiftet wurde. Das zweite bedeu-

> **Mein Tip**
>
> **Meson El Monasterio:** Ein Essen in klösterlichem Ambiente kann man im »Meson El Monasterio« genießen. In und um die Gemäuer eines alten Klosters wurde ein Komplex mit Café, Restaurant und Weinstuben sehr stilvoll eingerichtet. Die Gaststätte, die auch bei Einheimischen sehr beliebt ist, befindet sich an der Carretera general de la Montaña zwischen Puerto de la Cruz und Realejo Bajo (Buslinie 352).

tende Gotteshaus **Iglesia de la Nuestra Señora del Carmen** befindet sich am oberen Ortsrand von Realejo Alto. Am Kirchplatz wird mit einer Statue des kanarischen Schriftstellers und Historikers **José de Viera y Clavijo** gedacht, der in Los Realejos geboren wurde.

▶ LOS SILOS

Höhe: 109 m
Einwohner: 5200

Der kleine, aber schmuckvolle Ort Los Silos liegt an der Nordseite der Insel inmitten von Bananenplantagen. Der gemütliche Dorfplatz unmittelbar an der Durchgangsstraße wird vom Konvent San Bernardo umgeben. Er stammt aus dem 17. Jahrhundert und ist ganz im kanarischen Baustil errichtet. Gegenüber der traditionellen Plaza ragt die Kirche **Nuestra Señora de la Luz** auf, die aus dem 20. Jahrhundert stammt und mit Verzierungen völlig überladen ist. Im Inneren verehrt man das Standbild »Cristo de la Misericordia«, das vom Künstler Juan de Mesa stammt. Im 18. Jahrhundert befand sich in der Umgebung das Zentrum der Seidenraupenzucht. Die Maulbeerbäume, die die einzige Nahrung der Raupen sind, erinnern heute noch an diesen Industriezweig.

Maulbeerbäume erinnern an die Zeit der Seidenraupenzucht.

▶ MASCA

Höhe: 600-800 m
Einwohner: ca. 50

Lage: Masca liegt im Süden des Tenogebirges nordwestlich von Santiago del Teide.

Sehenswert: Masca wird nicht zu Unrecht als das schönste Dorf Teneriffas gepriesen. Der Ort behielt zwar weitgehend den ursprünglichen Zustand, wird aber heute über die 1991 fertiggestellte Straße täglich von tausenden Touristen besucht. Masca besteht aus fünf Ortsteilen, die in Höhen zwischen 600 und 800 m liegen: Lomo de Masca, Lomo de Medio, La Piedra, El Turrón und La Bica. Da stets genügend Wasser vorhanden war, verwandelten die Menschen die steilen Hänge oberhalb des Barranco zu üppigen Kulturterrassen. Palmen, verschiedenfarbige Bougainvilleen und Feigenkakteen bilden heute noch einen bunten Bewuchs, den man beim Abstieg in die berühmte **Mas-**

Teneriffas schönstes Dorf: Masca.

caschlucht durchquert. Wegen der früheren Abgeschiedenheit waren die Bewohner von Masca auch darauf angewiesen, die Dinge des täglichen Bedarfs selbst herzustellen. Dies reichte von geflochtenen Körben zu Besen und Werkzeugen für die Feldarbeit. Nach wie vor wird ein hervorragender Honig hergestellt.

> **Mein Tip**
>
> Das Restaurant **El Guanche** im alten Schulhaus wird von einem deutschen Ehepaar geführt. An der von Tausenden von Blüten umrankten Terrasse lohnt es sich, eine Siesta zu verbringen. Neben Speisen aus der tinerfinischen Küche servieren Marlene und Hans aus Marburg auch Vollwertgerichte. Als Dessert sollte die selbstkomponierte Bananen-Palmen-Honigcreme mit Maispfannkuchen nicht fehlen.

Bemerkenswert ist die Bauweise der Häuser: Sie sind meist zweistöckig und über eine hölzerne Treppe zugänglich. Gleich unterhalb der Hauptstraße befindet sich der aussichtsreiche **Kirchplatz** mit der zierlichen Pfarrkirche. Die Dorfstraße verläuft anschließend gepflastert und steil zur Bar **Casa Fidel** hinab. In **Lomo de Masca**, dem südlicheren Ortsteil, bestand bis vor kurzem in einem Hof ein kleines Heimatkundemuseum, das wieder eröffnet werden soll.

▶ PARQUE NACIONAL DE LAS CAÑADAS DEL TEIDE (Pico del Teide)

Höhe: bis 3718 m

Im Zentrum Teneriffas ragt mit einer Höhe von 3718 m der Pico del Teide auf, der inmitten der bizarren, beinahe dramatisch wirkenden Vulkanlandschaft der → **Cañadas** liegt. Seit 1954 steht der 130 qkm große Kessel als **Parque Nacional del Teide** unter Naturschutz. Mit einer durchschnittlichen Höhe von 2000 m findet man eine alpine Landschaft vor, die einen extremen Lebensraum für die Tier- und Pflanzenwelt darstellt. Der **Pico del Teide** bildet das Kernstück des Nationalparks. Auf den höchsten Berg Teneriffas und zugleich Spaniens fährt tagsüber eine Seilbahn (Teleferico) in 7 Min. bis zur

> **Highlight**
>
> **Das Besucherzentrum in El Portillo:** Das Centro de Visitantes El Portillo hat täglich von 9–16 Uhr geöffnet und informiert in einer anschaulichen und aufwendigen Ausstellung über die Lebensräume des Nationalparks. Man beginnt den Rundgang im Keller und wandert zuerst durch einen künstlichen vulkanischen Gang in den Hauptraum, der die Entstehung des kanarischen Archipels zum Inhalt hat. Im ersten Stock zieht ein 5 m großes Modell der Westkanarischen Eidechse die Aufmerksamkeit auf sich.
>
> Im Veranstaltungssaal wird eine sehenswerte Multivisionsschau mit Holografieeinlagen zu den geologischen Hintergründen des »schlafenden Vulkans« Teide in mehreren Sprachen gezeigt.

3555 m hohen **Rambleta** unterhalb des Gipfels. Diesen großen Höhenunterschied zwischen Tal- und Bergstation sollte man unbedingt berücksichtigen, da er bei manchen Menschen zu Kreislaufproblemen führen kann (Info-Tel. zur Seilbahn 922374669, die Bahn verkehrt tägl. von 9–16 Uhr, kann aber wegen Wind oder Wartung vorübergehend eingestellt sein. Wegen des großen Andrangs gibt es Wartezeiten bis zu 3 Std.). Wer den Vulkan zu Fuß besteigen möchte, kann dies in 3–4 Std. über einen gut begehbaren Bergpfad tun. Dabei passiert man die Felskugeln »**Huevos del Teide**« an der **Montaña Blanca.** Auf etwa 3200 m befindet sich die Hütte **Refugio de Altavista**, die ein Übernachtungslager bereit hält, aber weder Getränke noch Speisen anbietet.

Unverwechselbares Kennzeichen der Cañadas: Wildprets Natterkopf.

▶ PICO DEL TEIDE → Parque Nacional del Teide

▶ PLAYA DE LAS AMÉRICAS

Höhe: Meereshöhe

Playa de las Américas steht als Sinnbild für einen typischen Ort des Massentourismus. Fast jeder findet ihn häßlich, dennoch suchen hier jährlich drei Millionen Sonnenhungrige den Weg in die unzähligen Hotelanlagen und Vergnügungseinrichtungen.

Während → **Los Cristianos** im Osten mit dem 423 m hohen Vulkankegel **Guaza** eine natürliche Grenze besitzt, ist der Ort im Westen längst mit der Urbanisation von **Playa de las Américas** zusammengewachsen. Die Fußgängerpromenade führt im Westen bis zur **Bahía del Duque**. Hier reicht die Bandbreite von einladenden Terrassencafés mit weißen Sonnenschirmen über edle Eßlokale bis zu Pizzerias und Straßenbars mit Schunkelatmosphäre.

Der Ort bietet neben Puerto de la Cruz das größte **Unterhaltungsangebot** der Insel, das jedes Alter und jeden Geschmack anspricht. Unzählige Bars, Diskotheken, Spielhallen und Lokale mit Livemusik bieten eine breite Palette an, daneben sind im Pueblo Canario Folklore-Veranstaltungen zu sehen. Das berüchtigste Etablissement für

Freizeitspaß jeder Art verspricht Playa de las Américas.

Nachtschwärmer ist die Diskothek **Las Verónicas**, die vorwiegend von britischen Jugendlichen heimgesucht wird. Wer dem Glücksspiel frönt, kann dies im beliebten **Spielcasino** versuchen.
Auch das größte Angebot an **Sportmöglichkeiten** auf Teneriffa ist hier zu finden. Neben allen Wassersportarten wie Segeln, Tauchen, Windsurfen besitzen die meisten Hotels eigene Tennisanlagen. Mountainbike-Touren veranstaltet Diga Sports, Avenida Litoral (Tel. 73 00 09). Hier kann man auch Räder für individuelle Touren mieten. Der Touristenort besitzt mittlerweile zwei Golfplätze: Golf las Américas (18 Loch, par 72) und Golf Adeje (18 Loch, par 72) jeweils mit Driving Range und Clubhaus.
Zu einer der Hauptattraktionen zählt zweifelsohne der **Aquapark Octopus**. Neben den üblichen Wasserrutschen in allen Längen und Ausführungen stehen verschiedene Pools und eigene Kinderbecken zur Verfügung. Mehrmals täglich werden im Delphinarium Shows mit mehreren Delphinen gezeigt (tägl. 10–18 Uhr geöffnet). Von Los Cristianos und Playa de las Américas aus ist zwischen 9.30 und 12 Uhr ein kostenloser Shuttleservice eingerichtet (drei Abfahrten mit mehreren Haltepunkten). Jeden Mittwoch fährt ein ebenfalls kostenloser Bus von Puerto de la Cruz bis zum Aquapark (Info Tel. 922 71 52 66).

Highlights

Die **Jardines del Atlántico** in der Carretera del Valle de San Lorenzo bieten außer den üblichen Erläuterungen zu den Bananenplantagen noch die Möglichkeit, die Inselflora zu studieren. Die Pflanzen sind detailliert beschriftet. Außerdem werden verschiedene Bewässerungstechniken vorgeführt. Eintritt etwa 1000 Ptas, geöffnet tägl. von 10–18 Uhr.

▶ PLAYA DE LAS TERESITAS → San Andrés

▶ PUERTO DE LA CRUZ

Höhe: 15–120 m
Einwohner: 42 000

Lage: Puerto de la Cruz liegt an der Nordküste Teneriffas am unteren Ende des **Orotavatals**.

Vom kleinen Fischerdorf zum modernen Urlaubsort: Puerto de la Cruz.

Geschichte: Der Ort gilt als der Inbegriff der klassischen tinerfinischen Tourismuskultur. Das ehemalige kleine Fischerdörfchen entwickelte sich seit den fünfziger Jahren des 20. Jahrhunderts zu einem mondänen Zentrum, das aber bereits seit mehr als 100 Jahren Urlauber durch die unübersehbaren Vorzüge seiner Lage anlockte. Zu allen Jahreszeiten herrscht mildes und ausgeglichenes Klima. Puerto de la Cruz wur-

Highlights

Casino Taoro ist das größte Spielzentrum von Puerto de la Cruz in einem ehemaligen Hotelgebäude; neben dem Spielcasino und den Spielautomaten findet man hier ein vorzügliches Restaurant mit Blick auf die Stadt und das Orotavatal sowie ein Café. Von Do. bis Sa. wird Livemusik geboten. Tägl. von 20–3 Uhr morgens geöffnet. Erwartet wird entsprechende Kleidung, für den Eintritt (erst ab 18 Jahren) braucht man Personalausweis; Tel. 922 38 05 50.

de Anfang des 17. Jahrhunderts als Hafen von → **La Orotava** gegründet und erhielt den heutigen Namen erst 1813. Ab dem 19. Jahrhundert verschiffte man die Waren zunehmend über → **Santa Cruz**, und Puerto mußte sich nach einem neuen Wirtschaftszweig umschauen. Um die Stadt auch als Badeort attraktiver zu machen, gestaltete César Manrique 1977 ein großzügiges Badezentrum rund um den **Lido von San Telmo**. Die Meeresschwimmbäder an der **Playa Martiánez** gehören heute zu den touristischen Highlights und werden ständig verbessert und vergrößert.

Sehenswert: Ein guter Ausgangspunkt für Rundgänge ist die Uferpromenade **Paseo San Telmo**, einer der meistbesuchten Plätze von Puerto. Wie ein Laufsteg führt die breite Promenade hoch über die Vulkanklippen des Meeres und verbindet die Playa Martiánez mit der Plaza del Charco im Zentrum von Puerto, ausgehend von der kleinen Kapelle **Eremita San Telmo**, die 1626 von Seefahrern errichtet und ihrer Schutzpatronin geweiht wurde. In der Kapelle finden Gottesdienste der deutschsprachigen katholischen Gemeinde Teneriffas statt. Der Paseo mündet im Westen in den Platz **Punta del Viento**, der vor allem spätnachmittags einen herrlichen Blick auf die Küstenlinie von Puerto de la Cruz ermöglicht. Danach führt die **Calle de Quintana** unmittelbar in die Altstadt hinein. Vorbei am altehrwürdigen Hotel Monopol und der Kirche **Nuestra Señora del la Peña de Franca** kommt man zur **Plaza del Charco**. Der volle Name lautet zu deutsch »Krabbenpfütze« und deutet an, daß er früher, vor Errichtung der Befestigungsanlagen am Hafen, regelmäßig überschwemmt wurde. Die Bewohner von Puerto de la Cruz nützten ihn zur Aufzucht von Krabben, wie eine historische Zeichnung am Eingang zum Restaurant Rincón del Puerto am westlichen Rand der Plaza beweist. Ganz in der

Bietet einen herrlichen Blick über die Küstenlinie: die Punta del Viento.

Mein Tip

Rincón del Puerto: Das auffälligste Restaurant rund um die Plaza del Charco ist das Rincón del Puerto an der Westseite. Es stammt bereits aus dem Jahre 1739 und wurde im Zuge der Tourismusentwicklung aufwendig restauriert. Der mit vielen Pflanzen bewachsene Innenhof mit Holzbalkonen bietet mehreren Restaurants Platz und ist abends unbedingt einen Besuch wert. Neben kanarischer Küche werden auch internationale Gerichte wie z. B. Steaks angeboten.

Nähe befindet sich der ehemalige Hafen **Puerto Pesquero** mit dem alten **Zollhaus**. Immer noch ziehen hier Fischer am Morgen ihre bunten Boote aus dem Wasser, auch wenn der Hafen keinerlei wirtschaftliche Bedeutung mehr hat. An die Plaza del Charco schließen die Straßen an, die mittlerweile Fußgängerzone geworden sind, wie die **Calle Blanco** und die **Calle Iriate**. Die **Casa Iriate** in der gleichnamigen Straße beherbergt als typisches kanarisches Haus mit Holzbalkonen das Marinemuseum und das Stadtmuseum.

Typisch kanarisch: Häuser mit Holzbalkonen.

Wandert man vom Hauptplatz westwärts, gelangt man zuerst in einen sehr ursprünglichen Ortsteil, der vor allem abends wegen der zahlreichen kleinen Restaurants aufgesucht wird. Das bekannteste Restaurant mit kanarischer Küche und ebensolchem Ambiente heißt »Mi Vaca y Yo« (Meine Kuh und ich) in der Calle Cruz Verde. Im Süden schließt etwas außerhalb der **Busbahnhof** an, während der Strand weiter im Westen außerhalb der Altstadt bereits vom Massentourismus eingenommen ist. Höhere Hotelbauten und Appartementanlagen sind rund um die neu gestaltete **Playa Jardín** entstanden, die als Gegenstück zu den Meeresschwimmbädern von San Telmo ein echtes Schmuckstück von Puerto darstellt. Auch hier hatte César Manrique seine planenden Hände im Spiel. Der »Gartenstrand« leitet direkt zur sehr ursprünglichen Fischersiedlung an der **Punta Brava** über. Hinter dem Örtchen befindet sich der weithin bekannte **Loro-Parque**. Im Osten schließt auf einem etwa 60–100 m höher gelegenen Plateau der Ortsteil **La Paz** an, in dem vor allem größere Hotels und Appartementanlagen neueren Datums zu finden sind. Aushängeschild unter den Hotels ist die Nobelherberge El Botánico, in der schon Mitglieder der englischen Königsfamilie untergebracht waren. In diesem Stadtteil befinden sich auch der **Botanische Garten** sowie die Schauplantage **Bananeria El Guanche**.

Der Loro-Parque beherbergt neben einem Freizeitpark und Botanischem Garten auch zahlreiche Papageien.

Im Ortsteil La Paz bietet die kommerzielle Bananenplantage **Bananeria El Guanche** Führungen durch die Anlage an und stellt alles Wissenswerte zum Thema »Banane und Teneriffa« vor. In einer Pro-

Blick vom Taoropark auf Puerto de la Cruz.

bierstube servieren Mädchen in tinerfinischen Trachten Bananenlikör zum Verkosten (Öffnungszeiten tägl. 9–18 Uhr, Tel. 922 33 18 53).

Der **Loro-Parque** zählt zu einer der größten Touristenattraktionen von Puerto de la Cruz. Die 1200 ha große Parkanlage befindet sich westlich der **Playa Jardín** und ist der größte Freizeitpark der Kanaren. Mittlerweile umfaßt die »Sammlung« von den 335 weltweit vorkommenden Papageienarten immerhin 200. Die meisten werden jedoch in kleinen Käfigen gehalten und hinterlassen eher einen jämmerlichen Eindruck. Der Park selbst stellt eine Mischung aus Zoo, Botanischem Garten und Freizeitanlage dar. Neben einem thailändischen Dorf begeistern die großen Terrarien und Gehege für Tiger, Krokodile, Schimpansen und Gorillas. Mit Seehunden und Delphinen werden mehrmals täglich Aufführungen gezeigt. Neueste Attraktionen sind ein riesiges Aquarium mit einem 18,5 m langen Haifischtunnel, eine Fledermausgrotte und ein Antarktispavillon mit Pinguinen. Alle Gehege und Anlagen werden von einem traumhaft gestalteten Garten mit tropischem und subtropischem Bewuchs umgeben, der auch eine Sammlung seltener Orchideen enthält. Wer den Park nicht zu Fuß aufsuchen will, kann mit einer kostenlosen Bimmelbahn von der **Playa Martiánez** bis zum Park und zurück fahren. Die Eintrittskarten, die nicht billig sind, umfassen die Teilnahme an allen Shows und gelten den ganzen Tag über. Der Park ist täglich von 8.30–17 Uhr geöffnet.

Der **Botanische Garten (Jardín Botánico)** im Ortsteil **La Paz** wurde 1788 als »Jardín de Aclimatación de La Orotava« gegründet und ist keine Anlage im herkömmlichen Sinn. Der Bótanico sollte tropische Pflanzen lediglich als Zwischenstation auf ihrem Weg an den spanischen Hof aufnehmen, um sie langsam an das gemäßigtere Klima anzupassen. König Karl III. beauftragte daher den Gründer der Universität von La Laguna, Don Alonso de Nava y Grimón, den Garten anzulegen. Da das Versetzen der empfindlichen Pflanzen auf das spanische Festland durchwegs scheiterte, verblieben sie in der Anlage und fügen sich heute auf dem 25 000 qm großen

Tip

Bar Restaurant El Guanche in der Calle Dimarca nahe dem Hotel Atalaya: Das Lokal bietet typisch tinerfinisches Ambiente, in dem man alle Köstlichkeiten der Insel ausprobieren kann. Öffnungszeiten außer Montag 18–24 Uhr.

Areal zusammen mit kanarischen Arten zu einer interessanten Mischung. Schließlich entstand einer der bedeutendsten botanischen Gärten der Welt, der mehr als 3000 exotische Pflanzen, darunter mehr als 200 fremdländische Bäume enthält. Der Garten ist vom 1. April bis 30. September von 9–19 Uhr, vom 1. Oktober bis 31. März von 9–18 Uhr geöffnet (am 24. und 25. Dezember sowie am 1. Januar geschlossen). Die Bibliothek und das Herbar sind außer an Sonn- und Feiertagen täglich von 9–13 Uhr geöffnet. Innerhalb des Parks gibt es kein Café oder Restaurant, ein Eintritt wird erhoben.

▶ PUNTA DEL HIDALGO → Bajamar

▶ PUNTA DE TENO

Höhe: Meereshöhe

Lage: Die entlegene Punta de Teno im Nordwesten gilt als einer der interessantesten und romantischsten Plätze Teneriffas. Leider hat man das Areal rund um den Leuchtturm, der die Nordwestspitze einnimmt, vor einigen Jahren für die Öffentlichkeit gesperrt. Dennoch gilt die Halbinsel, die geologisch betrachtet sehr jung ist, vor allem am Abend als Geheimtip.

Sehenswert: Bereits die 7 km lange Anfahrt von → **Buenavista del Norte** aus wird zum atemberaubenden Erlebnis. Die mittlerweile gut ausgebaute Straße, die bei Regen keinesfalls befahren werden darf, führt etwa 300 m über dem Meer durch die senkrechten Wandfluchten der **Punta del Fraile**. Gleich zu Beginn, nach dem ersten Steilstück, führt eine kühne Straßenschleife zu einem hoch über der tosenden Bucht liegenden Aussichtspunkt. Später folgen unbeleuchtete Tunnels, ehe sich die Straße zur weit ausladenden Bucht senkt und beim Leuchtturm endet. Südlich davon liegt ein kleiner Fischerhafen, von dem aus der Blick zu den mächtigen Gigantes-Felsen besonders schön ist. Beim gelben Bauernhaus bei km 7 beginnt der Anstieg nach **Teno Alto**, der nach 45 Min. den Aussichtsfelsen **Roque Chiñaco** erreicht. Dieser bietet aus etwa 300 m Höhe einen guten Überblick über die Halbinsel.

Einer der romantischsten Flecken Teneriffas: die Punta de Teno.

SAN ANDRÉS (Playa de las Teresitas)

Höhe: Meereshöhe
Einwohner: 4000

Lage: Der ursprüngliche Ort liegt an der Südseite des Anagagebirges im näheren Umfeld von Teneriffas Hauptstadt → **Santa Cruz**.

Sehenswert: San Andrés besitzt kein einziges Hotel, dafür aber mit der 2 km langen **Playa de las Teresitas** den längsten Sandstrand der Insel. Dieser wurde Anfang der siebziger Jahre jedoch künstlich mit aus der Sahara herbeigeschafftem Sand angelegt und durch eine 50 m vor der Küste liegende Mole geschützt. Der Strand, der trotz der Großstadtnähe sehr sauber und gepflegt ist, wirkt wie ein riesiges Meeresschwimmbad, in dem vom Kleinkind bis zu den Erwachsenen alle auf ihre Rechnung kommen. Darüber hinaus bietet San Andrés eine Reihe vorzüglicher Restaurants, in denen frisch gefangener Fisch auf den Tisch kommt.

Längster Sandstrand der Insel: Playa de las Teresitas.

SANTA CRUZ

Höhe: Meereshöhe
Einwohner 224 000

Lage: Die Stadt liegt an der Südostküste der Insel südwestlich des Anagagebirges.

Geschichte: Santa Cruz wetteifert mit Las Palmas de Gran Canaria seit jeher um die Vorherrschaft im Kanarischen Archipel und war einst auch Hauptstadt der Inselgruppe. Die wirtschaftliche Bedeutung verdankt die Stadt natürlich dem großen Hafen, der seit der Mitte des 18. Jahrhunderts stets ausgebaut wurde und zu einem der wichtigsten Warenumschlagplätze Europas zählt. Die Stadtgeschichte begann 1494, als Alonso Fernandéz de Lugo an der unbewohnten Bucht eine erste Siedlung errichtete. 1723 wechselte die Verwaltung von La Laguna nach Santa Cruz und begründete somit die Rolle als Hauptstadt der Kanarischen Inseln. 1927 wurde der Verwaltungsbezirk in zwei Provinzen aufgeteilt.

Mein Tip

Restaurant Amós: Am Rande von Santa Cruz wartet das Restaurant Amós in einer alten Villa mit Spitzenküche auf. Der Küchenchef Lutzardo Castañeda hat die tinerfinische Küche verfeinert und dennoch die traditionelle Basis erhalten. Man serviert beispielsweise ein Kaninchengericht nach einem Rezept aus Hierro, das die Mutter des Küchenchefs überliefert hat. Die Besonderheit liegt in einer scharfen Zwiebelsoße. Ferner ist der Wrackbarsch mit einer »mojo« aus Koriander empfehlenswert.

Sehenswert: Ausgangspunkt für Stadtbesichtigungen ist die **Plaza de España** mit dem Kreisver-

Die Plaza de España.

kehr und der Tiefgarage. Im Zentrum ragt das **Monumento de los Caídos** auf, das an den spanischen Bürgerkrieg erinnert. An der Südseite ist im mächtigen **Palacio Insular** die Inselverwaltung untergebracht. Im Westen schließt die **Plaza de la Candelaria** an, die eine Fußgängerzone im großstädtischen Stil ist und in das engere Stadtzentrum führt. Mittelpunkt des Platzes ist die Marmorskulptur »Triumph der Candelaria« vom italienischen Bildhauer Antonio Canova. Das **Casino de Tenerife** als Gebäude des ältesten Privatclubs der Insel sowie der **Palacio de los Rodríguez Carta** rahmen den Platz an der Westseite ein. Ganz in der Nähe der Plaza de España fällt die **Iglesia de Nuestra Señora de la Concepción** mit dem eindrucksvollen Turm auf. Die Kirche – bereits 1496 als fünfschiffiger Bau errichtet – läßt das Aussehen des früheren Santa Cruz erkennen und ist der Rest einer Gebäudegruppe aus dem 16. Jahrhundert.

An die Plaza schließt stadteinwärts die belebte Einkaufsstraße **Calle del Castillo** an, in der sich das geschäftige Leben von Santa Cruz abspielt. Die Straße endet an der **Plaza de Weyler** mit einem aus weißem Marmor gefertigten genuesischen Brunnen. Auch hier lädt ein gemütlicher Kiosk zu einer Pause. Das prächtigste Gebäude in der Umgebung ist die im klassizistischen Stil erbaute **Capitania General**, der ehemalige Sitz der Militärgouverneure.

Historische Gebäude, prächtige Plätze und breite Boulevards findet man vor allem im Umfeld der **Rambla de General Franco**, die im Westen das Stadtzentrum umschließt und am nördlichen Stadtrand in die der Küste entlang führende Avenida de Anaga mündet. Diese breite Prachtstraße zählt zu den bedeutendsten Straßenzügen von Santa Cruz. Sie ist auch als Kunstboulevard angelegt, durch einige Skulpturen u.a. von Henry Moore geschmückt und führt am **Parque Garcia Sanabria**, der

Highlights/Tips

Im Rahmen der großzügigen Umorganisation des Stadtzentrums richtete man im ehemaligen Zivilkrankenhaus das **Museo Arqueológico** (Archäologisches Museum) sowie das **Museo de Ciencias Naturales** (Naturwissenschaftliches Museum) ein. Die Museen enthalten umfangreiche Sammlungen von Zeugnissen der vorspanischen Zeit sowie Ausstellungen zum Naturraum der Küste und des Meeres. Unterwasserwelt und Landzonen sind in naturgetreuen Dioramen nachgebildet und werden durch Aquarien und Terrarien ergänzt. Weitere Ausstellungen sind den Besonderheiten jeder Insel im Archipel sowie der präkolumbianischen Kunst gewidmet (Öffnungszeiten Di-Sa 10–17 Uhr, So 10–14 Uhr).

größten Grünanlage von Santa Cruz, vorbei. Rund um den Park befinden sich die besten Wohngebiete von Santa Cruz mit zahlreichen zum Teil prunkvollen Villen und Gärten. Nur wenige Meter vom Park entfernt erreicht man durch eine kleine Seitengasse die **Plaza del 25 Julio**, einen kleinen, palmenbestandenen Platz mit eindrucksvollen mosaiksteinverzierten Brunnen und Bänken. An der Rambla befindet sich nördlich des Parks das Luxushotel **Mencey**, das zahlungskräftigen Gästen und Staatsbesuchen als Herberge dient. Mittlerweile ist hier das dritte Casino der Insel eingerichtet. Leider lädt der Boulevard wegen des heftigen Autoverkehrs, der in der gesamten Stadt sehr übermächtig wirkt, nicht zum Flanieren ein.

Wer einen geruhsamen Stadtbummel unternehmen will, sollte unbedingt mit dem Bus anreisen. Der zentrale **Busbahnhof** (Estación de Guaguas) befindet sich an der Avenida de Tres Mayo, nur wenige Meter vom Stadtzentrum entfernt. Die Linien 904 und 908 zirkulieren im 15-Minuten-Takt durch die Innenstadt. **Touristeninformationen** sind im Erdgeschoß des Cabildogebäudes an der südlichen Ecke der Plaza de España sowie in einem Kiosk neben dem Postgebäude untergebracht. Lebensmittel und Blumen kauft man am besten am **Mercado de Nuestra Señora de África**, dem Hauptmarkt von Santa Cruz ein. Dieser ist vom Zentrum aus über die Puente Serrador leicht zu erreichen und wurde in einem maurisch-kanarischen Gebäudekomplex untergebracht. Das größte Fest von Santa Cruz ist der **Karneval**, der wahrscheinlich die größte Tanzveranstaltung Europas sein dürfte.

Sehenswert: die mosaikverzierten Bänke und Brunnen am Plaza del 25 Julio.

▶ SANTIAGO DEL TEIDE

Höhe: 950 m
Einwohner: 2500

Santiago del Teide liegt im Nordwesten Teneriffas und schließt das Tenogebirge im Süden ab. Der schlichte Ort mit der breiten Hauptstraße, von der die südliche Zufahrt von → **Masca** abzweigt, bietet an baulichen Sehenswürdigkeiten eine durch weiße Kuppeln auffallende **Kirche** sowie einen schattigen **Hauptplatz**. Das **Rathaus** gegenüber dem Ortszentrum ist innen vorbildlich restauriert und enthält einen sehenswerten Patio. Santiago del Teide wird als Ausgangspunkt für

Wanderungen geschätzt, die durch das **Valle de Arriba** ins → **Tenogebirge**, auf den **Kleinen** und **Großen Gala** oder ins sogenannte **Vulkanrevier** führen. Diese Landschaft liegt oberhalb von Santiago an den Hängen des **Chimyero** und bezeichnet den jüngsten Lavaausbruch auf Teneriffa aus dem Jahre 1907. Damals flossen die Lavaströme beinahe bis Santiago del Teide herab und erstarrten erst kurz vor dem Ort.

TACORONTE

Höhe: 447 m
Einwohner: 18000

Lage: Tacoronte liegt am Übergang der Ebene von La Laguna zu den Küstenhängen der Nordseite. Der lebhafte, typisch kanarische Ort wird von fruchtbaren Anbaugebieten umgeben, die seit jeher das Aussehen und die Entwicklung von Tacoronte geprägt haben.

Highlight

Das **Ethnographische Museum** Teneriffas in der **Casa del Carte**, einem Landhaus ca. 1 km vom Ort entfernt, zeigt Schaustücke aus der Guanchenzeit und bringt dem Besucher die Lebensformen der früheren Inselbewohner sowie deren Kunsthandwerk näher. Eine Dauerausstellung zeigt eine Sammlung von Trachten, Handwerkszeug, Möbeln und verschiedene Räume wie eine Küche, Schlafzimmer und Wohnstube. Das Museum im schönen tinerfinischen Gutshof hat von Di-So jeweils von 10–20 Uhr geöffnet.

Sehenswert: 1608 erhielt der Ort seine eigene Pfarrei, 1664 folgte die dreischiffige Pfarrkirche **Iglesia Santa Catalina** im traditionell kanarischen Stil. Den geräumigen **Kirchplatz**, der etwas unterhalb der Durchgangsstraße liegt, säumen hohe Indische Lorbeerbäume. Tacoronte besitzt auch ein **Augustinerkloster**, das ebenfalls aus dem 17. Jahrhundert stammt. Nur wenige hundert Meter vom Ortszentrum entfernt befindet sich die zweite Kirche, **Iglesia El Cristo de los Dolores** mit einem mexikanischen Hochaltar aus Silber.

TAGANANA

Höhe: 200 m
Einwohner: ca. 550

Eines der schönsten Dörfer im Anagagebirge: Taganana.

Lage: Das größte und zugleich schönste Dorf des Anagagebirges erreicht man über eine kurvenreiche Straße, die unterhalb des El Bailadero abzweigt und den Hauptkamm mit einem Tunnel durchquert. Taganana wurde erst 1968 an das Straßennetz angeschlossen.

Sehenswert: Um den Ort zu besichtigen, muß man das Auto an der Hauptstraße stehen lassen und sich zu Fuß in die engen Gassen aufmachen. Im Zentrum befindet sich ein kleiner **Kirchplatz** mit der **Pfarrkirche**, von dem gepflasterte und zum Teil sehr steile Gäßchen ausgehen. Der Name Taganana stammt aus der Guanchensprache und bedeutet so viel wie »Land auf den Felsen«. Dennoch sind die umgebenden Feldterrassen dank der jahrhundertelangen Pflege der Menschen sehr fruchtbar. Bis zur Eroberung Teneriffas durch die Spanier war der Ort das Zentrum des Zuckerrohranbaues. Aus dieser Zeit stammen auch noch einige für das Bergdorf untypische prächtige Häuser.

Essen & Trinken

Der schwere Taganana-Wein: Dank der abgeschiedenen Lage im Taganana-Tal wurden die Weinstöcke nicht von den großen Krankheiten (wie z.B. der Reblaus) befallen. Daher sind die alten Rebsorten wie Malvasier, Gual oder Verdello erhalten geblieben. Kleine Kellereien stellen heute noch geringe Mengen eines reinen Sortenweines her, der mit 17% Alkoholgehalt besonders schwer ist. Daneben erfreuen klare leuchtende Roséweine mit kräftigem Geschmack den Gaumen. Eine Rast in einer der Bars am Ende einer Wanderung ist deshalb unbedingt zu empfehlen.

Nur zwei Kilometer von Taganana entfernt liegt in unmittelbarer Meeresnähe die **Playa de Benijo** mit zwei Sandstränden und der Restaurantansiedlung **Roque de Bodegas**. Hier kann man nicht nur in aller Ruhe baden, sondern in den Fischlokalen auch vorzüglich essen.

▶ TENOGEBIRGE

Höhe: 700–900 m

Lage: Das Tenogebirge reicht im Nordwesten Teneriffas von der Linie El Tanque-Tamaimo bis zur Halbinsel von Teno und ist mit 17 Millionen Jahren einer der ältesten Inselteile. Es besteht aus basaltischer Lava und erreicht Höhen zwischen 700 und 900 Metern.

Sehenswert: Die einsame, schwer zugängliche Region wurde in den letzten Jahrhunderten von Bauern besiedelt und zum Teil urbar gemacht. Heute finden wir vor allem auf den Hochflächen von **El Palmar** und **Teno Alto** terrassierte Landschaften vor, die hoch über dem Meer liegen und im Vergleich zur schroffen Küstenlinie lieblich wirken. Anfang der achtziger Jahre begann man mit dem Bau der Straße nach → **Masca**, die erst 1991 fertiggestellt wurde. Heute zählt es neben dem Nationalpark in den → **Cañadas** zu den meistbesuchten Zielen der Insel.

Rund um El Palmar und Teno Alto: liebliche Terrassenfelder auf den Hochflächen des Tenogebirges.

Die erste geschlossene Ortschaft am Weg nach Masca ist **El Palmar**, ein kleines, ursprüngliches Dorf, das inmitten der Feldterrassen des fruchtbaren Talkessels liegt. Für Touristen empfiehlt sich neben einem kleinen Rundgang der Besuch des **Restaurant El Palmar**, zu dessen Spezialitäten Hähnchengerichte sowie ein ungewöhnlicher Kaffee mit Likör, Zimt und Zitrone zählen. Unmittelbar an der Abzweigung der Bergstraße nach **Teno Alto** ist ein kleines Informationsbüro des **Naturparks Tenogebirge** eingerichtet, in dem man neben Auskünften eine kleine Wanderkarte erhält.

▶ VALLE DE LA OROTAVA

Höhe: 200–1000 (2000) m

Lage: Das vielgepriesene Orotavatal erstreckt sich im Norden Teneriffas von Puerto de la Cruz bis Los Realejos und entspricht eigentlich einem breitflächigen Plateau. Es ist 10 km breit und 11 km lang und stammt von einem gewaltigen Erdrutsch, der sich vor 170 000 Jahren ereignete.

Sehenswert: Das als lieblich, harmonisch und romantisch beschriebene Tal ist seit dem Besuch des Naturforschers Alexander von Humboldt 1799 berühmt geworden: »Ich kann diesen Anblick nur mit den Golfen von Genua und Neapel vergleichen, aber das Orotavatal übertrifft sie bei weitem durch seine Ausmaße und die Reichhaltigkeit seiner Vegetation.«

Heute finden wir jedoch ein stark verändertes Aussehen vor. Wer vom berühmten **Humboldtblick** an der Straße von La Orotava nach Santa Ursula auf das Tal blickt, dem tritt ein Mosaik aus Feldterrassen, Gärten und zahllosen Häusern entgegen. Die maßgeblichen Ortschaften wie → **La Orotava**, → **Puerto de la Cruz**, → **Los Realejos** und **Benijos** haben sich heute fast flächendeckend über das Tal ausgebreitet. Nur noch das in Bronze gegossene euphorische Zitat von Humboldt erinnert an das üppige Aussehen von vor 200 Jahren.

Üppige Plantagen, mildes Klima und darüber die Grenze des Passatnebels kennzeichnen das Tal von Orotava.

Da das Orotavatal klimatisch äußerst begünstigt ist und viel Feuchtigkeit von den Passatwinden bekommt, entwickelte sich eine üppige Landwirtschaft, die heute vor allem durch Bananenplantagen geprägt ist. Ab 1000 m übernimmt ein dichter Kiefernwald den Bewuchs, der auch die unbesiedelte Zone einleitet. Er fällt genau mit der Untergrenze des Passatnebels zusammen, der sich in einer Zone zwischen 1000 und 1600 m tagtäglich am Vormittag festsetzt. Die Waldgrenze befindet sich etwa bei 1800 bis 1900 m, darüber geht das Tal in die vulkanischen Weiten der → **Cañadas** und der **Cumbre Dorsal** über.

VILAFLOR

Höhe: 1400 m
Einwohner: 1600

Teneriffas höchstgelegenes Dorf: Vilaflor.

Lage: Das einladende Dorf auf halbem Weg von der Südküste zu den → **Cañadas** ist mit 1400 m Höhe die höchstgelegene Ansiedlung Teneriffas. Gleichzeitig liegt es am Übergang von den Trockenfeldterrassen zum Kanarischen Kiefernwald. Vilaflor ist nur über kurvenreiche Straßen zu erreichen. Die kürzere Anfahrt verläuft über → **Arona**, die kurvenreichere, aber nicht uninteressante über Granadilla.

Sehenswert: Vilaflor wirkt nicht nur wegen seiner Lage sehr lieblich und sympathisch. Im Zentrum fällt die mächtige **Kirche San Pedro** aus dem 17. Jahrhundert, ein dreischiffiger Sakralbau mit schlichtem Glockenturm und schönem Portal, auf. Ferner beeindrucken die alte, pfefferbaumbestandene **Plaza** und zahlreiche ursprüngliche zweistöckige Häuser. Die Bewohner von Vilaflor arbeiten entweder als Bauern auf den nahegelegenen Feldern oder als begehrte Kunsthandwerker. Die Frauen stellen die für Teneriffa typischen **Durchbruchstickereien** her, meist kleine runde Deckchen, die mit einer eigenen Spanntechnik zu großen Decken zusammengenäht werden.

Dank seiner klaren Luft ist Vilaflor als Höhenkurort begehrt, dazu tragen auch die Mineralwasserquellen **Pinalito** und **Fuente Alta** bei. Wegen der Nähe zum Nationalpark → **Parque Nacional de Las Cañadas del Teide** und den abwechslungsreichen Wandermöglichkeiten in der Umgebung findet man hier zahlreiche Bars und Restaurants. Sehenswert ist der Blumenschmuck, sowohl innerhalb des Ortes, als auch in der Umgebung. Im Frühjahr leuchten Straßenränder und manche Feldterrassen gelb-orange auf. An der Ortseinfahrt wurde ein kleiner Garten mit den Natternköpfen (oder Taginasten) der Cañadas angelegt. Da diese hier fast 800 m tiefer wachsen als an ihrem natürlichen Standort, beginnen sie bereits im April, d. h. gut 4 Wochen früher zu blühen. An der Cañadas-Straße oberhalb des Ortes steht **El Pino Gordo** – die dicke Pinie –, die mit einem Stammumfang von 9,3 m und einer Höhe von 45 m zu einer Sehenswürdigkeit wurde. Daß hier die mächtigsten Kiefern Teneriffas wachsen, beweist die auf der gegenüberliegenden Straßenseite aufragende Kiefer **El Pino de las dos Perñadas**, die gar 56 m hoch, aber etwas schlanker ist.

Für seinen Blumenschmuck berühmt: der Höhenkurort Vilaflor.

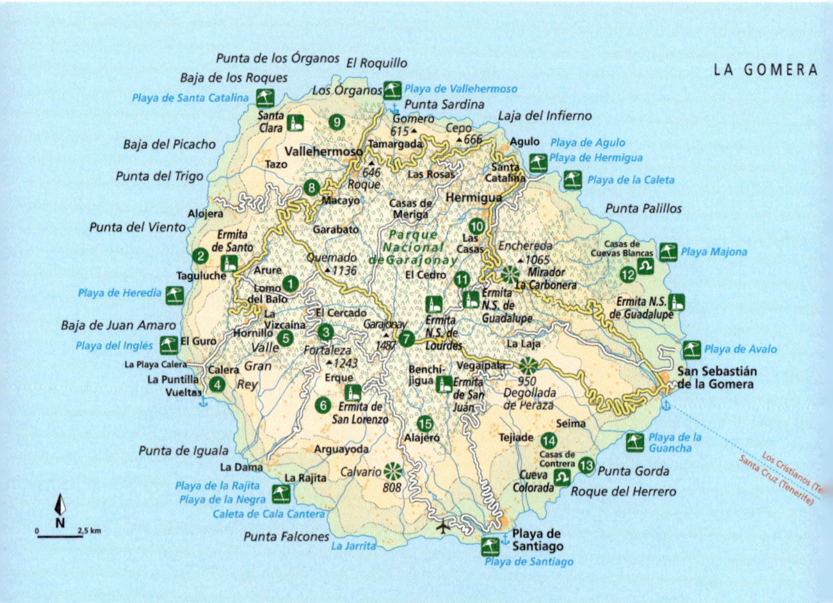

LA GOMERA
Punta de los Órganos
El Roquillo
Baja de los Roques
Playa de Santa Catalina
Los Órganos
Playa de Vallehermoso
Punta Sardina
Laja del Infierno
Santa Clara
Gomero 615
Cepo 666
Baja del Picacho
Vallehermoso
Tamargada
Agulo
Playa de Agulo
Playa de Hermigua
Tazo
646 Roque
Las Rosas
Santa Catalina
Punta del Trigo
Playa de la Caleta
Macayo
Casas de Meriga
Hermigua
Alojera
Punta Palillos
Punta del Viento
Garabato
Ermita de Santo
Parque Nacional de Garajonay
Las Casas
Enchereda
Casas de Cuevas Blancas
Playa Majona
Quemado 1136
1065
Mirador La Carbonera
Arure
Taguluche
El Cedro
Playa de Heredia
Lomo del Balo
Ermita N.S. de Guadalupe
Ermita N.S. de Guadalupe
La Vizcaína
El Cercado
Baja de Juan Amaro
Hornillo
Garajonay 1487
Ermita N.S. de Lourdes
Playa del Inglés
El Guro
Valle Gran Rey
Fortaleza 1243
La Laja
Playa de Avalo
La Playa Calera
Calera
Vegaipala
San Sebastián de la Gomera
La Puntilla
Erque
Benchijigua
950
Vueltas
Ermita de San Juan
Degollada de Peraza
Ermita de San Lorenzo
Seima
Alajeró
Punta de Iguala
Tejiade
Playa de la Guancha
Arguayoda
Casas de Contrera
La Dama
Calvario 808
Los Cristianos (Te
Santa Cruz (Tenerife)
Cueva Colorada
Punta Gorda
La Rajita
Playa de la Rajita
Roque del Herrero
Playa de la Negra
Caleta de Cala Cantera
N
0 2,5 km
Playa de Santiago
Punta Falcones
La Jarrita
Playa de Santiago
1
2
3
4
5
6
7
8
9
10
11
12
13
14
15

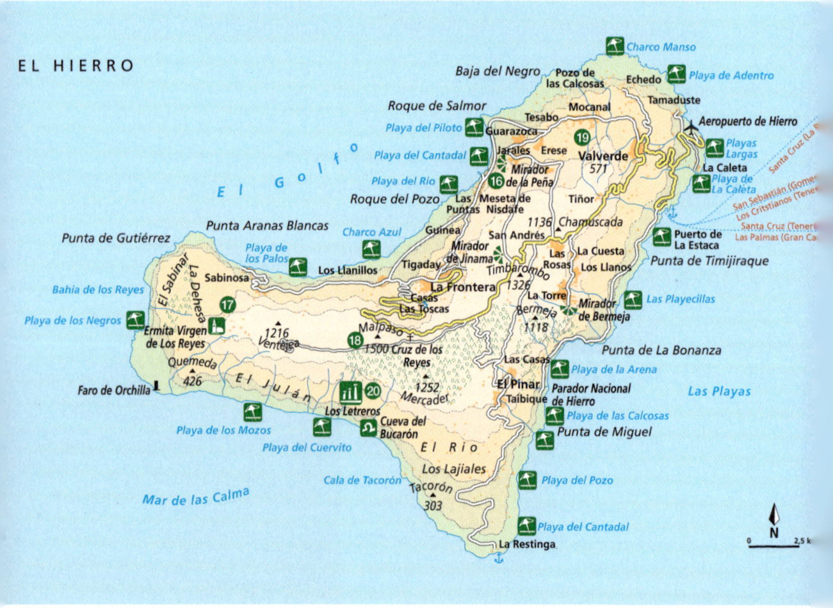

EL HIERRO
Charco Manso
Baja del Negro
Pozo de las Calcosas
Echedo
Playa de Adentro
Tamaduste
Roque de Salmor
Mocanal
Tesabo
Aeropuerto de Hierro
Playa del Piloto
Guarazoca
Playas Largas
Playa del Cantadal
Jarales
Erese
Valverde 571
Santa Cruz (La P
Mirador de la Peña
La Caleta
Playa del Rio
Playa de La Caleta
El Golfo
Roque del Pozo
Las Puntas
Meseta de Nisdafe
Tiñor
San Sebastián (Gome
Los Cristianos (Tene
1136
Chamuscada
Punta Aranas Blancas
Charco Azul
Guinea
San Andrés
Puerto de La Estaca
Santa Cruz (Teneri
Las Palmas (Gran Ca
Punta de Gutiérrez
Playa de los Palos
Mirador de Jinama
Las Rosas
La Cuesta
Punta de Timijiraque
Los Llanillos
Tigaday
Los Llanos
Sabinosa
Timbarombo 1326
Bahía de los Reyes
El Sabinar
La Dehesa
La Frontera
Casas
Las Toscas
La Torre
Mirador de Bermeja
Las Playecillas
Playa de los Negros
Ermita Virgen de Los Reyes
1216 Ventejea
Bermeja 1118
Malpaso
1500 Cruz de los Reyes
Punta de La Bonanza
Quemeda 426
Las Casas
Playa de la Arena
El Pinar
Taibique
Parador Nacional de Hierro
Las Playas
Faro de Orchilla
El Julán
1252 Mercader
Los Letreros
Playa de las Calcosas
Playa de los Mozos
Cueva del Bucarón
Punta de Miguel
Playa del Cuervito
El Rio
Los Lajiales
Playa del Pozo
Cala de Tacorón
Tacorón 303
Mar de las Calma
Playa del Cantadal
La Restinga
N
0 2,5 k
16
17
18
19
20

LA GOMERA
EL HIERRO

Heinrich Bauregger

Einführung

La Gomera

Sie ist die grünste aller Kanareninseln, mit einer Fläche von 373 km² die zweitkleinste und wie die anderen vulkanischen Ursprungs. Der Durchmesser von Ost nach West beträgt 25 km und von Nord nach Süd 22 km. Ihre höchste Erhebung in der Inselmitte, der Garajonay (1487 m), ist Zentrum eines im Jahre 1981 geschaffenen Nationalparks, der etwa 10 % der Inselfläche einnimmt. Er umfasst vor allem den Bosque del Cedro mit seinen Randgebieten, der als der besterhaltene Nebelurwald des Kanarischen Archipels gilt und von der UNESCO zum »Erbe der Menschheit« erklärt wurde. Dieser Urwald ist die grüne Lunge und der wichtigste Wasserspeicher La Gomeras. Vom zentralen Hochland der Insel ziehen etwa 50 tief eingeschnittene Schluchten (Barrancos) zur Küste hinab und geben der Insel ihre typische Gestalt. Vom feuchten Inselnorden – an dem sich die Passatwolken abregnen – bis zum trockenen und sonnenreichen Süden haben sich auf engstem Raum die unterschiedlichsten Landschaftsformen ausgebildet, die das Wandern auf dieser Insel so abwechslungsreich machen. Über 100 000 Palmen liefern nicht nur Schatten, sie sondern auch einen besonderen Saft (Guarapo) ab, aus dem Palmhonig und Palmlikör hergestellt wird. Eine kulturhistorische Besonderheit ist die Pfeifsprache El Silbo – die La Gomera sozusagen zu einer Insel mit Pfiff macht. Dieses Verständigungsmittel der Altkanarier hat sich nur dort erhalten und wird mittlerweile bereits in einer entsprechenden Schule gelehrt. Im Dorf El Cerdado haben sich die alte Töpfertechnik, die Muster und Formen der Guanchen, der vorkolonialen Bewohner der Insel, erhalten. Heute hat La Gomera – nach mehreren Auswanderungswellen – nur noch etwa 15 000 Bewohner.

Blick von der Carretera del Centro.

Die Pfeifsprache »El Silbo«.

Der Glockenturm der Pfarrkirche von Frontera.

El Hierro

Die kleinste Kanareninsel ist auch die am weitesten westlich gelegene. Auf einer Fläche von nur 278 km² drängt sich eine vielfältige Landschaft. Die mit Vulkanen übersäte Insel erreicht im Malpaso eine Höhe von 1500 m. Der feuchte Norden, das weite, oft nebelverhangene Hochland im Zentrum mit seinem schönen Pinienwald, die schwarze Vulkanlandschaft im Süden, die von gewaltigen Felswänden eingefassten Buchten und nicht zuletzt der berühmte Wacholderhain El Sabinar – El Hierro ist eine Insel voller Überraschungen. Ein gutes Wegenetz, das für jeden Anspruch etwas zu bieten hat, und der beschauliche Lebensrhythmus der Bewohner geben eine ideale Mischung ab, um einen erholsamen Wanderurlaub zu garantieren. Nahezu 60% der Insel stehen mittlerweile unter Natur- und Landschaftsschutz. Und wer sich als Forscher betätigen will: In den Hängen von El Julan findet man die großartigsten Zeugnisse archaischer Petroglyphen (Los Letreros de Julán) des gesamten kanarischen Archipels.

Klima

Gomera und El Hierro verfügen – wie alle Kanareninseln – über ein relativ ausgeglichenes Klima. Die Durchschnittstemperaturen

der Luft schwanken im Jahreslauf lediglich zwischen 18 °C im Januar und 24 °C im August. Auch die Wassertemperaturen bewegen sich lediglich zwischen 19 °C im Winter und 23 °C im Sommer.

Auf der Insel Gomera jedoch gibt es aufgrund der beträchtlichen Höhenunterschiede (bis 1487 m) und den daraus resultierenden Auswirkungen der Passatwinde erhebliche klimatische Unterschiede. Der Inselsüden ist vorwiegend trocken, während der Inselnorden unter Einfluss des Passats gerät und somit deutlich höhere Niederschläge aufweist.

Auf El Hierro muss man ebenfalls in den Monaten November bis März mit Niederschlägen und feucht-kühlem Nebel rechnen – und im Sommer mit Hitze.

Playa del Inglés.

Flora & Fauna

La Gomera weist mehrere Klimazonen auf; dementsprechend vielseitig ist die Flora. Neben den vorwiegend im Küstenbereich vorkommenden Trockenpflanzen (vorwiegend Wolfsmilchgewächse) gibt es über 100 000 Palmen (v. a. die kanarische Dattelpalme), die bis zu einer Höhe von 1300 m wächst. Etwa ein Viertel der Inselfläche ist von Wald bedeckt (vor allem Lorbeerwald und Fayal-Brezal-Wald). Eine Besonderheit ist der Drachenbaum; das größte Exemplar befindet sich bei Alajeró und ist ein gesuchtes Wanderziel. Wer sich einen Überblick über die Flora der Insel verschaffen will, besucht am besten bereits zu Beginn des Wanderurlaubs das Besucherzentrum Juego de Bolas im Nationalpark.

Nymphendolde.

Neben Haustieren gibt es kaum frei herumlaufende Tiere auf der Insel. Auch für den Wanderer von Interesse: Es gibt weder Schlangen

noch giftige Skorpione. Selten genug wird man mit Kaninchen, Eidechsen oder auch mal einer Ratte konfrontiert. Daneben gibt es Vögel (z. B. die Lorbeertaube), Greifvögel, Fledermäuse und zahlreiche Schmetterlinge.
Die Insel **El Hierro** weist hinsichtlich der klimatischen Bedingungen eine große Ähnlichkeit mit La Gomera auf, doch ist sie karger und die Vegetation weniger üppig. Es gibt zahlreiche endemische Arten, die für Botaniker von großem Interesse sind. Eine Besonderheit sind die Sabinas. Dieser Wacholderbaum gilt bereits als das Wahrzeichen El Hierros. Berühmt sind mittlerweile die Rieseneidechsen (Lagartos Gigantes) auf dieser Insel, die eine Größe von bis zu 75 cm erreichen können und als bereits aus-gestorben galten. Heute stehen sie unter strengem Schutz.

Essen & Trinken

Die Bar Maria in El Cercado.

Die typische kanarische Küche ist recht einfach; kulinarische Höhenflüge sind nicht zu erwarten. Es gibt – und das ist nicht selbstverständlich – auch frischen Fisch in den Küstenorten. Ein wesentlicher Bestandteil der Gerichte sind die **papas arrugadas** sowie die **mojo verde** bzw. die **mojo rojo**. Zicklein, Kaninchen und Meeresfische finden sich immer wieder auf der Speisekarte. Als Vorspeise wird gerne Schafs- oder Ziegenkäse gegessen. Eintöpfe und Suppen (besonders die **potage de berros** – Wildkresse) sind beliebt. Aus der Küche der Guanchen hat sich der **gofio** herübergerettet. Dieses Mehl aus geröstetem Getreide wird mit Milch verrührt oder als Zugabe zu Suppen und Eintöpfe serviert. Als Nachspeise gibt es Mandelkuchen (**queso de almendras**) oder Mandelmus (**bienmesabe**), dazu **gomerón**, den typischen Insellikör. Für den kleinen Hunger zwischendurch werden in den Bars **tapas** angeboten. Getrunken wird Bier, Wein und Wasser. Auf Gomera (Vallehermoso, Arure) wird sogar Wein angebaut, der in den Restaurants aufgetischt wird (z. B. der **Roque Cano**). In der Regel serviert man jedoch Weine vom Festland.

Wanderspecial

Beste Wanderzeit

Im Prinzip kann auf beiden Inseln das ganze Jahr über gewandert werden. In den heißen Sommermonaten Juli, August und September zieht man sich am besten in die höheren Regionen zurück und meidet küstennahe Wanderungen. In den Wintermonaten zwischen November und April ist das Wetter nicht so stabil wie im Sommer, und es muss bei den Wanderungen mit überraschenden und heftigen Regengüssen gerechnet werden. Auf Gomera kann die Schneefallgrenze bis auf eine Höhe von 1200 m sinken. Die Temperaturunterschiede zwischen Küste und Gipfelbereich können dann gewaltig sein. Auch sollte man die heftigen und zugleich kalten Passatwinde nicht unterschätzen. Oft behindert dann Nebel die Sicht und erschwert die Orientierung erheblich. Dafür erlebt man in den späten Wintermonaten und im Frühjahr die Vegetation in voller Pracht.

Abstieg vom Mirador del Erque.

Vor der Auswahl der Tour sollte ein Blick auf die Wetterkarte geworfen werden: Weht der Passat aus Nord und Ost, meidet man am besten die Nord- und Ostküste, denn dann kleben dichte Passatwolken an den Hängen, die sich oft den ganzen Tag lang nicht auflösen. Die Süd- und Westküste wartet in der Regel mit dem besseren Wetter auf.

Markierungen

La Gomera: Im Gebiet des Nationalparks Garajonay sind alle für den Wanderer freigegebenen Pfade und Wege markiert bzw. mit Wandertafeln versehen, auf denen neben dem Ziel auch die Entfernungsangabe verzeichnet ist. Außerhalb dieser Zone gibt es nur sehr spärliche Wandertafeln und Markierungen. Im Wesentlichen sind die Wanderwege (meist alte Dorfverbindungswege) mit Farbmarkierungen versehen. Wichtigstes Orientierungsmittel sind jedoch die fast überall zu findenden Steinmännchen.

Auffällige Markierung.

El Hierro: Die mit Wegweisern versehenen Wanderwege werden von den lokalen Behörden im Allgemeinen auch unterhalten. Wer über wenig Wandererfahrung verfügt, sollte sich auf diese Routen beschränken, denn andere, teilweise zugewachsene und nicht markierte Wege erfordern viel Pfadfindergespür.

Felsenriffe schaffen auf El Hierro natürliche Becken.

Natur- und Umweltschutz

Auf beiden Inseln gibt es ausgewiesene Schutzzonen, in denen die Wanderwege nicht verlassen werden dürfen. Besondere Vorsicht ist im Umgang mit Feuer zu beachten. Die Waldbrandgefahr ist deutlich höher als in Mitteleuropa. Man beachte die Regeln der Nationalparkbehörden: Das Pflücken von Blumen und Sammeln von Pflanzen ist nicht erlaubt, ebenso das wilde Campieren; Feuer darf nur auf ausgewiesenen Grillplätzen gemacht werden; Abfall muss mitgenommen werden. Auf Gomera ist der gesamte Nationalpark Garajonay unter Naturschutz gestellt. Große Begrenzungs- und Informationstafeln weisen darauf hin. Die gesamte Insel El Hierro wurde im Jahr 2000 von der UNESCO zum Biosphärenreservat erklärt. Nahezu 60% der Insel stehen mittlerweile unter Natur- bzw. Landschaftsschutz.

Schutzhütten

Es gibt auf keiner Insel bewirtschaftete Hütten wie in den Alpen. Auf Gomera finden man lediglich eine unbewirtschaftete Unterstandshütte an der Degollada del Tanque. Übernachtung mit

Die Lavasteinhäuser Guineas auf El Hierro

Schlafsack jedoch möglich. Schutz vor der Witterung bieten oft auch Höhlen oder Halbhöhlen. Da beide Inseln unter Landflucht zu leiden haben, gibt es natürlich auch häufig leer stehende Häuser, in denen man unterschlüpfen kann.

Wanderurlaub

Die meisten Wanderer auf La Gomera und auf El Hierro werden ihre Wandertouren wohl individuell planen. Es gibt jedoch die Möglichkeit, bereits in der Heimat einen Wanderurlaub zu buchen (Adressen einiger Veranstalter siehe folgende Seite). Aber auch vor Ort lassen sich geführte Touren organisieren – mit örtlichen Tourismusbüros oder privaten Anbietern. Die Nationalparkverwaltung von Gomera führt eigene, sachkundige Führungen durch, Anmeldung im Besucherzentrum Juego de Bolas (Tel. 922 80 09 93); diese sind kostenlos und starten in der Regel in La Laguna Grande.

Gomera Trekking Tours
Sandstraße 1 a, D-90443 Nürnberg,
Tel. 0911/207 87, Fax 207 99,
Internet www.trekkingreisen.de,
Auf Gomera spezialisiert.

Wikinger Reisen
Kölner Straße 20, D-58135 Hagen,
Tel. 02331/90 47 42,
Führt Wandertouren auf La Gomera und El Hierro durch; auch Kontakte zu einheimischen Inselkennern; Übernachtungen an verschiedenen Orten.

Studien-Kontakt-Reisen
Postfach 20 10 51, D-53140 Bonn,
Tel. 0228/93 57 30, Fax 935 73 50,
E-Mail info@skr.de,
Internet www.skr.de;
14-tägige Wanderreisen nach La Gomera.

Baumeler Wanderreisen
Engelbergerstraße 21,
D-79106 Freiburg,
Tel.0761/38 05 70, Fax 380 57 30,
Internet www.baumeler.de;
Kontaktadresse Schweiz: Zinggentorstraße 1, CH-6002 Luzern, Tel. 0041/41/418 65 65, Fax 418 65 96.

AlpinSchule Innsbruck GmbH
In der Stille 1, A-6161 Natters/Tirol,
Tel. 0043/512/546 00 1,
E-Mail info@asi.at,
Internet www.asi.at;
Exklusiv für den Reiseveranstalter TUI; Touren auf La Gomera.

Hauser Exkursionen GmbH
Marienstraße 17, D-80331 München,
Tel. 089/235 00 60, Fax 291 37 14;
Bietet kombinierte, anspruchsvolle Wandertouren auf den Westkanaren an.

DAV Summit Club
Am Perlacher Forst 186, D-81545 München,
Tel. 089/642 40 0,
info@dav-summit-club.de,
Internet www.dav-summit-club.de;
Die Bergsteigerschule des Deutschen Alpenvereins führt Touren auf La Gomera durch.

Auf Gomera:
Timah – Josef Knoflach,
Apartado de correos 74,
E-38870 Valle Gran Rey/Gomera,
Tel./Fax 922 80 57 26;
Naturerlebniswanderungen (mit Infos über Vulkanismus, Vegetation, Ökologie) führt der Diplom-Biologe Dieter Scriba durch:
Tel. 922 80 59 40,
E-Mail info@oekotours.com.
HE-Tours, Horst Escofier,
Mobil: 636 07 66 12,
E-Mail HE-Tours@hotmail.com,
Anmeldung auch: Bungalows Galeria Oasis, La Playa, Valle Gran Rey.

Auf El Hierro:
Wanderungen führt Ralph durch: Tel. 922 55 59 25, Mobil: 679 45 33 65.

1 Von Arure nach Chipude

Abwechslungsreiche Wanderung von Dorf zu Dorf: Arure – Las Hayas – Cercado – Chipude

leicht

11 km

3 Std.

↑ 600 m ↓ 190 m

ab 6

Tourencharakter: Leichte Wanderung auf Forstpisten und alten Dorfverbindungswegen.
Beste Jahreszeit: Frühjahr bis Sommer.
Ausgangspunkt: Bushaltestelle in Arure (826 m).
Endpunkt: Der Kirchplatz von Chipude (1080 m).
Markierung: Keine, vereinzelte Wegtafeln und Steinmännchen.
Verkehrsanbindung: Buslinie 1 (Valle Gran Rey – San Sebastián); Haltestellen in Arure, Las Hayas, Cercado und Chipude. Die Tour kann also in diesen Orten begonnen oder beendet werden. Alternative: Taxi. Parkmöglichkeiten am unteren Ortsende vor der Kirche.
Einkehr: Bar Conchita in Arure; Casa Efigenia in Las Hayas; Bar Maria und Bar Victoria in Cercado, mehrere Bars sowie Supermercado in Chipude rund um den Kirchplatz.
Unterkunft: Bar/Pension Sonia in Chipude, Tel. 922 80 41 58.
Tourist-Info: Oficina de Turismo in La Playa, Valle Gran Rey, Calle Lepanto, Tel. 922 80 54 58.

Auf dieser Dorfverbindungstour durchstreifen wir die intensiv bewirtschaftete Hochfläche am Rande des Nationalparks Garajonay. Kartoffeln, Mais, Bananen und sogar Wein werden hier angebaut. Am abwechslungsreichen Weg, der in Arure, der ehemaligen Residenz des Guanchenkönigs, beginnt, liegen beliebte Einkehrstellen und die Töpferwerkstätten von Cercado. Unser Ziel, Chipude, gilt als einer der ältesten Orte der Insel.

Arure.

1

Der Wegverlauf

Wir beginnen unsere Wanderung an der Bushaltestelle in **Arure**, gegenüber der Bar Conchita und folgen der Hauptstraße eine Viertelstunde bergan zum Ortsteil Casas de Acardece. Dort zweigt rechts ein schmales asphaltiertes Sträßchen ab, dem wir nun folgen. Wir passieren das Staubecken **Embalse Arure** und folgen in einem leichten Rechtsbogen der **Forestal de las Hayas**. Bald zweigt links der Weg in den Nationalpark (Jorge) ab. Wir halten uns jedoch rechts und gehen bei der nächsten Abzweigung (bei einer Palmengruppe) links weiter. Dort verlassen wir für kurze Zeit die Forststraße, die rechts weiter nach Las Hayas führt und auf die wir weiter oben wieder treffen. Der von riesigen Agaven und vereinzelten Palmen gesäumte Wirtschaftsweg verschmälert sich bald zu einem Pfad, dem wir entlang von Trockensteinmauer folgen, bis dieser sich nach 10 Min. bei einem Steinhäuschen wieder zu einem Wirtschaftsweg weitet.

Agave americana.

Wir durchwandern ein fruchtbares, breites Hochtal mit Weinstöcken und vereinzelten Palmen und steigen dann in einer weit ausholenden Rechtskurve (links bald ein Wegweiser, der nach Las Creces weist) hinauf zur Forststraße, die wir weiter unten verlassen haben. Auf der rötlichen Lehmpiste nun links weiter im Auf und Ab, zuletzt vorbei an einem Ziegenstall bis zum Ortsrand und dann auf der Asphaltstraße hinauf nach **Las Hayas** (1000 m; 1:30 Std.), wo wir bei Efigenia einkehren können. Parkplatz mit großem Eukalyptusbestand.

Am Parkplatz rechts an den großen Bäumen vorbei, auf betoniertem Fußweg leicht hinab und in einem Links-rechts-Bogen um einen Palmenhain herum. Auf der anderen Seite links haltend und leicht ansteigend zu einem quer führenden Asphaltsträßchen. Über dieses hinweg und geradeaus auf schönem Weg durch Wacholdergebüsch bis zu einer Wegverzweigung. Dort links weiter und durch schönen Palmenhain und einen etwas verwachsenen Hohlweg leicht ansteigend zur Wegverzweigung

1

auf dem **Lomo de la Instancia** (rechts führt der Weg hinab ins Valle Gran Rey). Wir gehen geradeaus weiter und steigen dann in Serpentinen hinab ins oberste Talende des **Barranco del Agua**. Gegenüber sehen wir bereits die Häuser von Cercado. Wir queren das durch zahllose Terrassen geformte Tälchen und steigen jenseits in Serpentinen durch Buschwerk hinauf nach **Cercado** (1030 m; 2:30 Std.), das wir direkt an der Hauptstraße bei der Bar Maria erreichen.

Prächtige Palmen säumen den Weg.

Dort folgen wir der Hauptstraße nach rechts, vorbei an den Töpferwerkstätten, wo wir den Frauen sogar bei der Arbeit zuschauen können, und verlassen diese dann bei der nächsten Linkskurve nach rechts, steigen über eine steile Betontreppe hinab zu einem Sträßchen, halten uns bei der Verzweigung links und gehen in einem Rechtsbogen durch das untere Dorf, bis links ein gepflasterter Fahrweg abzweigt. Wir steigen auf diesem nun steil hinauf zur Hauptstraße, queren sie und folgen einem rauen Weg weiter bergan zu ein paar Häusern. Dort halten wir uns rechts und erreichen eine Kammhöhe. Hier geradeaus weiter und auf einem alten, gut eingefassten Dorfverbindungsweg hinab zur Hauptstraße, über diese hinweg, dem

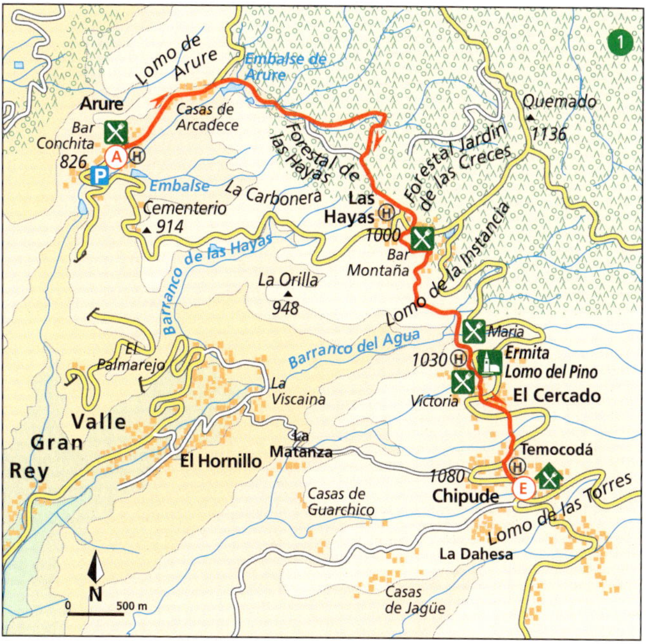

1

Weg weiter folgend, in eine Senke, dann jenseits davon wieder hinauf – vorbei an einem schönen Feigenbaum – zur Hauptstraße. Wir schlüpfen durch die Leitplanke, folgen kurz der Straße nach rechts, vorbei an einem einzelnen Haus, und erreichen den unteren Dorfrand von Chipude. Dort zweigt links ein breiter Treppenweg ab. Diesen hinauf bis zu einem gepflasterten Fahrweg gehen, dann links auf diesem 150 m weiter steil hoch und rechts zur Ortsmitte von **Chipude** (1080 m) direkt am großen Kirchplatz. Hier können wir die Rückfahrt mit dem Bus antreten – zuvor stärken wir uns aber in einer der Bars. Wer sich die Kirche anschauen will, kann sich den Schlüssel dazu in der Bar La Candelaria holen.

> Das größte, alljährlich stattfindende Fest der Insel, die **Fiesta de la Nuestra Señora de Candelaria,** wird am 15. August in Chipude gefeiert, also am Himmelfahrtstag. Die Feier zu Ehren der Ortsheiligen – die nach ihr benannte Kirche geht auf das Jahr 1540 zurück und gilt als eine der ältesten auf Gomera – beginnt mit einer Messe, dann folgt der Umzug mit der in Purpur gehüllten Madonnenfigur. Anschließend wird Musik gemacht, getanzt, getrunken und gegessen – und das bis in den frühen Morgen.

Blick auf La Playa.

Zahllose Terrassenfelder bei Chipude.

Von Arure nach Taguluche

Abstiegswanderung zur Ermita San Salvador: Arure – Mirador del Santo – Taguluche – Ermita San Salvador – Arure

2

mittel
6 km
4 Std.
↑750 m ↓750 m

Tourencharakter: Steiler An- und Abstieg. Trittsicherheit und etwas Orientierungssinn erforderlich. Mit scharfen Fallwinden muss gerechnet werden.
Beste Jahreszeit: Frühjahr.
Ausgangspunkt: Mirador del Santo (auch Mirador Taguluche, 900 m).
Endpunkt: Arure (826 m).
Markierung: Steinmännchen am Weg.
Verkehrsanbindung: Buslinie 1 (San Sebastián – Valle Gran Rey) bzw. Taxi. Parkmöglichkeit am unteren Ortsende von Arure vor der Kirche bzw. eingeschränkt unterhalb des Miradors.
Einkehr: Unterwegs keine; Bar Conchita und Restaurante El Jape in Arure; schöner, schattiger Picknickplatz an der Ermita San Salvador mit Tischen, Bänken und Toiletten.
Unterkunft: In Arure keine. Nächste Möglichkeit in Las Hayas: La Montana, Tel. 922 80 40 77.
Tourist-Info: Oficina de Turismo in La Playa, Valle Gran Rey, Calle Lepanto, Tel. 922 80 54 58.

Das Ziel dieser Wanderung ist der verschlafene kleine Ort Taguluche mit der Ermita San Salvador als Wendepunkt. Beeindruckend ist der prächtige Tiefblick während des ganzen Abstiegs sowie der gewaltige Palmenhain am Rückweg. Die Aussicht reicht bis La Palma und El Hierro.

Der Wegverlauf

In **Arure** wählen wir die kleine Stichstraße am unteren Ortsende, die von der Hauptstraße in Richtung des auffälligen Torbogens im angrenzenden Bergkamm führt. Links von dem neuen Tunnel, der einen direkten Zugang zum Mirador darstellt, leitet uns ein gepflasterter, breiter Weg hinauf zum **Mirador del Santo** mit seiner prächtigen Aussicht. Dort halten wir uns rechts, gehen an der kleinen Kapelle vorbei und biegen 100 m hinter ihr auf den links abzweigenden Weg ab. Über ein paar Serpentinen und

2

einen treppenartig angelegten Steig hinunter, dann rechts unter den Felsen auf dem schmalen Weg durch ein kleines Kiefernwäldchen weiter. Wir passieren einen Opuntienhang und steigen dann links in Serpentinen talwärts. Erste Palmen säumen den Weg. Anschließend auf einer gepflasterten Wegpassage weiter. Wieder geht es über eine steile Felspassage, wo Steinmännchen den Weg weisen, dann wird der Weg allmählich breiter. Hier befinden wir uns im **Naturschutzgebiet Lomo del Carretón**. Ein verwachsenes Stück Weg – vorbildlich mit Steinmännchen markiert – muss noch überwunden werden, dann treffen wir auf den ersten Palmenhain, und der Weg wird leichter. Wir wandern nun auf dem kleinen Bergrücken talwärts und erreichen die ersten Häuser von Taguluche. Bei der Naturparktafel halten wir uns rechts, dann gleich wieder links und gelangen so zur Asphaltstraße (1 Std. ab Mirador). Hier böte es sich an, rechts in weitem Bogen der Asphaltstraße hinab zur Ermita zu folgen; wir gehen jedoch links ein Stück bergan und folgen dem rechts abzweigenden breiten Treppenweg, der direkt hinab ins Dorf **Taguluche** (200 m; 1:15 Std.) führt. An der Asphaltstraße gehen wir rechts,

Tipp
Vom unteren Dorfrand von Taguluche führt ein Treppenweg zur ehemaligen Bootsanlegestelle. Schöner **Rastplatz**, aber keine Badestelle wegen der starken Unterströmungen.

Palmenhain oberhalb von Taguluche.

2

halten uns bei der Abzweigung links und gelangen so zur schön gelegenen **Ermita San Salvador**.

Wieder zurück im Dorf, zweigen wir bei der Telefonzelle links ab (eine Variante führt zum Ortsende und dann links durch den Hang seitlich am Dorf vorbei bergwärts) und folgen dem parallel führenden Pfad durch Terrassen, der uns zurück zum Betontreppenweg bringt. Auf diesem wieder hinauf, vorbei am **Trafohäuschen**, zur Asphaltstraße. Dort 100 m rechts bis zu einer Hauseinfahrt, an dieser links auf einem Pfad weiter an einem Zaun entlang. In einem Rechtsbogen durch Terrassenfelder und Palmen bis kurz vor einen Barranco (hier mündet der Parallelweg vom Dorf ein). Nun links bergwärts weiter auf einem blockigen Treppenweg durch einen ausgedehnten Palmenhain. An Trockenmauern entlang im Zickzack höher; bei einer Wegverzweigung links auf dem breiteren Weg durch Opuntien und Agaven.

Die Ermita San Salvador ist ein schöner Rastplatz.

Im weiteren Verlauf über die Bergrippe in den oberen Barrancorand und in weitem Rechtsbogen nur mehr leicht ansteigend hinüber zu einem roten Band mit einem kleinen Kiefernwäldchen. Der alte, gepflasterte Weg ist zwar teilweise beschädigt, leitet uns aber in schönen Serpentinen durch das Wäldchen zu den höher gelegenen Felsen (1:45 Std. ab Ermita). In einer weiteren Viertelstunde erreichen wir auf steinigem Weg den Übergang zur anderen Talseite. Dort eben einige Minuten weiter, dann links auf breitem Wanderweg hinauf zur Piste, die von Arure zur Mülldeponie führt. Dieser folgen wir nun links hinab nach **Arure** zu unserem Ausgangspunkt.

Tipp: Von der Ermita, die einen idealen Rastplatz abgibt, lässt sich ein kurzer **Abstecher** zu Fuß (10 Min.) auf den vorgeschobenen, kleinen Gipfel unternehmen, der einen schönen Blick hinab auf das noch 200 m unter uns liegende Meer bietet.

3 Von Chipude auf die Fortaleza

Auf den heiligen Berg der Guanchen: Chipude – Pavón – Fortaleza – Pavón – Chipude

anspr.

5 km

2½ Std.

↑ 200 m ↓ 200 m

Tourencharakter: Kurze, aber anspruchsvolle Bergtour auf einen Tafelberg. Beim Gipfelanstieg und Abstieg sind etwas Klettergewandtheit, Trittsicherheit und Schwindelfreiheit notwendig (Kletterschwierigkeit I). Der steinige Zugangspfad und die Rundwanderung um das flache Gipfelplateau bieten keine Schwierigkeiten.
Beste Jahreszeit: Frühjahr und Herbst.
Ausgangs-/Endpunkt: Der Dorfplatz von Chipude (1080 m); evtl. auch das kleine Dorf Pavón.
Markierung: Nur gelegentliche Markierung.
Verkehrsanbindung: Mit der Buslinie 1 von San Sebastián oder Valle Gran Rey nach Chipude (Haltestelle an der Abzweigung nach La Dama); von dort zu Fuß 20 Min. auf der Straße nach Pavón. Mit dem Auto nach Chipude (Parkmöglichkeit am Kirchplatz) oder weiter in Richtung La Dama und ca. 1,5 km über Apartadero nach Pavón (beschränkte Parkmöglichkeit nach der scharfen Rechtskurve bei einer Trafostation).
Einkehr: Bars in Apartadero (Los Camioneros), Chipude (Sofia, Candelaria, Bar Tito, Bar Navarro) oder Las Hayas (Casa Efigenia).
Unterkunft: Bar/Pension Sonia in Chipude, Tel. 922 80 41 58.
Tourist-Info: Oficina de Turismo, Av. de los Descubridores (Centro de Visitantes), Tel. 922 14 15 12, Mo–Sa 9–13 und 16–18 Uhr, So 10–13 Uhr.

Der gewaltige Tafelberg im Südwesten der Insel ist in mehrfacher Hinsicht bemerkenswert. Er entstand aus dem zähflüssigen Magma eines Vulkans, das nicht bis zur Oberfläche durchdrang und sich unterirdisch zu einer so genannten Quellkuppe staute. Die Überreste dieses geologischen Phänomens erscheinen nach der Verwitterung der weicheren Seiten- und Deckschichten wie eine Festung. Und genauso nannten sie nicht nur die Spanier, sondern lange vor ihnen schon die Ureinwohner.

Das letzte Stück hinauf zur Fortaleza.

Der Wegverlauf

Vom Dorfplatz in **Chipude** wandern wir zunächst auf der Fahrstraße in Richtung San Sebastian, bis nach etwa 100 m links ein Pflasterweg abzweigt.
Dieser führt über einen Buckel, quert wieder die Hauptstraße

und mündet in die Straße Richtung La Dama. Kurz auf dieser weiter, dann links ab, auf dem Camino zum Weiler **Apartadero** und ein kurzes Stück auf der Straße nach Pavón. Kurz nach der Trafostation in **Pavón** (1090 m; 30 Min.) zweigen wir links auf einen breiten Pflasterweg ab und wandern neben kleinen Steinhäusern steil aufwärts. Bald geht es auf einem Pfad in der rechten Talseite zu einem weiten Sattel im Nordosten der Fortaleza hinauf (1120 m, **Infotafel**, dahinter ein verfallendes Gebäude). Hier eröffnet sich bereits ein herrlicher Blick in den tief eingeschnittenen Barranco de Erque.

Wir biegen nun rechts ab, wenden uns jedoch schon nach wenigen Metern wieder nach links und steigen auf einem steilen Pfad durch Geröll zum schroffen Felsaufbau der **Fortaleza** an (Steinpyramiden). Über treppenartige Felsstufen und durch einen Kamin gelangt man überraschend einfach durch die Wandstufe zu einem Einschnitt unter einem Vorgipfel. Von dort klettern wir nach rechts über einen kurzen und gut gestuften, aber ausgesetzten Grat (einzelne Felsen werden seitlich umgangen) auf die ausgedehnte **Gipfelhochfläche** (1243 m; 1:15 Std.), die wir nun am besten umrunden. Am westlichen Rand steht das Gipfelkreuz; die eindrucksvollsten Tiefblicke genießt man am Süd- und Ostrand (auf das Dorf La Dehesa und in den Barranco de Erque, über dem die Felsabstürze am höchsten sind).

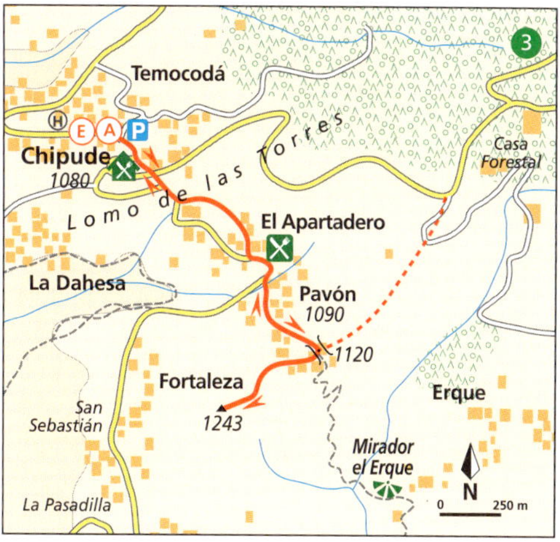

Der Abstieg erfolgt auf der Zugangsroute. Wer den Berg auch von unten bewundern möchte, kann vom Sattel unter der Fortaleza auf einem stellenweise gepflasterten und sanft abfallenden Weg unterhalb der Westabstürze herumgehen. Am Südrand des Dorfes La Dehesa steigt man kurz nach rechts zur Straße ab, auf der man zum Ausgangspunkt zurückmarschiert (45 Min. länger).

4 Durch den Barranco de Argaga

Wilde Schlucht für Könner: Vueltas – Barranco de Argaga – Gerián – Ermita N.S. de Guadelupe – Vueltas

anspr.
11 km
7 Std.
↑ 800 m ↓ 800 m

Tourencharakter: Lange und sehr anstrengende Tour. Kletterfertigkeit, Trittsicherheit und Schwindelfreiheit für den Schluchtabschnitt erforderlich. Nicht nach Regenfällen oder in umgekehrter Richtung begehen, da massive Orientierungsprobleme auftauchen können! Unbedingt Wasser und Verpflegung mitnehmen.
Beste Jahreszeit: Frühjahr und Sommer.
Ausgangspunkt: Hafen von Vueltas.
Endpunkt: La Calera (70 m) / La Playa (10 m) oder Vueltas.
Markierung: Am Eingang zur Argaga-Schlucht Warnhinweise in mehreren Sprachen. Von der Finca bis nach Gerián durchgehend rote Punkte und Steinmänchen als Markierung, danach zahlreiche Steinmännchen bis nach Valle Gran Rey.
Verkehrsanbindung: Taxi nach Vueltas oder Mietauto; ausreichend Parkplätze direkt am Hafen und davor.
Einkehr: Unterwegs keine; zahlreiche Bars und Restaurants in Vueltas und La Calera.
Unterkunft: Viele Hotels, Appartmenthäuser und Pensionen in Valle Gran Rey, z. B. in Vueltas: Pensión Vueltas, Tel. 922 80 52 16; Pensión Candelaria, Tel. 922 80 54 02; Apartamentos Yenay, Tel. 922 80 54 71.
Tourist-Info: La Playa: Oficina de Turismo, Calle Lepanto, Tel. 922 80 54 58. Vueltas: Viajes Turística La Paloma, Calle Abisinia, Tel. 922 80 60 43 (Tickets, Karten, Führer).

Eine der schwierigsten Touren auf Gomera. Die Passage durch die wildromantische Schlucht hat alpinen Charakter. Neben Kraft und Ausdauer ist Orientierungssinn erforderlich, um sich in der bizarren Felslandschaft zurecht zu finden. Ab Gerián wird die Wanderung leichter; sie quert den Barranco im oberen Bereich, überschreitet einen Felskamm und führt dann in Kehren ins Valle Gran Rey hinab.

Der Wegverlauf

Vom Hafen in **Vueltas** folgt man zunächst dem unbefestigten Fahrweg am Fuß der senkrecht aufsteigenden Felswand und erreicht nach etwa 15 Min. die **Finca Argayall**. Kurz vor der Finca zweigt links ein schmälerer Fahrweg in Richtung **Argaga-Schlucht** ab. Wir passieren eine üblicherweise geöffnete Schranke (falls doch geschlossen, mühevoller Aufstieg durch das Bachbett) und folgen dem ungeteerten Fahrweg bis kurz hinter den Fruchtgarten. Dort steigen wir in das Bachbett

Tipp

Ein Besuch des **tropischen Fruchtgartens Argaga** nahe dem Schluchtausgang (oberhalb der Finca Argayall). Hier wachsen – in biologischem Anbau – Mangos, Ananas, Papayas, Avocados, Bananen und zahlreiche weitere tropische Früchte. Im Eintrittspreis inbegriffen ist das Probieren der Früchte. Anmeldung zur Führung über Tel. 922 62 70 04.

4

hinab und folgen den roten Punkten. Bereits nach 50 m verlassen wir das Bachbett wieder nach links. Die Schlucht verengt sich zunehmend. Wir passieren eine heikle Felspassage aus rotem Tuff und wechseln dann wieder auf die rechte Bachseite.

Der weitere Anstieg durch die Schlucht ist für den aufmerksamen Wanderer recht einfach zu finden, da Trittspuren, Steinmännchen und rote Farbmarkierungen die Route vorgeben. Der abenteuerliche Weg führt mal über große Blöcke und Felsen im Bachbett, mal über schmale Saumpfade am rechten oder linken Hang. Vor einem engen Felsdurchlass klebt eine gemauerte Zisterne. Dahinter erklettern wir die Trockenmauern von drei Terrassen und wenden uns auf der obersten Terrasse nach links. An deren Ende führt uns rechts ein Trampelpfad nach oben. Dann geht es auf einer Mauer auf die linke Barrancoseite. An einem wassergefüllten Kolk lassen uns rote Punkte und Pfeile wieder die Seite wechseln. Anschließend geht es etwa 80 m steil aufwärts bis unter eine **Felswand** (gut auf die Markierungen achten!), dort links 100 m über dem Grund durch die Wand. Schließlich geht es wieder abwärts, das Bachbett übernimmt abermals die Route (Steinmännchen!). Später folgen wir den Markierungen rechts in den Steilhang. Oben links an einer Wandstufe entlang, dann durch eine riesige Halbhöhle (knapp 2 Std.). Jetzt wieder oberhalb des Bachbetts, das in seinem Verlauf durch enorme Steilabstürze unterbrochen wird. Wir verlassen die Schlucht in einem langen, markierten Anstieg über vielstufige Terrassen.

Schließlich erreichen wir die Höhe auf einem sanft abfallenden Rücken. Auf einer staubigen Piste wandern wir nun in Kurven

4

durch den halb verfallenen Ort **Gerián** (700 m; 3:30 Std.); auf der von rechts einmündenden Piste noch ein kurzes Stück links aufwärts, dann in der Straßenkehre beim letzten Haus auf dem Pfad zwischen Trockenmauer und Wasserleitung (!) weiter. Auf diesem über dem Barranco zur **Ermita de N.S. de Guadelupe** (750 m; 4 Std.), die abgelegen auf einem Hangvorsprung steht.

Der Pfad setzt sich unterhalb der Stützmauer fort, folgt am steilen Hang zuerst der Wasserleitung, senkt sich dann aber barrancowärts. Wir durchschreiten das felsige Bachbett und steigen im Bogen links den Blockpfad nach oben. Im oberen Bereich nehmen wir von rechts einen unscheinbaren Pfad auf und erreichen die Höhe in einem Sattel. Hier wird die **markante Kammscharte** (650 m; 5 Std.) durchschritten, vor uns liegt Valle Gran Rey. Über den Weg halb rechts folgt ein langer Abstieg, mal über Blockpflaster, mal auf steinigem Pfad. Auf einem ebenen Querweg, knapp oberhalb des Talgrundes, links zur **Ermita de los Reyes** (200 m; 5:45 Std.). Von hier auf gepflastertem Weg hinüber nach **El Guro** oder durch das breite Bachbett hinaus nach **La Calera** (70 m; 6:30 Std.) und entlang der Fahrstraße über Borbalán zurück nach Vueltas.

Der Hafen von Vueltas.

Von Valle Gran Rey nach El Cercado

5

Aus dem Tal der Könige zum Töpferdorf: El Guro – Ermita de los Reyes – La Vizcaina – El Cercado – El Guro

Tourencharakter: Steile und der Sonne ausgesetzte Wanderung; Trittsicherheit und Schwindelfreiheit erforderlich, besonders beim Abstieg. Starke Fallwinde.
Beste Jahreszeit: April bis Juni.
Ausgangs-/Endpunkt: El Guro (160 m) bzw. El Hornillo (400 m).
Markierung: Steinmännchen.
Verkehrsanbindung: Buslinie 1 von La Calera bis El Guro bzw. Lomo del Balo. Oder Taxi. In El Guro großer Parkplatz an der Straße.
Einkehr: Bars in Calera, Hornillo und Lomo del Balo; am Umkehrpunkt der Wanderung in El Cercado die Bar Maria (Sonntag Ruhetag) und das Restaurant Victoria.
Unterkunft: Casa Nelly in El Guro, Tel. 922 80 50 84; Apartamentos Lucia in Los Granados, Tel. 922 80 54 07.
Tourist-Info: Oficina de Turismo in La Playa, Valle Gran Rey, Calle Lepanto, Tel. 922 80 54 58.

leicht
12 km
6 Std.
↑970 m ↓970 m
ab 10

Der Aufstieg aus dem Valle Gran Rey hinauf zum alten Töpferdorf Cercado gehört zu den beliebtesten Touren auf Gomera. Er vermittelt nicht nur ein grandioses Panorama des gesamten Tals der Könige, sondern zieht alle Register einer abwechslungsreichen Wanderung: Wir durchwandern herrliche Terrassenlandschaften, besuchen eine Wallfahrtskapelle, steigen über einen kühn angelegten alten Dorfverbindungsweg auf, kehren in einer beliebten Bar ein und besuchen ein paar gomerische Töpferwerkstätten. Wer nicht die gesamte Runde laufen will, kann ab Cercado mit dem Bus ins Tal zurückkehren.

Der Wegverlauf

Zustiege zum Ausgangspunkt in El Hornillo:
1) Von Lomo del Balo: Eine schmale Asphaltstraße führt (Wegweiser) rechts von der Hauptstraße in leichtem Auf und Ab über La Vizcaina hinüber nach El Hornillo. Der Ausgangspunkt befindet sich etwa 250 m nach der großen Rechtskurve bei einer Telefonzelle.
2) Von El Guro: Am unteren Parkplatzende führt links ein Treppenweg hinab in den schilfbewachsenen Barrancogrund. Dieser wird auf gepflastertem Weg gequert, anschließend geht es in Serpentinen hinauf zur **Ermita de los Reyes**. An der Kapelle links vorbei und dann gleich rechts (nicht wieder hinab in den Barranco) auf dem Wanderweg taleinwärts. Unter großen Palmen wandern wir oberhalb des Talgrundes durch teilweise noch bewirtschaftete Ter-

5

rassenkulturen. Leicht ansteigend, an Felsvorsprüngen vorbei, erreichen wir das Dorf **Los Reyes**. Dort treffen wir auf ein Sträßchen und folgen diesem bis zu einer Weggabelung, halten uns rechts und gelangen über ein paar Kehren hinauf nach **El Hornillo**. Zuletzt nahezu eben zum Ausgangspunkt an der Telefonzelle direkt an der Straße.

Der Barranco del Agua.

Der Anstieg: Bei der Telefonzelle wandern wir über den kleinen Bach und rechts auf dem verfugten und gepflasterten Treppenweg hinauf, dann gleich wieder links an den Häusern vorbei und am Bachrand entlang höher bis zu dessen Ende (5 Min., rote Markierung). Anschließend geht es wenige Meter nach rechts und gleich wieder links, auf gepflastertem Camino weiter bergan. Palmen und Kakteen säumen den Weg. Beim obersten Gebäude (Wasserhäuschen) zweigt der Weg links ab und führt in Serpentinen und Querungen bergwärts. Der Weg ist ziemlich breit, wird aber im oberen Teil etwas ausgesetzt.

Nach einer Stunde Gehzeit erreichen wir eine **Felspassage**; hier ist neben Trittsicherheit auch Schwindelfreiheit gefragt. Wir gehen durch einen Barrancogrund und queren dann die Bergflanke hoch über dem tief eingeschnittenen Barranco del Agua – herrlicher Tiefblick! Dann in weiteren Serpentinen hoch bis zur Abbruchkante und rechts ums Eck, wo wir die ersten Häuser von El Cercado sehen. Zuletzt sanfter hinauf zum Kamm, wo wir auf eine **Naturparktafel Valle Gran Rey** stoßen und links haltend auf dem Fahrweg ins Dorf **El Cercado** (1060 m; 2 Std. ab El Vizcaina), wo wir auch gleich auf die Bar Maria stoßen. (Rechts zu den Töpferwerkstätten und dem Restaurant Victoria.)

Tipp

El Cercado ist das **Töpferdorf** auf Gomera. In kleinen Werkstätten entlang der Hauptstraße kann man den Frauen bei der Arbeit zuschauen. Mit der Hand und ohne Töpferscheibe werden nach alter Tradition die für den täglichen Gebrauch notwendigen Keramiken hergestellt: Schüsseln, Krüge, Siebe, Schalen und Vasen. Die aus dunklem Ton und ohne großen Zierrat geformten Gefäße werden zunächst an der Luft getrocknet und dann im Ofen gebrannt. Es darf natürlich auch gekauft werden.

Der Rückweg: Direkt gegenüber der Bar Maria setzt sich unser Weg fort. Auf nicht markiertem Pfad steigen wir rechts hinab in den Taleinschnitt (immer ab-

wärts zu den Terrassen) des **Barranco del Agua**. Steinmännchen weisen dabei den Weg. Im Bachbett geht es links an einer Trockenmauer entlang und eben in einem Rechtsbogen oberhalb des Barrancoabbruchs hinüber auf die andere Talseite. Dort steigen wir in Serpentinen den Gegenhang (schöner Blick ins Valle Gran Rey) hinauf und erreichen bald die Kammhöhe (30 Min. ab Cercado), wo wir auf eine Wegverzweigung stoßen. (Geradeaus in 30 Min. auf schönem Weg nach Las Hayas und zur Casa Efigenia.)
Wir gehen jedoch links. Der Weg teilt sich: Wir halten uns rechts und wandern durch Gebüsch mit schönem Blick auf das Hochtal von Las Hayas in Richtung Valle Gran Rey.

Nach 20 Min. stoßen wir auf einen von rechts kommenden, breiten Weg. Diesem folgen wir links, immer an der Abbruchkante entlang, bis wiederum links bei einem Flecken rötlichen Lavasandes der Abstiegsweg nach Vizcaina abbiegt (30 Min. ab Wegverzweigung). Auf gut gepflastertem, von Trockensteinmauern gesäumtem, breiten Weg in zahllosen Serpentinen steil hinab. Der gepflasterte Weg endet kurz vor den ersten Häusern. Dort halten wir uns links und steigen auf einem schmäleren Weg weiter ab. Im Zickzack und zwischen ein paar Häusern hindurch – zuletzt wieder auf gepflastertem Weg – erreichen wir die Fahrstraße, die nach **El Hornillo** führt. Dort entweder links 500 m weiter zum Ausgangspunkt oder rechts in 10 Min. nach Lomo del Balo mit Bushaltestelle.

6 Von Chipude über Erquito nach La Dama

Wo Gomera am einsamsten ist: Chipude – Erque – Erquito – San Lorenzo – El Drago – Arguayoda – La Dama

mittel

14 km

7 Std.

↓1500 m ↑300 m

Tourencharakter: Lange Streckenwanderung, die etwas Orientierungssinn fordert. Wenig Schatten unterwegs.
Beste Jahreszeit: Frühjahr und Sommer.
Ausgangspunkt: Chipude bzw. Abzweigung der Piste in Richtung Erque an der Fahrstraße Chipude – Igualero (1200 m).
Endpunkt: Der Kirchplatz von La Dama (240 m).
Markierung: Keine.
Verkehrsanbindung: Anfahrt mit Buslinie 1 nach Chipude, Busfahrer fragen, ob man an der Abzweigung aussteigen kann, sonst 2 km zu Fuß. Für La Dama ist eine Linie in Planung, die Bushäuschen stehen bereits. Taxi von Chipude bestellen (Telefonzelle oberhalb der Kirche in La Dama). Für Pkw: Parkplatz am besten in Chipude am Kirchplatz oder weiter nach Pavón (Trafohäuschen).
Einkehr: Kleine Bar in Arguayoda sowie Bar und kleiner Lebensmittelladen in La Dama.
Unterkunft: Bar/Pension Sonia in Chipude, Tel. 922 80 41 58.
Tourist-Info: Oficina de Turismo in La Playa, Valle Gran Rey, Calle Lepanto, Tel. 922 80 54 58.

Lange und einsame Wanderung in den abgelegenen Südwesten der Insel. Eine Pistenstraße bringt uns durch grandiose Landschaft in den Barranco de Erque. Ein alter Camino führt uns über einen einsamen Höhenrücken meerwärts. Zuletzt steht die spektakuläre Querung des Barranco de Rajita an.

Der Wegverlauf

Wir starten von der Straße Chipude – Igualero aus (ansonsten Fußmarsch von Chipude oder von Pavón über den Fortaleza-Sattel), an der **Abzweigung nach Erque** (Schild).
Die Piste ist für die abgelegenen Weiler Erque und Erquito die einzige Verbindung zur Außenwelt, wird aber kaum befahren. Vor uns öffnet sich der gewaltige **Barranco de Erque**. Der gleichnamige Ort liegt bald unter uns. Wir bleiben auf der Piste (Variante: Die rechts hinabführende Piste nach Erque endet am schön angelegten **Mirador de Erque,** 740 m; der Weiterweg von dort nach Erquito erfordert Orientierungsinn, da der Pfad teilweise in schlechtem Zustand ist.), die schließlich in Serpentinen nach **Erquito** (700 m; 2 Std.) hinabführt. Wie Erque ein malerischer Ort, aber auch hier verfallene Häuser und brach liegende Felder. Im Ort folgen wir dem Fahrweg bis zu einem Trafohaus. Dort beginnt der Wiederaufstieg, aber nicht über den Pistenweg, sondern

6

links(!) auf einem Camino, der mit Blockpflaster steil ansteigt. Hoch am Hang stößt er auf einen breiten Weg mit Stützmauer, dem wir geradeaus (!) folgen. Die Aussicht über die von Barrancos tief zerschnittene Landschaft ist von hier oben großartig. Wir halten uns auf der Piste bis kurz vor einer Teerstraße. Um die weit ausholenden Straßenkehren zu vermeiden, kürzen wir rechts über das Feld ab und wandern direkt auf **El Drago** zu. Die weglose Passage über das Feld ist beschwerlich. Durch den Ort gehen wir auf der Barrancoseite und orientieren uns dabei an der Wasserleitung. Dieser folgen wir auch auf dem Weiterweg bis nach **Arguayoda** (450 m; 5:15 Std.), abermals durch steinig-felsiges Terrain. Ab Arguayoda setzt sich die Route aufeiner Piste fort, die unterhalb des Ortes von der Teerstraße abgeht (rechts die Bar). Sie läuft über den Höhenrücken. Nach 30 Min. stoßen wir auf einen Camino, der uns in Serpentinen in den tief eingeschnittenen **Barranco de Rajita** hinunterführt. Über den steilen Steig am Gegenhang oder die Fahrpiste hinauf zum Kirchplatz von **La Dama** (240 m).

Tipp

Besichtigung einer **Bananenplantage** in La Dama, eines der landwirtschaftlichen Zentren der Insel. In intensiv bewässerten Kulturen werden Bananen, Ananas und Avocados angebaut. Die kanarische Banane gilt als sehr schmackhaft, wird aber – obwohl der Anbau von EU-Geldern unterstützt wird – nur vor Ort oder in Spanien verkauft.

7 Zum Alto de Garajonay – dem Dach Gomeras

Drei leichte Möglichkeiten: La Laguna bzw. Alto de Contadero bzw. Pajarito – Garajonay

leicht

9 km

½ Std. – 3½ Std.

↑ 270 m ↓ 270 m

ja

Tourencharakter: Leichte Gipfelanstiege auf breiten Forstwegen mit kurzen Passagen auf Bergpfaden; zum Teil schattig. Auch für Nicht-Schwindelfreie gut geeignet.
Beste Jahreszeit: Im Winter – wegen der guten Sicht.
Ausgangspunkte: La Laguna Grande (1250 m); Alto de Contadero (1350 m); Pajarito (1350 m) – dieser kurze, aber zu Beginn steile Anstieg ist besonders gut geeignet für Wanderer, die mit dem Bus anfahren wollen.
Endpunkt: Garajonay (1487 m).
Markierung: Ausgeschilderte Wege (Wandertafeln mit Angaben der Weglänge).
Verkehrsanbindung: Buslinien 1 und 2 von Valle Gran Rey bzw. von San Sebastián zum Haltepunkt Pajarito. Großer Parkplatz an der Laguna Grande, 300 m von der Höhenstraße entfernt. Am Pajarito nur wenige Parkplätze.
Einkehr: Restaurante in La Laguna (Montag Ruhetag); dort auch Picknickplätze mit Grillmöglichkeiten.
Unterkunft: In Chipude: Bar/Pension Sonia, Tel. 922 80 41 58.; in La Playa, Valle Gran Rey: Bungalows Oasis***, Tel. 922 80 50 17.
Tourist-Info: Oficina de Turismo in La Playa, Valle Gran Rey, Calle Lepanto, Tel. 922 80 54 58.

Der Alto de Garajonay, der höchste Punkt der Insel Gomera, ist eine bewaldete Erhebung im Zentrum der Insel und damit auch im Zentrum des Nationalparks Garajonay. Der Anstieg hinauf zum Gipfel ist zwar nicht spektakulär, die Sicht dafür umso mehr – vorausgesetzt natürlich, das Wetter spielt mit.

Der Wegverlauf

1) Der Anstieg von Alto de Contadero: Wir queren am Parkplatz die Straße und wandern dann rechts (Wegweiser) den breiten, gepflasterten Weg hinauf, der bald in eine lehmige Piste übergeht. Nach 10 Min. links weg davon auf einem schmalen Wanderweg und rechts haltend auf einem gestuften Weg höher bis zu einem

7

Orientierungstafel am Gipfelrondell des Garajonay.

Aussichtspunkt. Dort rechts weiter, nun jedoch leicht ansteigend in Richtung Gipfel. Bei einer Einsenkung am Kamm kurz hinab (von rechts mündet der Weg von der Laguna Grande bzw. der verlängerte Anstieg von der Piste, die wir weiter unten verlassen haben), dann jenseits auf gestuftem Weg durch dichten Wald hinauf und nahezu eben weiter bis zum Gipfel-Rondell des **Alto de Garajonay** (1487 m) mit seiner grandiosen Aussicht (35 Min.).

2) Der Anstieg von Pajarito: Vom Parkplatz bei der Nationalparktafel wechseln wir hinüber zum Bergfuß des Garajonay und folgen der abgesperrten Piste 80 m weit, bis rechts ein Wanderweg (Wegtafel) abzweigt. Nun durch Wacholderbüsche und Kiefernbestände bergan zu einer kleinen Einsenkung, dann in freierem Gelände zunächst eben, im weiteren Verlauf auf steilem Treppenweg (Holzbohlen) hinauf zur Kammhöhe, wo wir auf den Anstiegsweg treffen, der vom Alto de Contadero hochführt. Auf diesem links weiter zum Gipfel.

3) Der Anstieg von La Laguna Grande: Am Parkplatz vor dem großen Picknickgelände (das nachts angeblich von Hexen bevölkert sein soll) halten wir uns links und wandern zunächst am Waldrand entlang bis zum Ende der Lichtung. Dort folgen wir einem Fahrweg in östlicher Richtung zur **Höhenstraße**. Auf dieser 10 Min.

7

rechts, wo wir in die rechts in den Wald abzweigende Forestal Chipude (Wegweiser) einbiegen, die bis zur Casa Forestal Las Tajoras an der Straße nach Chipude hinabführt. Linker Hand sehen wir bald die Felswand **Alto de Cherelepín** auftauchen, dann wandern wir, begleitet von großen Gagelbäumen, in weiten Kehren durch den Wald in Richtung Süden (die folgende Abzweigung nach rechts, Pista forestal Llanos de Crispín, ignorieren wir).

Kurz darauf kommt eine erneute Verzweigung; wir bleiben rechts und folgen dem Wegweiser in Richtung Las Tajoras. Der Weg steigt allmählich in Kehren an und bietet einige schöne Ausblicke. Bald sind wir an der großen Weggabelung (1:20 Std.), wo unsere Route nach links (Wegweiser »Alto de Garajonay 2,3«) abzweigt (geradeaus führt die Forststraße weiter nach Chipude). An einer Eisenkette vorbei und 50 m weiter zu einer erneuten Verzweigung (links geht es in den Kiefernwald Pinar de Argumame), halten wir uns rechts und steigen nun auf breitem, streckenweise steilem Forstweg an. Den nach 20 Min. rechts abzweigenden Forstweg ignorieren wir und halten weiter direkt auf die höchste Erhebung zu. Der Weg wird nun sehr steil und führt hinauf zu einer erneuten Wegverzweigung (rechts nach Pajarito). Nach 200 m (Wegtafeln) zweigt rechts der direkte Anstiegsweg auf den Garajonay ab (rechts auch ein Fahrweg hinauf zum Gipfelhaus). Rechts auf dem Pfad zu einer Einsenkung des Höhenkammes und wiederum rechts über einen gestuften Pfad bergan und nahezu eben weiter zum Gipfelrondell des **Alto de Garajonay** (2 Std.).

Der Rückweg erfolgt zunächst auf dem Anstiegsweg bis zur Forststraße, dann rechts hinab auf dem breiten Weg zum **Alto de Contadero**; dort links 5 Min. auf der Höhenstraße, bis links ein Forstweg abzweigt. Dieser folgen wir in Kehren durch dichten Wald bis in einen Talgrund (bei Abzweigungen halten wir uns immer rechts) und treffen dann auf einen Forstweg, der uns bereits vom Hinweg bekannt ist. Auf diesem rechts haltend zurück zur **Laguna Grande** (1 Std. ab Gipfel).

Tipp

Auf dem Gipfel des Garajonay befindet sich eine **Panoramatafel**, die uns einen guten Überblick über die Insel gibt.
Knapp unterhalb des umrandeten kleinen Rondells, rechts neben dem kleinen Gipfelhäuschen, steht eine große Kanarenkiefer. Dort befindet sich eine weitere Info-Tafel, die uns Grundlegendes über den Zusammenhang zwischen Wald, Nebel und Wasser (Bosque y Agua) vermittelt. Schon die Altkanarier hatten diese Erkenntnis genutzt, um bei Trockenheit Wasser zu gewinnen.

Auf dem Camino de la Virgen.

Der Drachenbaum von Agalán.

8 Von Vallehermoso zum Chorros de Epina

Heilquellen und grandiose Aussichten: Vallehermoso – Montaña Blanca – Ermita San Isidro – Presa de los Gallos – Vallehermoso

leicht

15 km

6 Std.

↑ 650 m ↓ 650 m

ab 12

Tourencharakter: Leichte, aber lange Rundwanderung; stark der Sonne ausgesetzt.
Beste Jahreszeit: März bis Mai.
Ausgangspunkt: Hauptplatz mit Brunnen (Plaza de la Constitución) in Vallehermoso (180 m). Dort auch großer Parkplatz.
Markierung: Keine, vereinzelt Wegtafeln.
Verkehrsanbindung: Buslinie 2 von San Sebastián; von bzw. nach Valle Gran Rey nur Taxiverbindung. Die Tour kann auch in Chorros de Epina begonnen werden. Anfahrt mit der neuen Buslinie 4, die zwischen Alajeró und Vallehermoso verkehrt, jedoch nur am frühen Nachmittag.
Einkehr: Ausflugslokal Chorros de Epina an der Fahrstraße; zahlreiche Bars (z. B. Los Organos, Iballa, Amaya) in Vallehermoso.
Unterkunft: Einige Hotels, Pensionen und Appartments in Vallehermoso, z. B. Hotel Triana, in einem alten Herrenhaus, Tel. 922 80 05 28; Hostal Vallehermoso, Tel. 922 80 07 49.
Tourist-Info: Ayuntamiento (Rathaus), Plaza de la Constitución 1, Tel. 922 80 00 00, täglich 9–13 Uhr.

Abwechslungsreiche Wanderung rund um das Tal von Vallehermoso im Nordwesten Gomeras. Mäßig steiler Aufstieg auf einem alten Saumpfad, aussichtsreiche Querung durch die steilen Nordhänge des Nationalparks und genussreiche Abwärtswanderung durch ein Seitental mit malerischen Orten. Wegen der Länge und des Höhenunterschieds recht anstrengend.

Der Wegverlauf

Vom zentralen Brunnenplatz in **Vallehermoso** starten wir zwischen der Bar Central und der Sparkasse in die schmale Calle Mayor. Aber nur 30 m lang, dann biegt die Route bei der Bar Chapire links auf einen Treppenweg. Auf halber Höhe der Treppe erfolgt ein Rechtsschwenk zur darüber

8

liegenden Straße; auf der anderen Straßenseite weiter aufwärts. Wir orientieren uns jetzt an den weißen Pfeilen und wechseln beim letzten Haus auf einen Camino.
Nun geht es an einem Bergkamm entlang in die Höhe, auf einen **Sendemasten** zu, der auf den Bergen vor uns aufragt. Mal bewegen wir uns links, mal rechts des Kammes. Links mit Blick auf Vallehermoso, sein Tal und den Roque El Cano, rechts auf die Barrancos del Clavo und de la Era Nueva. Am steinigen Weg steht viel Phönizischer Wacholder, der hier im Nordwesten der Insel häufig ist. Nach gut einer Stunde kommen wir zu einem **Aussichtsfelsen**, der zum Schauen und Verweilen einlädt. Danach steigen wir ein Steilstück in Serpentinen an. Der Buschwald wird dichter, der Untergrund lehmig. Schließlich stoßen wir auf einen Querweg, dem wir links bis zu einem Teersträßchen folgen. Nun halb links leicht abwärts zur Straße nach Epina, Alojera, Taguluche. Auf ihr wieder links etwa 700 m zur Carretera del Norte.
Wer sich stärken will, geht rechts um die Straßenkurve zum nahen Restaurant **Chorros de Epina** (820 m; 2:30 Std.), wo man bei guter Sicht bis La Palma sehen kann. Etwas oberhalb des Restaurants zweigt rechts von der Straße ein Weg zur **Ermita San Isidro** ab. Unterhalb der Kapelle entspringen die sagenhaften Quellen von Epina, deren Wasser man Heilkraft zuschreibt (Abstecher 20 Min.).
Auf dem Rückweg nach Vallehermoso wandern wir ein Stück die Carretera hinunter. Nach gut einem Kilometer geht es dann rechts

Das fruchtbare Tal von Vallehermoso.

8

Tipp

Gleich neben der Ermita San Isidro befindet sich ein großer Picknickplatz mit Tischen, Bänken und Grillplätzen in schattigem Ambiente. Die Attraktion an diesem Ort sind jedoch die **Quellen von Epina**, denen Einheimische Zauberkräfte zuschreiben. Aus sieben Wasserpfeifen fließt das Wasser, das Glück in der Liebe verspricht. Die Männer müssen aus den ungeraden, die Frauen aus den geraden Öffnungen trinken – und zwar von links nach rechts. Manche holen sich das Wasser sogar mit großen Kanistern ab, um ganz sicher zu gehen.

auf einen einsamen Forstweg, den **Camino Forestal de la Meseta**, der weitgehend hangparallel verläuft. Nun auf ebenem Weg und ohne Anstrengung am Rand des Nationalparks entlang. Zur Linken gibt es großartige Ausblicke in das Tal von Vallehermoso, zur Rechten ragen steile, waldbedeckte Hänge auf, die zum Schutzgebiet gehören. An Hangspornen springt der Weg vor, in Taleinschnitten zurück. Die Hänge sind im Talschluss von dichtem Fayal-Brezal-Wald bedeckt. In kleinen, lokal auch felsigen Schluchten steht Lorbeerwald, der den Weg überwipfelt. An feuchten Stellen wachsen riesige Farne. Später kreuzen wir in einem Sattel einen weit vorspringenden Berggrat und schwenken scharf nach rechts. Dahinter senkt sich der Forstweg und endet bald unterhalb der Staumauer der **Presa de los Gallos** (680 m; 2 Std. ab Epina).

Nun links von einem Wasserbehälter hinunter. Nach 50 m aber nicht im Bachbett geradeaus, sondern erneut links (!) auf einen Pfad, der oberhalb der Terrassenkulturen, in Seitentälchen einbiegend, durch den Hang zieht. Schließlich in Kehren abwärts zum geteerten Fahrweg, dem wir talaus folgen.

Wenig später erreichen wir **Los Loros**, bald darauf **Banda de las Rosas**, Garabato und El Cabezo, kleine Weiler mit blumengeschmückten Häusern, verfallenen Katen, vielen Palmen und bewässerten Terrassenkulturen. Dort gedeiht Gemüse, wachsen Pfirsich-, Orangen- und Feigenbäume. Im Untertal kommen Bananen und Papayas hinzu. Die Straße, auf der wir hinunterwandern, ist kaum befahren. Auf halbem Weg passiert sie die **Embalse La Encantadora**. Der Roque El Cano kommt wieder in Sicht. Wir durchschwenken noch ein Seitental. Dann geht es durch die Streusiedlung Los Chapines weiter abwärts. Schließlich erreichen wir nach langer Wanderung wieder **Vallehermoso** und kommen über die erste Straße links zurück zum Brunnen am Hauptplatz, wo wir gestartet sind.

Über die Cumbre de Chigueré

9

Zu Aussichtspunkten über der Nordküste: Vallehermoso – Cumbre de Chigueré – Buenavista – Vallehermoso

Tourencharakter: Leichte Wanderung, jedoch steiler Abstieg. Stark der Sonne ausgesetzt.
Beste Jahreszeit: März bis Mai.
Ausgangspunkt: Hauptplatz (Plaza de la Constitución) in Vallehermoso (180 m). Dort auch großer Parkplatz.
Markierung: Keine.
Verkehrsanbindung: Buslinie 2 von San Sebastián bzw. Buslinie 4 von Alojerá; von bzw. nach Valle Gran Rey nur Taxiverbindung.
Einkehr: Kiosk an der Playa Vallehermoso; ansonsten zahlreiche Bars (z. B. Los Organos, Iballa, Amaya) in Vallehermoso.
Unterkunft: Einige Hotels, Pensionen und Appartments in Vallehermoso, z. B. Casa Amaya, Tel. 922 80 00 73; Pensión Central, Tel. 922 80 00 23.
Tourist-Info: Ayuntamiento (Rathaus) in Vallhermoso, Plaza de la Constitución 1, Tel. 922 80 00 00, täglich 9–13 Uhr.

mittel
11 km
5 Std.
↑ 600 m
↓ 600 m
ab 12

Wunderschöne Rundtour im Nordwesten der Insel. Ein einsamer Saumpfad führt auf den Bergrücken der Chigueré. Der bequeme Höhenweg bietet großartige Ausblicke nach beiden Seiten. Der Abstieg führt über einen steilen Pfad hinab und verlangt etwas Trittsicherheit.

Der Wegverlauf

Wir starten auf dem zentralen Platz in **Vallehermoso**. Von dort geht es zwischen der Bar Central und der Sparkasse in die

Künstliches Meeresbecken an der Playa de Vallehermoso.

9

schmale Calle Mayor, auf der wir fast bis zur Straßenbiegung durchgehen. Am Zebrastreifen in Höhe der Kirche steigen wir links eine Treppe hinauf. Die darüber liegende Hauptstraße führt uns etwa 100 m rechts, dann wandern wir links vom Gebäude der Guardia Civil auf einer Seitenstraße in Richtung Friedhof. Unmittelbar vor dem Friedhof biegen wir rechts ab (!), überqueren den Grund des Barrancos auf einer kleinen Brücke und steigen auf der Gegenseite rechts einen steilen Treppenweg hinauf, durch Terrassenkulturen mit Wein, Mais und Gemüse. Es geht links an einer Finca vorbei.

Wenig später biegt der Weg in den **Barranco de la Era Nueva** ein; er wird breiter und steigt anfangs nur sacht an. Wir passieren ein Haus, dann einen Wasserbehälter mit Palmen. Streckenweise geht es auf steinigem Pfad steiler nach oben. Passagenweise wandert man auch im Talgrund, der hier dicht mit Rohr und Wolfsmilcharten bewachsen ist. Hin und wieder begegnen uns auf dieser Route noch Lasten tragende Maultiere mit Treibern – Gomera wie vor 30 Jahren!

Esel in Aktion

Im Talschluss liegen viele aufgegebene Terrassenkulturen. Die Fayal-Brezal-Vegetation wird allmählich von Lorbeersträuchern abgelöst, die von Palmen und einigen Eukalyptusbäumen überragt werden. Wir steigen in engen Kehren an, mal auf Lehm, mal auf Blockstufen. Schließlich wird ein **Sattel** (2:30 Std.) erreicht. Der Aufstieg ist geschafft, die Aussicht großartig. Hinter uns liegt der tief eingeschnittene Barranco de la Era Nueva, vor uns der Barranco de los Guanches. Die Route läuft nun fast eben am Steilhang des **Tese-**

9

linde (876 m) entlang. Stellenweise gibt uns der Lorbeerwald den Blick aufs Meer frei.

Wir kommen zu einem breiten Fahrweg, der dem Kamm des Küstengebirges folgt und sich hier zu einem Platz weitet. Unsere Route dreht rechts und folgt dieser Piste an der **Ermita de Santa Clara** (740 m) vorbei. Es geht nun bequem mal rechts, mal links am Kamm der **Cumbre de Chiqueré** entlang.

Rechts liegt der Barranco de los Guanches, links der Steilabfall zur Küste. Die Piste passiert die kleine **Ermita de la Virgen de Guadelupe** (640 m) und endet schließlich leicht erhöht an einem **Aussichtsplatz mit Panoramarundblick** (560 m; 3:30 Std.) über das Tal von Vallehermoso mit den angrenzenden Höhen und der zerklüfteten Steilküste. Bei guter Sicht liegt Teneriffa mit dem Teide zum Greifen nahe.

Vor dem kurzen Anstieg zu diesem Mirador steht rechts eine Steinpyramide. Hier beginnt unser Abstieg, 500 m tief ins Tal. Entsprechend steil geht es hinunter, meist in engen Kehren. An den Hängen wächst die typisch kanarische Trockenvegetation, darunter die seltene Blattlose Wolfsmilch. Unten wechselt der Steig auf den benachbarten Hangsporn, verläuft dann am Grund eines Barranco und trifft endlich mit einer Betontreppe auf die Fahrstraße. Auf ihr geht man rechts nach Vallehermoso zurück. Links sind es nur wenige hundert Meter zur **Playa de Vallehermoso** und zum erfrischenden Strandbad.

Tipp

Wie wär's mit einem Abstecher nach Agulo, von Vallehermoso über die Carretera del Norte? **Agulo** gilt mit seinen Bürgerhäusern und verwinkelten Gassen als schönster Ort Gomeras. Bei gutem Wetter phantastische Sicht auf den Teide Teneriffas! Dieses Motiv zählt zu den meistfotografierten Motiven der Insel.

Imada - ein intaktes Dorf mit Schule, Kramerladen und Bar

Von Hermigua nach Los Aceviños

10

Zu einem reizvollen Höhenrücken: Hermigua – El Cedro – Los Aceviños – Alto de la Atalaya – Ermita de San Juán – Hermigua

Tourencharakter: Lange Tour, die Trittsicherheit und Kondition voraussetzt.
Beste Jahreszeit: Frühjahr und Herbst.
Ausgangspunkt: Kirchplatz El Convento (240 m), im oberen Teil von Hermigua.
Endpunkt: Hermigua, Ortsteil Las Cabezadas (200 m).
Markierung: Keine; vereinzelte Wegtafeln.
Verkehrsanbindung: Buslinie 2 von San Sebastián nach Vallehermoso, ansonsten Taxi. Parkplätze entlang der Straße sowie im unteren Teil des Ortes.
Einkehr: Bar La Vista in El Cedro; in Hermigua zahlreiche Bars und Restaurants.
Unterkunft: Appartmenthäuser, Pensionen und kleine Hotels. Bei Wandergruppen beliebt: Los Telares (in der Nähe des Ausgangspunktes), Tel. 922 88 07 81; Casa Creativa, Tel. 922 88 10 23.
Tourist-Info: Centro de Iniciativas y Turismo Rural in Hermigua, Carretera General del Norte 231, Tel. 922 14 41 01. Ayuntamiento (Rathaus), Carretera General del Norte 109, Tel. 922 14 40 40.

mittel
11 km
6 Std.
↑700 m
↓740 m

Hochinteressante Tour im Nordwesten Gomeras. Der steile Aufstieg führt durch ein schönes Tal zum höchsten Wasserfall Gomeras und in den Lorbeerwald. Es folgt ein geruhsamer Höhenweg. Beim Abstieg bieten sich uns spektakuläre Bilder über das Tal von Hermigua bis hinüber nach Teneriffa.

Der Wegverlauf

Wir besteigen im oberen Ortsteil von **Hermigua,** gegenüber dem Konvent, die linke Treppe, biegen oben auf eine breite Basalttreppe ein und erreichen die darüber liegende Straße. Auf dieser geht es rechts bis hinter die Kehre, noch an der Bar Medina Los Roques vorbei, bis wir links auf eine weitere Treppe stoßen, etwa 20 m oberhalb einer Telefonzelle. Hier beginnt die eigentliche Wanderung. Nach ein paar Stufen sind wir schnell auf einem schmalen Pfad, auf dem auch die Wasserleitung verläuft. Wir wandern nun durch den Hang des Cedro-Tales. Unter und über uns üppige Terrassenkulturen, die vom Bach ganzjährig bewässert werden. Anfangs geht es eben dahin, stellenweise auch über kleine Treppen, dann aber über Blöcke und Blockpflaster aufwärts. Immer bei der Wasserleitung bleiben!
Wir kommen an Quellaustritten vorbei und erreichen schließlich ein **Wasserbecken**. Dahinter wechselt der Pfad auf die linke Talseite, zieht auf Blockpflaster und Stufen weiter aufwärts. Die Fel-

10

sen rücken zusammen; das Tal wird zur Schlucht. Mal wandern wir auf seiner rechten, mal auf der linken Seite. An einer Trockenmauer nicht geradeaus, sondern links mit der Wasserleitung steil bergan. Oben verläuft der Pfad hinter einem Betonmäuerchen am Felsen entlang.

Unterhalb der Staumauer der **Presa de los Tiles** steigen wir rechts die Basaltstufen hinauf und gönnen uns am kleinen See eine Pause. Dahinter beginnt nämlich rechts mit vielen hundert Stufen ein kräftiger Anstieg. Vorne kommt der **Cedro-Wasserfall** ins Blickfeld, der höchste Wasserfall Gomeras. Der Cedro-Bach stürzt hier etwa 40 m in die Tiefe. Vom Schweiß treibenden Anstieg außer Atem, erreichen wir auf der Höhe einen Leitungsmasten. Wir bewegen uns geradeaus, bis uns ein Schild die Betonstufen aufwärts zur **Bar La Vista** (850 m; 2 Std.) weist. Dort sitzt man bei schöner Aussicht auf Baumstümpfen an Holztischen. Außer kalten Getränken werden gomerische Gemüsesuppen in Holztellern gereicht.

Hinter dem Gasthaus steigen wir auf der breiten Piste weiter an. An einer Gabel wählen wir den mittleren Weg (Steinmännchen), der aufwärts führt und sofort zum Pfad wird. Auf dem Lehmpfad, aber auch über Fels und Blockstufen und in Kehren weiter bergan. Der Lorbeerwald wird dichter und moos- und farnreich. Links abzweigende Pfade nicht beachten!

Schließlich treffen wir spitzwinklig auf einen Fahrweg, dem wir geradeaus und abwärts folgen. Es geht bequem dahin, bis zur Linken Einzelhäuser der Streusiedlung **Aceviños** (810 m; 3 Std.) auftauchen. Wer abkürzen will, geht auf der Piste weiter. Wir aber schwenken sofort hinter dem Gartenzaun links auf einen Lehm-

10

pfad mit Stufen. An einer kleinen Lichtung wenden wir uns erneut nach links und klettern über Felsstufen hinunter. Unten wird der Grund eines Barranco gequert und nach dem Gegenanstieg schließlich eine Straße erreicht. Wir halten uns jetzt rechts, bleiben auch bei der Tafel »Los Aceviños Centro Medico« auf der Straße und biegen erst am Grund des nächsten Barranco rechts auf die Talpiste. Diese zieht durch den Hang des **Barranco de Liria**. An einer Weggabelung den rechten, oberen Weg wählen, der auf den Bergrücken führt. Hier mündet die Abkürzung auf den Hauptweg. An der Tafel »Rutas Senderos Aceviños San Juan« wechseln wir auf den Steig, der geradeaus über den Bergkamm führt; er führt direkt auf den Teide zu, der sich bei guter Sicht geradeaus vor uns in den kanarischen Himmel erhebt. Der steile Blockpfad trifft wieder auf eine Piste, die wir links begehen. Wir genießen die prachtvolle Sicht auf Hermigua, das noch tief unter uns liegt. Bald nimmt uns rechts ein steingepflasterter Pfad auf, der z. T. steil und in Serpentinen abwärts führt. Auch an einem verlassenen Haus vorbei und durch einen Seitenbarranco. Vom steilen Grat geht es schließlich hinunter zur **Ermita de San Juán** (380 m; 5 Std.), die exponiert auf einem Bergsporn liegt – wieder mit herrlicher Totalansicht auf das nicht mehr so ferne Hermigua. Kurz davor gibt es rechts einen Treppenweg, der uns steil – unten mit Betonstufen – zu einer schmalen Straße hinunterführt.

Wer ins Untertal will, überquert die Straße und steigt auf der anschließenden Treppe zu einer tieferen Hangstraße ab. Auf dieser kurz links und wieder links über eine Treppe zur Carretera del Norte, die ins Untertal führt. Wer zum Ausgangsort in **Hermigua** zurück möchte, geht schon auf der oberen Straße rechts und erreicht über den Hinweg schließlich den Konvent.

Die Ermita de San Juán.

11 Runde durch den Bosco del Cedro

Im Zentrum des Nationalparks: Ausgangspunkt – Kreuzungspunkt Arroyo – El Cedro – Bar La Vista – Wasserstollen – Endpunkt

leicht

6 km

2½ Std.

↑ 250 m ↓ 250 m

ja

Tourencharakter: Leichte Wanderung; angenehm schattig. Für die Durchquerung des Tunnels Taschenlampe erforderlich.
Beste Jahreszeit: Ganzjährig.
Ausgangs-/Endpunkt: Abzweigung der Piste nach El Cedro (1100 m) von der Verbindungsstraße zwischen der Carretera Dorsal und Hermigua.
Markierung: Einige Wegtafeln mit km-Angabe. Keine Orientierungsprobleme.
Verkehrsanbindung: Mit Pkw bis Ausgangspunkt, dort nur eingeschränkte Parkmöglichkeit. Kleiner Parkplatz unterhalb davon am Mirador de Bailadero. Mit Buslinie 1 nur bis Haltepunkt Cruce de la Zarcita, dann zu Fuß oder mit Taxi.
Einkehr: Bar La Vista in El Cedro.
Unterkunft: Neben der Bar La Vista befindet sich der kleine Campingplatz gleichen Namens; Tel. 922 88 09 49. La Cabaña und Albergue El Refugio in El Cedro, 9 bzw. 17 Schlafplätze, für alle drei Möglichkeiten Tel. 922 88 09 49.
Tourist-Info: Patronato Insular de Tourismo, Calle Real 4 (Centro de Visitantes), San Sebastián, Tel. 922 14 15 12, Mo–Sa 9–13 und 16–18 Uhr, So 10–13 Uhr.

Der Bosque del Cedro ist Teil des Nationalparks Garajonay und umfasst den Barranco del Cedro sowie das gleichnamige Hochtal. Diese beliebte kleine Runde führt uns zur versteckten Ermita de Nuestra Señora de Lourdes und zu einer aussichtsreichen Einkehrstelle mit original gomerischer Kost. Ein zusätzlicher Höhepunkt ist die Durchwanderung eines 500 m langen ehemaligen Wasserstollens.

Der Wegverlauf

Von der **Abzweigung** ins Cedro-Tal wandern wir zunächst auf dem breiten und gepflasterten Fahrweg (1,7 km; 20 Min.) leicht bergab durch Wald und folgen dann links dem unbefestigten Fahrweg, der nahezu eben zum **Kreuzungspunkt Arroyo** (50 Min.) führt. Auf der ganzen Strecke begleitet uns dichter Lorbeerwald, den wir hier in seiner ganzen Vielfalt und urwaldähnlichen Dichte erleben.

11

Wir verlassen nun den Forstweg (links beginnt der Anstiegsweg hinauf zum Contadero, geradeaus führt die Forststraße weiter bis nach Los Aceviños) in einem spitzen Winkel nach rechts, überqueren eine kleine Holzbrücke und wandern auf einem schönen Wanderweg immer dem Bach entlang talwärts. Nach 20 Min. queren wir erneut den Bach und gelangen über eine kleine Brücke zur ganz im Wald versteckten **Ermita de Nuestra Señora de Lourdes** (920 m) mit Picknickareal; wir folgen weiter dem schönen Wanderweg durch Wald, treten nach 15 Min. aus ihm heraus und werfen einen ersten Blick auf den **Weiler El Cedro**. Bei der Wegverzweigung halten wir uns rechts und wandern auf der rechten Talseite weiter, passieren ein paar Gebäude und folgen einer guten gepflasteren Wegpassage talwärts, die bald in ein Lehmsträßchen mündet.

15 Min. später weist uns dann ein großes Hinweisschild den Weg zu unserem Etappenziel: die **Bar La Vista** (850 m; 1:50 Std.) auf der anderen Talseite. Von der Terrasse bietet sich ein schöner Blick hinab ins Tal von Hermigua. Nach der Einkehr zurück zur Senke, wo wir links den Eingang zum Wasserstollen entdecken. Wem dieses Unternehmen suspekt ist, steigt links hinauf zur Straße und folgt dieser links aus dem Tal hinaus zum Ausgangspunkt an der Hauptstraße. Wer abenteuerlustig ist, folgt nun dem 500 m langen **Wasserstollen El Rejo** und gelangt so auf die andere Seite des Bergkammes, wo der Stollen etwas oberhalb der Straße in Richtung Hermigua endet. Dort folgen wir rechts dem Wanderweg hinauf durch Wald und treffen bald auf den Zufahrtsweg nach El Cedro. Links haltend weiter hinauf zum Ausgangspunkt.

Auf der Terrasse der Bar La Vista.

12 Zu den Casas de Cuevas Blancas

In den wilden Nordosten: Las Casetas – La Gerode – Stangensteig – Ziegenställe – Casas de Cuevas Blancas – Las Casetas

mittel
10 km
4½ Std.
↑ 320 m ↓ 320 m

Tourencharakter: Abwechslungsreich, aber einsam; zu Beginn über den teilweise gesicherten Stangensteig, der Trittsicherheit und Schwindelfreiheit erfordert (Vorsicht bei Nässe!), dann leicht über aufgelassene Äcker.
Beste Jahreszeit: Ganzjährig.
Ausgangs-/Endpunkt: Kleiner Parkplatz an der Carretera del Norte bei km 8 (430 m).
Markierung: Hinweisschild an der Abzweigung vom Camino Forestal de Majona; am Anfang Farbmarkierungen, dann Steinmännchen; im letzten Abschnitt Orientierungssinn erforderlich.
Verkehrsanbindung: Buslinie 2 von San Sebastián nach Vallehermoso (Haltestelle Las Casetas) oder mit dem Taxi. Kleiner Parkplatz am Ausgangspunkt.
Einkehr: Unterwegs keine. An der Carretera del Norte, 2 km oberhalb des Ausgangspunktes, eine Bar und kurz hinter dem Cumbre-Tunnel Restaurant La Carbonera.
Unterkunft: In San Sebastián: Aparthotel Villa Gomera, Tel. 922 87 00 20. Pensión Hespérides (einfach), Tel. 922 87 13 05.
Tourist-Info: Patronato Insular de Tourismo, Calle Real 4 (Centro de Visitantes), Tel. 922 14 15 12, Mo–Sa 9–13 und 16–18 Uhr, So 10–13 Uhr.

Abstecher in den einsamen Nordosten der Insel mit seinen verlassenen Terrassenlandschaften und zerzausten Palmen. Ziel sind die geheimnisumwitterten Cuevas Blancas (»Weiße Höhlen«): In hellen Tuffschichten hat die Natur zahlreiche geräumige Höhlen geschaffen, die früher als Viehställe und Lagerräume genutzt wurden. Achtung: Die Höhlen sind nur zum Teil zugänglich – mit Wachhunden muss gerechnet werden!

Der Wegverlauf

Vom kleinen **Parkplatz an der Carreterra del Norte** folgen wir zunächst der rauen Piste (Forestal de Majona) nach rechts.
Variante: Nach 70 m beginnt links ein alter, gepflasterter Treppenweg – kleine Trockensteinmauer und Natio-

12

nalparktafel am Einstieg –, der, von Trockensteinmauern gesäumt, in 45 Min. zur Kammhöhe hinaufführt. Dort hält man sich rechts, folgt unterhalb der Felsen den Steinmännchen über die kleine Hochfläche und steigt dann wieder kurz zur Forststraße ab, die man bei einer Spitzkurve erreicht.

In beiden Fällen wandert man in Kehren durch karges Gelände hinauf zum **Gerode-Pass** (600 m; 45 Min.), wo sich der Blick auf die Ostseite der Insel öffnet. Links führt das Sträßchen eben weiter zu den Casas de Enchereda. Wir halten uns hier rechts (Hinweisschild »Parque Natural Majona«) und wandern zunächst eben 100 m auf einem Pfad (anfangs rot-weiße Markierung) bis zu einem Rechtsknick. Hier beginnt links der **Stangensteig**. Auf diesem schönen Steig, der bergseitig mit Holzstangen gesichert ist (daher auch sein Name), nun in leichtem Auf und Ab durch den steilen Hang. Bald durch ein Kiefernwäldchen und über ein paar gestufte Passagen hinauf zur Kammhöhe (30 Min.), wo uns ein herrlicher Blick auf das Meer und bis hinüber zum Teide erwartet. Nach wenigen Metern erreichen wir ein paar **Ziegenställe** (630 m; 1:15 Std.). Dort nun links haltend weiter, über ein paar Treppen hinab und dann parallel zum Hang weiter zu einem ehemaligen Dreschplatz. Etwas später gelangen wir zu einer Scharte im Kamm mit schönem Tiefblick.

Blick Richtung Nordosten; im Hintergrund der Teide.

Nun geht es leicht ansteigend durch Agaven auf zwei große Steinpyramiden zu. Im weiteren Wegverlauf erleichtern uns Steinmännchen die Orientierung. Im Linksbogen wandern wir durch eine verfallene und ausgetrocknete Terassenlandschaft, im Anschluss leicht absteigend auf einem Pfad zu einem geschichteten Vorgipfel. Dort links an ausgewaschenen kleinen Höhlen vorbei, dann leicht hinab und im Rechtsbogen um die Felsen herum zu den Häusern der **Casas de Cuevas** Blancas (2:15 Std. ab La Gerode). Die Höhlen liegen rechts unterhalb davon. Die Rückkehr erfolgt auf demselben Weg.

13 Von San Sebastián nach Playa de Santiago

Lange Küstenwanderung: San Sebastian – Seima – Casas de Contrera – Casas de Joradillo – Playa de Santiago

anspr.

16 km

7½ Std.

↑920 m ↓920 m

Tourencharakter: Lang und sehr der Sonne und dem Wind ausgesetzt; viele Auf- und Abstiege. Trittsicherheit und Orientierungssinn erforderlich.
Beste Jahreszeit: März bis Juni.
Ausgangspunkt: San Sebastián, Plaza de las Américas.
Endpunkt: Playa de Santiago, Plaza Nuestra Seáora del Carmen.
Markierung: Keine Wegtafeln, lediglich Steinmännchen.
Verkehrsanbindung: San Sebastián und Playa de Santiago sind mit der Buslinie 3 verbunden. Ansonsten Rückfahrt per Taxi.
Einkehr: Zahlreiche Bars, Restaurants und Supermärkte in San Sebastián und Playa de Santiago (vorwiegend am Hafen).
Unterkunft: Pensión La Gaviota (einfach), Tel. 922 89 51 35; Apartamentos Casanova, Tel. 922 89 50 02.
Tourist-Info: Patronato Insular de Tourismo, Calle Real 4 (Centro de Visitantes), Tel. 922 14 15 12, Mo–Sa 9–13 und 16–18 Uhr, So 10–13 Uhr.

Diese lange und abwechslungsreiche Küstenwanderung führt von der Inselhauptstadt zum Hauptort der Fischer auf Gomera: nach Playa de Santiago. Kargheit, aufgelassene Terrassenfelder und ausgestorbene Weiler prägen weithin das Bild. Aber es gibt auch kleine Oasen am Weg sowie reizvolle Badebuchten.

Der Wegverlauf

Wir verlassen **San Sebastián** an der Plaza de las Américas und folgen rechts zunächst dem Paseo Fred Olsen (rechts der Torre del Conde), biegen rechts in die Via de Ronda ab, die entlang des Barranco de la Villa führt, überschreiten diesen dann auf der nächsten Brücke nach links und folgen der Straße stadtauswärts. Nach etwa 250 m zweigt links ein schmales Sträßchen ab, das zum Busparkplatz führt. Wir gehen bis zum Bergfuß. Beim Gebäude des Matadero Municipal und einer großen Palme beginnt unser Anstieg. Wir folgen dem Pfad entlang eines Maschenzauns steil bergan und hinauf zum Rand der hier abbrechenden kargen Hochfläche. Dort halten wir uns links, gelangen so zu einem Kreuz und folgen einem guten Weg (schöner Tiefblick auf San Sebastián; windig) nahezu eben in Richtung Südwesten. Rechts oberhalb befindet sich die große Christusstatue, das **Monumento al Sagrado Corazón de Jesús**.
Bald steigen wir rechts in den Grund des Barranco del Revolcadero hinab, queren eine Piste, und steigen jenseits wieder zur

Hochfläche El Veredal an. Eben weiter und in 10 Min. bis zum nächsten Abbruch. Hier geht es nun rechts in einer langen Querung – zuletzt in Serpentinen – hinab zur **Playa de la Guancha** (1:20 Std.). Wir folgen zunächst dem Strand und biegen dann nach einer einsamen Fischerhütte rechts in das breite Tal des Barranco de la Guancha ein. Dort folgen wir einem gut ausgeprägten Pfad taleinwärts, queren allmählich auf die linke Talseite hinüber und steigen auf einem deutlichen und steilen Camino (Metallpfosten, Viehgatter) hinauf zu einer Kammschneide, die uns vom Nachbarbarranco trennt (Tafel).

Direkt auf dem Kamm verzweigt sich der Weg: Wir halten uns links, queren 5 Min. in den trockenen Hang hinein und steigen dann in Serpentinen hinab, wo wir auf eine weitere Tafel treffen (»Monumento natural Barranco del Cabrito«). In Höhe der Stromleitung schlüpfen wir durch die lange Mauer, die den Barranco von einer Piste trennt, und folgen dieser links hinab zur **Finca El Cabrito** (45 Min. von der Playa de la Guancha). Dort wandern wir

13

entweder zum Strand oder gehen auf gepflastertem Weg durch die Anlage, am Haupthaus vorbei, zum nächsten Kamm-Aufschwung. Ein gut angelegter Weg führt rechts zunächst über Stufen, dann in zahlreichen Serpentinen in 30 Min. hinauf zur Kammhöhe (Tafel der Naturparkbehörde). Nun rechts weiter auf gutem Weg zu auffälligen Felshöhlen und ansteigend in Serpentinen und Stufen – immer auf der Kammhöhe bleibend – bergan, auch wenn sich der Weg mal verliert. Ein kleiner Abstecher nach rechts vermittelt uns einen schönen Tiefblick auf die gesamte Anlage von El Cabrito. Dann wieder zurück und weiter auf dem Kammweg zu einem Wegweiser. Rechts zeigt dieser den Abkürzer in Richtung San Sebastián und geradeaus nach El Cabrito an. Im weiteren Verlauf Anstieg zu einer Hochfläche am Barrancorand mit Terrassenfeldern, abschließend links haltend hinüber zum verlassenen Dorf **Seima** (500 m; 3:30 Std.).

Tipp

Die **Finca El Cabrito**, die an unserer Wanderroute liegt, war ursprünglich eine Bananenplantage, die aber seit den 50er Jahren allmählich verfiel. 1986 erwarb der österreichische Aktionskünstler Otto Mühl das Gelände und funktionierte es zu einer Kommune um, die es sich zum Ziel gesetzt hatte, die Mitglieder von allen Zwängen zu befreien. Das Projekt scheiterte.
Heute befindet sich dort eine esoterisch angehauchte Ferienanlage, die nur zu Fuß oder per Boot erreichbar ist. Es wird ökologischer Landbau betrieben, dessen Früchte man hier genießen kann. Besonders für Familien mit Kindern bieten sich hier viele Möglichkeiten, u. a. auch ein Strand, der für alle Besucher offen ist. Es gibt Ateliers, eine Bibliothek und ein Kino. Ein Boot stellt mehrmals täglich die Verbindung zur Außenwelt her – nach Sebastian. Falls sich noch Platz darauf findet, ist das für Wanderer eine Möglichkeit, die Wanderung hier abzubrechen.

Hier wenden wir uns nach links und wandern in einem Rechts-links-Bogen bergwärts den Taleinschnitt der Cañada de Sabina Rodonda aus, umrunden leicht fallend und in einem Rechtsbogen den folgenden Bergrücken, queren dann den Barrranco del Guincho, steigen in den Barranco de Contrera ab und jenseits wieder hinauf zu den ebenfalls verlassenen **Casas de Contrera** (400 m; 4:30 Std.). Hier fällt uns ein ungewöhnliches, zweistöckiges Haus mit Holzbalkon auf. An diesem gabelt sich auch unser Weg. Wir halten uns links und wandern über einen felsigen Rücken weiter in Richtung Küste hinab, zunächst noch auf dem Kamm bis zu ein paar Häusern, dann hinab in den Barranco de la Vasa und durch den Barrancogrund und jenseits davon zu einer Weggabelung.
Jetzt geht es links weiter, bald wieder durch den Barrancogrund und links an einer Trockenmauer entlang, dann wieder rechts in den Talgrund zu einer Häusergruppe mit einer verschlossenen

13

Zisterne. Links des Grundes wandern wir nun weiter, folgen jedoch nicht dem gepflasterten Camino, sondern leicht fallend dem **Lomo de Cascante** (Achtung auf die Steinmännchen, da der Wegverlauf etwas verwinkelt ist). Nun wechseln wir wieder auf die rechte Seite des Barranco und marschieren weiter abwärts, passieren dabei einzelne verlassene Häuser und halten uns bald wieder rechts (Steinmann). Wir unterqueren die Hochspannungsleitung – es geht weiter abwärts –, halten uns rechts und beginnen mit dem Abstieg auf dem schönen Camino in den Barranco de Chinguarime. Die weiterführende Piste ist bereits in Sicht, zu der wir weglos hinüberqueren. Dann auf dieser über den nächsten Höhenrücken, jenseits wieder hinab und links haltend zur **Playa del Medio** (6 Std.).

Hier wandern wir entweder über die Piste zurück oder kürzen über den rechts hinaufführenden Pfad die Piste ab. Über die Piste und einen weiteren abkürzenden Pfad geht es in den Barranco Tapahuga mit der nächsten schönen Badebucht. Von dieser führt die Piste dann weiter zur Hotelanlage **Jardín Tecina**. Auf der Straße über mehrere Kehren (die teilweise abgekürzt werden können) hinab nach **Playa de Santiago** und weiter zum Hauptplatz am Hafen.

Der Strand von Playa de la Guancha.

14 Abstieg von Jerduñe nach Playa de Santiago

Felsenhäuser und Terrassenlandschaften: Jerduñe – Felsenhäuser – Seima – Casas de Contrera – Playa de Santiago

anspr.

11 km

5 Std.

↑ 250 m
↓ 950 m

Tourencharakter: Lange Wanderung, stark Wind und Sonne ausgesetzt. Orientierungssinn, Trittsicherheit und Schwindelfreiheit erforderlich.
Beste Jahreszeit: Frühjahr und Sommer.
Ausgangspunkt: Kleine Straßenabzweigung westlich der Streusiedlung Jerduñe (900 m) ca. 1,5 km unterhalb des Mirador Degollada de Peraza.
Endpunkt: Playa de Santiago, Plaza Nuestra Señora del Carmen.
Markierung: Steinmännchen am Weg; einige Aufschriften auf Stein.
Verkehrsanbindung: Buslinie 1 oder 3 bis Degollada de Peraza, dann zu Fuß. Alternative: Taxi. Parkmöglichkeit 1 km oberhalb an der Straße. Rückkehr von Santiago mit Buslinie 3.
Einkehr: An der Degollada de Peraza Bar/Restaurant. In Playa de Santiago mehrere Bars und Restaurants am Hafen.
Unterkunft: Appartmenthäuser, kleine Hotels und Pensionen in den Ortsteilen Playa und Laguna sowie das Jardín Tecina oberhalb.
Tourist-Info: Oficina de Turismo de Playa de Santiago, Av. Marítima/Ed. Las Vistas, Local 8, Tel. 922 89 56 50; Mo–Fr 9–13 und 16–18 Uhr, Sa 9–13 Uhr.

Diese lange, sehr interessante und einsame Abstiegswanderung führt uns durch eine ehemals fruchtbare Landschaft mit zahllosen Ackerterrassen. Wir durchwandern verlassene Dörfer, besichtigen alte Felsenhäuser und steigen durch wilde Barrancos hinab zur sonnigen Südküste.

Der Wegverlauf

Von der **Degollada de Peraza** bzw. vom Parkplatz etwas unterhalb wandern wir zunächst auf der Carretera del Sur talwärts, bis wir nach etwa 1 km bei einer Rechtskurve unseren Ausgangspunkt in der Streusiedlung **Jerduñe** erreichen. Wir halten uns links und folgen der alten asphaltierten Straße (Tafel »Parco Natural Barranco El Cabrito«) zu ein paar Häusern. Dann in gleicher Richtung weiter auf einem guten Camino rechts um den vor uns liegenden Felsen herum und in 10 Min. hinab zu einer verlassenen Häusergruppe mit Palmen, Agaven und Feigenkakteen. Rechts haltend weiter auf schmälerem Weg durch die steile, von der Roque de Beruga herabziehende Bergflanke in Richtung Küste.
Nach 30 Min. erreichen wir einen Felsenunterstand mit schönem Tiefblick in den Barranco tief unter uns. Ein gepflasterter Weg führt zu einem geneigten Schichtband (Stromleitung entlang des Wegs) und weiter hinauf zu den verlassenen **Felsenhäusern** (1:15 Std.).

14

Die Szenerie vermittelt den Eindruck, als hätten die Bewohner den Ort erst vor kurzem verlassen: Die Feuerstellen sind noch intakt, Mahlsteine, Stühle und Schränke sind noch vorhanden.
Weiter durch die Terrassenlandschaft (Llano de la Cruz) hinauf zu einer Einsenkung des Bergkammes mit Wegverzweigung (10 Min; ca. 650 m). (Rechts führt der direkte Weg zu den Casas de Contrera hinab, der rechts des Höhenkammes verläuft, jedoch etwas Orientierungssinn verlangt.) Wir wählen den linken Weg, queren ein kleines Hochplateau mit zahllosen Ackerterrassen, wandern zu einem weiteren Plateau und steigen dann leicht fallend bergab. In der Mitte liegt ein verlassenes einsames Steinhaus. Links haltend weiter zum Barrancorand, dann rechts über endlose Terrassenkulturen abwärts. Bei einer Geländestufe links zu den Felsen, dann rechts an drei verstreut liegenden Häusern vorbei und auf das verlassene Dorf Seima zu. Das dritte Haus links oben passieren und hinüber nach **Seima** (530 m; 1 Std. ab Felsenhäuser).
Das ganze Dorf ist verlassen und verfällt allmählich. Dreschplätze zeugen vom früheren Getreideanbau. Wegweiser nach Playa de Santiago. Wir halten uns links und wandern erst rechts, dann links bergwärts den Taleinschnitt der Cañada de Sabina Rodonda aus, umrunden in einem Rechtsbogen den folgenden Bergrücken, durchqueren den Barrranco del Guincho, steigen anschließend in den Barranco de Contrera ab und auf der anderen Seite wieder hinauf zu

Die Felsenhäuser am Alto de Tacalcuse.

den ebenfalls verlassenen **Casas de Contrera** (400 m; 4:30 Std.). Hier steht ein zweigeschossiges Haus mit Holzbalkon.

An dieser Stelle gabelt sich unser Weg. Links haltend über einen felsigen Rücken weiter in Richtung Küste, erst auf dem Kamm zu ein paar Häusern, dann in den Barranco de la Vasa hinab, durch den Barrancogrund und jenseits zu einer Weggabelung. Links erneut durch den Barrancogrund und ebenfalls links an einer Trockenmauer entlang. Im Anschluss wieder rechts in den Talgrund zu einer Häusergruppe mit verschlossener Zisterne. Unser Weg führt links weiter, aber nicht auf dem gepflasterten Camino, sondern über den **Lomo de Cascante** (Steinmännchen beachten, verwinkelter Weg).

Nun geht es wieder auf die rechte Seite des Barrancos und weiter abwärts; wir passieren verlassene Häuser, halten uns bald wieder rechts (Steinmann), gehen unter der Hochspannungsleitung hindurch und wandern weiter in Richtung Küste. Bald beginnt rechts der Abstieg auf einem schönen Camino in den Barranco de Chinguarime. Die Piste ist bereits in Sicht, zu der wir weglos hinüberqueren. Auf dieser geht es über den nächsten Höhenrücken links haltend zur **Playa del Medio** (6 Std.).

Hier entweder zurück über die Piste oder über den rechts hinaufführenden Pfad (Abkürzer) in den Barranco Tapahuga mit der nächsten schönen Badebucht. Von dieser führt dann die Piste weiter zur Hotelanlage **Jardín Tecina**.

Über mehrere Straßenkehren (können z. T. abgekürzt werden) hinab nach **Playa de Santiago.**

Von Imada durch die Guarimiar-Schlucht

15

Großartige Schluchten mit steilem Finale: Imada – Barranco de Guarimiar – Targa – Alajeró – Imada

Tourencharakter: Faszinierende Schluchtwanderung auf guten Wanderwegen; Trittsicherheit, Schwindelfreiheit und Orientierungssinn Voraussetzung. Der Steilaufstieg nach Targa erfordert Kondition.
Beste Jahreszeit: Im Frühjahr.
Ausgangs-/Endpunkt: Abzweigung (1000 m) der Stichstraße nach Imada von der Verbindungsstraße Alajeró – Carretera del Centro bzw. der Ort Imada (870 m). Als Start eignet sich auch der Ort Guarimiar.
Markierung: Keine. Steinmännchen am Weg.
Verkehrsanbindung: Nach Imada mit der Buslinie 3. Sonst Anfahrt mit dem Taxi oder Pkw.
Einkehr: Kleine Bar in Imada, Bar/Restaurante Las Palmeras am Ortseingang von Alajeró, Bar Arepera und Bar/Restaurante Columba in Alajeró nahe der Kirche.
Unterkunft: Kleine Pensionen und Appartmenthäuser in Alajeró: Pension Villaverde, Tel. 922 89 51 62; Apartamentos La Vega, Tel. 922 89 55 76.
Tourist-Info: Oficina de Turismo de Playa de Santiago, Av. Marítima/Ed. Las Vistas, Local 8, Tel. 922 89 56 50; Mo–Fr 9–13 und 16–18 Uhr, Sa 9–13 Uhr.

leicht
km 8 km
5½ Std.
↑760 m
↓760 m

Highlights eines Wanderurlaubs auf Gomera. Ausgangspunkt ist Imada, das zu den schönsten Dörfern der Insel gezählt wird. Die Route führt auf einem großartig angelegten Steig durch eine steile Felswand, die an ihrer engsten Stelle ein paar hundert Meter hoch ist. Spannendes Finale ist der Wiederanstieg hinauf nach Targa, der den Kreis schließt.

Der Wegverlauf

Vom Parkplatz am Buswendeplatz folgen wir zunächst der Stichstraße hinab nach **Imada**, die auf dem zerschnittenen alten Camino abgekürzt werden kann (20 Min.). Im Dorf gehen wir zunächst zur tiefsten Stelle der Straße und folgen dann rechts (beim Rathaus) einem betonierten Treppenweg talwärts. Wir halten uns dabei stets an eine Wasserleitung und sie begleitende Laternen, bis der Weg in einen schmalen Pfad übergeht. Dieser mündet bald in einen talwärts führenden, breiten Pflasterweg (10 Min.), dem wir links hinab folgen. Schöne Terrassenpflanzungen begleiten uns dabei. Wir befinden uns hier auf der rechten Seite des nun folgenden Barrancos und bleiben dort auch bis hinab ins Tal. Der Weg wird schmaler und verläuft nahezu eben. Weiße Markierungen und ein verfallenes Haus, Kakteen, Palmen und Agaven zeigen uns den Weg,

15

ebenso wie einige Steinmänner; schöner Blick zurück auf Imada.
Es geht an einer langen Trockensteinmauer entlang und immer weiter auf den Barrancorand zu, den wir bei einer Felsplattform erreichen (30 Min. ab Imada). Nun in Serpentinen hinab zu einer weiteren Plattform mit schönem Tiefblick in die Schlucht. Hier beginnt der aufregendste Teil unserer Wanderung: In Serpentinen hinab, dann rechts auf einem schmalen Weg durch die steil abbrechenden Felswände, die wir über Felsbänder queren. Der Weg ist immer breit genug, so dass keine Schwindelgefühle auftreten. Die schwierigste Passage ist nach 300 m überwunden, und wir steigen hinab in den breiter werdenden Teil der Schlucht, wo wir auf eine alte Wasserleitung aus Stein stoßen. Dieser folgen wir etwa 200 m, bis links unser Weg von dieser wegführt. Immer auf der rechten Seite der Schlucht weiter talwärts. Wir treffen bald auf Palmen und die ersten Häuser von **Guarimiar** (380 m; 1:30 Std.).
Beim ersten Haus Wegverzweigung (links Abstieg ins Dorf): Wir halten uns rechts, gehen links am Haus vorbei und folgen dann einem schönen Weg, der uns in leichtem Auf und Ab oberhalb des Dorfes weiter talwärts führt. (Achtung: Rechts zweigt eine Variante hinauf nach Targa ab!) Steinmänner leiten uns um eine Felsnase herum, dann leicht absteigend – gegenüber sehen wir die Ermita de Guarimiar – in Richtung El Rimbazo zu einem großen Palmenhain (30 Min. ab Dorfanfang). Fast am Ende treffen wir auf drei verfallende Häuser. Hier zweigt unser Anstiegsweg nach Targa

Die Guarimiarschlucht.

15

Tipp

La Gomera weist den höchsten Palmenbestand der gesamten Kanaren auf – 100 000 gibt es auf der Insel. Einige der schönsten **Palmenhaine** mit hunderten von Stämmen kann man auf dieser Wanderung besuchen: Sie liegen zwischen El Rampazo und Guarimiar.

rechts ab. Zunächst geht es in dem von oben herabziehenden Barranco wieder bergan, dann in einem weiten Rechtsbogen um einen Felsvorsprung herum. Schöner Blick auf die Schlucht und das gleichnamige Dorf.

Rechts mündet die zuvor erwähnte Variante (bei einem auffallend roten Felsen). Hier links 5 Min. hinauf zu einer Wasserleitung, über diese hinweg und auf einem schönen Camino in Serpentinen höher. Der Weg führt nun links in den oberen Bereich des Barrancos. Dort rechts in engen Serpentinen bis zum äußersten Rand, dann links einer Querung folgen (einige schöne, schattige Felsüberhänge) zum Rand des Steilabbruchs und auf der anderen Seite hinab zu einem quer verlaufenden Sträßchen; rechts auf diesem zum Dorf **Targa** (740 m; 1:30 Std. ab Palmenhain). In der Dorfmitte nun entweder links zur Bushaltestelle an der Straße Richtung Playa Santiago oder rechts im Bogen durch das Dorf und weiter nach oben zur Straße, an dieser entlang nach **Alajeró** (843 m), das bald erreicht ist. Am Dorfanfang passieren wir das Restaurant Las Palmeras, das nun zur Einkehr lädt. Weiter längs der Straße bis zum oberen Dorfrand. 120 m nach dem Ortsschild zweigt rechts ein Camino ab, dem wir bis zur **Stichstraße nach Imada** folgen. Links weiter zum Parkplatz an der Bushaltestelle.

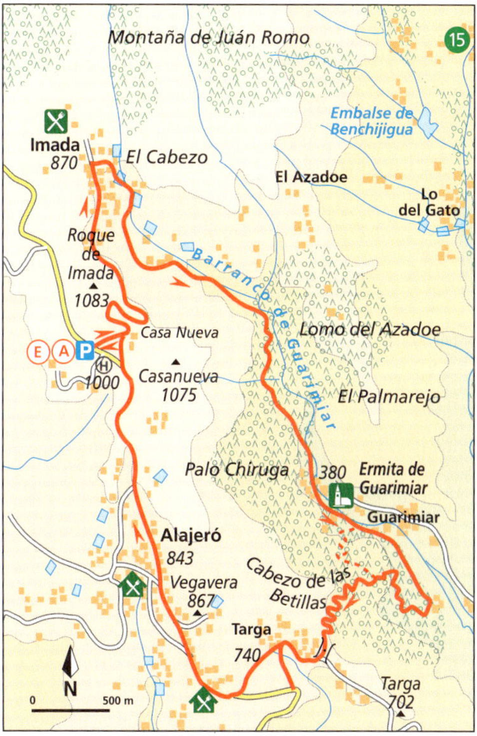

16 Camino de la Peña

Ein kilometerlanger Felsenweg: Las Puntas – Ermita de la Peña – Mirador de la Peña – Las Puntas

- mittel
- 7,4 km
- 4½ Std.
- ↑750 m ↓750 m
- ab 12

Tourencharakter: Auf gut angelegtem Weg (teils Steinpflasterung, teils Lavageröll) durch eine Steilwand mit ständigem Tiefblick auf Küste und Meer, jedoch nur für geübte Wanderer.
Beste Jahreszeit: Spätfrühjahr, bei Regen Steinschlaggefahr.
Ausgangs-/Endpunkt: Las Puntas (50 m).
Markierung: Nur Wegtafeln, keine Orientierungsprobleme.
Verkehrsanbindung: Pkw von Valverde bzw. Frontera; Busverbindung von Valverde ist ungünstig.
Einkehr: Restaurante Puntagrande, Las Puntas; Restaurante Mirador de la Peña.
Unterkunft: In der Region El Golfo, z. B. Apartamentos Noemi, Tel. 922 55 90 81; Casa Margarita, Tel. 922 55 92 14.
Tourist-Info: Patronato de turismo, C./ Doctor Quintero 4, E-38900 Valverde, Tel. 922 55 03 02.

Zu den Eigentümlichkeiten des Wanderns auf der Insel El Hierro gehören angelegte Wege durch Steilabbrüche und Wandfluchten. Sie sind kunstvoll in das Steilgelände hineingebaut. Einer der bekanntesten verbindet das nördliche Inselhochland El Barrio ungemein eindrucksvoll mit der Garten- und Siedlungslandschaft der El-Golfo-Bucht.

Der Wegverlauf

Direkt gegenüber der Abzweigung der Küstenstraße El Matorral am Ortseingang von **Las Puntas** (ca. 50 m) beginnt der breite, steingepflasterte und von Lesesteinmauern eingefasste Camino de la Peña. Durch aufgelassene Äckerchen und Obstgärten erreicht der Weg bald die Steilwand des **Risco de Tebataje** und klettert darin empor. Verwilderte Terrassenbeete erinnern an den

16

Zwang, einst auch ungünstigste Lagen landwirtschaftlich nutzen zu müssen.
Weit quert der Weg durch die schattenlose Wand. Mal schmal, mal breit, überlistet er Schluchten und Abstürze und führt an interessanten Felsbildungen und bunten Lockerschichten vorbei. Ein luftiger Gang durch vulkanische Exponate. Nirgends behindert das niedere Sukkulentengebüsch den Blick. Auffällig sind die großen gelben Blütenkerzen einer speziellen Riesenhauswurz.
Auf etwa halbem Weg tröstet eine Marienfigur, davor liegt sogar ein Rastplatz in der Wand. Schließlich windet sich der Camino in Serpentinen am Fels hinauf zu kümmerlichem Baumheidebestand. Kurz vor dem Ausstieg noch ein Rückblick von einem Aussichtsplatz, dann ist man oben an der Abbruchkante und geht jetzt auf Asphalt das kurze Stück hinab zur **Ermita de la Peña** (ca. 750 m) und weiter zur Autostraße. Diese nach links verfolgen und in der Rechtskehre geradeaus weiter auf das Erdsträßchen zum Parkplatz und zum Meisterwerk des kanarischen Künstlers und Architekten César Manrique (1919–1992). Der **Mirador de la Peña** (642 m) ist in der Tat sehenswert! Außen wie innen eine in den Rand des Steilabbruchs hineingezauberte Komposition aus Lava und Glas. Die Preise des Restaurants entsprechen allerdings der Noblesse des Bauwerks. Der Rückweg erfolgt auf dem Hinweg.

Tipp

Auf halbem Weg zwischen Las Puntas und Frontera liegt das **Ecomuseo de Guinea**. Das lebensnah gestaltete Museumsdorf, Rekonstruktion einer der ersten spanischen Siedlungen auf El Hierro, vermittelt einen guten Eindruck davon, wie die Herreños in der spanischen Kolonialzeit gelebt haben. Im Lagartario, das an das Museum anschließt, sind einige der dort in Gefangenschaft gezogenen Riesenechsen Lagarto gigantes zu sehen. Das von der EU bezuschusste Programm der Nachzucht und Auswilderung versucht diese vom Aussterben bedrohte Tierart zu retten. Die letzten Exemplare dieser bis zu 75 cm langen Reptilien kommen weltweit nur mehr an einer einzigen Stelle auf El Hierro vor.
Besuch nur mit Führung Di–Sa 10–14 und 16–18 Uhr, So 11–14 Uhr.

Tiefblick am Einstieg zum Camino de la Peña.

17 In die Dehesa

Eine großartige Rundwanderung: Sabinosa – Ermita de los Reyes – El Sabinar – Mirador de Bascos – Sabinosa

mittel | 14 km | 5½ Std. | ↑800 m ↓800 m | ab 10

Tourencharakter: Landschaftlich sehr eindrucksvolle und abwechslungsreiche Bergwanderung auf guten Wegen (mit zwei weglosen Passagen).
Ausgangs-/Endpunkt: Sabinosa (290 m).
Markierung: Nur gelegentlich.
Verkehrsanbindung: Mit Pkw bzw. Taxi. Anfahrt nach Sabinosa von Frontera mit Linienbus (nur Mo, Do, Sa).
Einkehr: Unterwegs keine; Bar/Restaurante Sabinosa.
Unterkunft: In Sabinosa: Pensión Sabinosa, Tel. 922 55 93 55.
Tourist-Info: Patronato de turismo, C./ Doctor Quintero 4, E-38900 Valverde, Tel. 922 55 03 02.

Der Westen von El Hierro ist eine eigenartige und entlegene Landschaft – genau so, wie man sich das Ende der Welt vorstellt. Urtümlicher Nebelwald am Steilhang, dahinter die freien, durch endlose Trockensteinmauern parzellierten Abhänge von La Dehesa, der traumhafte Tiefblick vom Mirador de Bascos auf El Golfo. Und inmitten der Einsamkeit eine weiß gekalkte Wohnstätte – nicht für Menschen, sondern für die auf der ganzen Insel innig verehrte Virgen de los Reyes. Da verwundern auch die bizarr verdrehten Wacholderbäume auf El Sabinar nicht mehr. Unerbittlich zwingt sie der Wind zu Boden, doch trotzig winden sie sich in die Höhe – steinhartes Holz und duftiges Grün als Sinnbild unbändigen Lebenswillens.

Die Ermita Virgen de Los Reyes.

Der Wegverlauf

Von der Plaza im oberen Bereich von **Sabinosa** (290 m) geht man die Calle Hoya del Moral aufwärts. Nach etwa 5 Min. erreicht man den Scheitelpunkt der Straße, ab hier folgt man dem geradeaus führenden Pflasterweg, der in Serpentinen zwischen Terrassen über den Rücken neben dem Barranco Hondo hinaufzieht. Auf etwa 700 m Seehöhe gelangt man in den urigen Nebelwald und steigt in westlicher Richtung durch den Steilhang an. Man kommt an einer Felskanzel vorbei und überschreitet eine Rinne, dann teilt sich der Weg: Geradeaus weiter und auf einem Felsband zur Hangkante (870 m), hinter der sich die weite, sanft geneigte

17

Hochfläche La Dehesa ausbreitet. Hier erreicht man den Wendeplatz einer Schotterstraße und gleich darauf eine Abzweigung: Auf der linken Piste im schrägen Abstieg durch den sanft abfallenden Hang zu einer Kreuzung, dort rechts auf dem gepflasterten Weg zu einem Metallgatter und zur Kreuzung bei einem großen Felsblock (Piedra del Regidor) hinab. Links erreicht man nach etwa 400 m die **Ermita Virgen de los Reyes** (731 m).
Wieder hinauf zur Piedra del Regidor, dort links abzweigen und auf der flachen Schotterpiste oberhalb eines felsigen Rückens zu einem Gatter. Noch ein Stück im sanften Abstieg weiter, bis links eine beschilderte Piste abzweigt: Auf dieser gelangt man bis zu dem Wendeplatz vor dem Wäldchen bizarr verkrümmter und mehrhundertjähriger Wacholderbäume, dem **El Sabinar**. Hier wendet man sich nach rechts und wandert weglos in nordöstlicher Richtung aufwärts. Nach etwa 30 Min. erreicht man die Kante der Steilabbrüche, neben der man ansteigt (herrlicher Tiefblick!), und erreicht bald die Mauer des **Mirador de Bascos** (650 m). Dorthin gelangt man auch, wenn man vom Sabinar wieder auf dem Fahrweg zur oberen Straße zurückkehrt und auf dieser links weitergeht.

Nun auf der Piste rechts zu den Kiefern, dort links abzweigen und weglos neben dem Wald aufwärts. Eine quer verlaufende Trockenmauer wird überstiegen, dahinter führt ein Weg und weiter oben eine Schotterpiste neben den Abbrüchen zu dem bereits bekannten Wendeplatz hinauf. Von dort geht es auf der Anstiegsroute wieder nach **Sabinosa** hinunter.

Variante: Auffahrt von Sabinosa zum Parkplatz an der Ermita Virgen de los Reyes und über den Piedra del Regidor und El Sabinar zum Mirador de Bascos und zur Ermita zurück.

18 Der höchste Teil der Cumbre

Über das Rückgrat der Insel: Cruz de los Reyes – Malpaso – Los Llanos de Binto – Cruz de los Reyes

Schwierigkeit	leicht
Strecke	12 km
Gehzeit	3½ Std.
Aufstieg/Abstieg	↑ 400 m ↓ 400 m
Kinder	ja

Tourencharakter: Bequemer Weg.
Beste Jahreszeit: Frühjahr bis Herbst.
Ausgangs-/Endpunkt: Parkplatz am Cruz de los Reyes (1353 m).
Markierung: Wegtafeln »Camino de la Virgen«, begleitende Steinreihen.
Verkehrsanbindung: Mit Pkw bzw. Taxi; von der Staatsstraße Valverde – Frontera aus zwischen km 25 und 26 auf geteertem Nebensträßchen.
Einkehr: Unterwegs keine.
Unterkunft: In El Pinar: Hotel Pinar, Tel. 922 55 80 08; Pensión Casino, Tel. 922 55 80 41.
Tourist-Info: Patronato de turismo, C./ Doctor Quintero 4, E-38900 Valverde, Tel. 922 55 03 02.

Für Bergfreunde ist diese Höhenwanderung bestimmt das schönste Wandererlebnis, das von El Hierro mitzunehmen ist. Wo sonst gibt es zu beiden Seiten einen solchen Ozeanblick? Ich selbst habe kaum anderswo so starkes »Inselgefühl« empfunden. Die unbeschreibliche Einsamkeit und Stille verstärken es noch.
Die Route folgt überwiegend dem Anfang des Camino de la Virgen, dreht aber spätestens am Sattel östlich der Mantaña de los Humilladeros um (oder auch früher). Die hier vorgeschlagene Route wählt zur Abwechslung als Rückweg eine wenig befahrene Schotterpiste.

Der Wegverlauf

Selbstverständlich könnte man die Tour schon an den Piedras dos hermanas vor dem Tenerife II beginnen. Bereits hier verstellt nichts die Sicht in die Bucht von El Golfo. Aber die Steilheit des grusbedeckten Kegels, ein lästiger Zwischenabstieg und Parkplatzbedarf empfehlen den Start am **Cruz de los Reyes** (1353 m). Also fährt man bis zum großen, staubigen Parkplatz, vor dem der Asphaltbelag aufhört. Von hier aus ist am jenseitigen Hang bereits die unbefestigte Schneise im niederen Gebüsch zu sehen. Durch sie erfolgt der Anstieg.
Die Fahrspur hinauf, auf Gras, dann auf steinigem Boden weiter bis an die Kehre der Fahrpiste auf den Malpaso. Wer ihr nicht umständlich folgen will, hält sich zunächst unweit vom Abbruchsrand. Im Jable, dem Feld aus schwarzem Lavasand, vereinigt sich der Camino de la Virgen ein kurzes Stück mit der Piste, kriecht

18

dann aber zwischen den beiden zur Markierung ausgelegten Steinreihen als Direttissima hinauf zur Vermessungssäule des neuerdings 1501 m hohen **Malpaso**.

Als höchster Punkt des »UNESCO-Biosphärenreservats El Hierro« steht zu hoffen, dass diese brandschwarze Aschenkuppe in nächster Zukunft vielleicht doch vor Radaranlagen, Abschussrampen oder ähnlichen Segnungen technischer Großprojekte verschont bleiben wird. Es reicht das gegenwärtige kommunikationstechnische Dekor. Da verzieht man sich gerne in die Büsche am Rande, bewundert bei der Gipfelbrotzeit nach Ost und West den Cumbrekamm und amüsiert sich über den puppigen Betrieb 1500 m tiefer in der El-Golfo-Bucht.

Weiter leitet der Steinsaum des Camino über die Halde aus feuerfarbenem bis schwarzem Sand. Sobald über der Trasse wieder ein hindernisloser, abgerundeter Kamm zu erkennen ist, lockt der Weitermarsch dort oben.

Vor der letzten ausgeprägten Kuppe sollte man etwa vor der Fuente de Binto (Quelle) weglos auf den Camino absteigen, der hier durch Hänge mit blühenden Natternköpfen und Parzellen von Kiefernwald führt.

Knapp unter einem Sattel im Kamm (1249 m) trifft dieser Weg noch vor dem **Cruz de los Humilladeros** auf einen Fahrweg. Der führt nach links, also nach Osten, auf die unbefestigte Straße, die etwa 100–150 m unterhalb des Kammverlaufs entlangführt. Auf ihr sandig-staubig, aber ohne unangemessene Mühe zum Cruz de los Reyes zurück.

Variante: Nach Belieben Umkehr auf einer der Kuppen und über den Kamm zurück.

19 Quer durch den Inselnorden

Auf Flurwegen und Pisten zum Mirador: Valverde – Hoyo del Barrio – Mirador de la Peña

leicht
8 km
3 Std.
↑ 300 m ↓ 200 m
ja

Tourencharakter: Dorfbummel.
Beste Jahreszeit: Frühjahr bis Herbst.
Ausgangspunkt: Valverde (571 m).
Endpunkt: Mirador de la Peña (642 m).
Markierung: Keine.
Verkehrsanbindung: Anfahrt mit Pkw bzw. Taxi.
Einkehr: Restaurant Mirador de la Peña, Bar Restaurant in Guarazoca, Restaurants in Valverde.
Unterkunft: Apartamentos und Casas Rurales in Mocanal, Auskünfte bei Central de Reservas, Tel. 922 55 18 24.
Tourist-Info: Patronato de turismo, C./Doctor Quintero 4, E-38900 Valverde, Tel. 922 55 03 02.

Die Dörfer mit ihren »Oberdörfern« am Abhang des Mittelgebirges, die »Barrios«, bilden eine eigene Landschaftseinheit im Norden des Inselrückens. Fruchtbarkeit und relative Sicherheit vor Seeräuberangriffen in der Vergangenheit haben trotz ungünstigen Klimas zu einer frühen Besiedelung geführt. Der überwiegend asphaltierte Weg durch dieses Siedlungsband auf 500 bis 700 m Seehöhe zeigt ursprüngliche Häuschen und Dorfbilder im landschaftlichen Umfeld. Natürlich nur, wenn der nässende Nordostpassat seinen Nebelvorhang nicht zuzieht.

Blick vom Mirador de la Peña auf den Golfo

Der Wegverlauf

Der Startpunkt befindet sich in **Valverde** an der Kirche (571 m): Bar Restaurante Los Reyes. Von dort geht es vorbei am Taxistand, die Calle Licenciado Bueno steil hinauf und durch die schmale Unterführung. An der Straßengabel nun links in die noch steilere Calle Armas Martell und abermals links in die Calle Casañas Frias. Bei den letzten Häusern geht diese in einen breiten, steingepflasterten Weg über, den Prozessionsweg Camino de la Virgen. Hier schreckt einen oft wütendes Bellen angeketteter Hunde. Nach ca. 1 km beginnt der Camino. Unmittelbar vor den Leitplanken der Staatsstraße Valverde – San Andrés wandern wir nach rechts auf die asphaltierte Piste! Diese folgt auf etwa gleicher Höhe am Hang den Falten des Geländes. Vor uns ausgebreitet liegt das Städtchen Valverde, und im Hintergrund sind,

19

so der Himmel will, La Gomera, Teneriffa und La Palma zu sehen. Nach etwa 30 Min. kommt man am Wasserspeicher **Presa de Tefirabe** (770 m) vorbei; gleich danach teilt sich die geteerte Piste. Hier steigt man nicht links an, sondern entscheidet sich für den rechten, ebenen Ast.

Weiter am Hang grüßt südlich ein kleines Wäldchen, gegenüber zweigt die Piste auf den Afoba (761 m) ab. Die Aussicht wird immer besser. In Marschrichtung sind die kalkweißen Häuserkuben von **Hoyo del Barrio** (600 m) zu sehen, dem Oberdorf von Mocanal. Kurz vor diesem Ort durchquert das Wirtschaftssträßchen einen Barranco. Hier wandert man links an einer Garage vorbei und auf einem alten, mauergesäumten Steinpflasterweg eben zur Dorfstraße hinüber. Wir gehen diese links aufwärts, bis sie nach ca. 50 m auf die Calle Hoyo del Barrio trifft. Dort wiederum links und nun steil bergauf.

Nach den letzten Häusern wird aus der dörflichen Calle ein steiniger, ländlicher Camino zwischen Lesesteinwällen. Nach kurzem steilen Anstieg erreicht man dann eine breite Piste. Auf ihr beginnt rechts eine genussvolle Höhenwanderung. Die Schau auf das Band der Dörfer an der Straße, auf das Hügelland der Küstenlandschaft und auf das Meer stimmt vergnüglich – solange die Witterung mitspielt.

Nach einem weiteren Kilometer bietet sich am oberen Ortsrand von Betenama eine Asphaltstraße an, sie zu überqueren. Dort geradeaus weiter, zwischen ein paar schlichten Häuschen hindurch nach **Casas del Monte** (670 m), dem nächsten Barrio. Seine alten Steinwürfel unter roten Dächern ducken sich zwischen hohen Kakteen, unter Buschwerk döst ein Toyota-Pickup und in Steineinfriedungen grünt Gemüse.

19

Kurz nach dem letzten Haus verlassen gleich zwei alte, steinbefestigte Wege die Straße. Der breitere führt anfangs geradeaus aufwärts, dreht dann nach rechts, überquert einen Barranco und erreicht eine Asphaltpiste. Auf dieser geht es ein Stück nach rechts und wieder auf den alten, bald steingepflasterten Weg. Über den Äckern wiegen sich einzelne Palmen im Wind, und ein wohl geratener Drachenbaum stellt seine Riemenblätter wie Stacheln auf.

Die Schlussstrecke verläuft weiter nach Westen, quert einen Barranco und erreicht bei den Anwesen von **Jarales** (ca. 720 m) die Autostraße in der Nähe des Kunstgewerbeladens. Von hier ist es nur mehr ca. 1 km zum **Mirador de la Peña** (642 m). In dessen stilvollem Restaurant kann man sich in Ruhe überlegen, ob man sich mit einem Taxi den Rückweg sparen will. Zu Fuß kann die Rückkehr auch von Guarazoca (600 m) bis Erese (550 m) auf einem Parallelsträßchen zur Staatsstraße Mocanal – Valverde angegangen werden. Von Tesbabo (ca. 540 m) steigt die Marschroute dann nach Betenama (630 m) hinauf zu der vom Herweg bekannten Asphaltpiste zur Presa de Tefirabe.

Tipp

In Guarazoca sollte man unbedingt bei den »**burros felices**« vorbeischauen. In diesem einzigen Altersasyl für Esel auf den Kanaren betreut ein deutsch-englisches Ehepaar abgearbeitete und nicht mehr erwünschte Tiere. 6000 Jahre lang war der Esel ein treuer Helfer des Menschen, ohne den bäuerliche Wirtschaft in armen Gebirgsregionen kaum möglich gewesen wäre. Heute bekommt er in der wohlhabenden Gesellschaft den Undank des Menschen zu spüren.

Santa María de la Concepción.

Los Letreros del Julán

20

Zur Botschaft aus grauer Urzeit: Infozentrum El Julán – Tagoror – Los Letreros – Infozentrum

Tourencharakter: Nach Wiederinstandsetzung der im Frühjahr 2001 zerstörten Piste problemlos. Teilweise ohne Schatten, deshalb genügend zu trinken mitnehmen. Gute Kondition erforderlich. Personalausweis nicht vergessen!
Beste Jahreszeit: Winter, Frühjahr.
Ausgangs-/Endpunkt: Neues Infozentrum El Julán (820 m), Parkplatz (bis dahin Abzweigung Piste El Julán vom Asphaltsträßchen).
Markierung: Wegtafeln.

Verkehrsanbindung: Mit Pkw bzw. Taxi; auf guter Straße vom Erholungsgelände Hoya del Morcillo.
Einkehr: Bar/Restaurant im Infozentrum.
Unterkunft: In El Pinar: Apartamentos Caracol, Tel. 922 55 81 43; in La Restinga: Pensión Kai Marino, Tel. 922 55 70 34; Casas Matias, Tel. 922 55 70 19.
Tourist-Info: Patronato de turismo, C./ Doctor Quintero 4, E-38900 Valverde, Tel. 922 55 03 02.

mittel
10 km
4 Std.
↑ 600 m ↓ 600 m

Ausgerechnet El Hierro, die kleinste Kanareninsel, weist die großartigsten Zeugnisse archaischer **Petroglyphen** des ganzen Archipels auf. Im heute abgelegenen Südwesten findet sich auf zwei plattigen Steinrippen ein reiches Repertoire an Felszeichnungen. Leider scheint mehr als die Hälfte der ursprünglich vorhandenen Steingravuren bereits gestohlen oder vernichtet worden zu sein. Die Fundstelle wird deshalb am Tag bewacht, der Besucher muss sich ausweisen.

Die jetzt trostlosen Hänge von El Julán dürften zu Zeiten eines günstigeren Klimas bewaldet gewesen sein. Nach den zahlreichen Funden zu schließen, lag hier um die Zeitenwende ein bevorzugtes Siedlungsgebiet der vorspanischen Bewohner, der Bimbachen. Die Rätsel um Herkunft und Lebensumstände dieser Altkanarier, die gewöhnlich unter der Sammelbezeich-

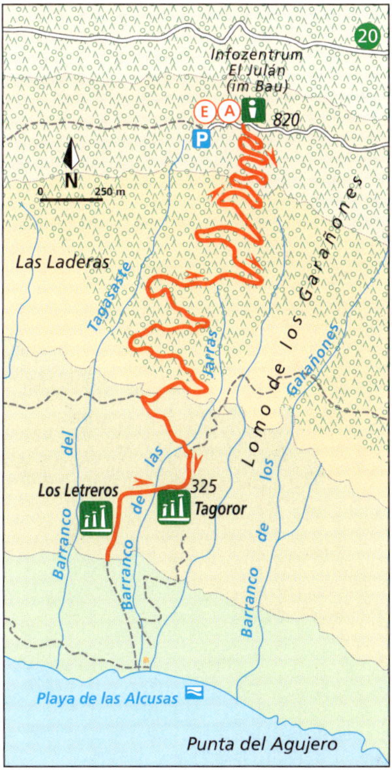

20

nung »Guanchen« zusammengefasst werden, wird man wohl nie vollkommen lösen.

Wollten die Schreiber der Bimbachen der Nachwelt etwas mitteilen? Und was? Trotz erheblicher Bemühungen konnte nichts von den vermutlich schon 1873 entdeckten Schriftzeichen entziffert werden. Die Forschung glaubt jedoch, bei einer Zeichengruppe die Verwandtschaft zum lybischen Alphabet einer Berbersprache entdeckt zu haben. Das würde die These von der berberischen Herkunft der Altkanarier stützen. Einzigartig bleibt, wie hier die an diesem Fundort vereinten Zeichen Schriftgeschichte dokumentieren. Die Hinterlassenschaft reicht von megalithischer Sinnschrift über eine altertümliche Sprachschrift bis zu einer Alphabetschrift.

Tipp

El Hierro ist eigentlich keine Badeinsel. Einige günstige Gelegenheiten zum Sprung ins kühle Nass gibt es aber doch, vor allem hier im Süden, wo die Steilhänge mit kleinen, vorgelagerten Lavabatzen ins Mare de las Calmas tauchen. Die günstigste ozeanische Badeküste ist die **Cala del Tacorón**, die man von der Straße El Pinar – La Restinga aus auf einer nach Westen abzweigenden Erdpiste durchs imposante Lavafeld El Lajial erreicht. Natürliche Felsbecken mit Einstiegsleiter, Bewirtschaftung und beschattete Liegeplätze sind selbstverständlich, und auf einer Kurzwanderung lässt sich die Teufelshöhle erforschen.

Der Erkenntnisstand soll im neuen Infozentrum El Julán interpretiert werden und der Mirador am Dach Einblick in die Landschaft dieser Flanke gewähren. An der nach Eröffnung anfahrbaren Anlage bestehen dann Parkmöglichkeiten, und in der vorgesehenen Bar kann man sich stärken. Nach den Plänen wird es wohl auch Personentransport zum und vom Fundort geben. Über den momentanen Stand der Dinge erkundigt man sich am besten beim Patronato de Turismo (Fremdenverkehrsamt) in Valverde; Señor Padrón spricht deutsch.

Menschenleere Landschaft bei El Julán.

Der Wegverlauf

Wegweiser »El Julán« an dem asphaltierten Nebensträßchen Hoya de Morcillo – La Dehesa bezeichnen die Abzweigung zum Neubau des **Infozentrums**. Von der künftig wohl befahrbaren (2001 für den öffentlichen Verkehr allerdings noch gesperrten) Piste biegt

20

bereits in Sicht des Info-Gebäudes scharf links die einzige Piste nach unten ab zum Tagoror. Unglaubliche Niederschläge haben im März 2001 die Trasse auch zu Fuß schwer passierbar gemacht. Sie sollte bis zum Erscheinen des Führers wieder instand gesetzt sein und ermöglicht dann, wie vordem, ein angenehmes Wandern, das reichlich Gelegenheit zur Ausschau bietet.
Vereinzelte Kiefern an der Piste stören da nicht, und im unteren Drittel der Route weist der nicht mehr ganz so steile Hang ohnehin kaum Gehölz auf. Die Sonne brennt ungehindert herab. Im nackten Hang hebt sich bereits der Schattenriss eines niedrigen Steintürmchens ab vor der glitzernden Fläche des Ozeans: der **Tagoror**, der Versammlungsort der Ur-Canarios. Abkürzende Steige dorthin gibt es genug, aber der Besucher tut nach dem Straßenausbau gut daran, dem etwas ausschweifenden, aber zweifelsfreien Verlauf der Piste zu folgen. Sie endet unmittelbar am Tagoror (325 m), dem Abbruch zur Steilküste.

Los Letreros del Julán.

Die Anlage mit dem erhöhten Häuptlingssitz an der Steinpyramide im Kreise niederer Sitze dürfte eine eher phantasievolle als archäologisch fundierte Rekonstruktion sein. Kult- und wohl auch Richtstätte der Bimbachen war dieser Ort jedenfalls. Dem Wächter der Inselbehörde dient der Ort jetzt als Empfangssaal. Hier wird der Personalausweis des Besuchers amtlich registriert.
Der Wächter ist allerdings von großem Nutzen. Er macht den Besucher nicht nur auf die von den Bimbaches hinterlassenen Abfallhaufen aus leeren Gehäusen verzehrter Schnecken aufmerksam – auf die Concheros; er verhilft auch zu einem geglückten Besuch von Los Letreros. Er zeigt einem nämlich das Weglein zu den **Fundstellen der Petroglyphen** (ca. 200–300 m) und führt die Amateur-Forscher auf Wunsch sogar selbst dorthin. Diese spannende und historische Endstation lässt zum Schluss die Mühen des durch die Sonne hitzigen Wiederaufstiegs fast vergessen.

Sto. Domingo
Juan Adalid
Tablado
Gallegos
Franceses
Barlovento
Los Sauces
Laguna de Barlovento
Llano Negro
Casa Roque Faro
San Andrés
Las Lomadas
Las Tricias
Puntagorda
830
La Galga
Roque de los Muchachos 2426 m
El Granel
Cascajo
Caldera de Taburiente
Puntallana
832
Pico de la Nieve 2239 m
Parque Nacional
Tijarafe
Mirca
Las Nieves
Pico Bejenado 1854 m
Santa Cruz de la Palma
El Time 594 m
Bco. de las Angustias
Los Llanos de Aridane
Cumbre Nueva
Valencia
Puerto Tazacorte
Breña Alta
Los Cancajos
El Paso
Tazacorte
San Isidro
Breña Baja
Todoque
Mazo
Pico Birigoyo 1774 m
San Nicolás
La Sabina
Puerto Naos
Cumbre Vieja
Malpaises
Deseada II 1875 m
El Remo
Tiguerorte
Tigalate
Monte de Luna
Las Indias
Las Caletas
Los Canarios (Fuencaliente)
Teneguía 439 m
N
0
5 km
1
2
3
4
5
6
7
8
9
10
11
12
13
14
15
16
17
18

LA PALMA

Peter Grimm

LA PALMA – »ISLA BONITA«

Sie ist eine Besonderheit unter den Kanarischen Inseln. Bereits beim Anflug fällt ihre ungemeine Steilheit auf. Wer über Land fährt, staunt über die Vielfalt der subtropischen Landschaftsbilder. Reichtum an Wald und Wasser hat La Palma als grünste der Kanarischen Inseln den Ehrennamen »Isla verde« eingetragen. Wie kaum sonst im Archipel drängen sich auf enger Fläche Zeugnisse alter Baukunst und ursprüngliche Siedlungsformen. Darüber hinaus ereignete sich hier 1971 der jüngste Vulkanausbruch des ganzen Kanarischen Archipels.

Der reizvolle Landschaftscharakter läßt sich auf einem attraktiven Netz von Wanderwegen erleben. Der Schriftsteller Gerhard Nebel sieht den eigentümlichen Reiz dieser Insel treffend im »wunderbaren Verein von Fremdem und Vertrautem«. So zieht diese touristisch nur wenig verunstaltete Kanareninsel auch eine besondere Art von Gästen an. Sie ist das Inselziel für den individuellen Natur- und Wanderurlaub. La Palma: »Isla bonita« – die Schöne!

Sieben größere Inseln bilden den Kanarischen Archipel. Als nordwestlichste liegt La Palma als drittkleinstes Eiland auf der geographischen Breite der Mittelsahara; 445 km vom afrikanischen und 1100 km vom spanischen Festland entfernt. Unter den rund 82 000 Einwohnern sind sieben bis acht Prozent Ausländer, vorwiegend deutsche Residenten.

Statistik

Fläche: 708 km²
Längsausdehnung (N–S): 45 km
Größte Breite: 28 km
Einwohner: 82 000
Entfernung von Deutschland: über 3000 km (etwa vier Flugstunden)
Höchste Erhebung: Roque de los Muchachos (2426 m)
Hauptstadt: Santa Cruz de La Palma

Die durch ein »cabildo« (Inselrat) verwaltete Insel bildet einen eigenständigen Teil der Westprovinz Tenerife der autonomen Region Comunidad Autonoma de Canarias innerhalb des spanischen Staatsgebiets. Gemeinsam mit dem Mutterland gehört auch La Palma zur EU, vorerst noch als Zollfreigebiet. Die weiß-blau-gelbe Kanarenfahne symbolisiert die Autonomie, die etwa der eines deutschen Bundeslandes entspricht.

»Wenn die Kanaren der Garten Spaniens sind [wie ein altes Volkslied betont], dann ist La Palma der Ziergarten« (Peter Höh 1996).

Wie die Insel entstand

Die Frage nach der Entstehung der Kanarischen Inselgruppe beschäftigt die Wissenschaft seit langem; ein Anfang nach der »hot-spot«-Theorie in typischer Form à la Hawaii ist widerlegt. Im Verlauf der

Kontinentaldrift abgerissene Brocken der afrikanischen Landmasse kommen auch nicht in Frage. Und die gern zitierte Legende von den Überresten des untergegangenen Kontinents Atlantis gehört ins naturwissenschaftliche Raritätenkabinett. Gegenwärtiger Kenntnisstand ist: In der Stauchzone vor der afrikanischen Platte zerbrach der 150 bis 180 Jahre alte Meeresboden durch tektonischen Schub. Mit untermeerischen Intrusionen an ca. 30 Millionen Jahre altem Tiefengestein durchsetzte Bruchstücke wurden als isolierte Schollen emporgepreßt, verstellt und später über die Meeresoberfläche gehoben. Darüber ergossen sich dann an Land stufenweise die Massen vulkanischer Ausbrüche.

Basaltgestein bildet charakteristische Säulen.

La Palma, neben El Hierro die geologisch jüngste der Inseln, hob sich vor weniger als drei Millionen Jahren aus dem Wasser, bereits im Meer mit Basalt bedeckt. Dieser sogenannte Basalkomplex ist in den → **Caldera de Taburiente** aufgeschlossen. Darüber lagern die wechselnden Schichten aus Tuffen und säuligem Basalt des schließlich über dem Wasser aufgebauten Vulkandoms. Wahrscheinlich einst über 3000 m hoch, erhielt er durch die in niederschlagsreichen Klimaperioden besonders stark wirkende Erosion die gegenwärtige Form. Rund 6500 m ragt La Palma als echte Ozeaninsel auf schmaler Grundfläche vom Meeresboden auf, lediglich fünf Prozent der Inselmasse liegt über Wasser.

Dieser winzige sichtbare Teil präsentiert sich heute als steile, vulkanische Gebirgsinsel. Zumeist schroff sind denn auch die Küsten; stellenweise fallen sie mit über 100 m hohen Felswänden zum Wasser hin ab. Dieser hoch aufgewölbte Inselnorden ist durch eine dichte Folge radial eingeschnittener Barrancos zergliedert. Ihre tief eingefressenen Schluchten zerlegen auch den schmalen Saum eines Mittelgebirgsansatzes über dem Meer. Gegen Süden lagerte sich dann auf später entstandenen Basalten eine langgestreckte Kette jüngerer und jüngster Vulkane an, die sich wie ein Keil ins Meer hinausschiebt. Und der Vulkanismus ruht auch in der Gegenwart nicht. Als einzige größere Verebnung unterbricht im Westteil das tektonisch vorgebildete → **Valle de Aridane** die steilen Hänge. Hier, wie an der mittleren Ostküste, liegen an der »Taille« der Insel die Siedlungsver-

»Die Insel ist klein und grün, hat viele Wälder, … Berge und Schluchten, Bäche und überall das Meer« (Heinz Junker).

dichtungen. Außerhalb dieser auch wirtschaftlich bedeutenden Zentren dünnt die Besiedlung stark aus.

Auf der knappen, etwa herzförmigen Grundfläche von 708 km² wechseln die vielgestaltigen subtropischen Landschaftstypen auf kurzer Distanz. Von der versteckten Badebucht in der Felsküste zu den Kakteenhängen, von Bananenplantagen zu Rebterrassen, besiedelte Gartenlandschaft, dazwischen Barranco-Wildnis – immer nur ein kurzes Stück. Selbst von den nackten Lavaströmen bis zum grünen, schluchtdurchfurchten Kessel der Caldera de Taburiente und den Felsgipfeln sind es nur wenige Kilometer.

Keine Industrie, nur zwei Landstädtchen – aber fließende, stürzende Wasser. Diese kompakte Vielfalt mit wuchernder exotischer Pflanzenpracht macht den Reiz der intimen Insel aus. Zu Recht gilt dieses Prachtstück als eine der drei schönsten Inseln der Welt!

La Palmas grüne Schätze – die Flora

»Alle Pflanzen der Schöpfung sind hier vereint …« (Prof. Salvador L. Herrera, Madrid um 1960).

Neben der vulkanischen Formenwelt beeindruckt vor allem die Vegetation. Botanisch bildet die »Isla verde« eine der interessantesten Fundgruben. Die Höhenstufen der Vegetation von der Küste bis ins Hochgebirge sowie die kleinräumig unterschiedlichen Klimagebiete bewirken eine reiche Vielfalt. Von den fast 780 hier wild vorkommenden Pflanzenarten wachsen 27 Prozent nur auf den Kanaren. Der hohe Anteil von 70 La Palma-Endemiten macht jeden Amateurbotaniker ratlos. Das vertraute Bestimmungsbuch läßt einen im Stich.

Das Exotische beginnt an der Küste: steile, trockene Kakteenhänge, Sukkulentenbusch aus Kandelabereuphorbien der Kanaren-Wolfsmilch und Opuntien. Weitere übergroße Wolfsmilcharten, Ampferstauden und mächtige verholzte Margeritenbüsche besiedeln den jungen Lavaboden. Die unteren Regionen der Barrancos hingegen versperrt ein dichtes wärmeliebendes Hartlaubgebüsch mit Jasmin, phönizischem Wacholder und Ginster. Drachenbäume, die es hier so reichlich wie nirgends gibt, sowie Kanarenpalmen gehören ebenfalls zu den Resten dieses wunderlichen Trockenwaldes.

Die Kanarenkiefer fängt mit 30 cm langen Nadelbüscheln Feuchte aus der Luft ein.

Feuchte Nordostlagen bedeckt Lorbeer-Urwald. Diese dichte und dunkle Waldgemeinschaft des »laurisilva« ist das Relikt einer tertiären Mittelmeerflora. Der weltweit einzigartige Bestand bei → **Los Tilos** steht in der von der UNESCO prämierten »Reserva de Biosfera« unter Schutz. Die Zusammensetzung aus 30 m hohen, dünnstämmigen Lorbeerbäumen, überwiegend vier Arten, mit Strauchschicht aus Schneeballbäumchen, übermannshohen Farnen, zarten Schattengewächsen und riesigen Schlingpflanzen läßt sich im Gebiet um die Schlucht des → **Barranco del Agua** als Nebelwald eindrucksvoll erleben.

Highlights/Tips

- Durch die »Calles« und über die »Plazas« von Santa Cruz de la Palma schlendern, »Iglesias« aufsuchen – das Flair der schönsten alten Kanarenstadt genießen.
- Vom Mirador de la Taburiente den schauerlichen Trichter der Caldera überblicken.
- Auf dem Roque de los Muchachos über die Cumbres der Insel schauen.
- Eine Visite im Besucherzentrum El Paso machen, die Erkenntnisse der Naturforscher studieren und den Parque Nacional Caldera de Taburiente zu Fuß erforschen.
- In Los Tiles nach dem Erlebnis Nebelurwald UNESCO-Biosphärenreservat gemütlich im Schatten des Lorbeerwaldes eine »cerveza« trinken.
- Kaffee und Kuchen im Mirador El Time mit phantastischer Aussicht über das Valle de Aridane genießen.
- Im Parque Cultural La Zarza y La Zarzita den Gedanken über die Guanchen nachhängen.
- Bei Fuencaliente vom Vulkan San Antonio aus den Teneguía und sein Lava-Inferno bestaunen.
- Besinnlich einkehren in der Wallfahrtskirche der Schutzpatronin Nuestra Señora de las Nieves.
- Eine der Fiestas besuchen – irgendwo auf der Insel.

Nach oben hin schließt an den Lorbeerwald das Stangendickicht der Fayal-Brezal-Zone an: hohe Erikabäume, gemischt mit Gagelbaum und Stechpalmen. Darüber folgen die weiten Wälder aus Kanarenkiefern, der Pinus canariensis. Der Baum ist ein Überlebenskünstler. Er fängt mit seinen Nadeln einen erheblichen Teil seines Wasserbedarfs aus der Feuchtluft ein, übersteht Regenmangel und ausgedörrten Boden und gedeiht sogar auf Asche und Vulkangestein. Selbst die regelmäßigen, manchmal wohl auch gelegten Waldbrände bringen ihn nicht um. Die Folge sind jene auffallenden säulenförmigen Baumgestalten, die aussehen wie Flaschenbürsten, denn der Baum überlebt durch Neuaustrieb direkt am Stamm. Ungestörte Exemplare erinnern in ihrer grotesk verzweigten Form an alte Zirben.

»Die Kanaren sind durch die Pflanzen in die Geistesgeschichte eingegangen … Alexander von Humboldt … hat … [hier] die Idee der Pflanzengeographie gefaßt … « (Gerhard Nebel 1965).

Diese überwiegend bewirtschafteten Pinienwälder nehmen 40 Prozent der Inselfläche ein. Sie sind licht, lassen dennoch wenig Unterwuchs aufkommen. Gelegentlich finden sich einzelne Büsche seltener Farne, Flecken von gelbem Hornklee schmücken den dichten Nadelfilz des Bodens. Zur Blütezeit mischt sich der Duft des Klees in den kräftigen Waldgeruch nach Pinienharz. Versteckt in diesem Bergwald blühen im Fels mittlerer Lagen kanarische Spezialitäten, wie die Dickblattgewächse des Aeonium und der Greenovia, fast meterhohe Verwandte unserer Hauswurz. Dazu spezielle Euphorbien und die Kolben des Natternkopfs.

Der urweltliche Drachenbaum hat auf La Palma sein größtes Refugium.

Nach der Höhe zu gewährt der Kanarenwald rosa und weiß blühenden Zistrosenfeldern Raum. Einst hier dominierende Wacholder-Zedern zogen sich auf einige wenige unzugängliche Felsstandorte zurück. Truppweise hingegen bestocken im Vulkangeröll an manchen Stellen weiß blühende Ginsterbäume die steilen Berghänge. Baumlose Hochlagen werden von Codeso-»Ginster« eingenommen, im April / Mai über und über leuchtend gelb. Und in den Gipfelfelsen leben etliche Raritäten. Insgesamt liegt die Hauptblütezeit der wild wachsenden Vegetation, je nach Höhenlage, zwischen März und Mai. Dann schmückt sich das grüne Kleid der Insel mit freundlichen bunten Tupfen.

Keine Gifttiere – die Fauna

Die spärlich geratene Fauna wild lebender Säugetiere ist auf der Insel nur durch Ziegen, Mufflons und Wildkaninchen vertreten. An Echsen wimmelt es hingegen von scheuen Geckos und huschenden palmerischen Eidechsen, die Männchen mit blauen Seitenstreifen. Von den 36 auf der Insel festgestellten Vogelarten segelt eine rotfüßige, rotschnabelige Unterart der Alpenkrähe, der Insel-Endemit »graja«, um die Gipfel wie die Dohlen in den Alpen. In Waldgebieten gurren wilde Tauben, während über dem offenen Land Turmfalken oft zu beobachten sind. Zahlreiche Singvögel erinnern an ihre kontinentalen Verwandten. Anlaß genug zu Vogelbeobachtungen!
Auch verschiedenartige Schmetterlinge in leuchtenden Farben scheucht der Wanderer auf. 85 Prozent der gesamten Tierwelt von La Palma stellen jedoch die Insekten. Giftschlangen oder andere giftige Tiere fehlen auf der Insel. Bis auf einen Tausendfüßler, der ausschließlich unter Steinen wohnt.

Doppelt soviel Sonnentage wie in München – Klima und Wetter

Das Klima ist subtropisch-mediterran. Die ausgleichende Wirkung des Meeres hält die Temperaturen in Küstennähe unter 27 °C; die Tagestemperatur beträgt selbst im Winter noch 20 °C (im Norden 17 °C) mit Temperaturabfall je 100 m Seehöhe um rund 1 °C. Als Folge der nach Nordwesten vorgeschobenen Lage verzeichnet der Nordteil La Palmas mit 800 mm jährlich den höchsten Niederschlag im ganzen Archipel. Der Regen fällt konzentriert von Ende Oktober bis Februar. In dieser Winterregenzeit können kräftige Niederschläge auch zehn Tage andauern. Das Wetter ist kleinräumig oft unterschiedlich und wechselt auf kurze Distanz.

Überwiegend wird die Witterung durch den aus Nordosten wehenden Passat bestimmt. Der mit Wasserdampf aus dem Meer gesättigte Wind kondensiert beim Aufsteigen an der Gebirgsinsel und bildet in Höhen zwischen 500 und 1000 m häufig eine dicke Wolkenschicht. Durch darüber lagernde Trockenluft entsteht ein nach oben scharf begrenztes Wolkenband. Während man in der Passatwolke durch sogenannten Horizontalregen durchnäßt wird, erinnert über dem Wolkenmeer gleichzeitig glasklare Sicht an herbstliche Föhntage in den Alpen. An den meisten Schönwettertagen ziehen Passatwolken auf. Sie weiten sich am Vormittag aus, um erst in den späten Abendstunden wieder zu verschwinden.

Nicht selten sind in den Wintermonaten die Lagen über 2000 m schneebedeckt. Feuchtwind oder gar Sturm kann zu jeder Jahreszeit in den Höhen empfindlich auskühlen. Insgesamt aber scheint die Sonne im Westen der Insel fast doppelt so lang wie in München, während die Ostseite etwas häufiger unter einer Wolkendecke liegt. So sieht der »ewige Frühling« auf La Palma aus.

Petroglyphen von den Altkanariern, häufig mit rätselhaften Kreismotiven (La Erita).

Mehr als 1000 Jahre Geschichte

Vieles deutet darauf hin, daß Berberstämme aus Nordafrika die vordem möglicherweise unbesiedelten Kanarischen Inseln als erste erreichten. Das »Wann« bleibt im Dunkeln. Eine steinzeitliche Landnahme gilt nach Kulturvergleichen als wenig wahrscheinlich. Eine Datierung ist auch deshalb nicht möglich, da es offenbar mehrere Besiedlungsschübe gegeben hat. Gesichert ist aus der Altersbestimmung von Lagerstellen: etwa um 200 v. Chr. hausten auf La Palma

Menschen. Um diese Zeit holten sich auch Phönizier, etwas später Karthager, den begehrten Purpurfarbstoff der Orchillaflechte von den Inseln. Um die Zeitenwende soll eine Expedition König Jubas von Mauretanien sogar La Palma erreicht haben. Bereits im 1. Jh. n. Chr. zeichnete Ptolemäus die Kanarischen Inseln relativ genau in seine Weltkarte ein.

»Fahrt durch die ganze Welt, doch nirgendwo werdet ihr schönere und stattlichere Menschen finden als auf diesen Inseln« (Bontier und Le Verrier um 1404).

Was diese Altkanarier auf die Inseln getrieben hat und wie sie hierher gekommen sind, bleibt ein Rätsel. Keine Spuren von Schiffahrt selbst zwischen den Inseln wurden je entdeckt. Diese hier »Benahoritas« oder »Auritas« genannten Ureinwohner standen auf einer gleichsam steinzeitlichen Kulturstufe. Sie lebten vorwiegend in Höhlen, errichteten aber auch einfache, aus Stein geschlichtete Hütten. Nahrung lieferte auf La Palma Fischfang, Sammeln von Meeresgetier und Wildfrüchten sowie nomadisch betriebene Viehzucht. In Felle gekleidet, beteten die Menschen vor pyramidenförmigen Steinaltären ihren Himmelsgott »Abora« an; Kultstätten lagen vornehmlich auf Bergen und an Quellen. Auf La Palma in zwölf »cantones« organisiert, gliederte sich die von einem Stammesfürsten (mencey) beherrschte Gesellschaft mit anscheinend matriarchalischen Zügen in Adel und gemeines Volk. Beharrlich tradiert wird auch eine urdemokratische Verfassung.

Die geringe schriftliche Überlieferung gibt meist Gehörtes aus dritter Hand wieder. Gefunden wurden primitiv gefertigte Steinwerkzeuge. Ebenfalls im Museo Insular von → **Santa Cruz** ausgestellt sind unterschiedliche, ohne Töpferscheibe hergestellte Tongefäße mit Ritzzeichnung, die heute nachempfunden als Souvenirs in Kunsthandwerkszentren vertrieben werden. Rätselhaft bleiben die auf La Palma so zahlreichen Petroglyphen: eingemeißelte Spiral-, Labyrinth- und Mäandermotive, vereinzelt auch Sonnen- wie andere Symbole. Eine Fundstelle soll auch eingeritzte Buchstaben eines berberisch-lybischen Alphabets aufweisen, das Forscher ins 3. Jh. n. Chr. datieren. Was an vorspanischer Kultur zu rauben und vernichten war, ging mit der Conquista unter.

Die Conquista und ihre Folgen

Ende des 14. Jh. gerieten Homers vergessene »glückliche Inseln« in das Blickfeld des christlichen Abendlands, nämlich der Seemächte Spanien und Portugal. Die Conquista begann. Papst Clemens VI. hat 1344 dazu den Anstoß gegeben. Zwar biß sich Jean de Béthencourt,

Ehedem lebhaft betriebener Fischfang: Fischerhütten bei Garafía.

der Eroberer Lanzarotes und Fuerteventuras, 1405 an La Palma die Zähne aus, und Hernán Peraza, Herr auf vorgenannten Inseln, verlor 1447 bei einem gescheiterten Versuch 200 Mann. Erst 1492 gelang es Alonso Fernandez de Lugo, Befehlshaber auf Gran Canaria, die Insel La Palma für die spanische Krone zu erobern. Am 29. September, dem St. Michaelstag, landete er mit 900 Mann beim späteren Tazacorte. Seither heißt diese Insel der Palmen mit ihrem vollen Namen »San Miguel de La Palma«.

Die vollständige Eroberung der Insel scheiterte zunächst am erbitterten Widerstand des Gaufürsten Tanausú, der seine Krieger in der unwegsamen Caldera erfolgreich anführte. Heimtückisch lockte Lugo den heldenhaften Häuptling zu »ehrenvollen« Gesprächen unter »Caballeros« aus seinem Widerstandsnest. Bei → **La Cumbrecita** überwältigten versteckte »Caballeros« den Fürsten am 3. Mai 1493 aus dem Hinterhalt. Den Überlebenden sandte Lugo als »Geschenk« dem spanischen König. Tanausú aber entzog sich diesem Schicksal durch Verhungern.

Lugo wurde 1495 »Generalkapitän« von La Palma und Teneriffa, La Palma fortan »Königsinsel«, unmittelbar der spanischen Krone unterstellt. Trotz verbürgter Deportation von mindestens 2000 Sklaven entgingen die Altkanarier der völligen Ausrottung; 1514 rechtlich gleichgestellt, vermischten sie sich mit den spanischen Zuwanderern, denn La Palma hatte bis Ende des 18. Jh. Siedlungsbedarf. Die besten Wasserrechte und Ländereien teilte der geschäftstüchtige Lugo sich und seiner Familie zu. Aus deren Händen ging der Großgrundbesitz in der Folge an das Augsburger Handelshaus der Welser sowie an finanzkräftigen spanischen Grundadel über, später vor al-

Tip

La Palma mit dem Auto kennenlernen – Routenvorschläge auf guten Straßen

- **Nordroute:** Santa Cruz – Puntallana – Abstecher Los Tilos – Los Sauces – Abstecher San Andrés – Barlovento – Garafía – Las Tricias – Tijarafe – Mirador El Time – Los Llanos – Cumbre-Tunnel – Santa Cruz
- **Caldera-Route:** Santa Cruz – Las Nieves – Mirca – Mirador de la Taburiente – Mirador de los Andenes – Abstecher Roque de los Muchachos – Hoya Grande – Las Briestas – Puntagorda – Los Llanos – Santa Cruz
- **Südroute:** Santa Cruz – Mazo – Fuencaliente – Mirador de las Indias – Las Manchas – Todoque – Puerto Naos – Tazacorte – Los Llanos – El Pilar – San Isidro – Santa Cruz

lem an flämische Kaufherrenfamilien. All dies legte den Grundstein zu einer feudalen Besitzstruktur, die sich auf die politische, wirtschaftliche und soziale Geschichte der Insel bestimmend auswirkte.

Privilegien für den Amerikahandel sowie der notwendige Zwischenstop im Hafen von Santa Cruz bescherten der an der Segelroute gelegenen Insel einen relativen Wohlstand. Dieser wiederum verlockte im 16. Jh. die Seeräuber wiederholt zu Überfällen und Brandschatzung. Erst Befestigung und Bestückung mit Artillerie verhinderten weitere Angriffe, ja trugen sogar im 17./18. Jh. zum Scheitern britischer Versuche bei, die Kanaren so nebenbei für England zu erobern.

»Der Einfluß der nord- und mitteleuropäischen Handelsfamilien prägt … die wirtschaftliche Dynamik, die Kunst und Architektur und auch das geistige Leben.« (Adam Reifenberger 1990).

Zwar wurde 1773 die absolutistische Macht der »regidadores«, der erblichen Ratsherren, in einem Aufstand gebrochen und 1812 im Rahmen einer ersten liberalen Verfassung im Geiste der Französischen Revolution eine eigene Gemeindeverwaltung etabliert. Aber mit der Rückkehr des spanischen Königs aus Napoleonischem Gewahrsam trat wieder eine Restauration ein. Die Verfassung überlebte nicht, und die Säkularisation der Kirchengüter stärkte nur den Geldadel. 1912 erhielt La Palma mit Einführung des »cabildo« dann eine eigene Inselregierung. Trotz institutionellen Wandels, Wahlrecht und Aufkommen politischer Parteien blieb die Macht in den Händen der alten Familien. Beinahe wäre die Insel durch Kauf als Flottenstützpunkt zum Deutschen Reich gekommen, hätten dies nicht absichtlicher Behördenschlendrian und schließlich der Erste Weltkrieg verhindert.

Der Ausbruch des Spanischen Bürgerkriegs 1936 streifte die Insel nur am Rande, der Zweite Weltkrieg führte sie in die totale Isolation. Die löste sich erst nach Generalissimo Francos Tod: 1982 erhielten die Kanaren endlich ihre lang erstrebte Autonomie mit eigenem Parlament und Präsidenten. 1989 entschied sich die autonome Region nach Abschluß eines Sonderabkommens schließlich zum Beitritt in die EU.

500 Jahre Wirtschaftsgeschichte

Nach der Conquista La Palmas war es mit dem einträglichen Sklavenhandel so gut wie zu Ende, Bodenschätze hat die Insel nicht. Durch Aufteilung in Großgrundbesitz bestimmte der sehr kommerziell denkende Generalkapitän Lugo Grund und Boden von vornherein zur exportorientierten Monokultur. Zuerst waren es Zuckerrohr und Zuckerbereitung, dann der Weinbau, Tabak, zum Schluß die Bananenplantagen. Nur Seidenraupen- sowie Cochenille-Zucht und Seidenherstellung standen auch kleineren Grundbesitzern offen. All diese Produkte warfen zu ihrer Blütezeit hohe Gewinne ab. Für die Grundherrn. Um so krasser war nach dem Zusammenbruch der Exportmöglichkeiten das Desaster für die in diesen Wirtschaftszweigen Beschäftigten. Verhältnismäßig lang hielt sich aufgrund des Holzreichtums der Segelschiffbau.

Bei dieser Besitzstruktur mit Monokulturen konnte sich auch La Palma nicht aus eigener Produktion ernähren. Trotz Wohlhabenheit auf der Insel herrschte bei den Landpächtern und kleinen Leuten unbeschreibliche Armut. Beorderten anfangs Dekrete der spanischen Krone viele Palmeros zur Kolonisation der spanischen Besitzungen nach Südamerika, so wurde bald die Emigration zum Ventil wirtschaftlicher Not. Familiäre Bande vor allem nach Venezuela und Kuba zeichnen La Palma noch immer aus.

Zu allem Übel hemmte ab 1923 der fortschrittsfeindliche Diktator Primo de Riveras in Spanien jede wirtschaftliche Entwicklung. Durch den Wirtschaftboykott der Westmächte gegen das Franco-Regime fielen seit Ende der dreißiger Jahre des 20. Jahrunderts zudem noch die wichtigsten Abnehmerländer aus. Diesen Rückschritt konnte auch der seit den achtziger Jahren allmählich aufkommende und relativ bescheidene Tourismus nicht ausgleichen. Er ist mit seinen gemäßigten Impulsen nur ein Zubrot für die Insel.

Bananen: Im unteren Valle de Aridane Monokulturprodukt Nr. 1!

Auch heute lebt La Palma von der Agrarproduktion, zu 80 Prozent von den subventionierten kleinen Bananen. Sie schmecken besser als die »Schönen« aus Mittelamerika, aber sie sind auf dem europäischen

Spezial

Krebsgeschwür Asphalt

Zur Anfahrt mag man die Asphaltdecke gern, beim Wandern vermiest sie die Tour. Wie überall verdrängen Straßenbau und Asphaltierung auch auf La Palma gute Wandermöglichkeiten. So wurde beispielsweise der beliebte Weg Tijarafe – »Piratenbucht« kürzlich zur Fahrstraße ausgebaut. Wie immer mit Hilfe von EU-Geldern. Einheimische sausen jetzt an Wanderern vorbei bis kurz über das Ufer zum Baden und ins Wochenendhäuschen. Eine Entwicklung übrigens, die auf den Kanarischen Inseln munter weitergeht. Die Vernichtung weiterer Wanderwege auf den Kanarischen Inseln ist damit vorprogrammiert. Werden sich die Politiker wohl einmal fragen, ob eine solche »Strukturförderung« aus örtlicher Gefälligkeit auf die Dauer nicht dem Tourismus schadet? Wo der doch auf La Palma untrennbar mit dem Wandern zusammenhängt.

Markt nicht absetzbar. Versuche, auf andere Produkte wie Avocados, Mangos, Papayas oder Ananas auszuweichen, kranken unter anderem an hohen Gestehungskosten. Die Viehzucht kann nicht einmal die Insel versorgen, und auch der Fischfang deckt nicht den heimischen Bedarf. So ist die Handelsbilanz der fruchtbaren Insel seit Jahren negativ. Vielleicht bildet der derzeit enorm zunehmende Weinanbau einen ersten Schritt zur Selbstversorgung.

Warum muß das so fruchtbare La Palma den größten Teil der Lebensmittel für sich und seine Gäste einführen? Die »Isla verde« ist durch erhebliche Strukturprobleme belastet. Diese zu lindern, wird heute mit Unterstützung der EU versucht.

Enormes Außenhandelsdefizit infolge mangelnder agrarischer Selbstversorgung der grünen Insel – Hauptursache: Die Bananenmonokultur.

Alte Kirchen, Patrizierhäuser und Palmero-Siedlungen

Altkanarische Kultur kann man vorwiegend nur im Museo Insular sehen. Die Baukunst der Conquista fiel weitestgehend Brandschatzungen zum Opfer. Wo aber sonst noch auf den Kanaren gibt es aus der Folgezeit einen so gut erhalten Altstadtkern wie in → **Santa Cruz**? Und: wer die Wallfahrtskirche Nuestra Señora de Las Nieves besucht, wird von der Einmaligkeit dieses Heiligtums tief beeindruckt sein. Über die ganze Insel verteilt präsentieren sich die Schaustücke alter Landkirchen im Mudejár-Stil. Den alten kulturverständigen Patrizierfamilien aber verdankt La Palma mehr als andere Kanareninseln die schönsten Skulpturen und Gemälde der Kirchenkunst.

Flämische Impulse haben die koloniale Architektur ebenso geformt wie maurisch-andalusische. Auf dem Land findet man noch erfreulich viele der schlichten kubischen Steinbauten der Palmeros. Rote Ziegeldächer, geweißtes Mauerwerk, schwarz-weiß gefeldert an den Ecken – diesen palmerischen Stil übernahmen auch viele der Neubauten. Inzwischen sorgen strenge Vorschriften für in die Landschaft eingepaßtes Bauen. La Palma ist auch für den Kunstästheten ein erfreuliches Revier.

Abseits vom Massentourismus

Die beiden Fremdenverkehrszentren Puerto Naos und Los Cancajos nehmen sich vergleichsweise noch bescheiden aus. Touristische Auswüchse haben sich auf La Palma bislang nicht breitgemacht. Und die zahlreichen Bungalows verstecken sich ohnehin in der Gartenlandschaft.

»Reisende sieht man auf dieser Insel selten ...« (Franz von Löher 1876).

La Palma, die schöne, die grüne Insel, hat den Tourismus nicht unbedingt nötig. Nicht um jeden Preis! Die Palmeros können sich ein Unbehagen über die Entwicklung auf den vom Tourismus abhängigen Nachbarinseln leisten. Rasante Erschließungspläne, ein Bettenziel von 80 000, wurde begraben. Mit einer reduzierten Zielprojektion von 20 000 Betten scheint die »grüne Insel« ihre Eigenart wahren zu wollen. In diese Richtung zielt auch der öffentlich geförderte Turismo rural sowie die touristische Erschließung der Wanderwege. Allerdings bleiben 300 000 Gäste ein Anreiz für investitionsgieriges Fremdkapital.

Etwas mehr als ein Fünftel der Touristen sind Deutsche: vorwiegend Gäste, die Natur, Landschaft, Kultur suchen, aktiven Natursport – oder nur Ruhe. Baden nur nebenbei. Lange Sandstrände, die den massenhaften Badetourismus anlocken würden, lassen sich hier einfach nicht herbeizaubern. La Palma hat also die Chance, beim Muster einer überlegten touristischen Entwicklung zu bleiben, die Einheimischen wie Gästen nützt.

Abgestimmt auf die speziellen Qualitäten der Insel.

Möge La Palma das Kunststück gelingen, den ihr eigentümlichen Charakter zu wahren. Nämlich eine interessante und begehrte (Markt-) Nische unter den subtropischen Inseln zu sein. Gleichsam eine Oase, ländlich, familiär, fast intim. Jedenfalls eine echte Gebirgsinsel, auf der sich Wanderer und Natur-Fans wohlfühlen können.

Essen & Trinken

- Croquetas de pescado: pikante Fischkroketten zu jeder Zeit als ergiebige Leckerei.
- Puchero: kräftiger Gemüse-/Fleischeintopf, wenn einen der Hunger packt.
- Tagesfisch, mariniert und gegrillt: abendliche Verbeugung vor den Schätzen des Meeres.
- Tortilla: Eieromelett mit verschiedenen Zutaten für den kleinen Hunger.
- Bienmensabe: Nachtisch aus Mandelcreme – die süße Sünde.
- Inselwein: damit das kräftige Essen schwimmt.

»... nach wie vor ein beschaulicher Paradiesgarten, in dem vielfältiges Vogelzwitschern und nicht der Lärm ... des Massentourismus die linde Luft erfüllt.« (Peter Höh 1996).

ALLGEMEINE HINWEISE

Vorhergehende Seite: Ursprüngliche, tourismusferne Nordküste.

Markierung und Beschilderung

Die meisten Routen sind nicht durch Farbzeichen markiert. Vereinzelt gibt es Markierungen durch weiße Kreise. Wegbeschilderungen sind nur im Nationalpark und in wenigen anderen Gebieten La Palmas angebracht.

Routen-Klassifizierung

Bei den Wanderungen werden in der Symbolleiste Leistungsniveaus unterschieden. So kann jeder auf den ersten Blick die Tourenauswahl entsprechend seinen eigenen Voraussetzungen vornehmen.

Leicht = Ohne besondere Ansprüche an Übung und Erfahrung; vorwiegend gute und wenig steile Wege; 2–3 Std.
Mittel = Wege und Steige, auch steiler; bis etwa 4 Std.
Anspruchsvoll = Längere Wege, die teilweise Trittsicherheit verlangen; oft braucht man auch Orientierungsvermögen, v.a. wenn man sich in einer Passatwolke bewegt oder wenn durch einen Starkregen ein Stück Weg einfach weggespült wurde; Tagestouren.

Sanft und sicher wandern

Berggruß um 1870 auf La Palma: Bueña Cumbre! (Franz von Löher 1876).

»Der Fußgänger ist in der Regel mit einem langen Bergstock versehen« (H.Schacht 1859).

Bitte jeden Ort so verlassen, wie man ihn anzutreffen wünscht – Abfall zur Entsorgung zurück ins Tal. Rücksicht nehmen auf Natur und Mitmenschen, insbesondere auf die Gefühle der Einheimischen. Zeitreserve einplanen. Nie ohne geeignetes Schuhwerk mit Profilsohle wandern. Sonnenschutzmittel verwenden, auch bei »durchwachsenem« Wetter! Windschutz mitführen. Getränk und Verpflegung nicht vergessen. Abseits halten vom Weidevieh. Mut zur rechtzeitigen Umkehr!

LA PALMA – DIE BERGWANDERINSEL

Mit dem Inselnamen »La Palma« verbinden wohl viele den Begriff »Wandern«. Und dabei schleicht sich oft ein Mißverständnis ein. Die Vorstellung nämlich von einem wandertouristisch übereifrig erschlossenen Wanderrevier, wie es Teile der Alpen sind. Diesem überzogenen Bild nähert sich die Realität auf La Palma bestenfalls in einzelnen Gebieten an. Tourismus gibt es hier erst seit etwas mehr als zwei Jahrzehnten, und südliche Länder sehen den Stellenwert des Wanderns ohnehin anders. Nein, die Hochregion ist noch nicht mit allen »Segnungen« des Tourismus voll ausgestattet. In Siedlungsnähe überflügeln nun auch hier Straßenbau und Asphaltierung die Wanderwege. Wer das Klischee erwartet, wird enttäuscht.

Wandern auf Wegen durch Kiefernwald: für La Palma typisch.

Selbstverständlich bestehen gebahnte Wandermöglichkeiten in allen Höhenlagen. Die augenfälligen Forstpisten eignen sich besonders für das erholsame Wandern und meist auch fürs Mountainbiken. Gut begehbare Steige trifft man bis hoch hinauf ins Gebirge an. Nur selten weisen diese Wanderrouten übermäßig anstrengende Steilstücke oder unangenehme Stellen auf, und nur einige ganz wenige verlaufen ausgesetzt. Rundwege sind freilich ebenso selten wie auf anderen Vulkaninseln, und fürs Klettern gibt das brüchige Vulkangestein gar nichts her. Was insbesondere nicht dem aus alpinen Wandergebieten Gewohnten entspricht, das ist die Wegbezeichnung.

Verbesserte Wege samt ausführlichen Info-Tafeln im Bereich des Nationalparks und im Schutzgebiet Los Tiles verdanken wir der spanischen Naturschutzbehörde, ehedem ICONA. Auch südlich von Los Canarios hat sich einiges an Wegearbeit getan; in der Umgebung hängen sogar Wegweiserchen, manchmal zu unauffällig. Durchgängige Farbmarkierungen gibt es indes nirgends, gelegentliche Wegleitung durch weiße, merkwürdige Kreissymbole bildet die Ausnahme. In den Höhenlagen jedoch säumen vielfach auffällige Steinreihen die ausgewiesene Wanderroute ein. Oft helfen auch Steinmännchen bei der Orientierung. Der Inselnorden ist gänzlich Entwicklungsland! An exakten Wanderkarten mangelt es; die Blätter der amtlichen Topographie genügen nicht und sind veraltet, Wanderwege enthalten sie kaum.

Häufig fügen winterliche Starkregen, in Aschegebieten auch Wind, den Wegen erhebliche Schäden zu. Selbst Nationalparkverwaltung und Forstbehörde können die Auswirkungen auf ihren Gebieten nicht umgehend beheben. Außerhalb ist der Wegeunterhalt ohnehin rechtlich ins Belieben der privaten Grundeigentümer gestellt, die ja auch keine Wegebezeichnung vornehmen. Überwiegend muß zunehmende Benutzung für die Begehbarkeit sorgen. So unterliegt die Wegesituation rascher Veränderung. Straßen- und Pistenbau wie Asphaltierung tun das ihrige dazu.

Unterkunfts- und Verpflegungsmöglichkeit, wie in Berggasthäusern, fehlen in den Hochlagen. Wasser am Berg gibt es außerhalb der Caldera kaum. Gelegentlich muß man zur Anfahrt das Taxi benutzen, das Busnetz ist nicht für das Wandern ausgelegt. Auf begangenen Wegen drohen indes kaum Gefahren. Wetterstürze sowie Gewitter sind äußerst selten, freilich bringen Passatwolken im Tagesverlauf häufig urplötzlich dichten Nebel, der durchnäßt und die Orientierung erschwert. Auf freien Kämmen kann böiger Sturm (trotz Windstille im Tal) den Begeher gefährden, in Hochlagen bewirkt er eine beträchtliche Unterkühlung. Gelegentliche Vereisung auf dem Caldera-Kamm im Winter sollte man nicht unterschätzen. La Palma ist eine Hochgebirgsinsel!

Scharfkantiges Gestein ist typisch für die Wanderwege auf La Palma. Wie Kugellager wirkendes Lavageröll und Rollgrus können schmerzhafte Stürze verursachen. Lavasand und staubende Asche bieten keinen festen Tritt. Während und nach starken Regenfällen können Hänge abrutschen oder abbrechen, Steinschlag und geröllführende Wasser machen dann die Barrancos gefährlich. Im Kiefernwald sind Steilhänge auf dem dicken Filz aus langen Nadeln eine rutschige Angelegenheit. Vorsicht auch vor scheinbaren Abkürzern: Augen offen halten! Wer sein Ziel erreichen will, bleibt auf der eindeutig begangenen Wegspur. Bei Verirren oder gar Unfall stehen keine Bergretter einsatzbereit.

Special

Geführte Wanderungen

- DAV SUMMIT CLUB, D-81545 München, Am Perlacher Forst 186, Tel. 0 89/6 42 40-0, Fax 089/6 42 40-1 00, E-mail info@DAV-Summit-Club.de, Internet www.dav-summit-club.de
- HAUSER Exkursionen international, D-80331 München, Marienstraße 17, Tel. 0 89/23 50 06-0, Fax 089/2 91 37 14, E-mail Hauser@Hauser-Exkursionen.de, Internet www.hauser-exkursionen.de
- LA GOMERA TREKKING TOURS, D-90443 Nürnberg, Sandstraße 1a, Tel. 0911/2 07 87, Fax 09 11/2 07 00, Internet www.netzmarkt.de/gomera
- WIKINGER Reisen GmbH, D-58135 Hagen, Kölner Straße 20, Tel. 02331/90 46, Fax 02331/90 47 04, mail@wikinger.de
- ferner: Wanderreisen bei JAHN REISEN, KREUTZER, TUI u. a. über Reisebüros.

In der Caldera de Taburiente, dem Herzstück des Inselgebirges.

Wandern kann man auf La Palma rund ums Jahr. Vorteilhaft fliegt man jedoch in den nahezu regenfreien Monaten März bis Juni auf diese Insel. Da ist auch die Neigung zur Bildung von Passatwolken geringer, die Obergrenze liegt etwas tiefer, und es blüht in den höheren Lagen. Wer zwischen November und Ende Februar La Palma besucht, riskiert mehrtägige Regengüsse, hat aber auch gute Chancen, besonders klare Sicht zu erleben. Im Hochsommer hingegen heizt manchmal der Saharawind die Insel unangenehm stark auf.

Wandern »Es gibt noch Inseln der Freude. Wer sie erwandert, erwandert das Leben« (Huldreich Büttner).

La Palma ist vulkanisches Bergwandergelände, knöchelhohe Trekkingschuhe sollten da selbstverständlich sein! Teleskop-Wanderstöcke schonen auf Lavagestein und Grus die Fuß- und Kniegelenke, ein leichter, winddichter, regenfester Anorak wehrt auskühlenden Wind und Passatwolkennässe ab. Für heiße Tage und Wanderungen in den tieferen Lagen genügen Shorts, beim Bergwandern darüber eine dichte, leichte, knöchellange Trekkinghose, die auch Stachelwerk und scharfes Gestein abhält. Moderne High-Tech-Unterwäsche und T-Shirts sowie Fleecepulli führen den reichlichen Subtropenschweiß ab, ohne den Körper auszukühlen wie Baumwollgewebe. Den Kopf beschattet man mit einem leichten Trekkinghut. Ein Sonnenschutzmittel mit hohem Schutzfaktor hilft Sonnenbrand vermeiden.

Special

Streckenwanderungen auf La Palma

- **Nord-Süd:** Roque Faro – Pico de la Cruz – Pico de la Nieve – Reventón-Paß – El Pilar – Ruta de los Vólcanes – Los Canarios (Punta Fuencaliente), 2–3 Tage.
- **West-Ost:** Tazacorte – Los Llanos – El Paso – Reventón-Paß – Santa Cruz, 6 Std.
- **Caldera-Umrahmung:** Tazacorte – El Time – Roque de los Muchachos – Pico de la Nieve – Reventón-Paß – El Paso, 2–3 Tage; weitere Kombinationen sind möglich.

Zur Brotzeit aus dem Leichtrucksack probiere man, was das Land bietet: Obst, Paprikaschoten, Avocados, Bananen, Schinken, Ziegenkäse, Brot und Wein, Mandeln und Feigen. Auch dies ist Teil des Inselabenteuers. Und wer sich darüber hinaus noch belasten will, sollte nicht auf die gewohnte Fotoausrüstung verzichten. Mit Polfilter!

La Palma ist eine unverdorbene Bergwanderinsel. Das viele exotische Grün tut dem Wanderer wohl, und mit einem Mindestmaß an Bergerfahrung hat er die Chance, eine grandiose vulkanische Gebirgslandschaft zu entdecken. Nachhaltig beeindruckt dabei der freie Ausblick auf die endlose Weite des Ozeans, angereichert durch die oft sichtbaren Nachbarinseln El Hierro, La Gomera und Teneriffa.

»Auf den Kanaren heißt Gehen Steigen …« (Gerhard Nebel 1965).

1 Durch die Stadt auf den Mirador

Santa Cruz – Mirador de la Concepción, 355 m – Santa Cruz

mittel

9 km

2½ Std.

↑340 m ↓340 m

ja

Tourencharakter: Durch die Vorstadt steil hinauf zum hervorragenden Aussichtspunkt.
Beste Jahreszeit: Februar bis Juni.
Ausgangs- und Endpunkt: Santa Cruz, Plaza de España.
Markierung: rot.
Einkehr: Restaurants im Altstadtbereich.

Eigentlich wäre der Mirador de la Concepción der harmonische Abschluß einer Wanderung durch die Gassen von → **Santa Cruz**. Die Stadtlandschaft nach dem Bummel von oben sehen, in ihrem ganzen Zusammenhang! »Concepción«, offensichtlich Rest eines vom Meer angefressenen Kraters, macht es durch seine vorgeschobene Lage möglich.

Wegverlauf

Die Markierung ist sehr dezent! Achtung: Man geht stets tüchtig steigend auf Asphalt bergauf. Nie führt dabei die Route auf längerer Strecke der Fahrstraße entlang.

Startpunkt in **Santa Cruz** ist auf der Plaza de España. Von dort geht es die Treppe an der Pfarrkirche hoch, vorbei an der Biblioteca Cosmologica und aufwärts zur Sebastianskapelle, wo die Markierung beginnt. Leicht rechts haltend trifft die Calle de San Sebastian auf die Calle Montecristo, die nach kurzem die befahrene **Carretera de Timibucar** erreicht. Dies ist die Landstraße, die von Santa Cruz in zahlreichen Serpentinen nach Buenavista hinaufführt.

Der Felsabbruch des »Mirador de la Concepción« umfaßt im Süden die Hauptstadt Santa Cruz.

Über die Carretera hinüber und im Verlauf des anschließenden Gäßchens Calsinas mehrmals die Landstraße kreuzen, wobei man einmal die Fortsetzung suchen muss. Der Blick nimmt mit der Höhe zu, die Mühe auch, und schließlich kommt der letzte harte Aufstieg durch die Calle La Cuesta Nach einer guten Stunde verschnauft man endlich oben und folgt erleichtert der nun ebenen Landstraße nach links. Häuser, Gärten am Straßenrand, noch kein

1

Ausblick. Erst einen halben Kilometer weiter ein nicht zu übersehendes Schild: »Mirador«. Nach links steigt die Stichstraße noch etwas an, vorbei an einer typisch kanarischen **Kapelle** aus dem 17. Jh., dann steht man auf dem Rondell, auf dem die Autos umkehren. Was für eine Schau vom Mirador de la Concepción! Fasziniert von der Aussicht sucht man nach einem Vordergrund für das Foto, damit die Tiefe bildwirksam wird, und klickt hinunter. Da drunten liegen Stadt und Umland wie auf dem Servierbrett vor dem Betrachter, hineingeschmiegt vom Meer aus in die Barranco-Mündungen und in die steilen Berghänge. Ein Feld weißer Würfel, Gebäude groß und klein, und jedes Detail ist klar zu sehen. Wo hat eine andere Kanarenstadt einen solchen Mirador?

Variante: Auf- oder Talfahrt mit Bussen der Linien 1, 6, 9, 10, dabei ggf. Besichtigung der **Wallfahrtskirche** in → **Las Nieves**.

Durch die Stadt auf den Mirador
La Concepción: Kraterrand über der Hauptstadt.

2 Die Barranco-Hitparade

Barlovento – La Tosca – La Palmita – Gallegos

leicht

7 km

2½ Std./ 2¾ Std.

↓450 m ↑250 m

ja

Tourencharakter: Quer durch die imposante Schluchtlandschaft der Nordküste in lebhaftem Auf und Ab auf gutem »Königsweg«.
Beste Jahreszeit: Februar bis Juni.
Ausgangspunkt: Barlovento. Parkplatz im Ort.
Endpunkt: Gallegos.
Verkehrsanbindung: Bus Linie 11 (schlechte Verbindung, Rückfahrmöglichkeit besorgen!).
Markierung: rot.
Einkehr: Bar in Gallegos

Müßte ich die Wanderungen dieses Büchleins bewerten, so würde diese Route in der Reihung bestimmt auf einem der vorderen Plätze landen. Führen auch die anderen Wege durch bezeichnende Teile der exotisch vielfältigen Insellandschaft, so wartet diese Tour mit einer besonderen Landschaftsform auf: dem Barranco, einer mit tropischem Grün geradezu gespickten Felsschlucht im Lavagestein.

Charakteristisch sind diese Barrancos für das Relief geologisch älterer vulkanischer Inseln. Diese Schluchten zerschneiden die Abhänge vulkanischer Massen und gliedern sie in einen Kranz scharf voneinander getrennter Rücken. Lernt man auch die ansetzenden Gräben auf anderen Ausflügen kennen, dringt sogar in die Klamm des → **Barranco del Agua** ein, entdeckt man hier jedoch den Fächer der Barrancos vor der Mündung ins Meer. Man durchquert diese Schluchten und übersteigt die trennenden Rücken. Nur von Führertexten und Kartenbild her kann sich wohl niemand die Unwegsamkeit eines solchen Geländes vorstellen.

Ein Camino real, einer jener hervorragend angelegten, meist sogar gepflasterten »Königswege«, durchzog einst das ganze Gebiet der Nordküste. Maultiere trugen darauf ihre Lasten, und Herren wie Hirten benutzten ihn jahrhundertelang. Viele dieser »Königswege« hat der moderne Straßenbau verschluckt, der Asphalt begraben; der Fernweg **Santo Domingo** – → **Barlovento** aber liegt weitab von der neuzeitlichen »Kultur«. Das hat ihn bislang gerettet. Der »Camino real de la costa« ist als »GR 130« begehbar. Ein Stück des uralten Verkehrsweges dient hier als beispielhafte Wanderroute.

Wegverlauf

Auf der Asphaltstraße LP-1 von Barlovento Richtung Gallegos erreicht man nach etwa 700 m den Wegweiser des »GR 130«. Ihn abwärts ge-

2

gen das Meer auf asphaltiertem Fahrweg gehen, bis Wegweiser und Markierung im spitzen Winkel die links abgehende Route anzeigen. Auf diesem urigen Steig hinüber nach **La Tosca**.

Dabei fallen sicher die Drachenbäume auf, zwischen deren geradezu urweltlichen Formen sich die puppenhaften, typisch palmerischen Steinhäuschen hineinschmiegen. Reiseführer bezeichnen die lockere Ansammlung dieser für die Kanaren typischen Gewächse als den sehenswertesten Hain der Insel.

Am ersten bewohnten Gebäude empfängt uns das Gackern der Hühner. Unterhalb dieses anspruchslosen Stillebens gelangt man auf die Zufahrt ins Dörfchen und folgt dieser nicht in den Ort, sondern durch einen seichten Graben ein Stück westwärts. Wo sich der Fahrweg teilt, nach rechts zu einem Miniaturgehöft – nicht aufwärts zur Fahrstraße! Wer aufpaßt, entdeckt nach der Gabelung die wenig auffallende Markierung, der man sich fortan anvertrauen darf. Wo der gemächliche Rücken unausweichlich in den ersten Barranco abbricht, zögert man: da hinunter? Auf der richtigen Spur führt der Steig gefahrlos bergab; sonst landet man in der »Sackgasse« eines der mehr oder minder gepflegten Kulturterrässchen. Mehr kann nicht passieren. Also keine Scheu und hinunter!

Die Route über der Nordostküste führt durch kleinbäuerliches Land.

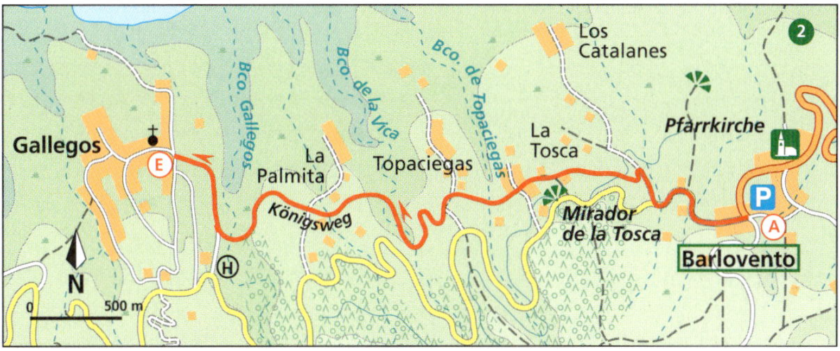

2

An der Barranco-Kante setzt der **»Königsweg«** mager an, gibt sich anfangs etwas vergrast und überwachsen. Man streift entlang an anstehendem Buschwerk, an mannshohen blühenden Stauden, an Greiskraut, Johanniskraut, Margeriten, Euphorbien, Agaven, auch Opuntien. Eine reiche Xerophyten-Flora wächst hier im heißen Sonnenhang. Eine reizvolle exotische Atmosphäre.

Wo der Steinpfad mitunter durch etwas schattigere, feuchtere Stellen zieht, stehen rechte Schauexemplare von meterhohen Zinerarien und anderem saftstrotzenden Blumengesträuch. Wer die Zusammensetzung all dieser grünenden Pracht zwischen den Felsen im einzelnen bestimmen wollte, käme mit dem vorgesehenen Wanderziel schnell ins Hintertreffen.

Rasch ist man mit ein wenig Achtsamkeit auf dem steinbelegten Untergrund im Barranco drunten. Versickernde Reste eines Wasserlaufs, Steinblöcke, einengende Wände, die den Ausblick versperren. Drüber nur das blaue Band des Himmels. Die Sonne findet den Wandernden auch am Barranco-Grund. Rasch hüpft man über das trockene Bachbett zum anderen Ufer. Elegant leitet hier der »Königspfad« die Flanke hinauf. Wie geschickt die Trasse die gut begehbaren Wandabsätze zu einem wahrhaften Weg zusammenfügt! Einige Felsstellen, Ziegengatter – man übersehe nicht die Büschel der zahlreichen Natternköpfe, die weiß, rosa und blau alte Gärtchen überwuchern.

Ab und auf durch Barrancos auf dem alten »camino real«.

Wer auch nur einigermaßen trainiert ist, hat auf diesem »Königsweg« keine Mühe beim Steigen. Die Neugier der kleinräumig so rasch wechselnden Reize treibt ungezügelt voran. Ehe man sich's versieht, ist man wieder oben, kommt direkt an einem Gehöft heraus. Der Haushund meldet, man steht wieder auf Asphalt. Die »Doña« pfeift ihren mageren Köter zurück. Ein kurzes Stück muß man auf dieser Straße aufwärts. Dann Achtung: rechts in einer Lücke im Gebüschsaum wieder die Markierung! Man darf hier den Asphalt verlassen und schlendert wiederum auf altem Weg durch das bäuerliche Land.

Was für ein gutes Wandern durch dieses Geflecht genutzter, verwilderter Felder und Weiden! Drüben, wie greifbar, der Rücken, auf dem man vor kurzem stand. Ro-

2

te Ziegeldächer spitzen dort aus üppigen Gärtchen, Terrassen stufen den grünen Kamm, dahinter immer das Meer, das an die Steilküste brandet. Und in Marschrichtung wieder der nächste, vom Gewürfel der Ziegeldächer belebte Kamm, hoch über einem Barranco. Und danach nochmals ein Kamm, und noch einer.

Über den Steilabhang taucht der deutliche »Königsweg« in den folgenden Barranco hinab, nirgends gefährlich, überall vom wuchernden Grün gesäumt. Die steinerne Wegrampe holt in einer weiten Schleife aus, zieht gemütlich unter einem Felsband durch.

Das kurzweilige Spiel des Hürdenlaufs durch die Gräben und über die Rücken wiederholt sich. Hinauf – hinunter! In einem der Barrancos verläßt der Pfad unvermutet, aber bescheiden markiert, den alten Weg. Eingetreten steigt er durch Büsche zu einer neueren Piste an, zieht empor auf einen unbewohnten Rücken, der ungenutzt verwildert. Von der Fahrpiste weg wendet er sich, zunächst erdig, sogleich wieder bergab und trifft auf den »Königsweg« durch den Abhang. Am Grund der Schlucht in eine Felswand gegrabene Vorratshöhlen, nicht mehr benutzt, aufgegeben. Ein wenig verkommen wirkt diese Umgebung hier. An den Kavernen vorbei geht's auf kenntlichem Pfad gleich wieder hinauf. Glasscherben liegen zwischen den Trittplatten, »Kulturabfälle« daneben, abseits bewohnte Ziegenställe im Fels. Unmittelbar nach der stimmungsvollen Barranco-Wildnis steht man dann – vor Autos. Ist das jetzt **Gallegos**? Auch. Vor dem eigentlichen Ort aber liegt noch einmal das Hindernis eines tiefen Grabens. Hinunter – hinauf.

Weiler krönen die Kämme zwischen den Barrancos.

Ende des Abenteuers direkt an einem Tante-Emma-Laden mitten im Dorf. Die Häuserreihe säumt die einzige Straße, einige Alte halten ihr Nachmittagsschwätzchen. Dann geht es bergauf zwischen Häuserzeilen mit reichlich Blumenschmuck. Auffallend auch die Künste der Dorfbewohner beim Einparken: Zentimeterarbeit hinein in die Hausnischen. Einen fahrbaren Untersatz braucht hier eben jeder. Wir auch! Hätte uns nicht zu guter Letzt doch noch ein Pick-up beim Rückmarsch auf der Straße aufgepickt, unsere Füße wären in den Wanderschuhen zum Kochen gekommen.

3 Stiller Nordwesten

Santo Domingo de Garafía – El Palmar – Sto. Domingo

leicht

11 km

2½ Std.

↑200 m ↓200 m

ja

Tourencharakter: Auf verlassenen Wegen durch das nördliche Bauernland von ehedem.
Beste Jahreszeit: Februar bis Juni.
Ausgangs- und Endpunkt: Sto. Domingo Plaza, Parkplatz im Ort.
Markierung: rot (GR 130).
Verkehrsanbindung: Bus Linie 5 von Los Llanos.
Einkehr: Bars u. Restaurants in Sto. Domingo.

Irgendwie gilt dieser nordwestlichen Ecke der Insel meine besondere Sympathie. Noch immer steigen dort die Isleños bedächtig zu Fuß durch das alltägliche Hindernis der Barrancos. Prächtige Villen fehlen weitgehend im zertalten Landschaftsbild. Der weißgekalkte Steinkubus des traditionellen Kanarenhauses zwischen gepflegten Gärtchen und wohlbestellten Feldern herrscht weiterhin vor. Vereinzelte Drachenbäume erinnern an die Vergangenheit.

In Nestern wie **Santo Domingo** scheint die Zeit stehengeblieben zu sein. Stille herrscht in den steilen, alten Gassen; Läden und Türe der Apotheke im Ortszentrum sind geschlossen, die paar neuen Gebäude liegen außerhalb. Die Menschen haben viel Zeit für einen Schwatz, begegnen einander oder hocken sinnierend vor der Bar. Nur die Kinder sausen mit Rollschuhen und Bikes halsbrecherisch wie überall über die dem Hang abgerungene Plaza. Und wenn ich über die viel zu große Kirche schaue, erinnert mich die nördliche, der See zugewandte Atmosphäre irgendwie an einen ferner im Norden gelegenen Archipel, an die Azoren.

Jedem Bauernhäuschen seinen Drachenbaum.

Wegverlauf

An einer verschlossenen Garage vorbei steigt von der Plaza in **Sto. Domingo** am Rande des **Barranco de la Luz** die Calle Anselmo Perez de Brito an. Stellenweise lugt aus dem Asphalt noch das alte Bruchsteinpflaster hervor, das Kunstwerk einer althergebrachten Verkehrswegetechnik. Von links kommt ein Weg herauf, der alte **Camino real**. Diesen muß man hinunter, hindurch und die andere Barranco-Seite hinauf. Am Wegrand stehen einzelne Drachenbäume, und schwarze Löcher der Höhlen schauen aus dem braunen Fels.

Jenseits beim zweiten Haus zunächst nach links auf einen Feldweg. Bald geht geradeaus ein gepflasterter Weg ab und kreuzt den Feldweg. Nach links führt die Route vorbei an einsamen Gehöften, an Gruppen von Opuntien und Buschwerk, verstreut über das verschlafene Gefüge der kleinen Felder. Unterhalb ist die gekräuselte Weite des Ozeans ruhelos in Betrieb. Schließlich nimmt eine Piste den Camino auf und passiert einen kleineren Barranco. Agaven, Feigenkakteen und ein Drachenbaum säumen den Weg, Höhlen dienen als Ziegenställe.

Dann ist **El Palmar** erreicht. Eine wunderliche Ansammlung von Häuschen, die als urigster Flecken im Norden gilt. Gackernde Hühner – ja, aber wohnen hier noch Menschen?

Stellenweise verwildert, verwachsen führt da der alte »Königsweg« weiter entlang der ganzen Nordküste. Ein abenteuerliches Vergnügen! So geht man halt zurück. Und hat auf wenig beschwerliche Weise wieder ein Stück des wilden Nordens kennengelernt.

Barrancos zwischen wucherndem Grün: Der zerteilte Landsockel im Inselnorden.

4 Drachenbäume und Wohnhöhlen

Las Tricias – La Verada – Buracas – Las Tricias

leicht

7 km

2 Std.

↓250 m ↑250 m

ja

Tourencharakter: Spaziergang durch eine exotische Hochuferlandschaft.
Beste Jahreszeit: Februar bis Juni.
Ausgangs- und Endpunkt: Las Tricias; erreichbar von der Carretera general Puntagorda – Hoya Grande im Nordwesten der Insel.
Markierung: rot.
Verkehrsanbindung: Bus Linie 5.
Einkehr: Unterwegs keine.

Für gewöhnlich fährt man auf Ausflügen in den Nordwesten der Insel an der Abzweigung nach → **Las Tricias** vorbei. Dabei geht hier eine durchaus interessante Lokalstraße nach **Santo Domingo** ab, die eine bislang weniger besuchte Gegend erschließt. In dünn besiedelter Landschaft durchquert das neue Asphaltband die Barrancos und gewährt dabei wiederholt Ausblicke aufs Meer. Auch dieser vom Tourismus wenig beleckte Inselteil bietet naturgemäß kleinere Ausflüge zu Fuß. Eine der Möglichkeiten, hier zu spazieren, ist ein kurzer Abstecher in die Nähe der Wohnhöhlen von Buracas.

Wegverlauf

Nach der bezeichneten Abfahrt von der Kommerzialstraße, 3 km hinter der Tankstelle Puntagorda, zwängt man sich mit dem Wagen durch das Ortszentrum von **Las Tricias** hindurch. Dort wo unterhalb der geschlossenen Siedlung die Straße nach Sto. Domingo zum Rechtsbogen in den ersten Barranco ansetzt, läßt man irgendwo den Wagen stehen. Bei einem Neubau trifft man am Ortsende auf einen Pflasterweg, der durch offene Mandelbaumwiesen und Gärten bergab in Richtung auf das Meer führt. Kleine Anwesen am Wegrand, Gehöfte, Blumen, Blüten… Die Anwohner erwidern freundlich jeden Gruß.

Drachenbäume, Minifeldchen, Meer: stilles Land um Las Tricias.

Mal Fahrweg, mal Fußspur, vorbei an der **Casa blanca**, einem weißen Haus von eigenwilliger Architektur, hält sich die Route im Großen und Ganzen an einen gegen Nordwesten streichenden Rücken. Erst nach dem letzten der Häuschen von **La Verada** nähert sich die Spur dem

Durch Erosion angeschnittene Lavablasen: Die einst von Guanchen bewohnten Buracas-Höhlen.

Abbruch zum mächtig eingetieften **Barranco Izcagua**, der die Landschaft der Hochküste teilt.
Kurz nachdem gerade voraus die charakteristische Silhouette einer altertümlichen **Windmühle** vor der Meeresfläche zu sehen ist, quert von der rechten Landseite her eine breite Erdpiste, schlägt am Barranco-Rand einen Haken und wendet sich abwärts um den Windradbuckel herum. Hier nicht geradeaus weiter bergab, sondern eben nach rechts, wo verkommene Autowracks als ungebetene Randsteine fungieren. Sobald aus diesem schockierenden Rostmilieu ein Steinpfad bergab nach links entflieht, folge man dieser Verlockung in Richtung Meer. Ein Spaghettibündel von abwärts ziehenden Wasserrohren hilft bei der Orientierung. Auf den Steintritten dieses mit Mäuerchen eingefaßten Weges bleibt man zunächst. Und hier wird jeden das Staunen über-

4

kommen: Er erlebt ein La Palma fast wie im Märchen. Ein La Palma-Hochufer von gestern in Reinkultur.
Es wäre schon die Kraft eines Dichters nötig, um diese Bilder mit Worten zu malen. Die satten Farben, die exotischen Formen, die Gewächse, den Duft. Immer wieder diese Ausblicke aufs Meer! Mitten aus der verblüffenden subtropischen Kulisse. Sukkulenten und wildes, sparriges Buschwerk umringen das Gehege der Gärtchen, der Wiesenflecke mit ihren kaum mehr gepflegten Nutzbäumchen. Dazwischen vereinzelt die rot gedeckten palmerischen Knusperhäuschen – aus denen nur deutsche Laute zu hören sind. Besonders aber werden in dieser lässig gepflegten Wildnis die Drachenbäume das Interesse fesseln. Ein ungestört wachsender Hain dieser Urweltgestalten – hier ist man mitten drin.
Weiter bergab zieht der Pfad über diesen mit Ausblicken und begeisternden Bildern reich gesegneten Geländesporn, passiert die Gehäuse der alternativ lebenden Überwinterer. Schließlich schleichen sich im Gebüsch etwas verwachsene Spuren nach links, gleich aber wieder nach rechts hinunter in einen seichten Barranco. Seine jenseitig aufsteigende Flanke sieht in ihren felsigen Abbrüchen wie ausgefressen durch Löcher aus. Das war das **Wohnhöhlensystem der Guanchen**. In der nahen Vergangenheit hat es freilich weniger würdige Nachfahren beherbergt: eine Aussteigerkolonie. Die Guanchen sind ausgerottet, und die modernen Höhlenmenschen scheinen jetzt ausgeflogen zu sein. Vielleicht zu neuen Zielen. Wohin ihnen dann der Tourismus zweifellos postwendend folgen wird.
Leider endet der Märchenpfad an den Wohnhöhlen, die Brandung in der Izcagua-Barranco-Bucht in Sichtweite. Dazwischen jedoch grün bebuschte Felsabstürze, ohne Steig. Wer sich da nicht zur Umkehr entschließen mag, lebt vielleicht heute noch dort. Womöglich glücklich und in Frieden. Im Märchenland. Auch wir anderen, die wir wieder auf gleicher Route zurück und nach Hause müssen, könnten dort eines entdeckt haben: ein klitzekleines Zipfelchen vom natürlichen Paradies.

Petroglyphen der Ureinwohner bei den Buracas-Höhlen.

Ursprüngliche, tourismusferne Nordküste.

5 In die »Schmugglerbucht«

Tijarafe – Poris de Candelaria – Tijarafe

mittel

9 km

3½ Std.

↓650 m ↑650 m

ja

Tourencharakter: Straßenabstieg über einen Rücken und einen Steilabfall zu einer versteckten Bucht. Achtung bei Nässe in den Felsen knapp über dem Meer.

Beste Jahreszeit: Februar bis Mai.
Ausgangs- und Endpunkt: Tijarafe.
Markierung: Keine.
Verkehrsanbindung: Bus Linie 5.
Einkehr: Unterwegs keine.

»Piratenbucht« – »Schmugglerbucht«? Manche Fama will von Piraten wissen. Aber eignet sich die so kleine Bucht für Piratenschiffe? Ein Versteck gleichsam unter den Augen der Inselbewohner? Und wozu braucht eine Piratenzuflucht gleich drei breit ausgebaute Zugangswege, die sicher schon seit Jahrhunderten bestehen? Zahl und Art dieser Wege deuten viel eher auf den Transport von Waren hin, die man an den Augen der Behörden im Hafen von → **Santa Cruz** vorbei anzulanden gedachte.
Das ungelöste Geheimnis würzt gleichsam die besonders bei starker Sonne recht anstrengende Wanderung. Dabei wäre, vom Landschaftsbild her, dieser zusätzliche Impuls gar nicht notwendig. Die Tour führt nämlich die charakteristische Landschaftsform dieser besiedelten Hochufer wie einen Film vor Augen. 500 bis 600 m über dem Meer das Band der Siedlungen auf einer etwas verflachten Hangneigung – zwischen einschneidenden Barrancos steil hinabstreichende, landwirtschaftlich genutzte Höhenrücken – dann der Steilabbruch gegen das Meer, ohne Uferstreifen: Das ist typisch für La Palma! Leider wurde der Weg kürzlich zur Fahrstraße ausgebaut.

Wegverlauf

An der Durchgangsstraße in → **Tijarafe** gibt es einen SPAR-Laden. Unmittelbar daneben entschwindet eine steile Ortsstraße bergab. Noch im Ort passiert man das »Centro de Salud« sowie das beflaggte Gebäude der »Guardia Zivil«. Danach geht es noch um einen Grad steiler auf Asphalt bergab. Flachlandautomobilisten tun gut daran, ihren Wagen am Parkplatz neben dem **SPAR-Laden** abzustellen.
So mancher Wanderer keucht bergauf. Denn, wer um die neue Fahrmöglichkeit nicht weiß, ist zu Fuß unterwegs – Kenner benutzen den Wagen. Noch steiler und schmaler die Betonpiste bergab, vorbei am Laden von Tim Weber, der Duft- und Heilkräuter anbaut und die Es-

senzen verkauft. Und plötzlich wird es an der Einmündung einer Piste eben und breit.
Von hier senkt sich eine fulminante Asphaltstraße zwischen dem Barranco de Jurada und dem Barranco del Pueblo ohne jeden Schatten bergab. Talseitig eine Leitplanke, bergseitig ein Bananenfeld. Eine flachere Kehre, ein Hahn kräht empört. An der Hühnerzucht taucht die Straße abwärts in den Felshang. Nach den plastikbedeckten Bananenplantagen das umgestürzte Schild »Nur für Allradfahrzeuge«. Es hat ausgedient. Die Straße ist ein Beispiel, wie man heute Felsabbrüche zähmt.
In einer weiten flachen Kehre mündet von links ein Fahrweg ein, im Süden wie im Norden sind alte, gebaute Wege meerwärts zu sehen. Hier lassen meist selbst die Kenner ihr Fahrzeug stehen. Zwar führt das Asphaltband noch zwei Kehren weiter, doch der letzte Parkplatz am Straßenende ist wenig kommod. Spätestens hier muß jeder aussteigen und auf den guten Weg, der die letzten 50 Hm abwärts bewältigt.

Im einstigen Schmuggler-versteck: Wochenend-kolonie an der Fels-lagune.

Ein Barranco, versperrte Höhlen, Wasserfassungen. Vom Nordhang mündet eine alte befestigte Wegtrasse ein, vergrast und nicht mehr benutzt. Ein paar vom Regen ausgespülte Steinplatten, dann der **Candelaria-Weg** unter Felsüberhängen in eine weite Aushöhlung der Steilküste hinab. Im Hintergrund erscheinen Hütten, abenteuerlich unter den sich hinauswölbenden Fels »gepappt«. Fischerkaten, Wochenendhäuschen der Palmeros. Ein paar Stufen ins Wasser; bei ruhiger See (und nur dann!) pritscheln in der flachen Lagune der Bucht Badende, wie sie Gott geschaffen hat. Die filmreife Szene eines Abenteuerstreifens. Nur die verdächtigen Schmugglerboote fehlen. Der **Rückweg** hinauf ist eine schweißtreibende Angelegenheit.

6 Durch Pinienwälder zum versteckten Mirador

Tijarafe – Torre del Time – Tijarafe

anspr.
25 km
6½ Std.
↑ 600 m
↓ 1000 m
ja

Tourencharakter: Lange Höhenwanderung auf Waldpiste zu grandiosem Aussichtspunkt.
Beste Jahreszeit: Februar bis Juni.
Ausgangspunkt: Bergseitige Abzweigung eines Fahrweges nahe Kilometerstein 74 der Westküstenstraße nördlich von Tijarafe.
Endpunkt: 2½ km südlich Tijarafe an der Westküstenstraße (zurück mit Bus, Taxi oder 6 km auf der Straße).
Markierung: Teilweise.
Einkehr: Café Mirador El Time

Wir hatten seinerzeit von ihm gelesen, vom Mirador El Time. Ein phantastischer Aussichtspunkt sollte das sein und ein Höhenweg oberhalb → **Tijarafe** zu ihm führen, der einen typischen Querschnitt durch die Pinienwaldformation an den Ansätzen der Barrancos bietet. Dazu noch Tiefblicke aufs Meer und viel fremdartiges Blühen. Heute wissen wir, es gibt ihn. Nur der Name ist hinabgerutscht zur Straßenkehre am Rücken des El Time. Zum Aussichtscafé, wo die Westküstenstraße aus dem bezaubernden → **Valle de Aridane** den Steilhang des → **Barranco de las Angustias** soeben überwunden hat. Nur ein altes Straßenschild hoch oben im Wald erinnert an diese seltsame Namenswanderung.

Wegverlauf

Dem Namen **Tijarafe** auf dem Ortsschild hört man die fremde, die berberische Herkunft an. Mit »Giraffe« hat er wohl nichts zu tun. Wir aber haben ab hier die Hälse lang gemacht wie Giraffen und nach den Kilometersteinen ausgeguckt. Tatsächlich: Da stand der Stein mit der verblaßten Aufschrift »74«. Das mittlerweile asphaltierte Sträßchen, das dort beim neuen Schild »Bodegas Noeste de la Palma« rechts abzweigt, läßt nichts von einem Höhenweg ahnen. Der Aufstieg ist eine sonnige Angelegenheit auf Teer. Indes: er bringt in Kehren zügig zur Höhe. Hühner an einzelnen Häuschen am Wegrand vermelden durch Gackern die Fremden. In den Weinbergen verkünden neue in den Fels gegrabene Kavernen bis hoch hinauf, daß auch auf La Palma die Zeit nicht bei den Bananenplantagen verharrt. Die Tage dieser subventionier-

Bauernland bei El Pinar zwischen Tijarafe und Torre del Time.

6

ten Wasserfresser und Bodenverderber sind wohl gezählt. Vorläufig zahlt noch die EU.

Ein Waldstück, danach läßt sich rechts auf steilem Karrenweg eine weit ausholende Straßenschleife abschneiden. Im Frühjahr blühen da überall Wildgladiolen, und der orangefarbene Mohn schmückt die verwilderten Wiesen unter den kaum mehr genutzten Mandelbäumen. Auf den terrassierten Hängen aber treiben jetzt die frisch geschnittenen Rebstöcke aus. Wieviel Schweiß mag die Bewirtschaftung dieser Abhänge kosten!

Am wasserzerfurchten Sträßchen, auf das man wieder trifft, weiter hinauf. Von links mündet die gelbe Markierung von »PR LP 10« ein. Dann unübersehbar ein behördliches Richtungsschild. Wirklich: »Mirador El Time« ist darauf zu lesen. Die nach rechts abzweigende Erdpiste wäre auch mit dem Auto befahrbar, aber das tut kein Tourist. So geht man hier ungestört und einsam zu Fuß einen ansetzenden Barranco nach dem anderen ab. Schreitet auf weichem Filzteppich aus Piniennadeln in die Schluchtgräben hinein.

»... die durch ausgedehnte Kiefernwälder vermittelten Eindrücke ersetzen ... hier vermißte weiße Strände« (Günther Kunkel 1987).

6

Die Büschel dieser bis 30 cm langen Nadeln bilden das unverkennbare Merkmal der Kanarischen Kiefer *Pinus canariensis*. Mit diesen langen Fingern fängt der Baum Wasser aus der Seeluft ein. Der Umriß des Nadelbaums wechselt von wild verzweigten, an alte Zirben erinnernden Kronen bis zu säulenförmigen Flaschenbürsten.

Diese auffällig schlanke Form ist eine Folge häufiger Waldbrände, die der Baum durch Neuaustrieb am Stamm übersteht; die Äste freilich fallen der Vernichtung anheim. Leider herrschen vielfach die durch Brand deformierten Bäume vor. Das nach den Bränden nachwachsende junge und weiche Gebüsch aber kommt so manchem Ziegenhalter als Futter nicht ungelegen – von mutwilliger Brandstiftung aber weiß niemand zu berichten.

Nach längerer, nahezu ebener Marschstrecke neues Kulturland. Zwischen den weit hinaufziehenden Terrassenmäuerchen haben alte Nutzbäume wieder einen Platz am Licht und junge Rebstöcke winden sich zur Sonne. Die Tradition vergangener Geschlechter der Palmeros feiert mit neuem Pflanzmaterial fröhliche Urständ. Den alten Pinienwald beeindruckt dies nicht. Sein Harzduft überlagert die Gerüche der Rebflächen.

Zwei ansteigende Kehren, erste rot oder weiß blühende Zistrosenbüsche. Die Piste geht einen mächtigen Einschnitt unter dem Caldera-Kamm aus. Weit schweift der Blick über Felsstufen hinauf, wo die Silhouette der Kiefern in das Himmelsblau greift. Irgendwann zweigt rechts der einzige Fahrweg ab, der durch teils verlassene Gehöfte recht malerisch die tief unten liegende Küstenstraße erreicht.

Lichter Kiefernwald nördlich des Torre del Time.

Eben weiter schneidet der Feldweg in offene Hänge ein, die ebenfalls wieder unter Kultur genommen werden. Der stundenweite Begleiter, der Kieferduft, verweht. Neue Rebstöcke wachsen auf alten Terrassen, bis hoch hinauf. Wein, nichts als Wein in den gerodeten Zistrosenfeldern. Da kann man nur sagen: Prost Gemeinde!

Nach einem letzten seichten Einschnitt unter der Kuppe der Hoya Grande geht's plötzlich nicht weiter. Ein Umkehrplatz, ein hoher Brandwachturm: der → **Mirador (oder Torre) El Time**. Einige Schritte noch zum abschließenden Geländer: Der alte Mirador! (Admirar = bewundern, Mirador = Ort des Bewunderns). Wirklich der treffende Ausdruck für diesen Platz. Unmittelbar den tiefen Graben des → **Barranco de las Angustias** zu

6

Füßen, streift der Blick die Westküste entlang. Man bestaunt den steilen Abfall des Vulkangebirges in die Meeresfluten. Welcher Kontrast zum flacheren, ja fast lieblichen Hang um → **El Paso** mit seinem Heer von Häuschen im Grünen! Und zur dichten Schar höherer Gebäude im Städtchen → **Los Llanos**. So man Glück hat, schaut man dann noch etwas hinein in den geheimnisvollen Kessel der → **Caldera de Taburiente**. Das Geländer schützt vor dem schwindelnden Abgrund; es hält die Landkarte dieser vielfältigen Eindrücke auf Distanz. Wer ganz hoch hinaus will, klettert lausbübisch zuletzt auch noch auf den Wachturm. Obwohl sich von hier aus La Palma als Gebirgsinsel präsentiert, sind älplerische Juchzer und Jodler am Mirador kaum angebracht.

Der Torre del Time.

Zum **Abstieg** verlockt ein zunächst eindeutiger Wirtschaftsweg. Der Markierung nach kann man sich auch wirklich durchfinden zur breiten Erdstraße, die den Hang auf halber Höhe durchzieht. Zur Küstenstraße hinunter unweit des Restaurants El Time ist es dann nur ein Katzensprung – aber: 6 Straßenkilometer von Tijarafe entfernt! Für empfehlenswerter halte ich deshalb, zur besagten Abzweigung des Fahrweges zurückzuwandern und dort zunächst durch lichten Wald und dann durchs Kulturland abzusteigen. Als Fahrweg miserabel, zum Wandern indes recht insel-romantisch.

Wo schließlich der Asphalt den Wanderer empfängt, muß man unbedingt die Straße nach rechts unter die Füße nehmen. Nach etlichen Kehren zuletzt in bebautem, bewohntem Gelände trifft man auf die Küstenstraße, nur 2 1/2 km vor **Tijarafe**. Glück hat, wer hier den Bus zurück zum km 74 erreicht. Sonst ist ein Taxi noch immer die bessere Wahl – im Vergleich zu 1 Std. Straßenmarsch. Dies, und zumeist auch der erste Sonnenbrand trotz Pinienwaldschatten, das sind die Wermutstropfen im langen Ausflugsgenuß zum glücklich aufgefundenen echten Mirador El Time. Den man zum guten Schluß der Eindeutigkeit halber so benennt, wie es die Palmeros heute tun: als Wachturm, als »Torre El Time«.

Variante: Die beschriebene Tour vermittelt zwar eindrucksvoll das Erlebnis Kanarenwald, meist wird aber heute die **kürzere Route** begangen, die in Tijarafe beim Richtungsschild »Torre del Time« abzweigt, 4 1/2 Std.

7 Spaziergang zum versteckten San Juan

El Llano del Jable – Vulkan San Juan –
El Llano del Jable

leicht

5–8 km

etwa 2–3 Std.

unerheblich

ja

Tourencharakter: Kleiner Ausflug durch schwarzen Vulkansand.
Beste Jahreszeit: Februar bis Mai.
Ausgangs- und Endpunkt: Mirador Los Llanos del Jable an der ersten eindeutigen Linkskehre an der Straße nach El Pilar, Parkplatz.
Markierung: Teilweise, gelb.
Einkehr: Restaurants in El Paso.

Spazieren gehen mit Kind und Kegel, sich die Füße vertreten in der Umgebung von → El Paso – da hat sich der Kurzausflug eingebürgert in die schwarzen Sander der »Jables«, ausgeblasen erst 1949 vom Birigoyu. Wer darin, um herumzubummeln, als Anreiz ein ausdrückliches Ziel braucht, nimmt sich als Vorwand den merkwürdigen »Vulkan« San Juan.

Wegverlauf

Nach kurzem Waldintermezzo windet sich die **Straße von El Paso** vor dem Schleifentunnel nach **El Pilar** am Hang durch offenes Gelände empor. An der ersten deutlichen Linkskehre geradeaus in das schwarze Sandfeld hinein! Nur ein Stück. Wie zum Empfang steht zur Rechten ein kleiner Vulkankegel, ebenmäßig, wie im Sandkasten geformt.

Schwarze Sandflächen von El Llano del Jable: Wanderziel für Familien.

Auf den nackten Schlackenhängen dieser Montaña Quemada wurzeln wieder Kiefernbäume, im schwärzlichen Grus – Pioniere des Pflanzenlebens.

Hinter dieser Eingangspforte dehnt sich eine seltsame Ebene aus. Sand, lauter schwarzer Sand, die Llanos del Jable. Ein eigenartiger Reiz liegt über diesen dunklen Flächen. Wie fein läßt sich's da herumspazieren, abseits der markierten Route. Man schlendert hinein zwischen fast unmerklich wellig schwingenden Oberflächenformen, entdeckt leise Farbnuancen. Und sollten Zweifel über seine Herkunft bestehen – da steckt Vulkanismus dahinter!

Hat man die Landschaft kreuz und quer durchstreift, steigt man hinauf bis zur obersten Linkskehre der Teerstraße vor Pilar. Hier schleicht beim »**Mirador Los Llanos del Jable**« mit dem bildschönen Ausblick ein Sträßchen knapp oberhalb der eigentümlichen Sandfelder in den Wald hinein – Kiefern-

7

wald, wie überall. Fahr- und Reitspuren im Schatten der Nadelkronen zeigen uns den Weg.
Zuerst sieht man sich erstaunt um: Wo aber ist denn da der Vulkan? Doch richtig, knapp unterhalb der Forstpiste klafft nach mehreren hundert Metern im Hang ein aufgeborstener Schrund. Aus ihm zieht ein wüster Graben hinunter ins Kulturland. Wären seine Felsflanken nicht so schwarz, so verbrannt, man könnte meinen, in einen der ausgetrockneten Wildbachgräben der Alpen zu sehen. Hier jedoch hat der **Vulkan San Juan**, dieser merkwürdige Heilige, Feuer mitten aus der Bergflanke gespuckt und Lava zur Küste hinuntergeschickt – 1949 war das, ausgerechnet an seinem Festtag. Ein Vulkan diesmal ohne den gewohnten Ausbruchskegel. Auf La Palma kann man lernen, wie unterschiedlich vulkanische Landschaftsformen sind.
Den zur Zeit gottlob fehlenden Feuerzauber aber ersetzt zu Ende des Spaziergangs das tägliche Finale: Feurig rot versinkt die Abendsonne in den zarten Wolkenschichten über dem Meer. Mit Vulkanismus hat das freilich nichts mehr zu tun.

El Llano del Jable: schwarzer Auswurf feinkörniger Lapilli, aufgeschüttet vom Vulkan Birigoyo.

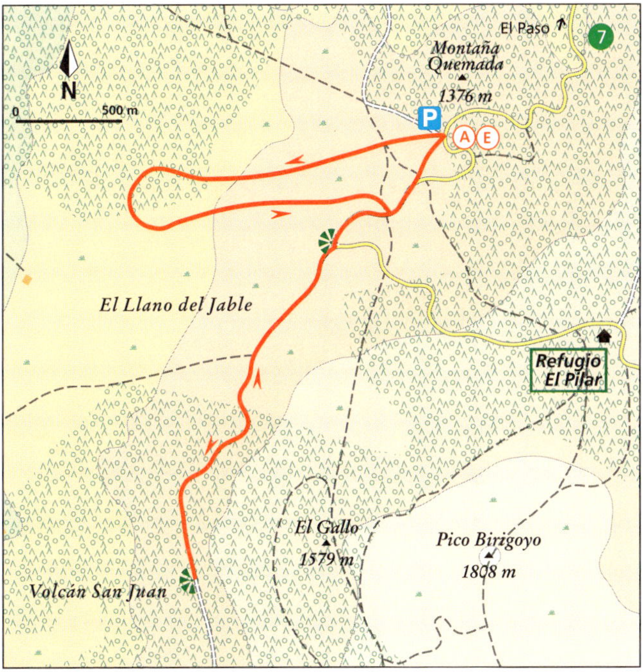

8 Wilder Barranco mitten im Lorbeerwald

Los Tilos – Barranco del Agua – Los Tilos

mittel
2 km
1 Std.
unerheblich
ja

Tourencharakter: Völlig weglos auf Blockwerk hinein in eine Felsenklamm mit triefendem Urwald des UNESCO-Biosphären-Schutzgebiets.
Beste Jahreszeit: Februar bis Juni.

Ausgangs- und Endpunkt: Infozentrum Los Tiles, auf Stichstraße durch Barranco del Agua von der Ostküstenstraße.
Markierung: Keine.
Einkehr: Restaurant Los Tilos.

Als »lebende Paläo-Flora« bezeichnen Fachleute den Lorbeerwald, den »laurel« oder »Laurisilva«. Diese dichte und dunkle Waldgemeinschaft ist eine makronesische Besonderheit. Sie bewahrt eine im Tertiär im Gebiet um das heutige Mittelmeer ehedem weit verbreitete Waldformation. Einstmals bedeckte er in den Höhen zwischen 500 und 1000 m die feuchten Nordlagen aller Kanarischen Inseln wie auch die Madeiras. Der eindrucksvollste, relativ ursprüngliche Restbestand blieb im Nordosten La Palmas in der Nähe von → **Los Sauces** erhalten. Die UNESCO hat dieses Schluchtgebiet daher mit gutem Grund als »Reserva de Biosféra« ausgewiesen.
Das Florenbild des Lorbeerwaldes erinnert an tropische Bergwälder. Immergrüne Bäume mit schlanken Stämmen entfalten in 30 m Höhe ein geschlossenes Kronendach. Lianenartige Klettergewächse, eine kräftige, blühende Strauchschicht, mannshohe Kräuter und Blumenlichtungen verstärken das Erlebnis Nebelurwald. In das Schutzgebiet

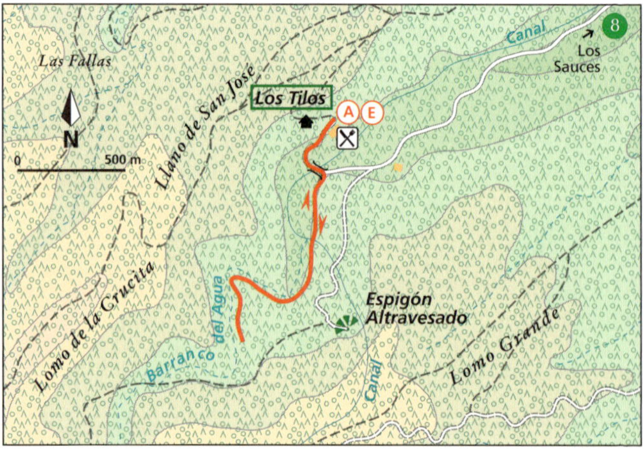

8

→ **Los Tilos** mit dem größten Bestand an Lorbeerarten führt diese Wanderung.

Der Autofahrer fährt Los Tilos direkt auf einer Stichstraße an. Wer auf den auf der Ostuferroute verkehrenden Bus der Linie 11 oder 12 angewiesen ist, muß leider von der Kehre im Barranco 2,5 km aufsteigen.

Der anschließende urtümliche Abschnitt des → **Barranco del Agua** selbst ist eine besonders eindrucksvolle Schlucht. Freilich vermag nicht jeder das völlig weglose Blockwerk im Schluchtgrund zu bewältigen. Bei Hochwasser oder Niederschlägen verzichte man zur eigenen Sicherheit auf jede Begehung.

Wegverlauf

Kurz vor der Gaststätte **Los Tilos** wechselt die Asphaltstraße über eine Brücke auf die Nordseite des **Barranco del Agua**. Parkplätze sind in der Nähe. Zwischen Brückengeländer und Hang kann man von der Straße her eine betonierte Wasserfuhre betreten. An ihr wandert man ein Stück weit entlang, bis bequem ins Barranco-Bett abzusteigen ist. Danach beginnt ein wegloses Krabbeln über Felsbrocken und Geröll. Hoch ragen die Schluchtwände auf, mal als düstere Felsklamm, mal als V-förmig eingesägter Einschnitt. Überall tropft es, rieselt es. Mächtige Farne und Efeustricke hängen von oben in die feuchte Tiefe herab, eine wuchernde Vorsatzkulisse überzieht den Fels. Man fühlt sich hineinversetzt in einen Abenteuerfilm, der im tropischen Nebelurwald spielt. Wo lauern da die Indianer mit den Giftpfeilen? Nein, die Guanchen waren friedfertige Menschen. Die Konquistadoren haben sie dennoch gefangen und als Sklaven verkauft.

Besucherzentrum Los Tiles: Information über den Lorbeerurwald, multimedial – auf spanisch.

Spätestens nach der dritten, auf eingehauenen Kerben überwindbaren Felsstufe muß jeder aufgeben. Aus dem Barranco-Grund führt nach oben kein Ausweg hinaus.

Zurück also nach **Los Tilos**, zurück zum Info-Zentrum für das UNESCO-Reserva de la Biosfera. Hier gibt es gratis die informative Einführungsschau für den Lorbeerurwald und das ganze, mehr als 13 000 ha umfassende neue Schutzgebiet Los Tiles, mit allen multimedialen Tricks.

Variante: Kombinationsmöglichkeit mit Tour 7.

9 Vom Lorbeerwald zu den Bananenplantagen

Los Tilos – Mirador de las Barandas – Los Sauces

leicht

6 km

2½ Std.

↑270 m ↓450 m

ja

Tourencharakter: Aus der Schluchtlandschaft des Biosphärenreservats auf steilem Bergweg zum Mirador und auf Piste hinab ins Bananenstädtchen.
Beste Jahreszeit: Februar bis Juni.

Ausgangspunkt: Info-Zentrum Los Tiles, auf Stichstraße durch den Barranco del Agua von der Ostküstenstraße.
Endpunkt: Los Sauces.
Markierung: Teilweise, gelb.
Einkehr: Unterwegs keine.

Das Biosphären-Abenteuer am Barranco-Grund (siehe **Wanderung 8**) reicht vielen Wanderern nicht. Und auch das interessante Info-Zentrum Los Tiles vermag trotz eingehenden Studiums der leider nur spanischen Texte die Wanderneugier nicht zu stillen. In palmerisches Leben vor und um die Gastwirtschaft einzutauchen mag Aufschluß über die Freizeitlebensweise der Einheimischen geben, der wißbegierige Gast aber möchte das Naturschutzgebiet mit seinem ungemein zerklüfteten Relief auch von oben sehen. Aus der Enge der Schluchten also hinauf zum Tiefblick in die Barranco-Wildnis! Der ausgebaute Pfad zum Mirador de las Barandas macht's möglich. Und so wird er zum Abschluß der Exkursion → **Barranco del Agua** auch gerne benutzt. Für pure Ausflügler ist der Steilaufstieg allerdings nichts.

Wegverlauf

Gleich hinter dem **Info-Gebäude Los Tiles** im nachempfundenen Kanarenstil zeigt ein Wegweiser am Rande der Miniparkfläche aufwärts. Da klettert ein schmaler Steig steil und etwas mühsam durch den dichten Lorbeerhochwald empor. Am Kamm schließlich ein Mirador, ein mit Geländern eingefaßter **Aussichtspunkt** zwischen Kanarenkiefern; wilde Geranien umranden die Tische und Bänke. Das schattige Plätzchen schenkt eine Übersicht über das Gebiet um → **Los Tilos** und über erhebliche Teile des Biosphären-Schutzgebiets Los Tiles. Wo man auch den Blick bergwärts wendet, überall begrenzen steile Waldkulissen die urtümliche Schluchtlandschaft. In der Gegenrichtung das Gegenstück: die Sicht auf das weiße Häusergewürfel von → **Los Sauces**, dahinter das weite, verblauende Meer. La Palmas typischer Nordosten.

Den von diesem **Mirador de las Barandas** sacht absteigenden Ziehweg sollte man bald auf breiter Erdpiste nach links verlassen. Da

»Indianerpfad« zum Mirador, steil aber ungefährlich.

läßt sich der Übergang vom Lorbeerwald in die Brezal-Feyal-Zone exemplarisch studieren. Dieser übermannshohe Buschwald aus Erikabäumen, gemischt mit Makronesischem Gagelbaum und Stechpalmen, wird zur Stangengewinnung für den Bananenanbau genutzt. Höher oben an der Piste gelegene Schlagflächen gestatten dann auch einen interessanten Überblick über diesen Teil der Insel.

Tatendurstige gehen da nicht auf der gleichen Route nach Los Tilos zurück. Sie wählen vielmehr den knieschonenden Abstieg auf der Forststraße hinunter in das Bananenstädtchen **Los Sauces**, der sich an den Geländerücken hält. Hin und wieder gestattet der Waldmantel anregende Ausblicke, und richtig steil wird es erst nach den Gartenterrassen in der Ortschaft. An einer Gabelung der abschüssigen Ortsstraße halte man sich halb rechts direkt auf den Hauptplatz und die Kirche zu. Abschließend erspart eine **Taxifahrt** von Los Sauces die Asphalttreterei nach **Los Tilos** zurück.

Ende der anschaulichen Exkursion durch die Vegetationsstufen der Insel mit ihren zahlreichen endemischen Arten. Kluge Leute haben es ausgezählt: 27 Prozent der hier anzutreffenden Gewächse sind dem europäischen Urlauber fremd. Ein Grund mehr für den exotischen Reiz La Palmas, der grünen »Isla bonita«.

Variante: Kurzwanderung nur bis zum **Mirador de las Barandas** und nach **Los Tilos** zurück, 1 1/2 Std.; empfehlenswert!

10 La Cumbrecita: Miradores für jedermann

La Cumbrecita – Mirador de las Chozas – Mirador Los Roques – La Cumbrecita

leicht	3 km
1 ½ Std.	↓130 m ↑130 m
ja	

Tourencharakter: Kurzer und müheloser Fußmarsch durch Bergwald zu Aussichtspunkten über die Caldera.
Beste Jahreszeit: Ganzjährig.
Ausgangs- und Endpunkt: Parkplatz La Cumbrecita, erreichbar auf Regionalstraße von El Paso.
Einkehr: El Paso.

→ **La Cumbrecita** – historischer Boden. Hier haben die spanischen Invasoren den im Kampf unbesiegten Guanchenfürst Tanausú mit seinen Begleitern am Morgen des 3. Mai anno 1493 durch Hinterlist gefangengenommen. Wer heute von der Carretera general, östlich von → **El Paso** her, durch Parklandschaft und Pinienwald auf gutem Sträßchen die Paßhöhe von La Cumbrecita ansteuert, merkt freilich nichts von der blutigen Geschichte der Conquista. Heute ist vielmehr Natur angesagt; so liegt an der Anfahrt im Tal die Schule der Natur, El Richuelo, Unterkunft für geführte Naturschutzgruppen.
Nach munterer Bergaufkurverei weist einen vor dem Info-Häuschen ein Wärter der Nationalparkverwaltung auf dem knappen Parkplatz am Scheiderücken ein. Das Einparken ist hier zwar ungefährlich, jedoch nicht immer einfach. Und wer zu spät kommt, hat das Nachsehen.
Das erste, was auf La Cumbrecita auffällt: keine Aussicht vom Sattel, der tiefsten Stelle im Cumbre-Kamm. Nur die Ahnung, daß von da irgendwo was zu sehen sein muß. Das zweite sind die Fußgänger, die sich nach Norden und Süden bewegen. Ihr nördlicher Bewegungsdrang endet sehr schnell unter aufragenden Wänden; Vorposten: ein riesiger Felszahn hoch über der Paßschneide. Die Orientierungstafel mit Kartenskizze des Parque Nacional verzeichnet zwar einen Steig von La Cumbrecita in die Caldera, sagt aber nichts darüber

10

aus, daß dieser in die Felsen gegrabene Pfad schon Todesopfer gefordert hat. Grund: Überschätzung der eigenen Fähigkeiten auf diesem überaus langen Felsenweg. Erfahrenen Bergwanderern bietet er freilich ein großartiges Caldera-Erlebnis und einen reichen Eindruck vom Pflanzenleben im Felsgebiet.

Gepflegte Wege von Mirador zu Mirador.

Wegverlauf

Vom Parkplatz **La Cumbrecita** aus zieht nach Südwesten eine breite und sanfte Piste wie ein Magnet die Mehrzahl der Besucher an. Nach Studium des einweisenden Informationsschildes setzen sie sich auf diesem vorgegebenen Auslauf in Marsch. Grüppchenweise zieht alles auf der ausgeschobenen Trasse durch die Hangfalten des **Pico Bejenado** entlang. Nur an den sieben Lehrtafeln bleiben viele stehen. Denn neuerdings ist dieser Weg zum aufschlußreichen naturkundlichen **Lehrpfad** ausgestaltet worden.

Viele schließen auf dieser Piste erstmals Bekanntschaft mit den steilen vulkanischen Waldhängen. Daß sie tief hinabschießen, irgendwohin nach unten, spürt man, merkt man. Wie es aber dort drunten aussieht verbirgt der Kiefernbestand, der tief gestaffelt die nadelbedeckten Hänge emporklettert. Zwischen den Pinienwipfeln geistert hier und da ein Stück ferner Caldera-Fels durch, manchmal auch das kantige Haupt des Bejenado.

In einer der Einbuchtungen erblickt man schließlich einen Geländesporn, einen »lomo«, auf dem offensichtlich der Ausflug zu Ende ist. Es wird zusehends lichter im Wald, neugierig schiebt der »lomo« sei-

10

Überwältigender Blick auf die Calderawände vom Mirador Los Roques.

ne Nase aus dem grünen Pelz heraus. Da – mit Holzgeländer säuberlich abgesichert ein angelegter Aussichtspunkt, ein Mirador: der **Mirador de las Chozas**. Und hier entrollt sich mit einem Mal beinahe der ganze Prospekt des Felsenzirkus rund um die Caldera. Braungrauer Stein, zerrissen, wie abgestürzt. Eine gewaltige Wandflucht, gebändert, gestreift, über dem leicht gewellten oberen Rand der Felsen das knallige Blau des Atlantikhimmels. Ein Postkartenmotiv. Das Postkartenmotiv von La Palma. Ich gestehe, auch ich habe diese Karten an meine Freunde verschickt. Denn ich kenne kaum einen anderen leicht erreichbaren Fotostandpunkt, der eindrucksvoller die ganze Wucht der Gebirgsinsel La Palma spiegeln würde.

Wer sich traut, wählt nach gebührender Bewunderung der Caldera-Wände für den Rückweg eine andere Route. Den Fußsteig nämlich, der kurz vor dem Mirador in den Hang unterhalb der Piste hineinzieht. Schmal, jedoch gut gebahnt ist von da der steile Bergwald viel unmittelbarer zu erleben als von der parallelen Piste aus. Auf zierlichen Brückchen überquert der gegrabene Pfad einige seichte Wassergräben, knickt um kleine Hangkanten und endet an einem zweiten Aussichtspunkt, am **Mirador Los Roques**. Von dort ist es nur mehr ein steiles Stück hinauf zur Orientierungstafel auf der Paßhöhe. Empor zu den Ausflüglergrüppchen mit Oma, Opa und Enkel, die gerade auf der bequemen Trasse zum Auto zurückkehren vom Schauerlebnis Caldera. Las Chozas allein ist tatsächlich ein toller Mirador – für jedermann.

Caldera-Panorama vom Pico Bejenado

11

El Barrial (Pista de Valencia) – Los Rodeos – Pico Bejenado – El Barrial

Tourencharakter: Auf angelegtem Steig steil auf freien Gipfel mit Einblick in die Tiefe der Caldera und auf das Panorama der Bergumrahmung.
Beste Jahreszeit: Februar bis Juni.

Ausgangs- und Endpunkt: Parken an Erdpiste über Valencia bei Nationalpark-Tafel nach Rechtskehre auf etwa 1150 m.
Markierung: gelb.
Einkehr: El Paso.

mittel

12 km

4 Std.

↑700 m
↓700 m

Verständlich, daß der Bergwanderer auch auf La Palma freistehende Gipfel sucht. Es gibt da einen schönen: den Pico Bejenado, 1857 m hoch. Er steht wie ein eigens geschaffener Aussichtsturm mitten zwischen den Flanken der hufeisenförmigen Caldera-Umrahmung. Der gebotene Ausblick entspricht voll der solitären Lage. Zur Erleichterung aller Gipfelanwärter hat die Nationalparkbehörde einen Gipfelsteig angelegt. So wird die Bergtour gewiß niemanden enttäuschen; es sei denn, daß der Dampf aus der Caldera oder die Wolkenhaube des Passats jede Sicht raubt.

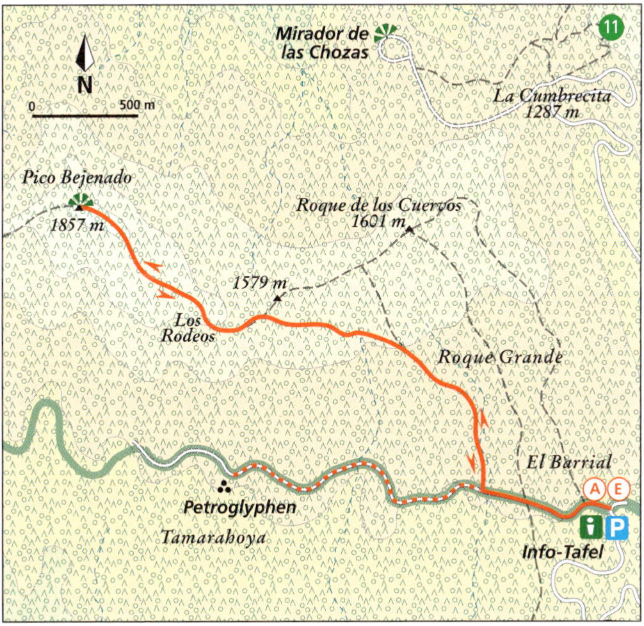

11

Am östlichen Ortsrand von → **El Paso** biegt man vor dem des Nationalpark-Besucherzentrum von der Hauptstraße → **Santa Cruz** – → **Los Llanos** beim Richtungsschild »Cumbrecita« nach Norden in diese Asphaltstraße ein. Kurz nach der Abzweigung »Virgen del Pino« geht es nach links ab Richtung »Valencia«. Hier weist auch eine erste Tafel auf den Bejenado hin. Die anfangs noch asphaltierte Straße quält sich schließlich bei El Barrial als wasserzerfurchte Piste am Hang entlang. Nach ihrer Rechtswendung überrascht wieder ein Stück Asphalt. Nicht lange danach erscheint dann linker Hand eine Übersichtstafel über das Nationalparkgebiet mit Informationen zum Sendero Bejenado. Platz zum Parken gibt es am Rande der Piste.

Wegverlauf

Die Bergwanderschuhe angezogen und los geht's: links auf dem vergrasten Karrenweg, mitten durch die zuwachsende Pracht aufgegebener Mandelgärten auf dem **Sendero Bejenado**. Sobald man bei Steinmännchen eine Erdpiste erreicht, marschiert man wieder nach links und fast eben durch den Kiefernwald. Immer der ausgeschürften Trasse nach – durch abzweigende Ziehwege und alte Steigspuren darf man sich nicht irritieren lassen. Hin und wieder schaut der sanfte Hang um El Paso oder der Kammverlauf der → **Cumbre Nueva** und **Vieja** zwischen den Kiefern hindurch.

Schließlich stößt man auf die Grenze des **Parque Nacional** → **Caldera de Taburiente** und damit auf die unübersehbare Informationstafel mit eingezeichnetem Wegverlauf und Wegprofil. Da liest man dann, was man tun und lassen soll. Man sollte sich die Verhaltensregeln merken, denn man ist Gast in einem großen Naturschutzgebiet.

Nun kann man den Weg nicht mehr verfehlen. Zwar täuscht der erste Anstieg nach der Info-Tafel ungewöhnliche Steilheit vor, doch keine Sorge – schon bald beginnt der sorgfältig angelegte Steig, der sich mit jeder künstlichen Weganlage in unseren Alpen messen kann. Würden rundum nicht gelb blühende Hornkleeflächen Farbtupfer auf den mit braunem Filz alter Piniennadeln überzogenen Boden aufsetzen, der Gang durch den abgebrannten Pinienwald wäre trist. Schon treiben überall wieder frische grüne Nadelschöpfe aus der verkohlten, groben Borke. Und der Klee setzt seine eigene Duftmarke zwischen den Harzgeruch. Nicht nur die Schwärme spielender Falter nehmen ihn gerne auf. Bald zickzackt der gegrabene Steig am Waldrücken empor. Bei **Los Rodeos** gewinnt er die Kammhöhe und damit einen ersten

Die spanischen Geologen meinen: Der Bejenado ist Schuld am Entstehen der Caldera de Taburiente.

11

Aussichtsgipfel am Eingang zur Caldera: der Pico Bejenado (rechts im Bild).

Tiefblick in Teile der Caldera. So man Glück hat, führen die Passatwolken gegenüber das Schauspiel ihres »Wasserfalls« vor, der über die Cumbre Nueva herabfällt wie die Föhnmauer am Alpenhauptkamm. Eine imposante Wetterlaune dieser an Naturwundern so reichen Insel.

Nun wird's alpiner: Herausgepickelt oder aufgeschlichtet windet sich der Steig den Hang empor. Steilgras, kleine Felsabsätze unterbrechen den lichten Bergwald. Zwischen den Pinienstämmen wechseln die Durchblicke auf das → **Valle de Aridane**. Eine kurze Schleife durch den Felsabbruch zur Caldera, dann leitet der verschmälerte Kamm wie eine Brücke auf den Aussichtsgipfel des **Bejenado** hinauf. Direkt über den tiefen grünen Gründen der Caldera.

Winzig nur erkennt man bei der Gipfelrast den heiligen Felsen Idafe, die Campingfläche Acampado und darüber die unzähligen Schluchten, die hinaufziehen zur Felsumrahmung vom → **Pico de la Nieve** über den → **Roque de los Muchachos** bis zur Somada Alta. Ein wunderbarer Aussichtsplatz! Rundum gerade so viel Luft, daß man sich auf einem echten Gipfel fühlt. Der Blick auf die Ebene → **El Paso** – → **Los Llanos** verbindet unmittelbar mit der tief unten liegenden bewohnten Welt. Der Welt der Palmeros, der Ferien-Bungalows und der Residenzen betuchter deutscher La Palma-Freunde. Darüber aber lockt im Süden die »Vulkan-Route« zu neuen Ferienabenteuern. Das erste echte und doch so leicht gewonnene Bergwandererlebnis auf La Palma! Nicht nur die Fotos erinnern an diesen gelungenen Tag.

Variante: An der Orientierungstafel auf der Waldpiste, vor dem endgültigen Aufstieg, knapp 1 km weiter zu einer Rechtskurve und unterhalb zu den Petroglyphen von **Tamarahoya**, 1/2 Std.

12 Barrancos und stiebende Wasser

Los Brecitos – Playa de Taburiente – Mirador de la Fondada – Los Brecitos

anspr.

17 km

6 Std.

↓700 m ↑700 m

Tourencharakter: Ausflug im Nationalpark Caldera de Taburiente auf unterhaltenen Steigen von Los Brecitos aus. Von der Playa an mitunter heikel.
Beste Jahreszeit: März bis Juni.

Ausgangs- und Endpunkt: Los Brecitos, Anfahrt aus dem Barranco de las Angustias mit geländegängigem Spezialtaxi (wenn nicht unterwegs, Standplatz am Bachbett).
Einkehr: Unterwegs keine.

Ohne Zweifel: Das Naturschaustück der → **Caldera de Taburiente** mit ihrem Nationalpark ist die größte landschaftliche Attraktion der Insel. Obwohl in Privatbesitz, steht fast das ganze Gebiet der Caldera seit 1954 als Parque Nacional unter Naturschutz: ein riesiger Kessel mit einem Durchmesser von 8 km und 1500 m Tiefe. Die kaum zugängliche Zone von 23 km umschließender Wände sollte von Fremden nicht betreten werden. Für die Besucher hat die zuständige Parkbehörde al-

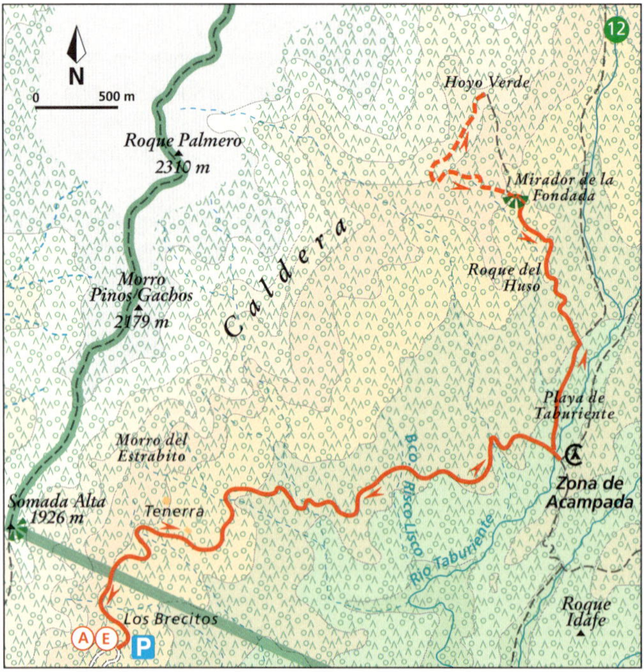

lerdings nicht nur das Campinggelände an der Playa de Taburiente eingerichtet, sondern von dort aus auch einige Stichwege angelegt. Ein Ausflug auf diesen Routen vermittelt markante Eindrücke von der Eigenart dieses großartigen Nationalparks. Auf seinen Besuch stimmt das Informationszentrum an der östlichen Einfahrt von → **El Paso** ein. Dort gibt es auch die Genehmigung für das Zelten sowie für den mehrtägigen Aufenthalt im Park. Ein Kompliment noch der Parkverwaltung wie auch den Besuchern: An den Wegen liegt kaum Müll.

Die Anfahrt nach Los Brecitos wird niemand als fahrerisches Vergnügen empfehlen. Wer über kein geeignetes Fahrzeug verfügt, fährt das stark ausgewaschene Sträßchen am Westhang zweckmäßigerweise mit den im Bett des → **Barranco de las Angustias** auf Kundschaft wartenden Geländetaxis hinauf. Parkplatz für Selbstfahrer gibt es auf Los Brecitos. Von dort sind es knapp vier Stunden zur Playa de Taburiente und zurück.

Leichter Zugang von Los Brecitos aus in die Caldera.

Wegverlauf

Allein der Ausblick in die Caldera vom Geländesporn **Los Brecitos** aus entfacht bestimmt die Wanderlust. Die übliche Nationalpark-Tafel zur Orientierung, die Informationen auch deutsch. Dann geht es hinein in den Park durch ein rustikales Ehrenportal auf Kanarenart.

Schon der ausgezeichnet angelegte Wanderweg zum Campinggelände zeigt echte Caldera-Landschaft: feuchte Schluchteinschnitte, dann wieder lichten Pinienwald, dazwischen Erikabäume, Zistrosenbüsche und manch anderes subtropisches Gewächs. Etwa halbwegs versteckt sich auf einer Verebnung altes Bergbauernland. Kurz vor der Playa de Taburiente fällt eine zugemauerte **Höhle** auf. Tür und festes Vorhängeschloß stammen aus der Zeit der Benutzung als Pulverkammer beim Bau von Wasserstollen. Einst soll hier jedoch in der Cueva de Tanausú der letzte freie Häuptling der Ureinwohner residiert haben. Jener unbesiegte Verteidiger seiner Insel, den die Conquisdatores zu einem Friedensgespräch unter Caballeros aus seiner damals unzugänglichen Wildnis gelockt und dann gefangengenommen hatten. Nur durch diese hinterhältige List gelang es den Usurpatoren im Jahre 1493, La Palma endgültig zu erobern.

Vor der Höhle fanden Archäologen auch Fragmente von vorspanischem Trockenmauerwerk. Sie lassen hier auf ein Siedlungszentrum

12

der Guanchen schließen. Die Reste sind in jüngerer Zeit untergegangen, doch an manchen schwer zugänglichen Stellen der Caldera bezeugen noch Felsgravierungen und Tonscherben menschliche Vergangenheit. Die Caldera ist ein Denkmal der Natur- und der Urgeschichte.

Mit Geländetaxi erreichbar, bietet Los Brecitos den bequemsten Zugang zur Caldera.

Aus dem endlich erreichten Wildbachkessel der **Playa de Taburiente** mit Zeltplatz und Servicestätte führen vor allem drei gebahnte Wege weiter gegen die umschließenden Wände hinein. Der rechte, östliche, am und über dem Gießbach des Barranco Verduras mit Weidengebüsch und an Wasserkaskaden. Der mittlere endet in Badegumpen des Barranco Los Cantos. Der westliche zum Roque Huso bietet den reizvollen Blick auf den Desfondada-Wasserfall. Welchen man wählen soll? Am besten alle drei. Aber das geht wohl kaum, wenn man nicht hier kampieren will.

Wir haben den **Desfondada-Weg** vorgezogen, der geschickt eine der schmalen Felskulissen nutzt, um ein klein wenig alpin eine Aussichtskanzel zu ersteigen. Er zweigt am Westrand der Playa an der Orientierungstafel ab und ist gelegentlich mit Steinmännchen markiert. In den teils mit Geländer gesicherten Steilpartien kann ohnehin niemand vom »Pfad der Tugend« abweichen.

Weiter oben hingegen, am nadelbedeckten Boden sowie im Blockwerk eines meist trockenen Bachlaufs in einem Waldeinschnitt werden die Wegzeichen rar. Hier muß man eben die Augen offenhalten. Dann stößt man wieder auf den ausgeprägten Steig.

Immer wieder staunt man innerhalb der Caldera, welche märchenhaften Waldwiesen in die Steilhänge zwischen den Gräben eingebettet sind. Auf eine solche trifft man auch hinter dem Roque Huso unmittelbar unter dem **Mirador de la Fondada**. In einer Kammsenke ein paar Stufen, vor dem Abbruch ein schützendes Holzgeländer – und da drüben! Ein silberner Faden, der seinen Strich lotrecht in die Felswand hängt. Wie viele Meter? Ich weiß es nicht. Kein Niagara-Fall, aber doch ein Naturschauspiel in dieser zerklüfteten Felslandschaft.

Essen & Trinken

Prima essen mit aufmerksamem Service

In Los Llanos de Aridane haben wir viele ausgezeichnete Lokale erlebt, dort hat's auch die meisten. Unser Stammlokal nach der Tour wurde Salto si puedes mit ausgezeichneter Kanarischer Küche (Av. Tanausú, 29, Tel. 922463879, Fax 92246 3057). Ein einheimisches Lokal, wo der Gast gepflegte palmerische Küche schätzen lernt. Und nachher der Hock nebenan zwischen den Weinfässern im Felsgewölbe der Tasca: Palacio de vino Genuß und Stimmung bei Eigenbauwein!

Tiefblick zum Idafe: legendärer Felsmonolith in der Caldera (links im Bild).

Eine inzwischen im Steilgelände angelegte Wegfortsetzung ist brüchig und nicht gerade einfach. Zwar bietet sie einen profunden Einblick in die innersten Gründe der Caldera, doch sollten sie nur erfahrene und schwindelfreie Bergwanderer begehen. Die Anlage schlängelt sich in den Kiefernwald von Siete Fuentes hinauf; verfallene Pfade einstiger Ziegenhirten werden dabei gekreuzt. Unterhalb, am Roque de la Viña, gab es früher einmal sogar einen Weinberg. War doch die Caldera in vergangenen Jahrhunderten an den unmöglichsten Stellen von Bergbauern genutzt. Endgültiges Ende der Steiganlage bildet der Aussichtspunkt von **Hoyo Verde** auf einer Höhe von ungefähr 1350 m. Selbst hier fand man Tongefäße der Altkanarier. Für sie war offensichtlich nichts in der Caldera zu steil.

So man über genügend Zeit verfügt, mag man irgendwann auch die anderen freigegebenen Wege probieren. Sie alle strahlen von der Playa aus. Ein jeder von ihnen vermittelt ein Stück mehr von der Einzigartigkeit der Caldera. Die, wörtlich genommen, eigentlich keine Caldera, kein vulkanischer Ausbruchskrater ist, sondern ein riesiger ausgeräumter Erosionstrichter. So jedenfalls sehen es die Geologen.

Variante: Weiterweg für Trittsichere und Schwindelfreie vom **Mirador de la Fondada** bis **Hoyo Verde,** gut 2 Std.

13 Höhenbummel am Caldera-Rand

Pista Pico de la Nieve – Pico de la Nieve, 2239 m – Piedra Lana – Pico de la Cruz, 2351 m – Pista Pico de la Nieve

anspr.

13 km

5½ Std.

↑600 m
↓150 m

Tourencharakter: Höhenwanderung mit geringen Gegensteigungen im nicht allzu steilen Gelände am Rande der Caldera, 6 km Rückweg zu Fuß auf der Höhenstraße.
Beste Jahreszeit: März bis Juni.

Ausgangs- und Endpunkt: P auf Erdpiste Pico de la Nieve, Anfahrt per Pkw von Santa Cruz auf guter Asphaltstraße, Abzweig bei km 22,5.
Markierung: Rot.
Einkehr: Unterwegs keine.

Für den Bergwanderer ist ein Höhenweg über Kammrücken gewiß eine der dankbarsten Erlebnisrouten. La Palma bietet am Caldera-Rand nun eine durchgehende Möglichkeit. Auf meist über 2000 m! Das schönste und leichteste Stück reicht, gut gebahnt, am flacheren Rand des tiefen Kessels vom viel besuchten Aussichtsberg → **Pico de la Nieve** bis zum Pico de la Cruz. Allein schon dieser unterhaltene Wegabschnitt zeigt das Hochgebirge der Vulkaninsel auf instruktive Weise. Und auf die schönste Art! Ein Gang, ein Bummel über die Höhen, den sich trotz 6 km Rückmarsch auf Asphalt kein gesunder Wanderer entgehen lassen sollte.

Wegverlauf

Der Wagen bleibt an der beschilderten Abzweigung der **Pista Pico de la Nieve** von der Höhenstraße über die → **Cumbre de los Andenes** kurz nach km 22 stehen. Auf der neu angelegten, gelb markierten Route »PR LP 3« ist der Umkehrplatz am Pistenende durch den üblichen Pinienforst bald erreicht. Frei wird der Blick erst nach dem Rastplatz an der Nationalpark-Tafel. Von hier führt der schottrige Fußweg mitten hinein in eine typische Landschaft der La Palma-Höhenzone: nackte walfischförmige Felsrücken, einzelne kuriose Steingebilde, Trümmerwerk, Sand – und überall die Wildnis der Ginsterbüsche, aus denen sich die verformten Kampfgestalten der Kanarenkiefern hervorwinden. Dieser Codeso-»Ginster«! Zuweilen ein gelbes Blütenfeld, nicht hart, nicht stachelig, nein, nur grüne Pfeifenputzer, aber zäh und elastisch. Fast wie Latschenkiefern. Ein Dickicht neben dem Weg, das kaum zu durchdringen ist.
An der erste Wegteilung steigt hart rechts die stärker begangene Trasse beschildert gegen den schneelosen »Schneeberg« → **Pico de la Nieve** auf. Die Augen bewundern die phantastischen solitären Kiefergestalten, der Fuß stolpert über die Wegauflage aus kleinen und

13

größeren Lavabrocken. Schon oben, nimmt der Weg den Pfad von der Punta de los Roques auf und gewinnt schnell den Gipfelrücken. Auf der sanften Kuppe wird der Wanderer gleich von einer ganzen Schar von Steinmännern begrüßt. Rundschau – und Zeit zur ersten Brotzeit! Mit Ziegenkäse und einem Schluck Vino de mesa: ein Prosit auf die Aussicht!

Wellig wölbt sich der Caldera-Rand im weiten Halbkreis um den dampfenden Talkessel. Der höchste Berg, der **→ Roque de los Muchachos**, tut sich trotz seiner 2426 m kaum hervor aus dem »Gipfel«-Kranz. Seine Felszacken wirken aus dieser Ferne nur wie ein einziges Steinhäuschen. Viel imposanter ist da die Schau auf das Wolkenmeer über dem Atlantischen Ozean, das nur die Pyramide des Teide auf Teneriffa durchbricht. Vielleicht erkennt man noch eine Andeutung von der Scheibe der Insel La Gomera; schon El Hierro entdeckt man kaum. Ein Blick wie aus dem Bordfenster bei der Flugreise.

Ein paar Schritte wieder hinunter. Von Steinen eingesäumt zieht der Weiterweg eindeutig an der flachen Ostseite um einige Kuppen herum. Herum um den **Pico del Cedro** und den **Lomo de Pablo**. Stellen-

Mit Blick über den Kesselrand der Caldera: Eine Mittelgebirgswanderung im Hochgebirge.

13

weise streifen übermannshohe Codeso-Büsche das Gesicht, verdecken auch die Stolpersteine. Sand- und Trümmerhänge schießen hinunter zur asphaltierten Autostraße. Ein in den großen Zügen einfacher und klarer Landschaftsbau. Abwechslung bieten vor allem die Nahbilder, diese wechselnde Kombination aus Ginster, Asche und basaltischen Felsblöcken, zwischen denen so manches grünt und blüht. Wie beispielsweise der Teidelack, das hochalpine La Palma-Veilchen und der seltene goldgelbe Gipfelginster. Lustig auch das Spiel der Rabenvögel, die um die Felsklippen segeln, als wollten sie den Wandersmann locken, es ihnen gleichzutun.

Bedrohte botanische Raritäten am Wege: Enzianblauer Natternkopf, goldgelber Gipfelginster, La Palma-Veilchen u.a.

Ein Stück hinauf zur **Piedra Lana**. Vom Gipfel kann man das größte Feld von enzianblauen Natternköpfen sehen, die vermutlich aussterben werden. Auch andere Pflanzenraritäten haben sich auf die für Kaninchen unzugänglichen Felsen zurückgezogen. Und in der Gipfelumgebung sollen sich zudem viele Spuren von Hirtenanlagen der Ureinwohner verstecken. Selbst aus den Felsabbrüchen, wo sich nur einzelne bizarre Zedern-Wacholder mühsam am Stein festkrallen, klettern wohl seit mehr als 1000 Jahren von Hirten und Jägern benutzte Steigspuren aus der Caldera heimlich zum Kamm empor – kaum vorstellbar, aber wahr.

Auf dem Weiterweg rechts unten dann ein merkwürdiges Eisenknäuel, das **Stahlmonument zu »Ehren der Unendlichkeit«**, geschaffen von dem kanarischen Avantgardisten César Manrique. Und nach viel beschaulichem Höhenbummeln nahe dem Grat durch den Raum der Unendlichkeit folgt ein letzter Aufstieg durch einen Bonsai-Garten vulkanischer Felsgebilde zum **Pico de la Cruz** (2361 m), markant durch seine Steinhütte mit Solaranlage und Antennen. Eine ausgiebige Rast, noch einige Fotos in die Runde. Im Angesicht der Gebäudekomplexe geballter astrophysikalischer Forschung ist dann auf dem

13

gut angelegten Steig am Mirador de Taburiente das nahe Asphaltband der Höhenstraße erreicht. Finis Höhenbummel! Ende einer der schönsten Höhenwanderungen auf La Palma.

Wer auf dem **Rückweg** nicht als Anhalter reisen kann, muß die Höhenstraße unter die Füße nehmen; über die Cumbre de los Andenes verkehrt kein öffentlicher Bus. Gar so langweilig, wie man befürchtet, ist dieser »Schönheitsfehler« allerdings nicht. Denn der Marsch am Rande des Asphalts gibt viel Muße, am Straßenaufschluß das Farb- und Formspektakel unterschiedlichsten vulkanischen Gesteins zu studieren. Grau, schwarz, gelb, ocker, ja feurig orange! So präsentiert sich der Fels als versteinerter Schaum, durchsetzt von Säulen, von Steinsäcken, oft auch nur als bröckelndes Gekröse. Vereinzelt ist ganz bequem in den nahen Steinmassen das nur auf dieser Insel vorkommende Palma-Veilchen zu sehen. Hinter Maschendrahtzäunen vor Kaninchenfraß geschützt, versucht man auch andere Seltenheiten wieder hochzubringen.

Und ständig dieser Teide! Alleinherrscher am Horizont, der über Meeresfluten und Wolkenschichten thront. Ein Bild wie hingepinselt. Fast nur ein Zeichen, ein Symbol, aber: man guckt immer wieder hin. Nur die Füße, die sind halt nach einer starken Stunde neben – und manchmal auch auf – Asphalt ungemein dankbar, wenn sie sich beim Auto der Bergschuhe entledigen dürfen. Wie heißt es da so treffend? Das Schönste an den Bergen ist – wenn man die Bergschuhe ausziehen kann. Auch das gilt für La Palma.

Die letzten Höhenmeter zum Gipfel des Pico de la Nieve, 2100 m tiefer die Vororte von Santa Cruz.

Variante: Übliche Kurztour Abzweig der **Pista Pico de la Nieve – Pico de la Nieve** und zurück, gut 2 Std.

14 Zwischen den Cumbres

Ermita de la Virgen del Pino – Reventón-Paß – Refugio El Pilar – El Paso

mittel

15 km

4½ Std.

↑600 m
↓800 m

Tourencharakter: Abwechslungsreiche und lange Runde über den Bergkamm der Inselmitte.
Beste Jahreszeit: Februar bis Juni.
Ausgangspunkt: Ermita de la Virgen del Pino, P anfahrbar auf der Straße El Paso – La Cumbrecita, Abzweigung nach rechts zur Ermita.
Endpunkt: El Paso, Ortsende. Info-Zentrum Nationalpark.
Markierung: Spärlich; rot, gelb.
Einkehr: El Paso.

Im Norden der alte Vulkandom rund um die Caldera, im Süden die Vulkankette der → **Cumbre Vieja**: das sind die markanten Gebirge im Inselrelief. Dazwischen als Verbindungsglied der schlichte, rund 1400 m hohe Kamm der → **Cumbre Nueva**, einförmig, ungegliedert. Als einzige, nur wenig höhere Kuppe sitzt darauf der Hügel des Reventón (1435 m), kenntlich an seiner Antennenanlage. Für sich genommen kaum bedeutend, scheint es, als wäre der bewaldete Rücken der Cumbre Nueva nur dazu geschaffen, die Wirkung der beiden sie überragenden Gebirge zur Geltung zu bringen.

Wer da aber meint, die Cumbre Nueva wäre kein lohnendes Ziel, nicht der Wandermühe wert, der irrt. Der Wanderer kommt voll auf seine Kosten. Schon der Aufstieg auf dem alten »Königsweg« ist ein Erlebnis. Über seine Steinplatten verlief vor dem Bau des Cumbre-Tunnels der gesamte Verkehr zwischen der Ost- und Westseite der Insel. Dann der Fahrweg auf dem Scheitel der Cumbre! Staubig, lang – aber mit ständigem Blick beiderseits hinunter auf die zentralen Siedlungszentren.

Im Schlußstück ein Abwärtshüpfen über weiche Aschehänge und endlich ein Schlendern durch Wäldchen, Feldchen und Gärtchen nach → **El Paso**, wo sich die Runde schließt. Fast schließt. Denn leider bleiben zwischen Start und Ende doch noch ein paar Straßenkilometer. Dennoch, trotz kleiner Schönheitsfehler gehört diese Tour zu den ganz wenigen längeren Rundwanderungen auf der Insel, die man mit gutem Gewissen als solche empfehlen kann.

Wegverlauf

Genau besehen beginnt das Wandern ja erst bei der Wallfahrtskirche → **Ermita de la Virgen del Pino**. Wer indes den Rückweg neben und auf der Straße verkürzen will, stellt als Selbstfahrer den Wagen vor dem Info-Zentrum des Nationalparks am Ortsende von → **El Paso** ab.

14

Von dort gilt es, noch knapp 2 km auf und neben Asphalt zu laufen. Zuerst ein Stück auf der Regionalstraße nach → **La Cumbrecita** und danach rechts ab bis zur **Ermita**, einem typischen rustikal-kanarischen Bau.

Leider stört der um das Gebäude herumgeführte Straßenring die Stimmung der schön gelegenen Wallfahrtskirche.

Einen klaren Tag wählen – häufig rauben Passatwolken auf dem Cumbre-Nueva-Kamm jede Aussicht.

14

Im Gemäuer rund um die Andachtsstätte sonnen sich Eidechsen und Geckos scharenweise. Kommt ein Wanderer näher – husch, sind sie weg. Bergwärts hinter der Straßenschleife beschattet ein Hain mächtiger Kiefern die Rastplätze möglicher Wallfahrer.

Die uralten, knorrigen Baumgestalten, zwischen denen man hindurchschreitet, verleihen der beeindruckenden Stätte einen Hauch archaischer Würde. Hinauf durch diesen von Wiesen und Mandelbaumgärten gesäumten Waldstreifen ziehen Fahrspuren. Ein jeder mag hier gehen, wo es ihm taugt. Wenn er sich nicht von seitwärts abzweigenden Wirtschaftspisten verführen lässt, wird er auf den Beginn eines teilweise gepflasterten Weges treffen, der sich durch den steiler aufsteigenden Bergwald emporzuwinden beginnt. Richtig: wieder ein Teilstück eines Camino real! Der Rest eines der alten »Königswege«, deren Netz ehemals die ganze Insel überzog. Ein Souvenir präautomobilistischer Verkehrsgeschichte La Palmas.

Wo die Ermita steht, soll die Muttergottes in einer Kiefer erschienen sein; die ursprüngliche Kiefer wurde von Baumfrevlern gefällt.

Auf dieser sorgsam aufgeschlichteten Trasse kommt man erstaunlich schnell voran. Allein schon das Interesse an einem solch historischen Bergweg kann die Phantasie beflügeln und damit auch den Schritt. Man mag an reitende Caballeros denken, an Tragtierkolonnen, an geduldige Lastenträger oder an sonst wen und was. Unbeeindruckt davon zeichnet das Astwerk der heutigen Pinien seine Schattenspiele auf den nadelbedeckten Boden, und das Buschwerk hat längst die noch gut erhaltenen Stützmäuerchen eingebunden.

Eng im Zickzack klettert der Weg zwischen zwei Gräben empor. Einmal ein Blick hinüber zum Sattel der Cumbrecita mit den bizarren Felsgebilden, dann wieder zum spitzen Buckel des Bejenado. Zuweilen auch schimmert der sanft abfallende Hang von El Paso mit dem Mosaik seiner Häuschen zwischen den grob-borkigen Pinienstämmen hindurch.

Heiß kann es im Hang unter der Cumbre allerdings werden. Die Inselsonne bestraft Spätaufsteher. Besonders weiter oben, wo der Anteil an Pinien schütter wird. Wer hier zu schwitzen beginnt, tröstet sich eben mit dem Ausblick aufs Meer. Wenn nicht gerade wieder einmal der Passat seine wallende Wolkenglocke über die Cumbre stülpt. Dann nämlich geistern feuchte Wolkenfetzen durch Baumkronen und Buschwerk. Klatschnaß tropft es von den Ästen auf den Wanderer herab, auf der Kleidung schlägt sich das herantreibende Wolkennaß als Wasser nieder.

Steil mündet der Camino schließlich auf dem Scheitel des Kammes,

14

auf dem meist so bezeichneten **Reventón-Paß**. Ein paar Schritte, dann steht man ein wenig verdutzt auf einer breiten Erdpiste. Was für ein Gegensatz zum Camino real! Nach links zweigt hier an der Wegtafel eine Route zur Hüttenruine ab. Wer jedoch oben auf dem Kamm der **Cumbre Nueva** entlangwandern will, muß nach Süden, nach rechts. Dieser von Wanderern gern und viel begangene Fahrweg zieht teils unmittelbar über die Scheitelhöhe, teils unter bebuschten Buckeln ohne größere Höhenunterschiede entlang.

Schon von da aus eröffnen sich immer wieder tolle Tiefblicke auf die von den Siedlungen bevorzugte »Taille« der Inselmitte. Im Westen auf das sanft hinstreichende, lichtgrüne → **Valle de Aridane** mit seinen weitum verstreuten Häuschen, im Osten auf den steileren Hang, der gegen → **Santa Cruz** und → **Breña Alta** zum Ozean abfällt. Das Gehen auf diesem Weg erfordert kaum Aufmerksamkeit. So bleiben die Augen frei für das Schauen. Für diese Vogelschau auf die bewohnte Welt zwischen den Wassern.

Tiefblick vom Kamm der Cumbre Nueva auf das dicht besiedelte Land an der Ostküste.

Die einzige Orientierungsmarke auf der langen Wanderung über das Rückgrat der Cumbre setzt der Reventón. Nach diesem Hügel mit seinen technischen Kommunikationsanlagen zieht die südlich anschließende Vulkankette der Cumbre Vieja endgültig den Blick auf sich. Gewichtig steht da der mächtige Kegel des Birigoyo. Selbst mit freiem Auge fallen Begehungsspuren auf der gewölbten Flanke auf. Dahinter, verkürzt, die ganze grauschwarze Silhouette der Cumbre Vieja, die schließlich in der Deseada kulminiert. Bevor die lange flache Piste endgültig im Buschwald verschwindet, verspricht ein Blick zurück auf die breite Kulisse der → **Cumbre de los Andenes** im Norden so manche Bergwandervergnügen.

Zugegeben, der letzte Abschnitt des breiten Fahrweges dehnt sich verflucht, und das Zwischenspiel bis zum Refugio El Pilar gibt ein gottlob nur seltenes Beispiel von Buschwald-Monotonie. Das Straßenband, auf das die Cumbre-Piste am Ende trifft, ist asphaltiert. Man verschlafe also nicht, an dieser Einmündung nach rechts auf die Regionalstraße abzubiegen! Nach wenigen Minuten passiert man das Erholungsgelände mit Feuerstätten und Spielplätzen: **Refugio El Pilar**, Rastplatz und Picknickstätte auf einer Lichtung mitten im Pinienwald. Ohne bewirtschaftete Hütte, ohne Unterkunft! Hier also kein Aus-

14

schank, keine Erfrischungen, keine warmen Speisen – aber Kampieren, Biwakieren möglich. Solche Refugios helfen den geselligen Palmeros, ihre Sonntagsfreizeit angenehm auszufüllen.

Nach dieser Raststätte geht man am Rand der Straße mäßig abwärts. Kein Abstieg direkt nach rechts ins Tal, auch wenn dies jemand glauben machen sollte. Erst wenn der begleitende Wald vollends zurücktritt und die Sicht offen wird auf die Caldera-Berge, verläßt man nach rechts die Autostraße, die eine weite Schleife zieht.

Das Erholungsgelände El Pilar bietet an Sonn- und Feiertagen interessante Gelegenheit, die Geselligkeit der Palmeros zu erleben.

Auf der leichten Böschung freier Aschehänge läßt sich's an vielen Stellen angenehm bergab gehen. Wer zudem auf die Schar vorhandener Fußspuren achtet, vermeidet auch in den steileren Partien »Bodenberührung«. Querfeldein schneidet man den seltenen gelben Markierungen nach die weit ausholende Straßenschleife ab.

Vom äußeren Rand des wiederum erreichten Straßenrandes ist der weitere »Weg« durchs Aschegelände des **El Llano de Jable** zu übersehen. Die Route zieht durch leicht geformte Wellen hinunter zu einem bewaldeten Kopf, zu dem auch unübersehbare Fahrspuren hinleiten. Die eine von der Regionalstraße direkt, die andere ausholend in einem S-förmigen Bogen. Man schaue dabei nicht in Richtung Küste, sondern etwa dorthin, wo verborgen in Nordnordwest El Paso liegen muß.

Hinunter durch die übersichtlichen Aschesander ist es ein purer Spaß. Weich, federnd und ohne Hindernisse. Nur einzelne Krüppelkiefern vollbringen das Kunststück, hier als Pioniere zu vegetieren. Man traue sich, großzügig weglos durch diese eigenartige Aschewelt zu spuren, auch wenn's staubt. Ziel: Waldkopf – ohne deutliche Merkmale. Die Fahrspur, auf die man am Waldsaum sodann trifft, lotst, eindeutig befahren, in den Wald hinein. Eine Kette als Wegsperre. Dann quert die gebahnte Trasse durch einen blühenden Gartenhang zu einem nur selten bewohnten Ferienhaus.

Man lasse dies fremde Eigentum ungeschoren. Kurz vorher biegt nämlich nach links eine verwachsene Piste in eine stille Mulde ab, wo sich die Spuren vorübergehend verlieren. Ein schöner Wiesengrund mit Obstbäumen, darin ein rechts, nordöstlich, ansetzendes Tälchen. Hier beginnt unter vergrasten, verfallenden Terrassen neuerlich eine kaum befahrene Pistentrasse – und endet an einem Erdwall. Schluß der Vorstellung? Umkehr? Nein! Denn hinter diesem Wall führt die Fortsetzung in flachen Kehren weiter. An einem aufgelassenen Feld mit steinernem Geräteschuppen entdeckt der aufmerksame Wanderer wieder

14

einen steingepflasterten Camino real. Und bald erkennt er mit Vergnügen, daß dieser alte Weg die Kehren der breit angelegten Piste noch immer gut begehbar abschneidet.

Auch der fortgesetzte Hatsch auf der ausgeschürften Piste für den motorisierten Wirtschaftsverkehr würde zum Ziele führen – umständlicher nach El Paso. Der nur gelegentlich unterbrochene oder überwachsene Pflasterweg hingegen beschwört ein Stück palmerischer Romantik herauf. Ein seltsamer Zauber liegt über diesem abgelegenen Landschaftsteil. Verwilderte Wiesen, steinumfriedete Feldstreifen, Mandelgärten, Steinmäuerchen, die fast durchgehend den reizvollen Weg begleiten.

Hier und da sogar ein roter Farbpunkt auf Steinen. Irgendwo versucht dann auch noch ein roter Pfeil scharf nach links in die Irre zu führen. Man bleibe auf dem deutlichen Pflasterweg! Bei einer Waldvilla in weitem Park erreicht man eine betonierte Fahrspur und geht schließlich bei vornehmen Feriendomizilen an Drahtzäunen vorbei. Unverkennbar, das »Kulturland« kündigt sich an.

Und bald erreicht man ohne Umschweife den Rand eines alten Lavafeldes, in das sich die palmerischen Knusperhäuschen von Las Moraditas mit ihren subtropischen Gärten eingenistet haben. Die bewohnte Welt von **El Paso** hat den Wanderer wieder. Ohne bedeutende Orientierungsprobleme, auch wenn die komplizierte Beschreibung diesen Eindruck zu erwecken vermag. Und vielleicht findet man doch hier und da eine klitzekleine gelbe Markierung.

Die Cumbre Nueva streicht südwärts zur Cumbre Vieja, rechts unter den Wolken das Aridane-Tal.

15 Neues Land aus den Vulkanen

Volcán San Antonio – Volcán de Teneguía –
Faro de Fuencaliente – Volcán San Antonio

anspr.

12 km

5 Std.

↓700 m
↑700 m

Tourencharakter: Auf gebahnten Wegen durch die fremdartig bizarre Welt des Vulkanismus im Süden der Insel. Besteigung des Teneguía stellenweise heikel und ausgesetzt.
Beste Jahreszeit: Februar bis Juni.

Ausgangs- und Endpunkt: P nördlich Volcán San Antonio, erreichbar von Los Canarios.
Markierung: teilweise, rot.
Einkehr: Restaurants und Bars in Los Canarios.

Der Südzipfel La Palmas bildet eine eigene, eine besondere Landschaftseinheit. Im Landdreieck zwischen → **Fuencaliente (Los Canarios)** und Meer ist hier bilderbuchhaft die vulkanische Entstehung der Insel zu sehen. Junge Krater und Lavamassen vermitteln eine Ahnung davon, wie sehr die unterirdische Vulkanküche noch kocht. Der, geologisch gesehen, kurze Zeitraum seit den Ausbrüchen bot hier der Erosion noch wenig Möglichkeit, die jungvulkanischen Landschaftsformen zu verändern, Schluchten einzuschneiden wie die Barrancos an anderen Orten der Insel. Hier sieht die Oberfläche der Lavaflüsse an etlichen Stellen noch recht »jung« aus, und rundum findet man die mächtigen Gesteinskugeln ausgeworfener »Bomben«. Zaghaft ergreift die Vegetation vom schwarzen Boden wieder Besitz. Rumoren, Rauchen und Feuerspucken hat sich der 1971 ausgebrochene Volcán de → **Teneguía** derzeit zwar wieder abgewöhnt, heiße Schwefeldämpfe entläßt er aber an einigen Stellen immer noch.

Wegverlauf

Aus der Mitte des geruhsamen Dorfes **Los Canarios** senkt sich eine asphaltierte Fahrstraße meerwärts nach Las Indias und Los Quemados. Bald nach den letzten Häusern des Ortes zweigt eine Erdpiste ab zum jetzt geräumig ausgestalteten Parkplatz vor dem **Volcán San Antonio**. An der Einfahrt zahlt man seinen bescheidenen Obulus und erhält schriftlich gute Ratschlägen, wo man gehen darf und was man zu unterlassen hat. Der Parkwächter in diesem geschützten Gebiet wacht über folgsames Benehmen, die Herde der auf einen Ausritt wartenden Dromedare zeigt sich indes völlig desinteressiert.
Der anschwellende Pflichtbesuch des Aussichtsvulkans San Antonio macht eben Regelungen notwendig. Und die in die Landschaft eingepaßten Wege kanalisieren den Zustrom zum höchsten Punkt. Wenige Minuten nur sind es hinauf zum Kraterrand des 1677/78 aus-

15

gebrochenen Vulkans; entstanden soll er freilich schon einige tausend Jahre früher sein. Der ehemals übliche Rundweg auf dem Kamm ist jetzt abgesperrt, die vorwitzig aus dem Südrand herausschauenden Zacken nicht mehr zugänglich. Über dem tiefen Trichter, in dessen Grund bereits wieder Kiefern siedeln, geht es zur Betonsäule des trigonometrischen Punkts. Darunter fällt der Hang ab wie ein schmutziges Turmdach, hinunter zur schwarzen Mondlandschaft der vulkanischen Ausbruchswehen von 1971. Ganz im Süden entdeckt man den Leuchtturm, den Faro. Mit seiner Laterne endet die Insel im Meer. So serviert gleich die erste Station dieser Erkundung den Idealtyp eines erloschenen Vulkans. Gleichsam als Auftakt zu einem Ausflug, der einer Wanderung auf einem unbeschilderten, natürlichen Lehrpfad in Oberflächengestaltung durch Vulkanismus ähnelt. Einen bescheidenen Eindruck von der gleichmäßig steilen Böschung dieser Abhänge gibt der Abstieg vom Westrand des Parkplatzes auf anfangs mit Steinen eingesäumtem Weg, grob gesagt in Richtung Südwest. Einzelne Krüppelkiefern, Büsche und große blühende Stauden beleben das bröselnde Auswurfmaterial.

Abwärts geht sich's darauf recht schnell. Eine Wegtrasse mit einem verfallenden Bewässerungskanal aus Beton ist zu kreuzen, dann rutscht man noch einmal ein wenig auf dem Lavagrus bergab bis auf

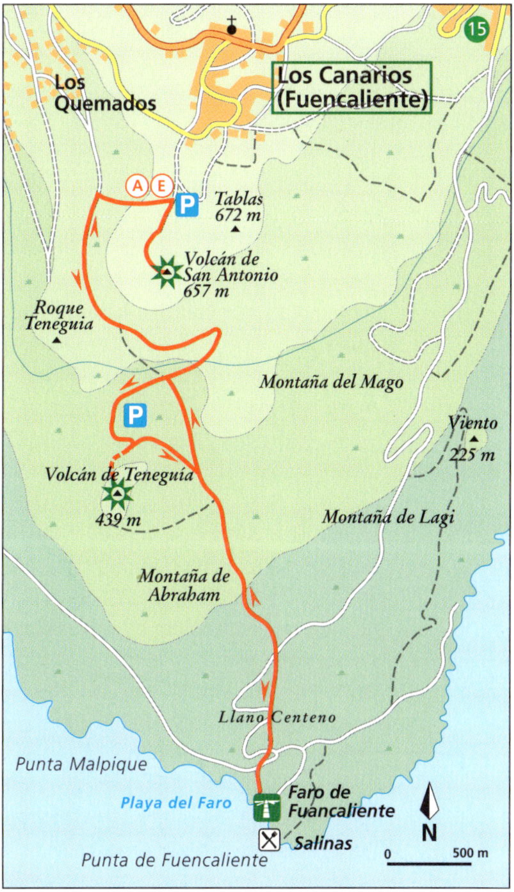

15

eine breit ausgebaute Wirtschaftspiste. Diese Aussichts-Avenue legt sich wie ein Kragen um den Vulkankegel. Ihr folgt man nach links gegen Süden und genießt dabei stets den Rundblick auf Lava, Asche und Meer. Und über allem ziehen die Seevögel wie spielerisch ihre Pirouetten.

Der Blick schweift frei auf die Girlanden der Felsküste mit einzelnen vorgelagerten Riffen. Die Rückenpanzer der Lavaströme haben ihre Kämme ins Meer hinausgeschoben, ärgerlich schäumt die Dünung des Ozeans diese steinernen Hindernisse an. In lebhaftem Kontrast dazu der frischgrüne Saum neu angelegter Bananenplantagen auf den Niederterrassen über dem Meer.

Essen & Trinken

Auf der Rückfahrt vom Inselsüden

Warum da nicht rasten in der Bodegón Tamanca zwischen San Nicolás und Jedey an der Landstraße TF-832 im Südwesten der Insel? Es ist eines der urigsten Lokale La Palmas! Man sitzt zwischen Weinfässern in einem aus der Lava ausgehöhlten Stollen und ißt zu vollmundigem Landwein Fisch »a la plancha«. Selbst im Weinkeller ist Fisch das Hauptgericht auf einer Insel! Ein warmes Wolljäckchen sollte man nicht vergessen, wenn man eine Erkältung vermeiden will.

Später weisen Dromedarspuren in der Vulkanasche rechts abwärts von der Piste zum **Roque de Teneguía** hin, einem freigewitterten Vulkanschlot aus auffallend hellem Gestein. Station zwei des Lehrpfades! Nur gut, daß hier die Petroglyphen, die Felsbilder der Guanchen, auf einzelnen Trümmern so schlecht erkennbar sind, sonst hätten sie Andenkenjäger längst aufgesammelt. Weiter von diesem steinernen Kopf in Richtung Osten zum Vulkan Teneguía soll man nicht! Nicht wie einst auf den Deckeln eines betonierten Wasserkanals mitten durch Steingetrümmer, Lavabomben und Auswurfgeröll, begleitet von hohen Ampferstauden und vereinzelten Büschen übergroßer Margeriten und Wolfsmilchgewächsen. Die Trittspur ist jetzt kaum mehr zu erkennen und teilweise auch von den Trümmern ausgewechselter Betonplatten bedeckt.

Selbst bei Windstille in Los Canarios können Fallwinde am Kraterrand des San Antonio äußerst tückisch sein.

Also weiter auf der Wirtschaftsstraße, auf der Aussichts-Avenue! Bald zweigt nach rechts eine fahrbare Erdpiste ab, hinüber zum weithin sichtbaren **Vulcáin de Teneguía**. Sie kreuzt einen plattenbedeckten Wasserkanal und endet vor dem jungen Vulkan. An ihrem Schluß hat sich die kleine ausgeschobene Fläche zum Parkplatz für die Vulkanbesteiger entwickelt. Zwar hört das anschließend angelegte Wegstück an einem Abbruch auf; rötlich und gelb erhebt sich da die zerborstene Vulkanruine mehr als 100 m aus dem schwarzen Inferno. Doch steigt man auch nur ein Stück auf den Trittspuren den Nordkamm hinauf,

15

blickt man in Schlünde, aus denen heraus sich schuppige Lava emporwindet wie Riesenschlangen. Die vollständige Besteigung ohne gebauten Weg bietet nur trittsicheren Bergwanderern ein sportlich angehauchtes Aussichtsvergnügen. Der Teneguía ist Schaustück drei des Lehrpfades.

Wer nicht genug kriegen kann von Asche und Lava, steigt zurück bis kurz vor die Parkfläche. Dort führt der gebahnte und durchweg von Steinreihen gesäumte Weg rechts abwärts, mitten hinein in die schwarzen, zernarbten Lavamassen. Er zieht zuerst um einen kleinen Krater herum und quert dann fallend die Mulde unter dem Teneguía. Noch riecht es da ein wenig nach Schwefel. Am östlichen Rand der Lavamassen springt man bergab auf Asche und Sand, um schließlich die Fahrstraße zum Leuchtturm und zur Inselsaline zu erreichen. Als Lohn winkt am Ende unter den **Leuchttürmen** zweier Generationen eine schlichte **Bar** über schlingernden Fischerbooten. Direkt am Meer.

Für den **Rückweg** bleibt Lava-Wanderern nur die anfangs gleiche Route hangaufwärts, die später durch neue Weinberge direkt zur bereits begangenen Aussichts-Avenue abkürzt. Auch wenn man bergauf im Lavasand einige, immerhin mögliche, Sünden abzubüßen hat. Ein paar Schnaufer noch, dann ist man zurück auf dem Parkplatz am **Volcán San Antonio** und schlägt in der steifen Ozeanbrise dankbar die Wagentüre zu. Vor dem Farbenzauber der Abendsonne über dem Ozean mag man noch ein wenig sinnieren. Über die Begegnung mit Pflanzenindividuen, die, stumm und beharrlich, die schwarze Wildnis zurückerobern. Über Seevögel, die mit ihren Flugkünsten Lavainferno und Vulkanwanderer verspotten. Oder sich einfach nur freuen auf das wartende Fisch-Abendmahl in der Bodegón Tamanca unweit Jedey. Und natürlich über den dort gekelterten Landwein. Denn aus den Lavaströmen entsteht nicht nur neues, ins Meer vorgeschobenes Land, sondern auch ein »vino de mesa« von erdiger Fülle und feuriger Kraft. Ein Prosit auf La Palma!

Variante: Übliche Kurzwanderung: Vulkan San Antonio-Teneguia, 2 Std.

Blick vom Vulkan San Antonio die Südwestküste entlang, von Las Indias bis Las Manchas

16 Im Sandgebirge der Cumbre Vieja

Los Canarios (Fuencaliente) – Los Riveros –
Volcán Martin, 1602 m – Los Canarios

anspr.

15 km

2½–3/5½ Std.

↑900 m ↓900 m

Tourencharakter: Seltsame Wanderung durch Wald und sonnseitige Sandmulden auf und in einen Vulkan; Trittsicherheit erforderlich.
Beste Jahreszeit: Februar bis Juni.
Ausgangs- und Endpunkt: Los Canarios, bei der Kirche.
Verkehrsanabindung: Bus Linie 3.
Markierung: Streckenweise.
Einkehr: Los Canarios.

Von → **Fuencaliente (Los Canarios)** zieht sich nach Norden ein ausgedehntes Waldgebiet in die → **Cumbre Vieja** hinauf. Für beliebig auszudehnende Ausflüge eine recht ergiebige Region. Teils führen Erdpisten, teils Fahrwege durch wechselnde kleinere, intime Geländekammern. An manchen Weggabelungen findet man sogar Hinweisschildchen auf die erreichbaren Ziele. Leider stehen die meisten der darauf genannten Namen nicht einmal auf der topographischen Karte. Über dem Wald erhebt sich dann als Südausläufer der Cumbre Vieja ein eigentümliches vulkanisches »Sandgebirge«.

Wegverlauf

Auf brauchbarer Piste durch den Wald lassen sich mit dem Leihwagen mehr als drei Stunden Gehzeit einsparen. In **Los Canarios** zweigt diese Piste östlich der Kirche gegenüber einem kleinen Hotel ab. In einer Schleife steigt sie hinter dem Gotteshaus, an unvollendeten Betonruinen vorbei, zum Sportplatz an. Und dieser Sportplatz hat eine Besonderheit: Er füllt fast gänzlich einen alten Krater aus.
Am Sportgelände wendet sich der Fahrweg scharf rechts und erreicht nach kurzem bei **Los Riveros** ein verstecktes Wiesengelände. Gern möchte man hier verweilen, doch das Täfelchen an einem Baum schickt einen gleich zu Beginn dieser landwirtschaftlich genutzten Verebnung unerbittlich rechtwinklig nach rechts weiter. Durch das Gewirk der Felder hin schlägt der Wirtschaftsweg einen Bogen und gelangt mit einigem Umweg an die bezeichnete Abzweigung »Pino de la Virgen«. Hier nach links – nicht rechts ab auf vergrastem Fahrweg!
In Kurven zieht das deutlich befahrene Sträßchen nun weiter durch unterbrochenen Hochwald, der das sanft kupierte Gelände bedeckt. Nach einer Weile steht – oder hält– man im Ebenen an einer Verzweigung und studiert wiederum eine Wegtafel. Klar: geradeaus.

16

Denn rechts käme man zum Fernsehumsetzer und zur Zona recreativa Fuentes de los Roques.

Jetzt legt der Fahrweg einige wenige Kehren ein und passiert einen merklichen Rücken im Kammverlauf; eine ungewohnte Waldweide überrascht mit ein bißchen Ausblick. Dann dreht die Trasse endgültig nach Norden ab und strebt, an einer links abgehenden Piste vorbei, am steiler werdenden Westhang der Cumbre entlang, Richtung → **El Paso**. An lichteren Stellen im Kiefernforst ist so manches blühende Gewächs aufzuspüren. Ab da hocken am Straßenrand vereinzelt auch unscheinbare Steinmännchen. Aha, die Zufahrt ist also richtig erraten!

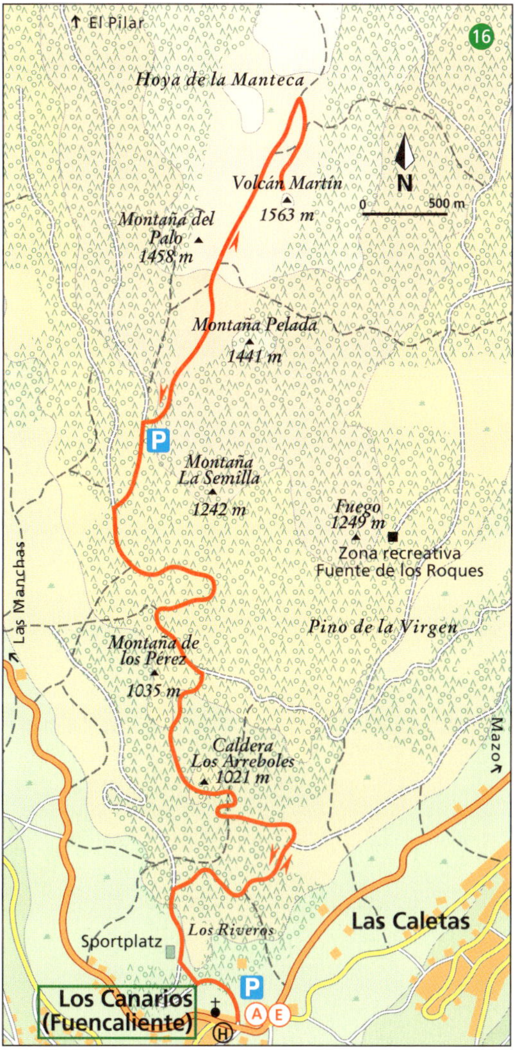

An einer aus dem Abhang breit herausgeschürften Straßenverzweigung beginnt das eigentliche Wanderabenteuer.

Genau zwischen den beiden Straßenästen startet bei der versperrten Wasserfassung die mit Steinmännchen markierte Route eindeutig geradeaus aufwärts. Von Steinen gesäumt, windet sich die auf dem Waldboden nur schlecht erkennbare Naturtrasse unbefestigt zwischen den Pinienstämmen nahe am Kammrücken empor. Als nächster

16

Merkpunkt kreuzt der Steig Fahrspuren, die in ein steil ansteigendes Wegstück zur **Fuente Tion** übergehen. Hier wird der Blick hinauf zu Bergkuppen erstmals frei. Von zwei parallelen Steinreihen deutlich eingefaßt, ziehen da im schwarzen Sand unverkennbar Trittspuren durch lichte Pinienjugend empor. Einzelne Markierungen zieren den kräftig ansteigenden Steinsaum, über den auch ein Blinder stolpern muß.

Von hier an sind diese Sandhänge ein ständiger Begleiter. Trittweich, doch selbst in steileren Partien mit nur wenig Mühe zu begehen – wenn man richtig hintritt. Feiner und feinster Lavasand, ausgeblasen bei den Vulkaneruptionen, hingeweht und windgeformt, umkleidet nämlich weithin das steinerne Rückgrat der südlichen Cumbre Vieja. Ein seltsames Sandgebirge, das sich als vulkanisches Souvenir frappierend hoch aufschwingt.

Viele der jungen Pinien, die mit ihren grünen Tupfen die aschgrauen Flächen am Anfang das Sandgebirge lustig beleben, sind angepflanzt. Eine der teilweise erfolgreichen Aufforstungen nach Jahrhunderten des Raubbaus am Wald.

Hat man diesen ersten aufgeforsteten Sandhang vollends bewältigt, steht man vor einer Mulde, blickt in ein Tälchen – und hinauf zu einem Sattel am Kamm. Denn das ist, neben dem sandigen Boden, die zweite Eigentümlichkeit dieser Tour. Ein Sattel, eine Mulde, ein Tälchen und wieder ein Sattel am Kamm. Hinauf, ein wenig hinunter, eben und schließlich wieder bergauf. Anstrengung und, wenn der Atem kürzer zu werden beginnt, wieder Erholung.

Ob die aufgeforstete Pinienjugend wohl auf den schwarzen Ascheflächen alt wird?

Die Replik dieser Kleinformen zwischen den vulkanischen Köpfen prägt den Charakter dieser Route. Gleichsam eine Grundmelodie aus drei variierten Tönen mit unterschiedlicher Begleitung. Und auf jedem Sattel weitet sich zudem der Blick, das Weichbild um Los Canarios bleibt immer weiter zurück.

Den mit Steinreihen eingefaßten Routenverlauf im Detail zu beschreiben wäre Zeilenschinderei. Der Text einiger akribisch scheinender Führenbeschreibungen stiftet mehr Verwirrung, als er nützt. Fast überall ist die jetzt oft begangene Wegspur mit ihrer Steinreihe zu erkennen, meist mehr, manchmal auch weniger deutlich sichtbar. Absolute Wanderfrischlinge sollten sich eben einer der Führungen anvertrauen. Wer hingegen nicht zum ersten Mal wandert, vermißt die aus den Ostalpen gewohnten Farborgien an Markierungen kaum.

Parkähnlicher Pinienwald kriecht über Los Canarios die Cumbre Vieja empor.

Der erste, südlichste Kopf, an dem die Spur emporkriecht, heißt Pelada (1441 m) – »der Kahlgeschorene«. Seinetwegen weicht niemand vom rechten Weg ab. Für neugierige Steiger voll ungezügelter Leistungsfähigkeit ist der Berg **Montaña del Palo** vom bald erreichten Sattel ein unschwer zu besteigender Aussichtspunkt. Auf diesen Sattel folgt zur Erholung eine kurze Pinienmulde.

Bei der nächsten Geländestufe quert der Steig leicht rechts haltend endlich die gröbere Geröllflanke des 1646 entstandenen **Volcán Martin** (1563 m) zu dessen Nordabsenker. Ein kurzer Abstecher auf dem hier rechts abzweigenden Pfad läßt nicht nur hineinschauen in Martins erstarrten, verfallenden Feuerschlund. Von der tiefsten Stelle im Kraterrand kann man sogar hinein.

In der gegenüberliegenden Wand eine mächtige Höhle, von deren Decke Wasser tropft: die Fuente del Fuego. Zurück am Sattel, sind es nur mehr ein paar Minuten zum endgültigen Tagesziel, zum höchsten Punkt des Vulkans. Zu Füßen ausgebreitet liegt die Südspitze der Insel da, die Gegend um Los Canarios, wie ein Relief aus der Vogelschau.

Bergab läuft der Film »Wandervergnügen im Sandgebirge« in umgekehrter Richtung ab. Gedehnte Mulden und Abhänge – eben schreiten, hinunterspringen. Ein richtiger Spaß ist dieser Abgang durch Hänge und Tälchen in feinem und feinstem Lavasand. Wer hat schon ein solches Bergabvergnügen in einem so hohen Sandgebirge erlebt? La Palma macht's möglich!

Variante: Weiterweg über **Los Bermejales** bis zur **Deseada** (1949 m), 3 Std. Oder Abstieg über das Erholungsgelände **Fuente de los Roques** nach **Los Riveros**, 1 Std. zusätzlich. Volcán Martin kann von Los Canarios aus auch auf der durchgängig rot markierten Route »GR 131« erreicht werden.

17 Der »Dicke« in der Mitte

El Pilar – Birigoyo, 1808 m –
El Pilar

mittel

8 km

2½ Std.

↑375 m
↓375 m

ja

Tourencharakter: Vergnügliche »Sonntagsrunde« über Aussichts-Vulkan.
Beste Jahreszeit: Februar bis Juni.
Ausgangs- und Endpunkt: Rastplatz El Pilar, P anfahrbar von der Straße Santa Cruz – Los-Llanos nach westlichem Tunnelausgang auf bezeichneter Regionalstraße.
Markierung: rot. Hinweispflöcke.
Einkehr: Restaurants in El Paso.

Er fällt von → **Los Llanos** aus auf. Er sticht von Osten her aus der Kulisse der → **Cumbre Vieja** hervor. Er steht als markantes Wahrzeichen über dem → **Cumbre Nueva**-Weg. Daß er einen phantastischen Ausblick bieten muß, darauf läßt allein schon seine zentrale Lage schließen. Daß er indes auch leicht und in kurzer Zeit erreichbar ist, weiß nicht einmal jeder auf La Palma.

Wegverlauf

→ **El Pilar** ist mit dem Wagen verhältnismäßig schnell zu erreichen. Hinein in das Wandervergnügen geht es dann durch das hölzerne Eingangsportal »El Pilar«. Zwischen dem letzten Gebäude und einem Holzbrückchen hindurch erreicht man den südlichen Rand der Erholungsfläche. Unmittelbar vor der Abgrenzung aus Felsblöcken zweigt gegenüber dem Wasserbehälter scharf rechts ein gut kenntlicher Weg ab. Seine Bauweise in Querschnitt und Steigung erinnert an alte Köhlerwege der Alpen, die Linienführung aber gewinnt im schattigen Pinienforst rasch mit einer Serpentine an Höhe.
Bei der ersten erkennbaren Wegabzweigung wendet man sich wie von selbst wiederum rechts nach Westen. Über die Fortsetzung geradeaus, die sich sehr bald im Wald verliert, liegen meist Äste. Man steigt nun um den Bauch des Vulkans Birigoyo herum. Was soll da eine genaue Beschreibung. Die Route ist nicht zu verlieren, und den Reiz dieser Landschaft, die Tiefblicke aufs → **Valle de Aridane**, muß man erleben. Ein echter, befestigter Bergweg, kaum steil und gänzlich ungefährlich. Was da ober- und unterhalb auf dem Geröll und in den Gräben alles grünt und blüht! Fast das ganze Jahr hindurch. Denn die gleichmäßig temperierte, feuchtigkeitsgesättigte Seeluft genügt vielen bedürfnislosen Durstkünstlern, ihre Blüten zu entfalten. Im Frühjahr glaubt man sich unter so vielen weiß blühenden Ginsterbäumen gar in einen Kirschblütenhain versetzt.

17

Nach einem kräftigeren Anstieg auf mündet in einer Hangfalte zwischen den Büschen von oben eine wilde Abstiegsspur. Besser als da hinauf, geht man vorerst weiter. Der gebaute Steig zieht zum Merkpunkt zweier einzeln stehender Pinien hinüber. Sodann traversiert er durchs Vulkangeröll zu einer Piste, die durch eine offene Mulde emporstrebt. Diese erdige Waldstraße schlendert man hinauf und muß auf eine kleine, ausgeschobene Verbreiterung achten. Da ist sie! Einige Meter höher im bergseitigen Hang auch ein Steinmännchen. Wenig auffallend zwar zwischen den Steinbrocken, bei ein wenig Achtsamkeit aber zu finden. Das ist das Zeichen, das die Abzweigung zum Birigoyo anzeigt.

Freie Aussicht am Hang des Birigoyo: Die Cumbre Nueva mit der Passatwolkenwalze.

Hier beginnt linker Hand im schütteren Bergwald ein durch das Unterholz eingetretener Steig. Er geht geradewegs zwischen den vereinzelten Minipinien hindurch, ohne Umschweife, ohne Zickzack. Wo der nur mehr spärlich bewachsene Hang an Steilheit zunimmt, ist die Wegspur dann mit Steinen befestigt. Einheimische Gleitschirmflieger buckeln hier ihre Lasten hinauf. Unter dem Kamm eine Plattform, ein Startplatz, auch ein Windsack. Von da aus segeln die bunten Schmetterlingsflügel lu-

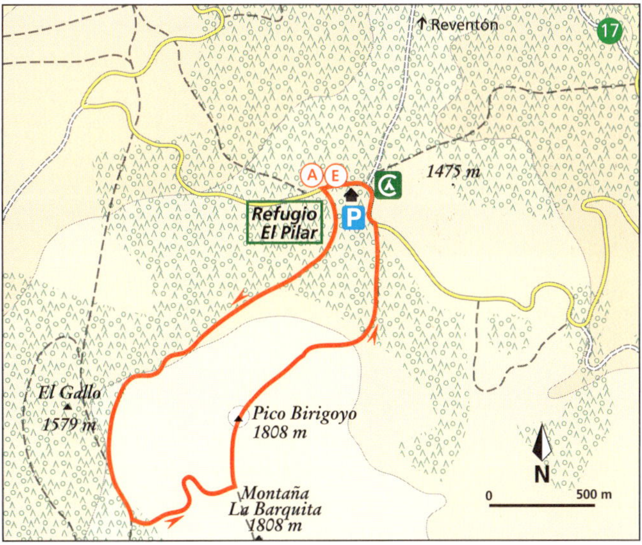

17

stig in die Aufwinde am Hang. Bis weit hinaus zur Küste. Und der Betrachter dieses Schauspiels wartet gespannt, ob ein jeder der Vogelmenschen rechtzeitig die Kurve kriegt, zurück zum festen Land.

Auf dem freien Rücken steigt man auf Trittspuren weiter hinauf. Links der Trichter eines ausgebrochenen Kraters, um den sich der Kammausläufer herumschmiegt. Vor sich das Ziel einer Einsenkung im Gipfelkamm. Sollte es allzu kühl wehen – jenseits des Sattels schützen Büsche ein wenig vor dem Wind. Das gibt es ruhige Plätzchen zur Brotzeit. Und die mit dem Blick nach Südosten auf ein regellos kupiertes, nur selten von Wanderern begangenes Waldgelände, das die Geröll- und Aschehänge unverdrossen heraufstürmt. Beim Genuß der gewohnten Mandeln, beim unvermeidlichen Ziegenkäse und dem geliebten Wein ein charakteristisches Erlebnis. Man schmeckt und riecht den Duft einer exotisch grandiosen und dennoch herben Gebirgsinsel. Nur noch ein Katzensprung ist's von da aus hinauf zum Gipfel des **Birigoyo**. Die bröckelige Geröllkalotte des großen Kegels steht absolut frei im Raum. Fast 2000 m tiefer brandet auf beiden Seiten das Meer gegen die Küste. Ein schäumender weißer Saum. Besonders eindrucksvoll aber der weite Blick über die Mulde des Aridane-Tales, dieses fröhlichen Wohnzimmers der Insel. Sonnig zumeist, selbst wenn über den Damm der → **Cumbre Nueva** die Passatwolke herüberschwappt. Das Prachtbild schließt in ganzer Breite die → **Cumbre de los Andenes** ab. Der Bejenado hingegen versteckt hinter sich die Geheimnisse der Caldera. Ein wunderbarer Ausguck, dieser Birigoyo! Palmerische Gipfelwanderer haben ihr Hochgefühl hier auf ihre eigene Weise ausgedrückt: Noch im Februar waren just unter dem bescheidenen Gipfelkreuzchen Krippenfiguren aufgebaut.

Tiefblick auf El Paso im Valle de Aridane.

Wirklich, man möchte sich hinausschwingen in die Lüfte, hinaus in den Raum. Dem erdgebundenen Fußgänger bleibt leider nichts anderes übrig, als eben zu Fuß hinunterzugehen. Dazu bietet sich die Pfadspur in der Nordflanke geradezu an. Steiler Zickzack und, so man will, im Grus daneben. Unten jedenfalls ist man mit Hilfe der Stöcke schnell – wenn die Gelenke mittun.

Immer wieder neue Hochgebirgsbilder in jeder Degollada am Calderarand.

18 Die grandiose Ruta de los Volcánes

El Pilar – Cráter de Hoyo Negro – Cráter de Duraznero – Deseada II 1937 m – Volcán Martin – Los Canarios

anspr.
19 km
6½ Std.
↑ 600 m ↓1400 m

Tourencharakter: Langer Höhenweg am Kamm der Vulkanberge mit großartigen Aus- und Tiefblicken; etwas Trittsicherheit erforderlich.
Beste Jahreszeit: Februar bis Juni.
Ausgangspunkt: Rastplatz El Pilar, P anfahrbar von der Straße Santa Cruz – Los Llanos nach westlichem Tunnelausgang Regionalstraße.
Endpunkt: Los Canarios.
Verkehrsanbindung: Bus Linie 3 vom Endpunkt.
Markierung: Rot.
Einkehr: Los Canarios.

Die Wanderung über den Kamm der → **Cumbre de los Andenes** ist eine zweifellos großartige Tour. Doch sie erinnert auf höherem Niveau an Kammwanderungen auf anderen Vulkaninseln. Der Ruf der Ruta de los Volcánes hingegen hat sich unter den Inselwanderern als etwas ganz Besonderes etabliert. So sollte man mit diesem Höhepunkt auch den Wanderurlaub auf La Palma beschließen. Mit einem alpinen Furioso in Vulkanismus.
Berggewohnte Gänger mit Kondition bewältigen die Tour an einem einzigen Tag. Und das ohne Schwierigkeit – wenn sie sich recht früh durch Freunde oder Taxi zum Erholungsgelände fahren lassen. Zumal noch am Abend ein Bus von → **Fuencaliente (Los Canarios)** Richtung → **Los Llanos** oder → **Santa Cruz** verkehrt.

Wegverlauf

Von → **El Pilar** wie auf der Tour zum Birigoyo am hinteren Gebäude vorbei zum südlichen Rand des Rastplatzes und gegenüber dem Wasserbehälter scharf rechts auf den Steig durch den Pinienforst. Die Vulkanroute beginnt also auf dem Birigoyo-Weg um den dicken Vulkankegel herum. Und wiederum beeindruckt im Frühling der Hain weiß blühender Ginsterbäume. Man begrüßt die zwei einzeln stehenden Pinien und traversiert hinüber zur Erdpiste, die durch die offene Mulde emporstrebt.
Diese Waldstraße schlendert man wieder hinauf, diesmal aber vorbei an der ausgeschobenen Verbreiterung. Rechts bleibt eine überwachsene Piste unbeachtet. Erst bei der unübersehbaren Mauereinfassung samt Wegweiser verläßt man den Fahrweg nach rechts. Hier geht ein fast ebenes Wandern los in die Westflanke der Montaña Los Charcos. Mitten hinein führen die Steinreihen in einen lichten vulkanischen Naturpark, Gruppen von Ginsterbüschen und vereinzelte

Pinien setzen ihre grünen Tupfer in den schwarzen Lavasand. Nur sanft steigend führt die Randmarkierung geradewegs hin zu einem seichten Einschnitt. Da erst beginnt der Ernst des Lebens. Einzelne auf Felsblöcke gepinselte Markierungen weisen jetzt steiler zur Kammhöhe empor. Gelegentlich sind auch Grenzsteine mit Nummern zu sehen.

Fast erschrecken könnte man am folgenden Abstieg über den Blick in den Ausbruchstrichter des **Hoyo Negro**; 1949 hat er seine Lavamassen zur Westküste hinuntergewälzt. Wie muß es hier gebrodelt haben! Schwarz und zerborsten das nackte Gestein. Eine verbrannte Wunde in der Flanke der Cumbre. Knapp vor dem Kraterrand schlägt der Weg einen Haken und leitet durch schütteren Pinienbestand weiter zu einzelnen Felsköpfen. Da unten – welcher Anblick!

El Fraile, diese Horrorvision einer Vulkanwüste. Ein schauerlicher Kessel voller erstarrter Ausbruchsmassen, abgeschlossen von den Aschebergen des Duraznero und den Vulkanen der Deseada. Wir blieben hier lange stehen: Nie zuvor hatten wir so etwas gesehen.

Muß man vom sicheren Aussichtspunkt wirklich in diese Wildnis zerschrundeter Lava hinunter? Man muß. Die Tritte durch scharfkantige Lava steigen ab in einen Sattel aus Lavasand, ziehen weiter durch Lavabrocken und vereinzel-

18

te Ginsterbüsche in eine weite Aschenmulde. Dürre Baumleichen zeigen, daß diese staubende Landschaft nicht immer so kahl gewesen sein kann. Ein anschließender Aufstieg zur **Deseada II** (1937 m) kostet Mühe. Der Gipfel: Ein hoher Felsrücken, oben drauf ein Vermessungszeichen. Irgendwo findet sich da ein angemessenes Plätzchen. Bald jedoch bohrt sich das scharfkantige Gestein lästig durch das alpin-bewährte Sitzkissen. Also steht man auf, knabbert, zutzelt im Stehen und guckt in die Runde. Ein schmaler vulkanischer Rücken mitten im Weltmeer. Rechts Wasser, links Wasser; einzig der Teide auf Teneriffa ragt als tröstliche Landmarke aus dieser Unendlichkeit heraus.

Wer löst sich gerne von solcher Aussicht! Doch die Tour ist noch lang. Also den schmalen, geröllbedeckten Kamm hinunter, vorbei an Grenzsteinen, zu einer kleinen Erhebung auf dem breiteren Rücken. Am Eck ein seltsam geformtes Felsgebilde wie eine altertümliche Festung. Weiter nach Westen sieht man auf das Kuppengelände der Montaña los Bermejales hinunter und dann aufs Meer. Im Osten hingegen wallen ursprüngliche Kanarenkiefern bis fast zur Kammhöhe und versperren so jede Aussicht. Eine natürlich gewachsene Bergwaldformation, durch Forstwirtschaft oder Raubbau kaum verändert. Mit hübschen Lichtungen, in denen man verweilen möchte. Da zwischen den märchenhaften Baumgestalten könnte einen der Drang überkommen, im Sand zu spielen. Wie in Kindertagen.

Nach einer leichten Gegensteigung führt der Weg in eine uhrglasflache Mulde und verläßt die Kammhöhe durch ein fast nacktes Sandtälchen abwärts, gleichsam durch einen Schlauch zwischen Hügeln. Wegzeichen leiten durch

Auf der »Ruta de los Volcánes«: Blick von der Cumbre Vieja nach Norden. Der »Wasserfall« der Passatwolken ergießt sich über die Cumbre Nueva.

18

einen parkähnlichen Pinienhain abwärts in die nächste Senke voll angenehmem Sand. Ein wenig ansteigend umgeht der Weg einen dunklen Vulkankegel links zu einer flachen Einsenkung. Auf dem folgenden, hier steinigen Verbindungskamm drängt sich eine kleine geschützte Verebnung unter dem Schirm einiger Pinien geradezu als letzter Rastplatz auf. Windstill geborgen ist man hier, und das aus einfachen, klaren Linien gefügte Bild des gelb-rot gefärbten Vulkans Martin samt seiner Umgebung steht über dem offenen Brotzeitrucksack.
Die Kammhöhe bildet die Brücke zum Aussichtsvulkan, über dem ein Falke seine Flugkünste produziert. Für Martins Gipfel und Krater fehlt meist die Lust zur Fleißaufgabe. In der Geröllflanke des Vulkans schlurft man lieber zum Sattel unter der Hoya de Manteca hinüber. Und dann folgt der Abgangsspaß durchs »Sandgebirge« wie bei Wanderung 16. Wiederum Tälchen und Hänge in feinem und feinstem Lavasand. Aber Vorsicht: den durch die Steinsetzungen markierten Weg nicht verfehlen! Im Rausch der Abfahrt hat hier schon mancher die Route verloren. Dann gibt es nur ein »Wieder-zurück-und-Hinauf« zur letzten Markierung. Auch wenn man noch so stöhnt!
Von der letzten Wegtafel »Ruta de los Volcánes« an der ausgeschobenen Abzweigung nach → **El Paso** ist die Piste zur Kirche **Los Canarios** leider eine wenig erfreuliche Angelegenheit. Ein langer, langweiliger Ausklang der grandiosen Tour über die jungen Vulkane der Cumbre Vieja. Kein Trost, daß ihre Entstehung schließlich auch 400 Jahre brauchte. Entdeckungen wollen erobert sein.

»Die Vulkantour auf dem Kamm der Cumbre Vieja gehört zu den schönsten Inselwanderungen …« (Rolf Goetz 1997).

Variante: Umkehr auf der **Deseada** nach El Pilar, $5^1/_2$ Std.

ASTROPHYSIKALISCHES OBSERVATORIUM

Seehöhe: 2100–2400 m

Im Gipfelbereich des Roque de los Muchachos liegt eine der bedeutendsten Sternwarten der Welt. Die Luft ist besonders klar und sauber, der Nachthimmel extrem schwarz. Auf 2 km^2 betreiben 13 Staaten ihre Forschungseinrichtungen im Rahmen »Istituto de Astrofísica de Canarias IAC«. Spanien stellt Gelände und Infrastruktur; es hat Überfliegen und Funkverkehr gesetzlich beschränkt und die Straßenbeleuchtung der Insel zur Minderung der »Lichtverschmutzung« auf gelbe Farbe umgestellt. Im Gegenzug benutzt es die Anlagen zu 20% mit.

»Urbanisation« der Wissenschaft am Roque de los Muchachos.

Der Bau wurde 1979 begonnen, das Observatorium 1985 eingeweiht. Gegenwärtig sind 4 Teleskope mit Spiegeldurchmessern bis 4,5 Metern in Betrieb. Auf die Beobachtungsdaten greifen die betreffenden Forschungsinstitute unmittelbar zu. Auffallende bienenwabenartige Installationen im Gelände dienen der Untersuchung hochenergetischer Strahlung aus dem All. In den Sommermonaten Juli-September hat das Observatorium an jeweils einem Sonntag einen »Tag der offenen Tür«. Der Ausbau des Observatoriums geht weiter, ein neues Teleskop mit 10-Meter-Spiegel ist in Vorbereitung. Und so wird diese wissenschaftliche »Urbanisation« weiterhin hinauswachsen in die Landschaft.

BARLOVENTO

Seehöhe: 548 m
Einwohner: 2600

Weitläufig verstreute ländliche Siedlung im weiten Waldgebiet des wolkenreichen, feuchten Nordostens. Die seit dem 16. Jh. bestehende **Pfarrkirche** stammt in der heutigen Form aus der zweiten Hälfte des 17. Jh., im Inneren Barockaltar (1767) mit flämischer Figur der Schutzpatronin »Virgen del Rosario« (Ende 16. Jh./Anfang 17. Jh.) und Taufbecken aus dem 17. Jh. aus Sevilla. Am 7. Oktober »Fiesta del Rosario« mit nachgestellter Seeschlacht von Lepanto 1571. Übernachtungsmöglichkeiten im **Romántica**, dem wohl schönsten Hotel der Insel.

Im Norden bietet der **Mirador de la Montaña del Molino** einen prächtigen Rundblick. An der Nordspitze beim Faro Punta Cumplida schöne **Naturschwimmbecken Piscinas del Fajana** mit Restaurant. Etwas südlich des Dorfes der Stausee **Laguna de Barlovento** in einem Vulkankrater mit Freizeitgelände, Restaurant und Schautafeln zur Flora und Fauna der Region; an der alten Straße nach → **Garafía** angelegter Picknickplatz an der Quelle »Las Mimbreras«. An der Nordküstenstraße liegt bei **La Tosca** ein Mirador mit Blick über die Küstenlandschaft, kurz darunter ein berühmter **Drachenbaumhain**. Auf einer Stichstraße sind die für La Palmas Norden typischen Dörfchen Gallegos und Franceses in der reizvollen, »voralpin« anmutenden Landschaft der nördlichen Barrancos besuchenswert.

La Laguna speichert nach Jahrzehnten Bauzeit 5,5 Mio. m^3 Bewässerungswasser von den Hängen der Cumbre.

▶ BARRANCO DE LAS ANGUSTIAS

Seehöhe: 0–400 m

Gewaltige, tief eingeschnittene Entwässerungsrinne aus der → **Caldera de Taburiente**. Sie entstand beim Durchbruch durch Schichten des Basalkomplexes und Ausfluß der Caldera-Massen nach Entstehen des Vulkans **Bejenado**, dadurch Aufschüttung der kleinen Küstenebene um Puerto de Tazacorte. Die lange und riesige Schlucht bildet einen Zugang zur **Caldera**; an den Flanken pflanzliche Seltenheiten. Im vorderen Schluchtteil, den die Straße **Los Llanos – El Time** durchquert, stilvoll restaurierte Kapelle zum Gedenken an 40 Mönche, die hier 1570 von Piraten ermordet wurden; schöne Mudejárdecke, flämische Pietà und hl. Michael (frühes 16. Jh.).

▶ BARRANCO DEL AGUA

Seehöhe: 0–1800 m

9 km lange, ins Meer mündende Schlucht im Gemeindegebiet von → **Los Sauces y Andrés**. Im Mittelteil eine in Basaltformationen durch Fließwassererosion eingesägte wilde Felsklamm. Infolge der Niederschlagsmengen über 1000 mm/Jahr floß hier früher der stärkste Wasserlauf der Insel; durch verstärkte Wassernutzung (gebohrte Stollen) gibt es heute Wasser nur noch nach Winterregen. Den Bewuchs bildet Lorbeerwald. Der untere Abschnitt der Klamm kann weglos begangen werden; Achtung auf Steinschlag! Der Barranco bildet das Kernstück des UNESCO-Biosphärenschutzgebiets → **Los Tiles**; am Barranco-Rand das Informationszentrum mit Ausstellung, einfachem Restaurant und Zeltmöglichkeit.

▶ BREÑA ALTA / BREÑA BAJA

Seehöhe: 344 m/287 m
Einwohner: 5600 / 3500

Aus mehreren Ortschaften bestehende Gemeinden südlich von → **Santa Cruz** in einer grünen, eher lieblichen Landschaft. In **San Pedro** werden noch Zigarren per Hand hergestellt, in **San José** wird nach vorspanischer Art getöpfert, in beiden Gemeindeteilen Kirchen von Anfang 16. Jh. In Breña Alta Verkauf einheimischer Produkte in **»La Destiladera«** (9 bis 13, 17 bis 19 Uhr), im südlichen Bezirk Erholungsgelände und Stichstraße auf den Monte Breña, 565 m, mit weitem Ausblick auf die Küste. Im Ortsteil La Cuesta interessanter **Marco parque** (Botanischer Garten, Tierpark; Tel. 9 22 41 77, tägl. 10–18 Uhr).

▶ CALDERA DE TABURIENTE

Seehöhe: 430 m-2426 m

Einheimische Künstler und Gelehrte haben diesen Nationalpark in jahrzehntelangem Kampf durchgesetzt.

Das Naturschaustück der Caldera de Taburiente mit ihrem »Parque Nacional« ist die größte landschaftliche Attraktion der Insel. Ein riesiger Kessel mit einem Durchmesser von 8 km und einer Tiefe von rund 1700 m, eingebettet in den höchsten Vulkandom von über 2400. Innen steile Wände mit Felsnadeln, und auf dem 23 km langen Rand mehr als ein Dutzend Gipfelerhebungen.

Über die Entstehung wurde lange gerätselt. Die ursprüngliche Theorie, dies sei ein Explosions- oder Einsturzkrater, hat man mittlerweile verworfen, den Namen Caldera aber von hier als Begriff für derartig entstandene Krater in die naturwissenschaftliche Fachsprache übernommen. Nach langem Gelehrtenstreit sehen die spanischen Fachleute die Entstehungsursache heute im Abrutschen gewaltiger Gesteinsmassen und in der Ausräumung durch Erosion. Nach Aufbau des Vulkankomplexes → **Cumbre Nueva** und **Bejenado** hat sich demnach der Neigungswinkel der vulkanischen Auflagerungen so vergrößert, daß der größte Teil der Schichten abgeglitten ist und die dadurch freigelegten Felswände nachstürzten. Diese immensen Massenverlagerungen haben auch die Flanke des alten Vulkandoms erfaßt, die Erosion hat dann für die Erweiterung zum heutigen Riesenkessel gesorgt. Zerklüftung der Gänge, lockere Zwischenlagen und unterschiedliche Wasserdurchlässigkeit führen auch in der Gegenwart immer wieder zu Felsstürzen und Muren. Die Caldera ist in Bewegung. Die obere

Schichtgrenze des unter dem Meeresspiegel entstandenen und später gehobenen, vulkanischen »Basalkomplexes« und die nach oben durchschlagenden Vulkangänge sind an den Seiten der Caldera zu erkennen. Das rauhe, steile, schluchtenzerfurchte Innere der Caldera ist vorwiegend von **Kiefernwald** bedeckt, den Unterwuchs bilden Zistrosen und gelber Hornklee. An feuchteren Stellen mischen sich Baumheide, Gagelbaum, wilder Avocado sowie verschiedene Ginsterarten in den Bestand. In den Felsen wurzelt vereinzelt Zedern-Wacholder, blühen Hauswurzarten, Gänsedistel, Strauchampfer, eine Eberwurzart, das La Palma-Greiskraut sowie andere Arten. Die Hochgebirgsregion nehmen Codesosfelder ein, dazwischen eine spezielle Flora mit etlichen Raritäten. Insgesamt wurden 380 Arten gezählt, 34 kommen nur auf La Palma vor, 3 davon nur in der Caldera. Die Felswände sind ein Refugium sehr seltener Pflanzen.

Desfondada-Wasserfall im Inneren der Caldera.

Aus zahlreichen Funden weiß man, daß die Caldera schon von den Ureinwohnern zumindest als Weidegebiet genutzt wurde. Petroglyphen, selbst in schwer zugänglichen Wänden, ehemals bewohnte Höhlen und Hüttenreste belegen dies. Wie die verschieden gravierten Keramikfunde zeigen, verlief die Nutzung über viele Jahrhunderte. Die Caldera ist ein Denkmal der Natur- und der Urgeschichte.

Wirtschaftlichen Reichtum liefert die Caldera mit dem Wasser. Noch heute sind von den einst etwa 120 Quellen 70 übrig! Seit 1502 wurde das im → **Barranco de las Angustias** ablaufende eisenhaltige Oberflächenwasser (gelbe Farbe!) aufgefangen und auf die Felder des unteren → **Valle de Aridane** geleitet. Jetzt beuten 20 Wassergalerien (gebohrte Stollen) und Rohrleitungen die Grundwasservorräte aus. Das Wasserrecht lag einst als Privileg bei einzelnen Feudalherren, heute teilt sich eine Erbengemeinschaft von 1800 Eignern Wasser- und Grundbesitz. Ansonsten diente die Caldera nur als gemeinschaftliche Waldweide, der Wald selbst und die übrigen natürlichen Ressourcen blieben weitgehend unberührt. Diese Ursprünglichkeit und die einzigartige Landschaft waren die Gründe, dieses Gebiet als eines der ersten in Spanien unter Naturschutz zu stellen. Der »**Parque Nacional Caldera de Taburiente**« wurde 1954 geschaffen, 1981 auf 4690 ha erweitert und eine Schutzzone von knapp 6000 ha angegliedert. Der Park reicht von 430 m Seehöhe auf 2426 m. Obwohl zum Schutz der Natur und zur wissenschaftlichen Forschung eingerichtet, dient er

Caldera/Nationalpark »Um sie herum eine Landschaft im gewaltigen Aufruhr, weiteste Blicke, tiefste Stürze, wildeste Felsen« (Gerhard Nebel 1965).

ebenso dem Tourismus. Die Nationalparkverwaltung hat das Parkgebiet durch beschilderte Fußwege erschlossen, Aussichtspunkte und einen Zeltplatz angelegt. Feuermachen außerhalb der zugelassenen Installationen und jede Schädigung der Natur sowie Jagd und Weide sind selbstverständlich verboten. Die wissenschaftliche Forschung wird gefördert und vom Aussterben bedrohte Arten werden hinter Maschendrahtzäunen wieder angesiedelt. Nach Beweidungsverbot und Rückgang des Wildkaninchenbestandes infolge einer Seuche erholt sich die Vegetation langsam wieder. Geschätzte 50 000 Wanderer besuchen jährlich den Park. Sie können sich im **Centro Visitantes** am östlichen Ortsende von → **El Paso** an der »Carretera General de Padrón, 47 (tägl. 9–14, 16–18.30 Uhr, Tel. 922 49 72 77), über Natur und Eigenart dieses Nationalparks informieren (Ausstellungssaal, 2 audiovisuelle Vorführungen, Auskunftstheke, Literatur); ein Pflanzengarten ist im Entstehen. Im Besucherzentrum auch Genehmigungen für das Zeltgelände sowie Anmeldung zu kostenlos geführten Wanderungen. Infostellen befinden sich auch auf → **La Cumbrecita** und → **Roque de los Muchachos**. Der Nationalpark ist die bedeutendste Sehenswürdigkeit der Insel. – Lit.: Faltblatt »Caldera de Taburiente« gratis, Führer für den Besuch des Nationalparks der Caldera de Taburiente.

▶ CALDERA-HÖHENSTRASSE (LP. 22)

Seehöhe: ca. 1900–2400 m

Am Gipfel des Roque de los Muchachos: höchstgelegener Parkplatz im Atlantik.

Großartige, asphaltierte Aussichtsstraße über die Außenseite des Calderakamms, der → **Cumbre de los Andenes**. Führt von → **Santa Cruz** nach **Hoya Grande** an der Nordküste. Meist herrlicher Blick auf den Pico de Teide in Teneriffa; unter der **Piedra Lana** das »Monumento al Infinito« zu Ehren der Unendlichkeit, geschaffen vom Kanarischen Universalgenie César Manrique aus Anlaß der Einweihung des → **Astrophysikalischen Observatoriums** im Jahr 1985. Über der Straße verschiedene eingezäunte Anpflanzungen vom Aussterben bedrohter Pflanzenarten. Gekennzeichnete Aussichtspunkte mit Tiefblick in die Caldera: Mirador de Taburiente oder Franceses, Mirador de los Andenes. Etwa bei Kilometer 34 zweigt eine gebührenfreie Stichstraße ab (offen 7–21 Uhr), die durch das Gelände des Astrophysikalischen Observatoriums zum Gipfelparkplatz des → **Roque de los Muchachos** führt. Ein erster Fahrweg über die Cumbre wurde bereits Mitte 19.Jh. von der spanischen Forstverwaltung angelegt.

▶ CENTRO VISITANTES PARQUE NACIONAL

→ **Caldera de Taburiente**

▶ CUMBRE DE LOS ANDENES

Seehöhe: bis 2426 m

Cumbre de los Andenes: Das Hochgebirgswandergebiet der Insel mit meist klarster Sicht.

Hochgebirge des hufeisenförmigen Calderekammes, im zentralen Abschnitt mit Durchschnittshöhen über 2200 m, Baumgrenze um 1800 m. Wenig ausgeprägte Kuppen im Kammverlauf sowie einzelne Felsköpfe brechen mit steilen Wänden gegen die Caldera ab. Auf der Außenseite dacht die von Barrancos angeschnittene Cumbre gegen das Meer hin ab. Dem Kamm entlang verläuft die → **Caldera-Höhenstraße**; höchste Erhebung ist der → **Roque de los Muchachos**, 2426 m, mit → **Astrophysikalischem Observatorium** im Gipfelbereich. Einheimische bezeichnen als »Andenes« nur den zentralen Kammabschnitt.

Das Gebirge ist der Überrest eines alten, einst über 3000 m hohen Schichtvulkans, aufgebaut auf dem in der Caldera aufgeschlossenen »Basalkomplex« stark emporgehobenen Meeresbodens. Das Auslaufen abrutschender Schichten durch den Durchbruch des → **Barranco de las Angustias** sowie die Ausräumung der Caldera durch die Erosion hat vom alten Vulkandom den Cumbrekamm stehen lassen. In den Höhenlagen sind Windgeschwindigkeiten um 100 km/h häufig. Die Temperaturen gehen nie über 25 °C, im Winter herrscht an mehreren Tagen Frost mit Eis und Schnee; vom November bis Februar auch Starkregen, März bis Oktober regenfrei. Die Kammlagen sind heute weitgehend mit »Codeso«-Büschen bedeckt, die sonstige charakteristische Höhenflora ist bis auf Reste dem starken Verbiß durch Kaninchen und Ziegen zum Opfer gefallen. Der gut gebahnte Höhenweg über den Kamm der **Cumbre de los Andenes** macht La Palma zur echten Bergwanderinsel.

▶ CUMBRE NUEVA

Seehöhe: bis 1435 m

Verbindungsglied zwischen → **Cumbre de los Andenes** und → **Cumbre Vieja**. Über den fast ebenen Kamm mit steilen Buschwaldflanken führt eine Forstpiste; höchster Punkt: Reventón, 1435 m. Der Rücken wird als Rest des Kraterrandes eines alten Vulkans interpretiert, dessen überwiegender Teil ins Meer abgeglitten ist.

▶ CUMBRE VIEJA

Seehöhe: bis 1949 m

Geologisch junger (im Gegensatz zum Namen!) vulkanischer Gebirgszug im Süden der Insel, der die geologisch ältere → **Cumbre Nueva** südlich fortsetzt. Die Wetterscheide der beiden Gebirge trennt La Palma in eine feuchtere Ost- und eine trockenere Westhälfte. Der Kamm der **Cumbre Vieja** besteht aus jüngeren, von der Erosion wenig geprägten Eruptivformen mit 120 Kratern und Vulkanen; Wälder mit Kanarischer Kiefer bedecken die stellenweise steilen Flanken. Höchste Erhebung ist die **Deseada** mit 1949 m. In der Gegenwart erstreckt sich die vulkanische Aktivität auf diese Cumbre und ihre Fortsetzung über → **Fuencaliente** zur Südspitze der Insel (Ausbruch des → **Teneguía** 1971); die jüngsten Ausbrüche der Cumbre Vieja erfolgten 1949 (Birigoyo, San Juan, Hoyo Negro)! Über den ganzen Gebirgszug verläuft der großartige Wanderweg **»Ruta de los volcánes«**, jedoch bieten sich auch von Norden wie von Süden aus schöne Ausflüge und Wanderungen an.

Cumbre Nueva (links) und Cumbre Vieja (rechts) über dem Aridane-Tal.

▶ EL PASO

Seehöhe: 664 m
Einwohner: 7200

Mit mehreren Ortsteilen weit in die subtropische Gartenlandschaft am Hang des → **Valle de Aridane** ausgreifende Siedlung in enger Nachbarschaft zu → **Los Llanos de Aridane**. Die Gemeinde liegt an der wichtigsten Verkehrsachse Ost-West (»El Paso« bedeutet soviel wie

»Durchgang«), die Schnellstraße TF-812 umfährt jedoch im Süden den bescheidenen neueren Ortskern mit zentralen Diensten und vielfältigen Einkaufsmöglichkeiten (großer Supermarkt, auch deutsche Produkte). Landschaftlich sehr reizvoll von Bergen eingerahmt und vor Passatwolken geschützt, hat sich hier eine Kolonie deutscher Residenten gebildet, im Gemeindegebiet liegen auch die meisten der Mietbungalows sowie zahlreiche Restaurants mit verschiedenartiger Küche.

In El Paso ist Deutsch fast so etwas wie die zweite Landessprache.

Sehenswert ist der **Vogelpark »El Paraiso Aves«** mit Freiflughalle und **Orchideenhaus** (tägl. 10–18 Uhr), der **Kaktusgarten »Cactus Palmex«** (Di, Mi, Do 10–18 Uhr, über 660 Arten) sowie auf 14 000 m² der **Kulturpark »Pueblo Parque«** (Mo–Sa 10.30–18 Uhr, Geschichte, Kultur, Führungen, Eselreiten für Kinder) mit Pflanzengarten und Restaurant, alle an der Durchgangsstraße ausgeschildert. ℹ deutsch: Info Center La Palma, Calle Antonio Pino Pérez, 3 (unterhalb Bus-Haltestelle), Tel.+Fax 922 49 74 68 (9 bis 14, 17 bis 20 Uhr, E-Mail infocenter@la-palma.com), auch Vermittlung verschiedener Leistungen, Verkauf deutscher Literatur, Zeitungen und Zeitschriften sowie einheimischer Produkte.

Am östlichen Ortsrand das **Besucherzentrum für den Nationalpark → Caldera de Taburiente**, Centro de Visitantes, Carretera General da Pádron 47, Tel. 922 49 72 77, in der Nähe Straßenabzweigung nach **→ La Cumbrecita** und zur **→ Ermita de la Virgen del Pino**. Im Gemeindegebiet Fundstellen von Petroglyphen, z.B. »La Fajana«. El Paso ist fruchtbares Landwirtschaftsgebiet mit Obst- und Mandelanbau; an der alten Landstraße stehen noch prächtige Höfe. Später kam Seidenraupenzucht mit bedeutender Seidenherstellung und Tabakanbau auf (Seidenmuseum mit Seidenwerkstatt in der Calle Manuel Taño 6, Tel. 922 48 56 31). Einfach herrlich ist es, im Urlaub in den Gärten von **El Paso** zu residieren.

▶ EL PILAR (REFUGIO EL PILAR)

Seehöhe: 1450 m

Rastplatz und Erholungsgelände (zona recreativa) im Kiefernwald am Paß zwischen **→ Cumbre Nueva** und **→ Cumbre Vieja**; Grillplätze und viele Einrichtungen für die Freizeit der Palmeros. Gegenüber einfacher Campingplatz; Genehmigung mit Reservierung bis 14 Tage vor dem Besuch telefonisch oder über Fax beim Besucherzentrum für den

Nationalpark in El Paso (Tel. 922 49 72 77). Zufahrt auf asphaltierter Lokalstraße, sowohl von Osten, als auch von Westen. El Pilar ist Ausgangspunkt für zahlreiche Wanderungen und Spaziergänge.

EL TIME → Mirador El Time

ERMITA DE LA VIRGEN DEL PINO

Seehöhe: 900 m

Rustikale Wallfahrtskapelle am westlichen Beginn des »camino real« über die → **Cumbre Nueva**. Im verschlossenen Gebäude Statuette der Heiligen Jungfrau von der Kiefer, die nach der Legende in einer alten Kiefer erschienen sein soll. Der Baum ist längst gefällt. Alle Jahre festlicher Umzug der Marienfigur für eine Woche nach → **El Paso** (Anlaß für eine großer Fiesta).

FUENCALIENTE

Seehöhe: 722 m
Einwohner: 1700

Vulkane, Wein, Kiefern und ein netter Ort im Abseits der Ferienzentren.

Südlichste Ortschaft der Insel mit Forstwirtschaft und Weinbau; Restaurants, Bars, Kleinhotels und Fremdenzimmer, Ausgangspunkt für Wanderungen.

Einst Heilbadeort, ist das neuerdings in Los Canarios umbenannte **Fuencaliente** von Osten und Westen auf der guten Straße TF-832 zu erreichen. Der alte Ortsname, zu deutsch »Warmbrunn«, weist auf eine im 17. Jh. durch Vulkanausbruch verschüttete, warme vulkanische Schwefelquelle hin, von der im Mittelalter angeblich sagenhafte Heilwirkung ausging. Das von Asche und Lava bedeckte Gebiet südlich des Ortes ist der Bereich größter Vulkanaktivität der Insel: 1677/78 Eruption des → **San Antonio**, heute gern besuchter Aussichtsberg; 1971 Ausbruch des → **Teneguía** (→ **Wanderung 15**). An der südlichen Landspitze gibt es zwei Generationen von Leuchttürmen und die Saline der Insel. An der Südwestküste befinden sich kleine Badebuchten, die Südspitze gilt als interessantes, aber gefährliches **Tauchrevier**. In den Aschefeldern wird im Trockenfeldbau der berühmte »Teneguía«-Wein gezogen, und daraus werden rund 1,5 Mio. Liter Malvasier sowie gute trockene Weiß- und Rotweine gekeltert (schwungvolles »T« auf dem Flaschenetikett). Der Besuch von Fuencaliente mit einer Weinprobe gehört zum Standardprogramm eines jeden La Palma-Besuchs!

GARAFÍA

Seehöhe: ca. 300 m

Abgelegene, ruhige Landgemeinde im Norden der Insel, die ausschließlich von Landwirtschaft und Viehzucht lebt; kaum Tourismus. Zwischen Barrancos liegen die 15 Weiler sowie zahlreiche urige Einzelgehöfte und Drachenbäume über die kleinen Felder verstreut. Erst seit den 60er Jahren Straßenanschluß. Der Hauptort **Santo Domingo de Garafía** besteht nur aus wenigen steilen Gäßchen mit altertümlichen Häuschen, nur der Ortskern an der schönen »plaza« Baltazar Martín (Volksheld aus Garafía und Verteidiger der Insel gegen Piraten) wirkt leicht kleinstädtisch. Direkt unterhalb die (für die stark geschrumpfte Einwohnerzahl zu große) **Iglesia Nuestra Señora de la Luz**, um 1550 erbaut und Mitte des 17. Jh. durch ein zweites Schiff erweitert; im dämmrigen Innern schöne Mudejárdecke, Barockaltar. Unterkunft bieten nur einige Häuser des »Turismo rural«; Restaurants gibt es, sogar ein sehr gutes: das »Bernegal«, im Kulturhaus ein kleines Ortsmuseum. Die in der etwas rauhen Landschaft gehäuft vorkommenden Felsgravuren (z. B. die Petroglyphen von El Calvario unterhalb des Friedhofs) lassen auf einen Siedlungskern der Ureinwohner schließen. Unter der 200 m hohen Steilküste liegt der verlassene Hafen, oberhalb der stark eingetieften Barrancos ein sehr hübsches Mittelgebirge vor dem imposanten Hintergrund der → **Cumbre de los Andenes**.

IDAFE, ROQUE

Seehöhe: ca. 700 m

Auffallender Felsmonolith im Inneren der → **Caldera de Taburiente**. Der freigewitterte Vulkanschlot gegenüber von **La Cuesta del Reventón** ist beim Aufstieg vom → **Barranco de las Angustias** zum Zeltplatz zu sehen. Nach der durch Funde am Gipfel gestützten Legende opferten die Altkanarier an seinem Fuß dem Gott Abora.

Legendäres Kultobjekt der Altkanarier: Der Idafe.

LA CUMBRECITA / LAS CHOZAS

Seehöhe: 1287 m

La Cumbrecita bietet erste Caldera-Impressionen – auch für Eilige.

Tiefste Einsenkung des Randes der → **Caldera de Taburiente**, auf guter (stellenweise aber sehr schmaler!) Straße von → **El Paso** per Pkw erreichbarer Parkplatz; Info-Häuschen der Nationalparkverwaltung. Kurzer, bequemer und sicherer Zugang auf einem Lehrpfad zum Aussichtspunkt **Mirador de las Chozas**, der einen faszinierenden Einblick in die Caldera bietet.

LAS MANCHAS

Seehöhe: 0–900 m

Region im Südwesten der Insel mit mehreren Orten und gepflegten Einzelsiedlungen, ein freundliches Gefüge aus Höfen, hübschen Wohnsitzen, blühenden Gärten und Feldern. Mitten durch das Gebiet zieht sich der Lavastrom vom **San Juan**-Ausbruch 1949. Im Ortsteil **Las Manchas** neuere, architektonisch interessante »plaza«, zwischen **San Nicolás** und **Jedey** in einem Höhlensystem das urige **Weinrestaurant »Bodega Tamanca«**. Südlich schließt sich eine schöne, fast unbewohnte kanarische »Almlandschaft« an.

LAS NIEVES

Seehöhe: 260 m

Hochgelegener Ortsteil von → **Santa Cruz** mit besuchenswertem historischen Wallfahrtskomplex. Das stimmungsvolle Geviert auf einem Vorsprung im Abhang wird seeseitig durch ein eindrucksvolles altes Gebäude abgeschlossen. Aus dem Schatten alter Bäume am Kirchplatz ragt die interessante **Wallfahrtskirche Nuestra Señora de Las Nieves** hervor. Wallfahrtskapelle seit 1517, wurde der heutige Bau 1740 fertiggestellt (Hauptfassade und Glockengiebel 1672, Portal zur Plaza 18. Jh.). Im Inneren ist der Raumeindruck bezaubernd. Eine andachtsvoll abgeschirmte Welt im Dämmerlicht, jenseits aller Fülle an kanarischem Licht. Wie magisch zieht der vierstufige Barockaltar aus getriebenem Silber (1672–1967) den Blick auf sich. Darüber die 80 cm große bemalte Terrakottafigur der »Jungfrau vom Schnee« (14. Jh./Flandern), seit 1534 Schutzpatronin der Insel – und Ehrenbürgermeisterin von Santa Cruz. Die zwischen Romanik und Gotik ste-

Eindrucksvolles Wallfahrtsziel: Die Jungfrau vom Schnee.

»Nuestra Señora de Las Nieves« in der gleichnamigen Wallfahrtskirche.

hende Figur könnte die älteste Heiligenstatue des ganzen Archipels sein. In den Seitennischen flämische Skulpturen (spätes 16. Jh.) sowie flämische Kreuzigungsgruppe (16. Jh.), Madonna und Erzengel Michael. Aus der Kirche wird die Schutzheilige der Insel, die »Madonna vom Schnee«, seit 1680 alle 5 Jahre (2000, 2005 usw.) in der **»Bajada de la Virgen de Las Nieves«** nach → **Santa Cruz** hinunter geführt. Das große religiöse Volksfest mit bombastischen Veranstaltungen dauert 6 Wochen (Juni-August); unter den Höhepunkten ist die »Danza de los Enanos«, der Tanz napoleonisch verkleideter Zwerge.

▶ LAS TRICIAS → Puntagorda

▶ LOS CANCAJOS

Seehöhe: Meeresniveau
2000 Gästebetten

Die kleine Touristenhochburg für die kleine Insel! Am Reißbrett geplant, funktional und nicht einmal häßlich, ist es das richtige Urlaubsziel für alle, die unter Gleichgesinnten einfach nur am Meer sein wollen. Wellenbrecher aus Beton schützen zwei kleine, künstlich angelegte Strände, was zum Strandurlaub notwendig erscheint, ist vorhanden, ebenso selbstverständlich Einkaufszentrum und Restaurants. Trotz schöner Appartementanlagen – die typische Ausgangsbasis für Wanderer ist das nicht.

▶ LOS LLANOS DE ARIDANE

Seehöhe: 344m
Einwohner: 20 000

Quicklebendige moderne Kanarenstadt im → **Valle de Aridane**, heute größer als → **Santa Cruz**. In Los Llanos wird offensichtlich Geld gemacht, die Wirtschaft boomt. Zu 40% Anteil am Bananenanbau kommt noch der weiter zunehmende Tourismus. Der erst 1899 zur Stadt erhobene Ort hat wenig »Historisches«, dafür kann man hier um so mehr urban-insulare Lebensweise kennenlernen. Parkplatz findet man im großstädtischen Verkehr auf der doppelspurigen Durch-

Straßencafé auf der »Plaza España«.

gangsstraße wie auch sonstwo ebenso schwer wie einen Sitzplatz in den Straßencafés unter den Lorbeerbäumen der »Plaza España«. Auf dem Platz zwischen dem Haus der Gemeindeverwaltung und der **Iglesia de Nuestra Señora de los Remedios** und den umliegenden Avenidas schlägt das Herz der Stadt. Die dreischiffige Kirche (1571–1659) mit Mudejárdecke birgt die Statue der Schutzpatronin (1584/Brüssel) sowie weitere flämische Skulpturen aus dem Ende 16.Jh. An die stimmungsvolle **Plaza chico** (Plaza Elias Santos Abreu – Arzt und Naturforscher aus Los Llanos) schließen sich die winkligen Gassen niederer Altstadthäuschen an. Im Norden an der **Avenida de Tanausú** liegen gepflegte Stadtvillen mit Gärten, und hinter der Markthalle der zentrale Busbahnhof; im Westen wird der Stadtpark gerade aufgefrischt. Dazwischen überall mehrstöckige Gebäude.

Ein Spaziergang lohnt in Richtung → **Barranco de las Angustias** zum Vorort **Argual** mit einem der schönsten Bauensembles: die restaurierten Herrschaftshäuser **Casa Massieu Van-Dale** (17. Jh. – Info-Center, Ausstellung, Kunsthandwerk), das **Monteverde-Palais (18. Jh.)** und die **Casa Sotomayor**. An der Straße zum Nachbarort → **El Paso** warten der Kaktusgarten **»Cactus Palmex«**, der Vogelpark **»Paraiso del Avis«** und der Kulturpark **»Pueblo Parque«** (→ **El Paso**) auf Besuch; alle am Straßenrand ausgeschildert. Am **Lomo de Caballo** guter Blick vom »Mirador de Cancelita« über die Stadt. Neben zweieinhalb Dutzend Restaurants jeder Art bietet **Los Llanos** auch zwei komfortable Hotels (Valle Aridane, Eden) sowie etliche Pensionen und Apartementos. Groß ist auch das Angebot an Kulturveranstaltungen, und sogar »Nachtleben« gibt es. Für urbanes Flair im Inselwesten ist Los Llanos die richtige Adresse. Auskunft für deutsche Inselurlauber bei der Anlauf- und Servicestelle »Contacto«.

▶ LOS SAUCES

Seehöhe: 266 m
Einwohner: 4400

Los Sauces Bananen und Rum für die Insel.

Das mit Wasser aus den Cumbrehängen im Lorbeerwald (z.B. Quellen Marcos und Corderos, lange, anspruchsvolle Bergwanderung) reichlich versorgte »Bananenstädtchen« ist das bedeutendste Handels- und Landwirtschaftszentrum im Inselnorden. An der Durchfahrtsstraße TF-830 sieht der Ort sehr städtisch aus mit großer Plaza und mehrstöckigen Häusern. Dahinter steigen die zwischen alten Häuschen verwinkelten Gassen steil an, vorbei an Obstgärten und Bananenfincas. Die 1515 erstmals genannte **Iglesia de Nuestra Señora de Monserrat**, eine der größten Kirchen der Insel, wurde mehrmals umgebaut; im Inneren flämische Pietà, in der Taufkapelle »Katalanische Tafel« (flämisches Gemälde der Madonna von Montserrat aus dem 16.Jh.). Im Städtchen Herberge »El Drago« sowie Restaurant und Bar, im Ortsteil **El Roque** Lokal mit bekannt guter venezolanischer Küche.

In der Umgebung von **Los Sauces** liegt → **Los Tilos**. Im Gemeindegebiet **Los Sauces y San Andrés** wurde früher Zuckerrohr angebaut und zu Rum gebrannt; aus kleinen Pflanzungen erzeugen die »Destilerias Aldea« (Tel. 922 45 06 68) noch heute »Ron Aldea«. Museum: Molino Hidráulico El Regente« (Wassermühle tägl. 11–17 Uhr).

▶ LOS TILOS, SCHUTZGEBIET »LOS TILES«

Seehöhe: 500 m (Forsthaus)

Gebiet im → **Barranco del Agua** mit dem weltweit am besten erhaltenen Lorbeerwald; es ist 1983 als UNESCO-Biosphärenreservat »(Monte) El Canal y Los Tilos« unter Schutz gestellt worden. 1998 wurde dieses kurz »Los Tilos« genannte Schutzgebiet als »Los Tiles« von 500 auf 13 420 ha erweitert. Es besteht aus vier voneinander getrennten Naturräumen und umfaßt einen repräsentativen Querschnitt durch die Ökosysteme der vielfältigen, vorwiegend bewaldeten Barranco-Landschaft im Nordwesten der Insel und reicht von den Gipfeln der Cumbre bis zum Meer. Raritäten sind vom Aussterben bedrohte Pflanzen- und Tierarten des Nebelwaldes. In **Los Tilos** Informationszentrum für das Schutzgebiet (Juli-Okt. 8.30–18.30 Uhr, Nov.-Juni 8.30–17 Uhr); Faltblatt gratis. Von hier ist das Kernstück auf ausgewiesenen Wegen zu erwandern. Ein Picknickplatz mit einfachem kanarischen Restaurant (empfehlenswert!) sowie eine Zeltmöglichkeit werden von den Einheimischen in der Freizeit gerne aufgesucht.

▶ MAZO

Seehöhe: 500 m
Einwohner: 5300

An der Ostküste südlich von Santa Cruz gelegene Gemeinde mit 13 über den grünen Küstenhang verstreuten Ansiedlungen. Nur wenige Ortskerne gibt es, so an der TF-832 und der unteren Parallelstraße. Oberhalb der Hauptstraße liegt als eine der ältesten und schönsten Kirchen der Insel **Iglesia de San Blás**; 1512 als Nachfolgebau einer 1495 erwähnten Kapelle errichtet, gegen 1800 wurden zwei Seitenschiffe angebaut. Im Inneren kostbarer Hochaltar (1670), Statuen aus dem 16./17. Jh. und Mudejárdecke über dem Altarraum. Mazo gilt als Zentrum des palmerischen Kunsthandwerks mit staatlicher **»Escuela de Artesania«**; in El Molino berühmte Keramikwerkstatt mit Repliken vorspanischer Töpferei. Durch die Gemeinde verlief 1949 der Lavastrom aus dem Krater des Duraznero, heute wächst darauf der kräftige Rotwein der Lagen »Hoyo de Mazo«. In Mazo wird das berühmteste Fronleichnamsfest der Insel gefeiert mit Teppichen aus Blumen, Moosen und Sand. Unterkunft in Appartementanlagen, empfehlenswerte Restaurants.

Iglesia de San Blás.

Im Ortsteil Sabina liegt die »Cueva del Belmaco«, die Königshöhle der Guanchen. Sie war nachgewiesen um 930 bewohnt, die Felszeichnungen bereits 1752 bekannt. Der Höhlenkomplex ist als Archäologischer Park mit einem Besucherzentrum wieder zur Besichtigung frei (Mo–Sa 10–18 Uhr, So 10–15 Uhr).

▶ MIRADOR EL TIME

Seehöhe: 595 m

Aussichtspunkt mit Café, über der zum → **Barranco de las Angustias** abbrechenden Steilwand am Straßenknick der TF-832 gelegen. Unter den vielen, teils unbenannten Miradores der Insel zeichnet er sich durch eine phänomenale Aussicht auf das → **Valle de Aridane** und große Teile der Südwestküste aus.

PARQUE CULTURAL LA ZARZA

Seehöhe: 960-1040m

Bedeutende Petroglyphen-Fundstellen am altkanarischen Quellheiligtum »Fuente La Zarza« und im anstehenden Gestein über dem meist ausgetrocknetem Bachlauf von »La Zarzita«. Jetzt eingezäunt und nur über das »Centro Visitantes« zugänglich (38787 Garafía, c/Los Guanches s.n., Tel. 922 69 50 05, Winter 11–17 Uhr, Sommer 11–19 Uhr). Das 1998 eröffnete Besucherzentrum vermittelt das notwendige Wissen über die Ureinwohner La Palmas, die »Benahoaries«, und informiert über Flora und Fauna. Die Kultstätte im felsigen Abschluß des seichten Tälchens ist auch landschaftlich reizvoll, die hier eingravierten Motive zählen zu den bedeutendsten Petroglyphen der Insel. Ein Hauch von Vorzeit für den verständnisvollen Betrachter. Auch wenn heute niemand mehr die Symbole sicher zu deuten versteht.

PICO DE LA NIEVE

Seehöhe: 2239m

Auf der amtlichen Karte nicht eingetragener Aussichtsgipfel; auf markiertem Steig der Nationalparkverwaltung von der »Pista Pico de la Nieve« in gut 1 Std. leicht erreichbar.

PUERTO DE TAZACORTE

Seehöhe: Meeresniveau
Einwohner: 1700

Barrancomündung, Buden und Beton am Meer: Puerto de Tazacorte.

Bedeutendster Fischerhafen der Insel, an der Mündung des → **Barranco de las Angustias** gelegen. Die Bucht mit schwarzem Kiesstrand unter den finsteren Felswänden ist nicht im landläufigen Sinn schön. Doch in einem der »kiosko« fangfrischen Fisch zu essen, während das Meer fast bis zum Tisch schwappt und die Sonne im Ozean versinkt, hat seinen Reiz. Am Abend sind auch die tristen Wohnblocks nicht zu sehen.

In dieser Bucht landete 1492 Alonso Fernández de Lugo zur Eroberung La Palmas. Heute starten hier Bootsfahrten, auch mit Katamaran, zur 6 km nördlich gelegenen »Cueva bonita« und zur Delphinbeobachtung.

PUERTO NAOS

Seehöhe: Meeresniveau
Einwohner: 500

Größtes Ferienzentrum der Insel, an Badestränden im klimabegünstigte Westen gelegen. Der Ort ist keine Schönheit, die »hinteren« Gassen erinnern manchmal sogar an Bauruinen. An der mit Palmen und Blumen geschmückten Uferpromenade wirkt der schwarzsandige Puerto aber bade-mondän, freilich in bescheidener La Palma-Größe. Am ursprünglichsten ist noch das Nordende mit bunten Fischerbooten. Im Süden schließt das Hotel Nr.1 der Insel, das Hotel »Sol Elite« samt seinen urbanen Appartementanlagen, die bescheidene Skyline. Weitere Appartements teils in mehrstöckigen Gebäuden. Der nahe der Lavazunge des San Juan-Ausbruchs von 1949 entstandene Ort verfügt über alles, was zu einem Ferienzentrum gehört, insbesondere über die besten Badestrände der Insel (Ortsstrand, Playa de las Monjas, Charco verde, El Remo, de la Bombilla, Nueva). Dazu ein Dutzend Restaurants von schlicht bis gehoben. Bike- und Tauchstation fehlt nicht; das Besondere: Paragliden im Huckepack auf der Cumbre.

PUNTAGORDA

Seehöhe: 600 m
Einwohner: 1800

»Sollte ich je Resident werden, dann um Puntagorda …« (Verfasser).

Ort in der idyllischen Hügellandschaft im Nordwesten der Insel. Das abseits der Landstraße TF-832 liegende weitverstreute Dorf mit Kulturzentrum, Bibliothek, landwirtschaftlichem Mustergut und Ausbildungsstätte für Jugendliche kann nicht mit besonderen Sehenswürdigkeiten aufwarten. Auch der »Hafen« bietet nichts als ein kleines Naturschwimmbecken.

Der Reiz Puntagordas liegt in seiner kultivierten Umgebung. In diesem grünen Mittelgebirge werden noch Wein, Mandeln, Feigen, Äpfel, aber auch Getreide und Kartoffeln angebaut. Ein Ausflugsgebiet mit vielen »miradores« und »refugios«, besonders für die einheimischen Städter. Am schönsten ist der Landstrich im Februar zur Zeit der Mandelblüte, die auch mit einem Fest gefeiert wird. An der neuen »Küstenstraße« nach → **Garafia** liegen die weit verstreuten Gehöfte von **Las Tricias** (→ **Wanderung 4**) mit zahlreichen Drachenbäumen und den sehenswerten, einst von Guanchen bewohnten Höhlen von Buracas.

▶ PUNTALLANA

Seehöhe: 417 m
Einwohner: 2300

Aus 5 Dörfern bestehende Gemeinde im Nordosten der Insel entlang der Landstraße TF-830. Das bedeutendste Merkmal ist der hohe Flächenanteil an Lorbeerwald; darin auch der berühmte **Cubo de Galga**. Im Ortsteil **San Juan** Pfarrkirche aus dem 18. Jh. mit kostbaren Statuen, darunter Muttergottes mit Jesuskind (Ende 15. Jh.). Unterhalb der Kirche die mit EU-Mitteln zu einem kleinen volkskundlichen Museum ausgebaute **Casa Luján** (Mo–Sa 9–13, 16–18 Uhr), ein typisch kanarisches Herrenhaus aus der Mitte 19. Jh. mit liebevoll restaurierten Räumen. Das Gebäude zeugt vom vergangenen Lebensstil insularer Großbürger; darin jetzt auch die »Asociación Turismo Rural Isla Bonita«. Die Zufahrt zum schönen Sandstrand der **Playa Nogales** ist ausgeschildert (letztes Stück zu Fuß).

▶ REFUGIO EL PILAR → El Pilar

▶ ROQUE DE LOS MUCHACHOS

Seehöhe: 2426 m

Höchste Erhebung der Insel, mit einigen Felstürmchen (muchachos!) auf dem Kamm der → **Cumbre de los Andenes**. Der Gipfelparkplatz mit Info-Kabine der Nationalparkverwaltung ist auf gefahrloser Stichstraße von der → **Caldera-Höhenstraße** durch den Schlagbaum des → Astrophysikalischen Observatoriums erreichbar (tägl. offen 7–21 Uhr).

Die »muchachos« (Burschen) am Gipfel des Roque de los Muchachos.

Vom Gipfel überwältigender Rundblick auf die Bergwelt der Insel inmitten des Ozeans mit seinen Wolkengebirgen. Von den »muchachos« aus führt ein 600 m langer Stichweg zum südlich vorgelagerten **Espigón del Roque** mit atemberaubendem Tiefblick in die → **Caldera de Taburiente**.

SAN ANDRÉS

Seehöhe: 40 m
Einwohner: 1100

Das Attribut »Karibischer Traum« ist zwar übertrieben, doch der nahe → **Los Sauces** am steilen Abhang zum Meer hockende schläfrige Ort ist sicher einer der stimmungsvollsten auf der Insel. Alte, behäbige kanarische Bürgerhäuser umgeben zwischen Palmen und quellendem Blumenschmuck die Plaza; steingepflasterte Gassen führen scheinbar immer nur abwärts. Wenn man am Abend vor dem ausgezeichneten Fischrestaurant in magischer Beleuchtung am Rande der Blumenrabatten vor der Fassade der Kirche sitzt, fühlt man sich wirklich auf einer exotischen Insel. Die 1515 gegründete, im 17./18.Jh. erneuerte **Iglesia San Andrés Apóstol** beherrscht das Ortsbild; im Inneren schöne Mudejárdecke und barocker Hauptaltar. San Andrés erhielt bereits 1507 Stadtrecht und ab 1805 die erste Schule außerhalb der Hauptstadt. Es verlor seine Vorrangstellung aber bald an das wasserreiche **Los Sauces**; heute bilden San Andrés und Los Sances eine Gemeinde. Nördlich das schöne, von der Meeresströmung geschützte Bad **Charco Azul** mit Sanitäranlagen, Liegen, Sonnenschirmen und Bar, in der Nachbarschaft der Fischerhafen **Puerto Espindola** mit Fischrestaurant.

SAN ANTONIO, VOLCÁN DE

Seehöhe: 657 m

1677/78 ausgebrochener Bilderbuchvulkan südlich von → **Fuencaliente** mit ausgezeichneter Aussicht auf den → **Teneguía** und die Südspitze der Insel. Nördlich, knapp unterhalb des Vulkans, gebührenpflichtiger Parkplatz; von dort gebahnter Weg auf den Kraterrand zum Vermessungszeichen; der früher übliche Rundweg um den Krater ist untersagt (Aufsicht), um zu verhindern, daß Steine losgelöst werden und im Krater die seltene Vegetation zerstören; auch das Betreten des übrigen Kratergebiets außerhalb der Wege ist verboten. Dafür führt ein schön hergerichteter Weg vom P hinab zum → **Teneguía**. Eine »Besteigung« des San Antonio ist auch für Eilige ein »Muß«!

Das Kraterinnere des San Antonio, dahinter Fuencaliente.

▶ SANTA CRUZ DE LA PALMA

Seehöhe: 8 m
Einwohner: 18 500

»Schatzkästlein Santa Cruz« müßte der Ehrenname heißen – Es ist tatsächlich die schönste Kanarenstadt! Wenn man vom nahegelegenen Flugplatz auf der Schnellstraße einfährt, verrät zunächst nichts die baulichen Schätze. Übliche Hafenanlagen, Containerbetrieb am Kai, lärmendes Verkehrsrondell vor dem Post- und Telegraphenamt. Wie in Monte Carlo steigen darüber die hohen Kästen einer südländischen Hafenstadt den steilen Hang empor. Auch ein Bummel nur durch die Uferstraße »Avenida Maritima« vermittelt nur einen blassen Eindruck. Kaffeehaustische am Trottoir, ein paar Hotels und die viel fotografierte Häuserzeile mit den kanarischen Balkons. Man muß schon von der Küste (P) aus in die Stadt hinein und einen halben Tag für den Besuch aufwenden.

»Die schönste Altstadt der Kanaren!« (ein Kanarenkenner).

Gleich hinter der ersten moderneren Häuserfront liegt, parallel zur Uferstraße, die **Calle O'Daly**, der ursprüngliche Kern der Stadt. Foto- und Souvenirläden, Boutiquen, Büros beherrschen zunächst das Bild dieser nach einer irischen Kaufmannsfamile benannten Bummel- und Shoppingstraße. An der Bergseite entdeckt man dann das Patrizierhaus **Casa Salazar** mit ansehnlicher Renaissancefassade (erste Hälfte 17. Jh.); imposanter ist der Innenhof mit den umlaufenden Holzbalkonen, vier Stockwerken mit der für die Kanaren typischen Kombination von Stein und geschnitztem Holz. Das Haus beherbergt Wechselausstellungen sowie die Touristikinformation. Das Bauwerk zeigt das erste typische Beispiel eines solchen Herrenhauses, das den Reichtum aus Zucker- und Weinhandel der einst herrschenden spanischen, flämischen und irischen Familien repräsentiert. Weitere Beispiele in dieser Fußgängerzone: das Haus des Landvogts **Arce y Rojas**, ein äußerlich eher schlichter Renaissancebau mit kostbarem Innenhof, und das Haus der Familie **Sotomayor**.

Am nördlichen Ende der Calle O'Daly öffnet sich als Mittelpunkt der Altstadt die dreieckige **Plaza España**. Ein feines Ensemble historischer Stadtarchitektur um den **Renaissancebrunnen (1588)** zwischen Kirche mit wehrhaftem Turm, Patriziergebäuden (im linken Haus Fernuniversität) und Rathaus. Die **Statue** des wegen seiner liberalen Predigten von der Insel verbannten Pfarrers **Manuel Hernández Diaz** blickt auf das Treiben am Kirchplatz. Das bemerkenswert schöne Renaissanceportal über der monumentalen Freitreppe lädt zum Eintre-

»Die Stadt hat eine schöne Kirche und einen Statthalter und Ratsherrn ...« (Thomas Nicols um 1560).

ten in die Pfarrkirche ein: **San Salvador** wurde 1503 erbaut und nach der Brandschatzung der Stadt ab 1559 in mehreren Phasen wiedererrichtet; in der Sakristei gibt es noch ein gotisches Gewölbe des ursprünglichen Gebäudes. Im Innenraum gilt die **Holzdecke im Mudéjarstil** als eine der schönsten auf den Kanaren. Unter mehreren bedeutenden flämischen Skulpturen fällt im zweiten Altar des rechten Seitenschiffes die **Kreuzigungsgruppe »El Cristo de los Mulatos«** auf (frühes 16. Jh.), eine Erinnerung an eine Sklaven-Bruderschaft. Auch das Gemälde des Hauptaltars (1837) sowie die Weihwasserbecken sind bemerkenswert. Man muß den Gesamteindruck der großen Kirche in sich aufnehmen: Er bildet gemeinsam mit den Palästen der herrschenden Familien den Zugang zur »christlichen« Vergangenheit dieser Königsinsel.

Der Kirche gegenüber begrenzt eine stilreine Front restaurierter Patrizierhäuser die Plaza. Auf der Seeseite die **Renaissancefassade des Rathauses (1559–1563)** mit Bogengang; an der Front Wappen und Reliefs, u.a. Medaillon **Phillips II**. Innen ein geschnitzter Treppenaufgang und unter der reichen Kassettendecke Wandbilder mit Auswandererszenen aus dem letzten Jahrhundert. Die »Casa Pinto« (18.Jh.) setzt die wohlproportionierte Kulisse fort. Auch jenseits der **Avenida del Puente** weitere interessante Patrizierhäuser (Casa Van de Walle, Fierro, Massieu, Sotomayor). In der parallelen **Calle Dr. Santos Abreu** das **Stadtpalais Casa Jorós (18. Jh.)** mit Kunsthandwerksausstellung im Obergeschoß.

Ein paar Schritte weiter das Karree mit den Stadthotels. Dahinter versteckt sich das voll erhaltene **Fort Santa Catalina (1674)**, jenseits des Barrancos oben am Berg die Überreste des **Castillo de la Virgen**. Hier an der Nordecke der Altstadt überrascht das lebensgroße **Modell der Kolumbus-Kogge »Santa Maria«.**, darin **Schiffahrtsmuseum »Museo Naval«** (Mo bis Do 09.30–14, 16–19 Uhr, Fr 9.30–14 Uhr, Juli bis Sept. Mo bis Fr 9.30–14 Uhr). Christoph Kolumbus war zwar nie auf La Palma, aber im nahen La Gomera; der Nachbau soll daran erinnern, daß Santa Cruz im 16./17. Jh. Spaniens drittgrößter Hafen war.

Der Rückweg sollte über die **Plaza de la Alameda** mit dem Kreuz des Gedenkens an die Conquista führen. Hier serviert der **Maurische Kiosk** beste »tapas«; unter indischen Lorbeerbäumen sitzt man mitten unter den kleinbürgerlichen Lebenskünstlern. In dem harmonisch wirkenden **Quartier Baltasar Martín** passiert man die **Iglesia San Francisco de Asis**. Im 16./17.Jh. in Abschnitten erbaut, besticht auch sie durch finstere Größe sowie durch ihre reich verzierte Täfelung mit Renaissance-Kassetten; in der obersten Nische des Hauptaltars eine spätgotische flämische Statuengruppe, zahlreiche weitere Werke der Malerei, Bildhauerei und Goldschmiedekunst. Im ehemaligen Franziskanerkloster logiert das **Museo Insular** (Mo bis Fr 9.30–13.50, 16–18.20 Uhr / Juli bis Sept. Mo bis Fr 9–14 Uhr, Eingang im Glockenturm) mit interessanten Exponaten aus Archäologie, Heimatkunde, Naturgeschichte sowie mit Werken der bildenden Kunst.

Die berühmte Zeile der kanarischen Balkone an der »Avenida Maritima«.

Noch manche Entdeckung wird der Streifzug über die charakteristischen Treppen und durch die verwinkelten Gassen bescheren. So die für die Insel typische **Kapelle Nuestra Señora de la Encarnación** (an der Stelle der Strohhütten der ersten Prediger) mit flämischer Verkündigungsgruppe aus dem frühen 16. Jh. Oder die kleine stimmungsvolle **Sebastianskapelle**, darin ebenfalls flämische Schnitzwerke. Und schließlich unterhalb des typischen **Stadtviertels Dornajo** den **»Convento de Santo Domingo«** und seine betretbare **Klosterkirche** mit Mudejárdecke und der größten Zahl flämischer Gemälde auf den Kanarischen Inseln. Das »Schatzkästlein Santa Cruz« bewahrt viel an alter Kultur!

Beste Aussicht über die Inselhauptstadt vom **Mirador de la Concepción** (→ **Wanderung 1**) nahe dem Ortsteil **Velhoco** mit Sommerhäusern wohlhabender Stadtbürger. Der Besuch der Wallfahrtskirche »Santuario de Nuestra Señora de las Nieves« im Stadtteil → **Las Nieves** gehört zum lohnenden Pflichtprogramm; in Mirca zweigt die Straße ab zum Roque de los Muchachos (→ **Caldera-Höhenstraße**).

Geschichte: Der Ort wurde von Alonso Fernández de Lugo, dem Eroberer der Insel, 1493 in der geschützten Bucht gegründet. Stadtnamen und Stadtrecht erhielt die Haupt- und Hafenstadt 1541 durch Kaiser Karl V., dazu als dritte Stadt nach Antwerpen und Sevilla das Privileg des Handels mit Amerika. Der Reichtum dieses Seehandelszentrums lockte im 16. Jh. wiederholt Piraten an; 1553 brannten französische Freibeuter unter François de Le Clerc Santa Cruz völlig nieder. Größer und üppiger erstand es wieder und wurde zudem durch kleine, mit Kanonen bestückte Kastelle befestigt. So konnte 1585 auch der Angriff von Sir Francis Drake abgewehrt werden. Der damals hier unvermeidliche Zwischenstop auf der Segelroute nach Amerika ließ

neue Erwerbszweige aufblühen. Schließlich siedelten sich hier auch Kaufleute aus vielen Handelsländern an. Mitte des 17. Jh. zog Teneriffa die Seehandelsprivilegien an sich, Santa Cruz verlor seine Bedeutung im Fernhandel.
Zum »Provinzstädtchen« sank es nie ab; 1773 erhielt es den ersten demokratisch gewählten Stadtrat Spaniens. Im 19. Jh. wurden hier über 120 Überseeschiffe gebaut, es gab eine eigene Zeitung, und 1893 war es auf den Kanaren der Pionier elektrischer Beleuchtung. Heute profitiert Santa Cruz als Hauptstadt und Sitz der Inselbehörden sowie zentraler Dienste indirekt vom langsam wachsenden Tourismus.
Touristik: Es gibt gute Stadthotels (Maritimo, Avenida, Aparthotel Castillete) und Apartamentos, für schmale Geldbeutel auch ein Hostal und drei Pensionen. Zahlreiche Lokale bieten meist recht preiswert kanarische, internationale und italienische Küche an, vorwiegend in historischen Gebäuden. Festliche Höhepunkte sind der Karneval und die Karwoche sowie der Tag des Heiligen Kreuzes. Im **Teatro chico** an der **Avenida del Puente** finden Frühjahrs- und Herbstkonzerte statt, und im **Teatro Circo del Marte** gastieren Theater- und Musikensembles aus ganz Spanien.
(i) Oficina Insular de Turismo Calle O'Daly 22, Tel.922 41 21 06 (Mo bis Fr 8–13, 17–19 Uhr Sa 10.30–13 Uhr / Juli bis Sept. Mo bis Fr 9–13, 17–19 Uhr Sa gleich).

▶ TABURIENTE → Caldera de Taburiente

▶ TAZACORTE

Seehöhe: 100 m
Einwohner: 6600

Tazacortes Bananenplantagen.

Ort an der Mündung des → **Valle de Aridane**. Bananen, Bananen, und mittendrin mit Meerblick die **Avenida de la Constitución** mit dem von Bougainvillea umrankten Laubengang vor der **Sankt-Michaelskirche**. Im mehrfach umgebauten Gotteshaus werden die Reliquien der »Märtyrer von Tazacorte« verehrt, anno 1570 niedergemetzelter Jesuitenmönche. Über der Avenida ein Gewirr schattiger Gassen am Hang. Unterhalb der Kirche aber stehen noch einige Landsitze der Zucker- und Handelsbarone aus dem

16./17. Jh., wie die **Casa van Dale**. Denn die ersten spanischen Siedler pflanzten hier Zuckerrohr – und keine Bananen.

▶ TENEGUÍA

Seehöhe: 439 m

Ruine eines Vulkans, der 1971 binnen 24 Tagen entstanden ist (jüngster Ausbruch des ganzen Kanarischen Archipels); südlich des → **San Antonio** bei → **Fuencaliente** in wilder Landschaft gelegen. Lava, Schründe, erstarrte Lavaströme, Asche – das eindrucksvollste und frischeste Beispiel vulkanisch entstandener Geländeformen auf der Insel! In den Aschefeldern wächst jetzt der Teneguíawein. Sichere Berggänger können auf Trittspuren über einen stellenweise noch schwefeldampfenden Grat den Gipfel besteigen. Der Teneguía wird meist im Zusammenhang mit dem → **San Antonio** besucht.

▶ TIJARAFE

Seehöhe: 663 m
Einwohner: 2700

Langgestreckte, aus mehreren Teilen bestehende Ortschaft hoch über dem Ufer der Westküste. Im Ortskern Pfarrkirche **Virgen de Candelaria (um 1700)** mit Barockaltar, Mudejárschnitzereien; kleines **Museum »Casa del Maestro«** mit Gemeindeantiquitäten (8–20 Uhr, Tel. 922 49 00 72). Festlicher Höhepunkt ist Anfang September die **Teufelsverbrennung »Fiesta del Diablo«**.

▶ TIME → Mirador El Time

▶ VALLE DE ARIDANE

Seehöhe: 200–900 m

Sanft abfallender Hang zwischen um → **El Paso** und → **Los Llanos de Aridane** im klimabegünstigten Westen der Insel (durchschnittlich nur 40 Regentage im Jahr). Einzige größere Verebnung der Insel, bedeutendes Landwirtschafts- und Siedlungsgebiet. Hier liegen auch die meisten Mietbungalows (Fincas); fürs Bergwandern bei Verwendung eines Leihwagens zentral gelegen. Man nimmt an, daß der mit einigen jungen Lavazungen bedeckte Hang durch Abgleiten der Massen des alten **Cumbre Nueva**-Vulkans entstanden ist.

Durchschnittlich nur 40 Regentage im Valle de Aridane.

Atlantischer Ozean
Santa Cruz (Tenerife), C
Santa Cruz (La Palma),
Valverde (Hierro)
Punta de Sardina
La Atalaya
Playa de San Felipe
La Isleta
Playa de las Canteras
Puerto de la Luz
Fuerteventu
Lanzarote
Gáldar
Arucas
Puerto de las Nieves
Agaete
Moyá
1
Las Palmas de Gran Canaria
Playa del Risco
Teror
2
3
Valleseco
Punta de la Aldea
4
Artenara
Santa Brigida
Telde
Playa d Malpas
Tejeda
Vega de San Mateo
Playa de la Aldea
5
San Nicolás de Tolentino
6
Aeropuerto Gran Canar
Ayacata
San Bartolomé de Tirajana
8
Ingenio
Carrizal
Santa Lucia
Agüimes
Playa d las Cruz
Fataga
Mogán
Ayagaures
Sardina
Arteara
7
Puerto de Mogán
9
La Playa de Mogán
Puerto Rico
Playa del Inglés
Playa de las Casillas
La Playa de Arguineguin
10
Playa de San Agustin
11
Maspalomas
Pasito Blanco
Playa de Meloneras
Playa de Maspalomas
Costa Canari
Atlantischer Ozean
N
0
1 km

GRAN CANARIA

Karin Pegoraro, Manfred Föger

Ein Kontinent im Kleinen

Der Vormittag nach der nächtlichen Ankunft auf Gran Canaria: Nichts kann uns mehr davon abhalten, den Strand von Playa del Inglés zu erforschen. Über den blütengesäumten Paseo Maritimo nähern wir uns dem ersehnten Ziel. Doch wir sind in unserem Streben nicht allein – eine wahre Völkerwanderung wälzt sich am Strand dahin. Wer den Trubel nicht schätzt, wird sicher enttäuscht sein. Mehr als drei Millionen sonnenhungrige Menschen verbringen jährlich ihren Urlaub auf der Insel und machen sie zur größten Tourismusmaschinerie Europas.

Doch es geht auch anders: Wenige Tage später in Tejeda umgibt uns Stille, nur ab und zu bellt ein Hund, die Kirchenglocken läuten. Ein atemberaubendes Bergpanorama lädt zum Wandern ein. Freundliche Einheimische erklären uns mit Händen und Füßen den Weg und versuchen, uns allerlei zu erzählen. Abends wird uns im urigen Gasthaus dunkelroter Wein serviert. Und auf grünweiß karierten Papiertischdecken verkosten wir endlich die typischen Spezialitäten des Landesinneren – nur das Zicklein verzeiht unsere fünfjährige Tochter nicht.

Romantisch – die Dünen von Maspalomas im Abendlicht

Die nächste Zeit hat noch weitere Überraschungen auf Lager. So erkunden wir fruchtbare Täler, duftende Kiefernwälder, wilde Schluchten, karge Gebirgslandschaften und wüstenhafte Canyons. Im Norden und Westen ruhen wir uns auf menschenleeren Stränden aus und genießen den Blick über das tiefblaue Meer auf die Nachbarinsel Teneriffa.

Wir stürzen uns aber auch in das pulsierende Leben der Hauptstadt mit ihrem weltoffenen Hafen, durchstöbern die Fußgängerzone nach spanischer Mode, besuchen interessante Museen und erholen uns in Straßencafés bei einem kräf-

Special

Zahlen und Fakten

Hauptstadt: Las Palmas de Gran Canaria
Lage: Gran Canaria liegt auf der Höhe von Südmarokko, 195 km vom afrikanischen Festland entfernt.
Größe: 1532 km²
Höchste Erhebung: Pico de las Nieves (1949 m)
Niederschläge: An der Küste und im Süden um 100 mm, in den Bergmassiven des Zentrums um 1000 mm jährlich.
Einwohnerzahl: Mit etwa 750 000 (davon mehr als 400 000 in Las Palmas) bevölkerungsreichste Insel der Kanaren.
Verwaltung: Die Kanarischen Inseln bilden zusammen eine autonome Region. Gran Canaria, Lanzarote und Fuerteventura sind in der Verwaltungsprovinz Las Palmas de Gran Canaria zusammengeschlossen. Die oberste Instanz Gran Canarias ist der Cabildo Insular (Parlament mit Verwaltung), gefolgt von den 21 Municipios (Gemeinden).
Wirtschaft: Der Tourismus erwirtschaftet 70 % des Bruttosozialproduktes. 79 % der Beschäftigten sind im Dienstleistungssektor (neben dem Tourismus insbesondere in der Verwaltung) tätig, der Rest fällt zu etwa gleichen Teilen auf Landwirtschaft und Industrie/Handwerk. Die Arbeitslosenrate lag 2001 bei 13 %.

rechts und unten: Wilde Felsabgründe im Westen Gran Canarias.

tigen »cortado«. Bereits unmittelbar vor den Toren der Stadt holt uns die Natur wieder ein: Im Botanischen Garten schwelgen wir in einem Blütenmeer und steigen bei Bandama in den jüngsten Vulkankrater der Insel hinab.

Diese Vielfalt erschließt sich nur demjenigen, der sich voller Neugier hinaus begibt aus dem extrem erschlossenen Süden, wo die meisten Urlauber wohnen. Doch auch die überlaufene Costa Canaria hat ihre auf den ersten Blick verborgenen, schönen Seiten. So bieten die Dünen von Maspalomas, eine Wüstenlandschaft aus Meeressand, im Abendlicht einen bezaubernden Anblick. Und spätestens hier sehen wir ein, dass wir uns wirklich auf einem kleinen Kontinent befinden.

Aus dem Feuer geboren

Wer mit offenen Augen durch die Landschaft wandert, wird bald erkennen – Gran Canaria ist vulkani-

Im Zentrum prähistorischer Vulkane.

schen Ursprungs. Ausbrüche eines Vulkans unter Wasser ließen vor knapp 14 Mio. Jahren die ältesten Gesteine der Insel entstehen. 5 Mio. Jahre hindurch spie ein Krater von etwa 15 km Durchmesser beständig glühende Lava aus. Vor 5,3 Mio. Jahren folgte der Roque Nublo-Zyklus, eine zweite Phase heftiger Eruptionen. Viele kleine Krater öffneten ihren feurigen Schlund. Ungefähr 2 Mio. Jahre später kehrte Ruhe ein, die Verwitterung begann ihre Arbeit und gab weiten Teilern der Landschaft ihr heutiges Gesicht. In der Periode der Eiszeiten ging es ein letztes Mal heiß her: Die Regionen um Sta. Brígida und südlich von Moya wurden bis vor 3000 Jahren von neuerlichen Ausbrüchen heimgesucht. Diese jüngsten Krater sind bis heute gut erhalten und bieten daher interessante Einblicke in die Erdgeschichte.

Canario, Drago und Cardón

Die Tierwelt auf Gran Canaria ist nicht sehr artenreich. Nur wenige Landtiere haben den Weg auf die Insel gefunden. Und zur allge-

Special

Fortunatae Insulae ...

... glückliche Inseln – so nannten die Römer, allen voran Plinius der Ältere (1. Jh. n. Chr.), die Kanaren: Ein Ort, wo den Menschen alles zu ihrem Überleben Notwendige geschenkt wurde, wo man nicht zu arbeiten brauchte und das Klima mehrere Ernten pro Jahr ermöglichte. Der Historiker und Naturkundler greift damit aber bereits auf die weit ältere Vorstellung der Griechen zurück, die von den »Makaron nesoi«, den Inseln der Glückseligen erzählen. Homer (9. Jh. v. Chr.) schilderte in seiner Odyssee einen Ort, wo der Baum des Lebens gedeiht, von dem Herakles die goldenen Äpfel stehlen soll. Diese Hesperidengärten werden von Nymphen bewacht, den Töchtern des Abendsterns – wieder ein Hinweis auf die Kanarischen Inseln.

Tipp

Entsprechend den Besonderheiten Gran Canarias gilt es, beim **Wandern** einige Dinge zu beachten. Anders als in Mitteleuropa sind die wenigsten Wanderrouten wirklich deutlich markiert. Sehr häufig flankieren Steinmännchen den Weg oder zeigen wichtige Kreuzungen und Einstiegspunkte an. Zusätzlich erschwert wird die Orientierung dadurch, dass man sich auf das verfügbare Kartenmaterial keineswegs verlassen kann. Nicht unterschätzen darf man die durch die südliche Lage der Insel bedingte hohe Sonneneinstrahlung. Sonnenschutz und ausreichend Trinkvorrat sind also unbedingt notwendig. Andererseits wird es in den Bergen mitunter schnell kalt und windig; eine Jacke gehört deshalb ebenfalls ins Gepäck. Im Winter kann es auch sehr stark regnen (Steinschlag- und Rutschgefahr) bzw. Nebel schnell einfallen (Verirrungs- oder Absturzgefahr). Bei Sommertrockenheit muss man hingegen sehr vorsichtig mit offenem Feuer umgehen. Ansonsten gelten natürlich – insbesondere bei Bergtouren – dieselben Ausrüstungs- und Sicherheitstipps wie daheim.

meinen Beruhigung – giftige sind nicht dabei! Von den Säugetieren waren ursprünglich nur drei Fledermausarten und eine Spitzmaus hier vertreten. Erst die menschlichen Siedler brachten ihre Haustiere mit. Dem Urlauber fallen insbesondere große Ziegen- und Schafherden sowie die allgegenwärtigen Haushunde auf. Das touristisch wichtige Dromedar wird kaum mehr als Lasttier benutzt, und auch der Esel hat diese Funktion weitgehend verloren. Mit den Menschen kamen allerdings auch verschiedene Tiere auf die Insel, die heute frei leben. Dazu zählen etwa Maus, Wanderratte, Kaninchen und Igel.

Etwas vielfältiger gestaltet sich die ursprüngliche Vogelwelt. Einige Vertreter wie Schmutzgeier, Roter Milan und Rennvogel sind allerdings nur mehr Legende. Das Symbol der Inseln, den Kanarienvogel (canario), der eigentlich Kanarengirlitz heißt, trifft man überall an. Allerdings darf man sich darunter nicht die knallgelbe Haustiervariante vorstellen. Die Wildform ist unscheinbar grau und grün-gelb gemustert. Die größten heute noch vorkommenden Vögel sind Fischadler, Mäusebussard und Wüstenfalke. Der häufigste Greifvogel ist der kleine, rotbraune Turmfalke. Das reichste gefiederte Leben findet man in den naturnahen Kiefernwäldern am Tamadaba und Inagua. Hier treffen wir auf Arten, die uns auch aus Mitteleuropa bekannt sind; die einzige kanarische Besonderheit bildet der Teidefink.

Auf dem Rücken eines Esels lässt sich die Insel erkunden.

Alle drei hier ansässigen Reptilienarten kommen nur auf Gran Canaria vor. Die Rieseneidechse kann bis zu 70 cm lang werden. Daneben gibt es noch den fast beinlosen Skink und einen Gecko, der sich manchmal in Häuser verirrt und als Glücksbringer gilt. Zwei Lurcharten bevölkern die Süßwasserlebensräume der Insel. Unklar ist jedoch, ob Mittelmeerlaubfrosch und Iberischer Wasserfrosch bereits vor den Menschen hier waren. Natürliche Vorkommen von Süßwasserfischen fehlen vollständig. Von den zahlreichen Kleinlebewesen sind über 200 Arten endemisch, leben also nur auf Gran Canaria.

Im Gegensatz zum Land präsentiert sich das Meeresleben als außerordentlich großes Spektrum. Spektakulär sind die Wale und Delfine: Über zwanzig Arten tauchen zumindest hin und wieder um die Kanarischen Inseln auf. Sämtliche Fische des mittleren Atlantiks sind hier vertreten und machen das Schnorcheln und Tauchen zu einem faszinierenden Erlebnis.

Die reiche **Flora** beinhaltet kanarische, nordafrikanische und mediterrane Elemente. Über 100 Arten sind in ihrer Verbreitung auf Gran Canaria beschränkt. Die ursprüngliche Vegetation zeigt einen strengen Aufbau in Höhen- bzw. Klimastufen. An der Küste können nur Pflanzen überleben, die die Trockenheit und den hohen Salzgehalt des Bodens aushalten. Ein prominenter Vertreter ist die Kanarische Dattelpalme, die früher dichte Haine bildete;

ein letzter Rest findet sich in der Oasis de Maspalomas. Landeinwärts schließt sich ein wüstenhafter, karger Gürtel an. Typischer Vertreter ist der »cardón«, die Kanarenwolfsmilch, die an einen verzweigten Kaktus denken lässt. Im Norden folgt auf diese Stufe die Monte Verde-Zone; sie zeichnete sich einst durch einen sehr artenreichen Lorbeerwald aus, von dem heute leider nur mehr knapp 1 % erhalten ist. Im Süden hingegen geht die Trockenzone direkt in den duftenden Kiefernwald über, der teilweise durch Abholzung und Überweidung zerstört wurde.

Tipp

Kinder und Erwachsene, die keine Lust haben nass zu werden, können einen kleinen Teil der Unterwasserwelt ganz anders erleben. In Puerto de Mogán startet mehrmals täglich ein gelbes Unterseeboot zu einer 40-minütigen Fahrt zum Grund des Meeres (Tel. 928/56 51 08) – allerdings kein ganz billiges Vergnügen.

Die Braune Leuchterblume.

Der früher weit verbreitete Drachenbaum (drago) beschränkt sich heute auf alte Innenhöfe und Gärten. Hier gedeihen auch zahlreiche Zierpflanzen aus aller Welt, so etwa der leuchtend rote Hibiskus, die in den herrlichsten Farbschattierungen blühende Bougainvillea, der bekannte Weihnachtsstern oder die mit den Bananen verwandte Strelitzie. In den tieferen Lagen wandern wir natürlich auch an verschiedensten landwirtschaftlichen Flächen vorbei. Einst war das Zuckerrohr eine wichtige Einnahmequelle, später folgte die Ausfuhr von Bananen, die heute besonders im Norden kultiviert werden. Die Opuntie, eine Kakteenart aus Mittelamerika, ist die Wirtspflanze der Cochenille-Laus, deren roter Farbstoff in vielen Bereichen wieder sehr gefragt ist. Besonders im Osten stechen die riesigen Tomatenplantagen mit ihren grauen Folienabdeckungen ins Auge. In der mittleren Höhenstufe treffen wir häufig auf Gärten mit Zitrusfrüchten, deren Blüten fast ganzjährig einen betörenden Duft verströmen. Ganz oben schließlich gedeihen die Mandeln, aus denen die köstlichsten Leckereien zubereitet werden.

Umwelt- und Naturschutz

1590 berichtete der italienische Festungsbaumeister und Chronist Leonardo Torriani von einer »... Unzahl ausgezeichneter Quellen, welche die Zahl von 5000 erreichen ...«. Dieser Wasserreichtum führte zu einer derartigen Üppigkeit, wie man sie sich heute kaum mehr vorstellen kann. Nur wenige entlegene Schluchten zeigen einen Hauch der ursprünglichen Fülle. Bereits die frühen spanischen Eroberer begannen die Wälder zu roden, um ihre Schiffe vor und nach den Entdeckungsreisen nach Südamerika instand zu setzen. Später waren es die Zuckerrohrfelder, die Platz benötigten; das Holz wurde dann auch gleich in den Zuckermühlen verheizt. Mit dem Verschwinden der Wälder versiegten auch die ganzjährig sprudelnden Quellen und Flussläufe. Das Wasserproblem existiert heute noch; Landwirtschaft und Tourismus tragen ausgiebig dazu bei. Erst 1990 kam es zu einer deutlichen Verbesserung, als das erste kanarische Wassergesetz verabschiedet wurde. Ein wichtiger Kernpunkt dabei sind Kläranlagen, die mittlerweile einen Großteil des Brauchwassers der Städte und Touristenorte reinigen, so dass es nochmals zur Bewässerung verwendet werden kann.

Die Forstbehörde.

Auch der Naturschutz machte in den letzten Jahren deutliche Fortschritte. Über 40% der Inselfläche sind als geschützte Landschaften oder Naturschutzgebiete ausgewiesen. Das ausgedehnteste dieser Reservate, der Parque Rural El Nublo, wird seit 1996 sukzessive in einen Nationalpark umgewandelt – mit 260 km² einer der größten Spaniens!

Ungelöst ist dagegen bis heute die Müllproblematik, die vor allem der Tourismus mit sich bringt. Zwar wurden wilde Deponien in den Bergen beseitigt, doch ein Gesamtkonzept der Entsorgung steht noch aus. Jeder Gast kann durch bewusstes Verhalten zur Reduktion der Abfallberge beitragen.

Von den Guanchen zur Gegenwart

Wahrscheinlich erreichten erste Cromagnon-Menschen aus Nordafrika zwischen 3000 und 2000 v. Chr. die Kanarischen Inseln. Um einiges später wanderten Berberstämme aus dem heutigen Marokko ein. Auch wenn der Ablauf der Besiedelung Gran Canarias noch ziemlich in Dunkeln liegt, wissen wir verhältnismäßig viel über das Schicksal der Altkanarier. Archäologische Funde bestätigen die Existenz einer der größten Ansiedelungen der Guanchen im Barranco de Arguineguín, einem Ort von besonderer politischer und strategischer Bedeutung: Hier soll der erste Guanarteme (Stammesoberhaupt) der Insel gelebt haben. Eine 1341 von Alfons IV. von Portugal ausgesandte Expedition traf in diesem Gebiet auf ein großes Dorf mit mehr als 400 Steinhäusern. Der Normanne Jean de Béthencourt, der 1402 Lanzarote unterworfen hatte und mit Hilfe des spanischen Königs später auch Fuerteventura, Hierro und Gomera eroberte, scheiterte hier am Widerstand der Altkanarier. In einer dieser Schlachten fiel Artemy, Sohn des Häuptlings Gumidafe, am Strand von Arguineguín im Alter von 20 bis 25 Jahren. Als tapferer und edler Krieger wurde er besonders sorgfältig mumifiziert und gibt daher heute noch vieles aus seinem Leben preis.

Special

Königswege

Bereits in altkanarischer Zeit durchzog ein ausgeklügeltes Wegenetz die gesamte Insel von der Bergregion bis zur Küste. Nach der Eroberung durch die Spanier wurden diese Pfade durch Seitenmauern gesichert und mit unbehauenen Steinen kunstvoll gepflastert. Den Namen **Caminos Reales** oder **Königswege** erhielten sie, weil die finanziellen Mittel für den Ausbau direkt von der Krone zur Verfügung gestellt wurden. Im Zuge des Straßenbaus gerieten sie seit den 60er Jahren des 20. Jhs. in Vergessenheit. Mit dem aufstrebenden Turismo Rural besann man sich wieder der alten Wege und begann sie liebevoll zu restaurieren. Heute führen sie uns zu den schönsten Winkeln Gran Canarias und bescheren uns einige der eindrucksvollsten Wanderungen.

Die Spanier ließen jedoch nicht locker, landeten 1478 erneut auf Gran Canaria und gründeten Las Palmas – zunächst nur als Militärlager. Zur endgültigen Kapitulation kam es nach der großen Entscheidungsschlacht bei Arucas und dem Freitod der letzten Aufständischen im April 1483. Damit war auch das Ende der Guanchen besiegelt; sie unterwarfen sich bedingungslos und waren innerhalb kürzester Zeit vollkommen hispanisiert. So wurden z. B. die letzten Prinzessinnen mit spanischen Edelmännern verheiratet.

In der Folge war Gran Canaria ein wichtiger Stützpunkt für die Entdeckungsreisen nach Mittel- und Südamerika, auch Christoph Columbus hielt sich mehrmals hier auf. Um 1500 erlebte die Insel einen ersten wirtschaftlichen Höhepunkt; der Anbau von Zuckerrohr brachte bis Mitte des 16. Jh. enorme Gewinne. Es folgten Piratenüberfälle, Armut und zahlreiche Missernten. Zu einem erneuten Aufschwung kam es erst im 19. Jh., als die Farbstoffgewinnung aus der Cochenille-Laus lukrativ wurde. Außerdem erhielten die Kanaren 1852 den Status einer Freihandelszone – davon profitieren die Urlauber noch heute! Wichtige politische Ereignisse des 20. Jh. waren das Zugeständnis der Selbstverwaltung (1912) und der Militärputsch General Francos (1936), damals Befehlshaber der Inseln, gegen die republikanische Regierung Spaniens.

Altkanarisches Götzenbild.

Mit der Landung des ersten deutschen Charterflugzeugs begann 1956 das Zeitalter des Tourismus. Der wichtigste Wirtschaftszweig beschäftigt heute fast 75 % der Bevölkerung. Mit knapp 30 % machen die Deutschen den Hauptanteil der ausländischen Gäste aus, gefolgt von Skandinaviern (24 %) und Briten (22 %).

Special

Die **Lucha Canaria**, der kanarische Volkssport, ist ein – in keiner Phase gewalttätiger – Ringkampf. Gekämpft wird Mann gegen Mann, heute treten manchmal auch Frauen gegeneinander an. Nach dem festgesetzten Eingangsritual ertönt ein Glockensignal und es geht los. Durch Drücken, Schieben und Reißen soll der Kontrahent das Gleichgewicht verlieren. Das höchstens zweiminütige Aufeinandertreffen hat jener verloren, der mit einem anderen Körperteil als den Fußsohlen den Boden des Ringes berührt. Maximal drei Runden werden ausgetragen; Sieger ist, wer zweimal seinen Gegner zu Boden gezwungen hat. Er kann anschließend gegen einen neuen Kämpfer antreten. Nach einem besonders guten Match gibt es nicht nur frenetischen Applaus; die Zuschauer werfen dem Luchador sogar Münzen zu. Wesentlich ist allerdings das Ergebnis der gesamten Mannschaft, die aus zwölf Ringern besteht. Während der Saison kämpft jeden Freitagabend eine Profiliga um Punkte, die von zahlreichen Fans gespannt im Stadion oder zumindest am Fernsehschirm verfolgt wird.

Das Leben der Guanchen

Zur Zeit der ersten Berichte aus dem 14. Jh. lebten die Ureinwohner in Steinhäusern, die dicht aneinander gebaut waren und teilweise richtige Städte bildeten. Besonders die Adeligen jedoch lebten in Höhlen, die mit einfachen Werkzeugen aus Knochen oder Stein in den weichen Fels gehauen wurden. Darin war es im Sommer kühler und im Winter deutlich wärmer als in den frei stehenden Bauten. Einige dieser Höhlenhäuser sind bis heute bewohnt. Eine strenge soziale Ordnung regelte das Leben der Altkanarier. Neben dem Häuptling stand der ebenfalls gewählte Faycan, ein Priester und Richter, der auch weiblichen Geschlechts sein konnte. So spielten Frauen generell eine wichtige Rolle in der Gesellschaft – ob als Medizinerinnen, heilige Jungfrauen oder sogar als Stammesoberhaupt. Die Herstellung der Kleidung war recht fortschrittlich: Neben Stücken aus Ziegenleder wurden Stoffe aus Binsen hergestellt, die mit reichlich groben Ahlen erstaunlich fein verarbeitet wurden. Auch in weiteren Bereichen, so etwa der Keramik, verfügten die Ureinwohner Gran Canarias im Vergleich zu jenen der Nachbarinseln über ein hohes handwerkliches Geschick. In der Rechtsordnung galt »Aug um Aug, Zahn um Zahn«, zwölf Ratsmänner und -frauen fällten das Urteil. Die sorgfältige Mumifizierung der Toten spricht für einen ausgeprägten Jenseitsglauben. Anders als im alten Ägypten aber wurden ihnen niemals die Gehirne und nur selten die Eingeweide entnommen. In mehrere Lagen aus Stoff und Leder gehüllt, wurde der konservierte Leichnam auf einer Holzbahre in einer Höhle bestattet. Daneben war aber auch die bei den Berbervölkern praktizierte Tumulusbestattung üblich, bei der der Tote in einen Sarg aus Steinplatten gelegt wurde. Darüber schichtete man einen kegelförmigen Steinturm. Die größte derartige Begräbnisstätte bei Gáldar besteht aus 42 aneinander gelehnten Türmen.

Traditioneller Backofen im Museum Veneguera.

Mumifizierung – wichtiger Teil des altkanarischen Bestattungsrituals.

Kulinarische Besonderheiten

Die kanarische Küche ist reichhaltiger als viele Leute erwarten. Die Inseln waren über längere Zeit recht arm, und daher kamen fast ausschließlich heimische Produkte auf den Tisch. Das Grundnahrungsmittel der Ureinwohner war der **Gofio**, der diese Stellung bis in die 60er Jahre des 20. Jhs. behielt. Danach galt er als »Armeleuteessen« und wurde als unmodern abgetan. Heute ist er als gesundes Nahrungsmittel wieder en vogue. Gofio gewinnt man aus verschiedenen Getreidesorten und Hülsenfrüchten, die geröstet und anschließend gemahlen werden. Er wird auf unterschiedlichste Weise zubereitet, z. B. in warmer Milch als flüssiger Brei oder Getränk – süß oder salzig; als »Ralera« mit Wein oder Kräutertee; in Suppen oder Eintöpfen, zu Bällchen geknetet und sogar zu Speiseeis verarbeitet.

Eine weitere Spezialität sind die »**Papas arrugadas**« oder Kanarischen Runzelkartoffeln. Sie werden in Wasser mit grobem Meersalz gekocht. Ihre runzelige Schale erhalten sie, wenn man sie noch kurze Zeit ohne Flüssigkeit auf der Flamme lässt. Dazu wird »**Mojo**« gereicht. Je nach Zutaten schmeckt

Tipp

Leckermäulchen können sich daheim mit **Bienmesabe** in den Urlaub auf Gran Canaria zurückversetzen.

Zutaten:
250 g blanchierte Mandeln
375 g Zucker
1/4 l Wasser
4 Eidotter
etwas gemahlener Zimt
1/2 Zitrone, in dünne Scheiben geschnitten

Zubereitung:
Die geschälten Mandeln ohne Fett anrösten und anschließend reiben. Zucker und Wasser erhitzen, bis sich ein Sirup bildet. Mandeln, Zitronenscheiben und Zimt zufügen. Auf kleiner Flamme unter ständigem Rühren eindicken. Etwas auskühlen lassen und die verquirlten Dotter zufügen. Auf kleiner Flamme nochmals erwärmen bis sich ein zäher Brei bildet. Vor dem Servieren (mit Eis, Pudding oder Fruchtsalat) kühl stellen. Guten Appetit!

diese typisch kanarische Soße ganz unterschiedlich. Die beiden bekanntesten Formen sind der grüne Mojo mit frischem Koriander und der schärfere rote, der mit gehackten Chilischoten gewürzt wird. Wichtige Bestandteile der bäuerlichen Küche bilden Suppen und Eintöpfe: Der Lieblingseintopf der Kanarier ist derzeit der Kressetopf. Gerne wird auch der »Puchero« gegessen, ein Gemüseeintopf mit Schweinefleisch, das auf den Kanaren »Cochino« genannt wird. Weitere Fleischspezialitäten sind Kaninchen und Zicklein, in den Küstenorten werden Fische und Meeresfrüchte bevorzugt. Die bekannteste Süßspeise ist **Bienmesabe** (»Schmecktmirgut«), eine zähe Flüssigkeit, die vor allem aus Mandeln und Zucker besteht. Relativ groß ist die Auswahl an schmackhaftem Käse, der meist aus zwei oder drei Milchsorten (Schaf, Ziege, Kuh) besteht. Eine köstliche Besonderheit ist der »**Queso de flor**«, der Blumenkäse aus Guía und Gáldar, dem vor der Reifung Artischockenblüten zugesetzt werden.

Miesmuscheln – eine Köstlichkeit aus dem Meer.

Wein wird auf Gran Canaria nur kleinflächig angebaut, das Zentrum der Produktion ist die Umgebung von Tafira und Sta. Brígida im Nordosten. Die jungen Vulkanböden dieser Region lassen vor allem kräftige Rotweine gedeihen; der beste Rebensaft wird aus der Malvasiertraube gekeltert. Unbedingt kosten sollten Sie den **Ronmiel**, einen inseltypischen Likör aus Rum und Honig. Daneben gibt es auch andere lokale »hochgeistige« Spezialitäten, wie etwa die Fruchtbrände und Liköre aus der Gegend von Santa Lucía de Tirajana.

Kalorienbewusste greifen gerne zu den ausgezeichneten kanarischen Mineralwässern; am bekanntesten ist Firgas aus dem gleichnamigen Ort im Norden der Insel. Fast überall werden köstliche, frisch gepresste Fruchtsäfte angeboten, allen voran aus Orangen, aber auch aus exotischen Früchten wie Mangos und Papayas. Einige Lokale bieten einen hervorragenden Kaffee an. Einheimische bevorzugen den »**cortado**«, einen kleinen starken Kaffee mit einem Schuss Milch.

Die Restaurants in den Touristenzentren und in der Hauptstadt servieren neben internationaler Küche vorwiegend spanische Gerichte. Während man in Las Palmas in den typischen Appetithappen (»**Tapas**«) schwelgen kann, ist an der Costa Canaria die **Paella**, eine Reispfanne mit Huhn und Meeresfrüchten, allgegenwärtig. Und natürlich darf auch die **Sangría** (Rotwein mit verschiedensten Früchten) nicht fehlen.

Fischer mit reicher Dornhai-Ausbeute.

Glossar geografischer Begriffe und Ortsbezeichnungen

Bei der Durchsicht von Kartenmaterial und auf den Wanderungen selbst stößt man immer wieder auf spanische bzw. kanarische Namen und Ortsbezeichnungen, deren Kenntnis die Orientierung wesentlich erleichtert. Hier eine Zusammenstellung der wichtigsten Begriffe:

andén: Steilwand, Weg an einer Steilwand
barranco: Schlucht
barranquillo: kleinere Seitenschlucht
caldera: Talkessel, Vulkankrater
calle: Straße
camino: Weg
camino real: Königsweg
campamento: Campingzone
cañada: Engpass
carretera: Landstraße
casa: Haus
casa forestal: Forsthaus
coto de caza: Jagdrevier
cruce: Kreuzung
cruz: (Weg-)Kreuz
cueva: Höhle
cumbre: Berggipfel; auf Gran Canaria das zentrale Gebirgsmassiv
degollada: Pass, Einsattelung
descansadero, zona recreativa: Rast-, Ruheplatz
embalse: Stausee
estación de guaguas: Busbahnhof
finca, granja: Bauernhof
fuente: Quelle
guagua: Bus
hoya: von Bergen umgrenzte Ebene; nicht verwechseln mit haya (=Buche)
huerto: Garten
iglesia: Kirche
llano: Ebene
lomo: Bergrücken
mesa: Hochebene (wörtlich: Tisch)
mirador: Aussichtspunkt
molino: Mühle
molino de viento: Windmühle
montaña: Berg, Gebirge
morro: Felskuppe
parada: Haltestelle
parador: staatliches Hotel
paso: Durchgang
pico, cima: Gipfel
pinar: Kiefernwald
pista forestal: Forstpiste
playa: Strand
pozo: Brunnen
presa: Staudamm
puente: Brücke
roque: Fels
sendero: Pfad
valle: Tal

1 Stadtrundgang in Las Palmas

Das pulsierende Rio Europas: Parque San Telmo – Vegueta – Santa Catalina – Playa de las Canteras

leicht
8 km
2 Std.
↑ 90 m ↓ 90 m
ja

Tourencharakter: Einfacher Stadtspaziergang mit Bademöglichkeit.
Beste Jahreszeit: Ganzjährig.
Ausgangspunkt: Busstation am Parque San Telmo.
Endpunkt: Playa de las Canteras.
Wanderkarten: Stadtplan 1:23 000 in der Kompass-Wanderkarte 237 Gran Canaria. Detailplan der Zona Vegueta und Triana gratis an den Infoständen.
Markierung: Straßenschilder und Wegweiser zu Sehenswürdigkeiten.
Verkehrsanbindung: Die Hauptstadt ist mit allen Orten der Insel durch Buslinien verbunden, die ihren Knotenpunkt im Untergeschoss der Stadtautobahn am Parque San Telmo haben. Innerhalb von Las Palmas verkehren gelbe Stadtbusse. Für Pkws gibt es wenig Parkplätze, am ehesten in Tiefgaragen.
Einkehr: Verschiedenste Restaurants, Cafés und Bars in fast allen Stadtteilen.
Unterkunft: Las Palmas bietet Unterkunftsmöglichkeiten aller Art.
Tourist-Info: Patronato de Turismo, León y Castillo 17, 35003 Las Palmas (Tel. 928/21 96 00). Kleine Infostände an wichtigen Plätzen, z. B. im Parque San Telmo, an der Plaza de las Ranas und am Parque Sta. Catalina.

Seit dem 16. Jh. wird Las Palmas als Tor nach Südamerika beschrieben. Und noch heute liegt das Flair eines großartigen Hafens – etwas verstaubt zwar – über der Stadt.

Der Wegverlauf

Wir beginnen unseren Stadtrundgang im **Parque San Telmo**, an dessen Südecke die Kapelle Ermita de San Telmo und ein kleiner Pavillon der Tourismusinformation liegen. Hier wird man freundlich beraten und mit Stadtplan und -führer (geringe Schutzgebühr) eingedeckt. Direkt gegenüber beginnt die Fußgängerzone mit der gefliesten **Calle Mayor de Triana**, bekannt für ihre wunderschönen Jugendstilbauten und zahlreichen Geschäfte. Am Ende der Straße treffen wir auf die Carretera del Centro.

Prächtiges Portal der Casa de Colón.

Nachdem wir diese Stadtautobahn überquert haben, betreten wir das koloniale Herz von Las Palmas, das 1990 von der UNESCO zum »Kulturellen Erbe der Menschheit« erklärt wurde. Durch die Calle Armas kommen wir zur **Ermita San Antonio Abad**; hier wurde die Stadt in Form eines Militärlagers gegründet. Die benachbarte Galerie ist ein Zentrum der Avantgarde (Plaza de San Antonio Abad, Tel. 928/31 58 68). Durch die Calle

Colón nähern wir uns einem ausgesprochen netten Museum, der **Casa de Colón** (Calle Colón 1, Tel. 928/31 12 25). Bei freiem Eintritt erwartet den Besucher ein interessanter historischer Abriss der Beziehung zwischen Gran Canaria und der Neuen Welt. Nur wenige Schritte trennen uns von der **Plaza de Santa Ana**, wo die nächsten Sehenswürdigkeiten auf uns warten. Die Ostseite wird von der mächtigen klassizistischen Front der **Catedral de Santa Ana** beherrscht. Nicht versäumen sollten Sie die Fahrt mit dem Lift in den Südturm, von dem man eine atemberaubende

1

Aussicht genießt. Viele Gegenstände aus der Kathedrale sind heute im angeschlossenen **Museum für Sakrale Kunst** aufbewahrt (Calle Espíritu Santo 20, Tel. 928/31 36 00). Gegenüber der Kirche finden wir das alte Rathaus (**Casa Consistorial**) aus dem 19. Jh. Der daneben liegende, gut erhaltene alte Gerichtshof (**Casa Regental**), eines der wenigen Renaissancehäuser der Stadt, dient heute immer noch als Sitz des Obersten Gerichtshofs der Autonomen Region Canarias.

Über die Calle Reloj und Doctor Chil erreichen wir das **Museo Canario** (Calle Doctor Verneau 2, Tel. 928/31 56 00), das die umfangreichste Sammlung aus der vorspanischen Epoche besitzt. Hier können wir auch das berühmte Idol von Tara bewundern, eine weibliche Tonfigur aus der Guanchenzeit, die überall auf der Insel abgebildet ist.

Tipp

Für diejenigen, denen der Stadtspaziergang zu anstrengend ist, bietet der Touristenbus **Guagua Turistica** eine nette Alternative. Der oben offene Doppeldecker fährt vom Parque Santa Catalina zu allen wichtigen Sehenswürdigkeiten. Der Fahrschein gilt einen vollen Tag. Sie können also die Fahrt unterbrechen so oft sie möchten. Abfahrt vormittags alle 30 Min., nachmittags stündlich.

Über die Plaza de Santa Ana und die Calle Obispo Codina kommen wir zur **Plaza de las Ranas** mit dem Froschbrunnen und dem Kulturzentrum Biblioteca Insular. Die Calle Muro führt uns zur **Plaza Cairasco**, einem beliebten Treffpunkt; mehrere Straßencafés laden zu einer kurzen Rast ein. Das **Gabinete Literario** (Literaturhaus), ein schöner Jugendstilbau, spielt eine wichtige Rolle im kulturellen Leben der Stadt. Anschließend links treffen wir auf die **Plaza Alameda de Colón** mit einer Büste von Kolumbus und der Kirche San Francisco de Asís.

Bei nächster Gelegenheit gehen wir eine der schmalen Gassen rechts hinunter und gelangen wieder zur Calle Mayor de Triana, die uns zurück zum **Parque San Telmo** bringt. Hier trinken wir unseren Kaffee in dem wohl bekanntesten Lokal, dem modernistischen Kiosk von Rafael Masanet Faus. Gegenüber steht die Kaserne, von der aus General Franco 1936 seinen Staatsstreich gegen die Republik ausführte.

Vom Park spazieren wir auf der Calle Mayor de Triana – nun leider nicht mehr Fußgängerzone – Richtung Nordwesten und weiter auf der Calle León y Castillo bis zum **Parque Doramas**. Auf seiner linken Seite wurde ein Dorf, das **Pueblo Canario**, in altkanarischem Stil nachgebaut. Hier ist auch das **Museo Néstor** un-

1

Buntes Stadtviertel von Las Palmas.

tergebracht, das die Werke des berühmtesten Malers Gran Canarias beherbergt (Parque Doramas, Tel. 928/24 51 35). Ein kurzer Abstecher über einen steilen Treppenweg führt hinauf zum Paseo de Chil und weiter zum beliebten **Aussichtspunkt Alta Vista**.
Zurück am Parque Doramas wenden wir uns nach links in die Calle Pio XII. und durchqueren die Ciudad Jardín, die eleganteste Wohngegend von Las Palmas. Weiter geht es durch die Calle Galicia, in der wir an der Ecke zur Calle Barcelona auf den **Mercado Central** stoßen. Die Calle Barcelona bringt uns hinaus zum **Yachthafen**, der wichtigsten Station der Transatlantiksegler vor der Überquerung des Ozeans. Die Avenida Marítima entlang gelangen wir ins Viertel **Santa Catalina**, dessen grünes Herz der gleichnamige Park darstellt. Im **Museo Elder de la Ciencia y la Tecnología** erfährt der Besucher auf interaktive Weise viel Wissenswertes aus Technik und Naturwissenschaft (Edificio Elder, Tel. 928/47 20 47, www.museoelder.org). Zurück an der Avenida Marítima spazieren wir in einem weiten Bogen um die Nordwestecke des Hafens Puerto de la Luz zum **Castillo de la Luz**, der ältesten Festung der Stadt. Es dient heute als Kultur- und Ausstellungszentrum, war allerdings 2001 wegen Renovierungsarbeiten geschlossen. Hinter dem Kastell folgen wir der Calle de Juan Rejón nach links zur **Playa de las Canteras**. Der berühmte Stadtstrand sorgt für unterschiedlichste Annehmlichkeiten – ein abschließendes Bad, erfrischende Getränke oder eine stärkende Mahlzeit. Wer dazu Lust hat, kann aber auch die quirlige Promenade bis zum weithin sichtbaren Kongress- und Musikzentrum **Auditorio Alfredo Kraus** am Südwestende des Strandes entlang spazieren.

2 Im Botanischen Garten Viera y Clavijo

Gemütlicher Spaziergang durch ein Pflanzenparadies: Entrada Alta – Plaza Matías Vega – Entrada Alta

leicht

3 km

1 Std.

↑90 m
↓90 m

ja

Tourencharakter: Einfacher Spaziergang auf befestigten Wegen. Auf steilen Treppen bei Nässe Rutschgefahr.
Beste Jahreszeit: November–April (Hauptblütezeit der Kanarenflora).
Ausgangs-/Endpunkt: Oberer Eingang zum Garten in Tafira Alta.
Wanderkarte: Keine. Übersichtsplan am Eingang.
Markierung: Wegweiser zu allen wichtigen Punkten.
Verkehrsanbindung: Die Buslinie 58 verkehrt vom Parque San Telmo nach Tafira. Sagen Sie dem Fahrer, dass Sie am »Jardín Canario« aussteigen möchten, damit er dort auch hält. Mit dem Pkw verlässt man Las Palmas über die GC 811 in Richtung Tafira, gleich nach der Universität zweigt rechts eine schmale Zufahrt (leicht zu übersehen!) zum Garten ab; ausreichend Parkmöglichkeiten.
Einkehr: Restaurant am oberen Eingang, Einkehrmöglichkeiten aller Art in der Stadt.
Unterkunft: Las Palmas bietet Unterkunftsmöglichkeiten aller Art.
Tourist-Info: Patronato de Turismo, León y Castillo 17, 35003 Las Palmas, Tel. 928/21 96 00.

Unweit der Hauptstadt befindet sich ein wahres Naturparadies. Der Botanische Garten Viera y Clavijo, auch als Jardín Canario bekannt, gehört ohne Zweifel zu den größten und schönsten Anlagen seiner Art. Mehr als 2000 Pflanzenarten haben hier eine Heimat gefunden. Der Park lässt sich am besten im Rahmen einer gemütlichen Rundwanderung erkunden.

Der Teich El Charco.

Der Wegverlauf

Wir beginnen unsere Runde am oberen Eingang des Gartens in Tafira Alta. Ein schmaler Weg leitet in wenigen Metern hinunter zur **Plaza Viera y Clavijo**, benannt nach einem berühmten kanarischen Naturforscher aus dem 18. Jh. Hier stoßen wir auch auf einen Übersichtsplan des Gartens. Wenige Schritte nach links bringen uns zum Aussichtspunkt **El Mirador**; der gesamte Garten liegt nun zu unseren Füßen.

Vom Aussichtspunkt gehen wir zunächst ein Stück nach rechts und beginnen dann links unseren Abstieg

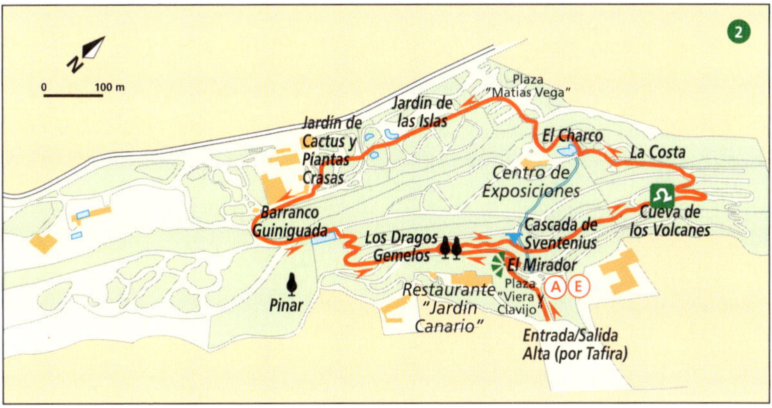

über den Steilhang. Erstes Ziel sind die **Drago Gemelos**, ein Zwillingspaar uralter Drachenbäume. Hier wenden wir uns nach rechts und traversieren den Hang, etwa auf gleicher Höhe bleibend. Vorbei am Wasserfall **Cascada de Sventenius** kommen wir zur nächsten Weggabelung.

Hier lohnt sich ein Abstecher nach rechts zur **Cueva de los Volcanes**. In mehreren Serpentinen geht es nun hinunter zu den flachen Teilen des Gartens, an dessen Ostrand einige Lebensräume der Kanaren en miniature nachgebaut wurden. Durch Küstenvegetation gelangen wir zum Teich **El Charco**, in dem sich Frösche und Schildkröten tummeln. Vom benachbarten Ausstellungszentrum erreichen wir über die Puente di Piedra die **Plaza Matías Vega** mit dem auf die Gründerzeit zurückgehenden Hain Kanarischer Dattelpalmen.

Wir spazieren nach links weiter und kommen in den **Jardín de las Islas**. Hier werden endemische Pflanzen aller Kanaren inselweise vorgestellt. Etwas weiter im Südosten stoßen wir auf den berühmten Kakteengarten. Auch wer mit diesen stacheligen Gesellen wenig anfangen kann, wird von der Formen- und Blütenfülle begeistert sein.

Etwas weiter talaufwärts überqueren wir auf der Puente de Palo erneut den **Barranco Guiniguada** und kommen zur Pflanzenwelt der Kiefernwälder. Gleich hinter dem gelben Toilettenhäuschen beginnen wir den steilen Aufstieg, der uns wieder, an den Zwillingsdrachenbäumen vorbei, zum Ausgangspunkt zurückbringt.

3 Von Artenara nach Los Berrazales

Vom Höhlendorf in ein üppig grünes Tal: Artenara – Cruz de las Mentiras – Lugarejos – Los Berrazales

mittel

10 km

3 Std.

↑0 m ↓850 m

Tourencharakter: Abwechslungsreiche Tour auf gut ausgebauten Königswegen und Pisten. Bei Nässe teilweise Rutschgefahr.
Beste Jahreszeit: März–Oktober.
Ausgangspunkt: Kirchplatz von Artenara (1220 m).
Endpunkt: Los Berrazales.
Wanderkarten: Kompass-Wanderkarte 237 Gran Canaria, 1:50 000. Mapa de las Carreteras del Cabildo Insular, 1:65 000.
Markierung: Straßenschilder und weiße Markierungspunkte.
Verkehrsanbindung: Die Busse der Linie 220 fahren mehrmals täglich von Las Palmas über Teror nach Artenara. Von Los Berrazales mit der Linie 102 zurück in die Hauptstadt. Anreise mit dem Pkw nicht zu empfehlen, da Ausgangs- und Endpunkt weit voneinander entfernt und nicht direkt durch öffentliche Verkehrsmittel verbunden sind.
Einkehr: Restaurants in Artenara und Los Berrazales, Bar im Dorfladen von Lugarejos.
Unterkunft: Hotel in Los Berrazales, Pension und Fincas in Artenara.
Tourist-Info: Patronato de Turismo, León y Castillo 17, 35003 Las Palmas, Tel. 928/21 96 00. Punto de Información Turistica de Artenara, Camino de la Silla s/n, 35350 Artenara, Tel. 928/66 61 17.

In der Zeit vor dem Einzug des motorisierten Verkehrs waren die Königswege die wichtigsten Verkehrsadern Gran Canarias. Bei dieser Tour folgen wir einer dieser traditionellen Verbindungen vom Inselinneren in den Barranco de Agaete, dem fruchtbarsten Tal des Nordwestens. In Lugarejos haben wir dabei noch die Gelegenheit, ein von alters her überliefertes Handwerk kennen zu lernen.

Hotel Princesa Guayarmina.

Der Wegverlauf

Vom **Kirchplatz in Artenara** geht man – am neuen Informationszentrum vorbei – auf der Straße in Richtung Tamadaba. 250 m hinter der Tankstelle folgen wir einer abschüssigen Betonpiste nach rechts. Etwa 850 m weiter schwenkt diese Piste in einer Rechtskurve um in nordöstliche Richtung. Etwa 1 Min. später verlassen wir die Piste auf einem scharf links abzweigenden Weg, der sich sogleich verengt und zu einer Schlucht hinabführt.

Wer schwindelfrei ist, quert die Schlucht auf einem ummauerten Wasserrohr. Sonst empfiehlt sich der etwas weiter rechts verlaufende Pfad. Durch dichtes Röhricht weiter. Nach 200 m gehen wir am Wasserkanal entlang und stoßen gleich auf die nach Lugarejos verlaufende Asphaltstraße; hier rechts. Nach 400 m weist ein Ortsschild auf den Weiler Coruña hin.

250 m weiter, kurz vor einer starken Rechtskurve, wandern wir auf einem zunächst steingepflasterten Weg 50 m hinauf. Wir überqueren eine Asphaltstraße und passieren auf einer Geröllpiste einen weißen Elektrizitätsturm. Nach 150 m ignorieren wir einen rechts abzweigenden Pfad, wählen allerdings 200 m darauf den Steig, der zum verwitterten Holzkreuz **Cruz de las Mentiras** (»Kreuz der Lügen«) hinaufführt.

Vom Kreuz windet sich ein Pflasterweg 50 m hinab, schwenkt dann scharf nach rechts und führt in etwa 5 Min. in den Barrancogrund. Auf der linken Talseite halten wir uns in Richtung Westen und wechseln nach 150 m über eine Brücke auf die rechte Seite hinüber. Nach knapp 200 m erreichen wir eine Betonpiste und gehen in den Weiler **Lugarejos** hinein. Seit vorspanischer Zeit werden hier formvollendete Krüge und Schalen hergestellt. Das **Centro Locero** zeigt – auch live! – die Herstellung der schönen Stücke.

Vom Museum folgen wir in einer großen Schleife der Straße nach Nordosten zur Staumauer **Embalse de los Peréz** und von hier hinunter nach Los Berrazales.

4 Von Artenara zum Pinar de Tamadaba

Urwüchsiger Kiefernwald mit eindrucksvollen Ausblicken: Artenara – Cruz de María – Siete Pinos – Artenara

mittel

17 km

5 Std.

↑400 m ↓400 m

ja

Tourencharakter: Streckenwanderung auf Forstpisten, ausgebauten Wegen und wenig befahrener Asphaltstraße; herrliche Ausblicke!
Beste Jahreszeit: März–Oktober.
Ausgangs-/Endpunkt: Kirchplatz von Artenara (1220 m).
Wanderkarten: Kompass-Wanderkarte 237 Gran Canaria, 1:50 000. Mapa de las Carreteras del Cabildo Insular, 1:65 000.
Markierung: Hinweisschilder an den Straßenstücken, Steinmännchen.
Verkehrsanbindung: Busse der Linie 220 mehrmals täglich von Las Palmas über Teror nach Artenara. Mit dem Pkw über die GC 811 von Las Palmas über Vega de San Mateo und Cruz de Tejeda zum Ausgangspunkt.
Einkehr: Restaurants in Artenara, unterwegs keine.
Unterkunft: Pension und Fincas in Artenara, Campingplätze am Tamadaba.
Tourist-Info: Información Turistica de Artenara, Camino de la Silla s/n, 35350 Artenara, Tel. 928/66 61 17.

Ein Ausflug vom Höhlendorf Artenara zu den Kiefernwäldern auf dem Tamadaba zählt für viele Touristen zu den schönsten Erlebnissen eines Gran Canaria-Urlaubs. Doch der wahre Charakter der Landschaft erschließt sich nur dem Wanderer – wer die Tamadaba-Ringstraße mit dem Auto abfährt, versäumt sehr viel! Zu dieser Wanderung gibt es verschiedene Varianten; man kann von jedem beliebigen Wendepunkt wieder nach Artenara zurückkehren.

Am Morro de los Cuervos.

Der Wegverlauf

Vom **Kirchplatz in Artenara** spazieren wir auf der westwärts in Richtung Tamadaba führenden Straße. An der Kreuzung nach 200 m folgen wir der steilen, anfangs asphaltierten Piste geradeaus. Wir erreichen den Friedhof und gehen auf der bergwärts führenden Piste 250 m zu einem kleinen Aussichtsplateau. Nun wandern wir auf der Piste geradeaus weiter und ignorieren die Abzweigung nach Acusa. Nach etwa 10 Min. wird der Weg

4

deutlich schmäler und leitet – teilweise über Treppen – auf die Straße hinunter.
Wir folgen der Straße und behalten auch an einer Kreuzung unsere westliche Richtung bei. Etwas mehr als 600 m danach biegen wir links in einen Weg ein, der eine weite Straßenkurve abkürzt. Etwa 5 Min. später erreichen wir wieder den Asphalt und können uns auf einer Bank kurz erholen. Anschließend geht es auf der Straße nach links weiter zur **Degollada del Sargento** mit einem schönen Aussichtsplateau.
Wir folgen einem parallel zur Straße, aber ohne größere Kurven verlaufenden Weg, der durch Steinmarkierungen gekennzeichnet ist. Der einzige steile Aufstieg beginnt, und nach knapp 10 Min. sind wir an der Wegkreuzung **Cruz de María**. Wenn man hier geradeaus weitergeht, kann man in etwa 1:30 Std. den Gipfel des Altavista (1376 m) erreichen, der eine umfassende Aussicht bietet.

Unser weiterer Weg zum Tamadaba führt jedoch rechts am Bergkamm entlang. Nach ca. 15 Min. ist das Forsthaus **Finca Tirma** erreicht, das bei km 7 an der Tamadabastraße liegt. Auf der Straße wandern wir etwa 100 m nordwärts und biegen dann links in einen von Steinmauern flankierten Weg ein. Schöne Ausblicke belohnen unsere Mühen. Ab dem Sattel **Las Lajas** geht der Weg in eine Piste über, die wenig später wieder in die Tamadabastraße mündet. Wir folgen ab hier der Straße und halten uns an der Gabelung rechts. Am Nordostzipfel der Ringstraße erreichen wir die Örtlichkeit **Siete Pinos**. In der unmittelbaren Umgebung liegen die schönsten Abschnitte des Kiefernwaldes. Auf dem schon bekannten Weg kehren wir in etwa 2:30 Std. wieder nach Artenara zurück.

5 Rundwanderung durch die Cumbre

Inmitten des »Versteinerten Sturmes«: Las Mesas – La Culata – Corral de los Juncos – Las Mesas

Schwierigkeit	mittel
Strecke	11 km
Gehzeit	3 Std.
Höhenunterschied	↑500 m ↓500 m
Kinder	ja

Tourencharakter: Einfache Wanderung auf guten Wegen.
Beste Jahreszeit: Ganzjährig, am schönsten im Frühling und Herbst.
Ausgangs-/Endpunkt: Picknickplatz Las Mesas.
Wanderkarte: Mapa de las Carreteras del Cabildo Insular, 1:65 000.
Markierung: Einzelne Schilder, ansonsten keine.
Verkehrsanbindung: Keine Busverbindung. Mit dem Pkw vom Cruz de Tejeda über die Kreuzung auf der Ebene Llanos de la Pez oder von Ayacata über La Goleta zum Ausgangspunkt.
Einkehr: Bar in La Culata; Kiosk am Rastplatz Las Mesas (oft nur an Wochenenden geöffnet).
Unterkunft: Nach Anmeldung (→Camping) gratis Zeltplätze in Las Mesas und Corral de los Juncos. Im Freizeitcamp Llanos del Garañón preiswerte Holzhütten.
Tourist-Info: Infopoint im Museo Abraham Cárdenes, C/ Leocadio Cabrera 3, 35360 Tejeda, Tel. 928/66 61 89.

Der Roque Nublo macht seinem Namen alle Ehre.

»Tempestad petrificada« – versteinerter Sturm, so nannte der Philosoph und Dichter Miguel de Unamuno die höchsten Berge Gran Canarias. Er machte die Menschen und die Landschaft der Cumbre mit seinem Werk unsterblich. Die Wanderung führt uns durch das Herz der Insel.

Special

Kulturlandschaft in der Cumbre: Seit Jahrhunderten wird die Region von den Menschen in vielfältiger Weise genutzt. Der Kiefernwald liefert wertvolles Holz, früher waren es auch Schwefel, Teer und Pech. Alte Flurnamen erinnern an die Gewinnung dieser Produkte, so etwa »Llanos de la Pez«, die Ebene des Pechs. In der Landwirtschaft nimmt die Mandel eine bedeutende Stellung ein: Trotz rückläufiger Produktion werden bis heute um die 30 Tonnen pro Jahr geerntet.

Der Wegverlauf

5

Von **Las Mesas** folgen wir der Straße in Richtung Ayacata. Nach ca. 500 m geht es rechts in einen sanft ansteigenden Weg, nach weiteren 500 m folgen wir einer Piste nach links. Knapp 3 Min. später zweigt links ein gepflasterter Weg ab, der in ca. 20 Min. zum Stausee **Presa de los Hornos** hinableitet. Wir überqueren die Staumauer und gehen den Pflasterweg bergauf zum Aussichtspunkt **Cruz de Juan Peréz** an der Straße Ayacata – Llanos de la Pez, der wir wiederum in westlicher Richtung 400 m zur Passhöhe **La Goleta** folgen.
Hier führt ein steingepflasterter Weg in Nordostrichtung abwärts. Wir bleiben immer auf dem Hauptweg, der in vielen sanften Kehren dem Grund des **Barranco de La Culata** entgegenstrebt. An einer Quelle schwenkt er auf die andere Hangseite. Wir gehen an einigen links abzweigenden Wegen vorbei und erreichen die archaischen Häuser des Weilers **La Horetiguilla**. Am Wendeplatz einer Asphaltstraße leitet ein Pflasterweg links hinab. Der Talgrund wird gequert und über Stufen steigen wir zur Dorfstraße von **La Culata** hinauf, der wir für etwa 200 m in Richtung Dorfkern folgen. Noch vor Erreichen der Bar bzw. Kirche zweigen wir nach rechts auf einen Treppenweg ab, der steil zwischen den Häusern emporsteigt. Nach dem Überqueren einer Asphaltpiste führt er entlang Terrassenfeldern weiter.

Malerische Terrassenfelder um den Weiler La Culata.

Einige Minuten später erreichen wir neuerlich eine Asphaltstraße, die wir 200 m lang nach rechts entlangspazieren. Nun auf einer links abzweigenden Betonpiste zur **Finca La Palmita**.

Von dort steigen wir in zahlreichen Serpentinen aufwärts. Neben der Quelle **Fuente del Ancón** queren wir den Talgrund. Etwa 2 Min. später halten wir uns rechts und gehen unter einem Wasserkanal hindurch. Nach 10 Min. steilen Anstiegs erreichen wir fast die Straße zum Cruz de Tejeda. Kurz davor biegen wir rechts in einen Steinweg ein, der steil am Westhang des **Andén del Toro** (1733 m) emporleitet. Bei einer zugemauerten Höhle lenken mehrere Stufen abwärts. An einer Gabelung halten wir uns rechts, am Zaun einer Finca entlang. In lichtem Kiefernwald kreuzen wir zwei zur Campingzone **Corral de los Juncos** führende Pisten. Etwa 5 Min. später schwenken wir auf einen Fahrweg nach rechts. Am Freizeitcamp Llanos del Garañón vorbei kommen wir zu der vom Hinweg bekannten Wegkreuzung und kehren auf der bekannten Piste nach Las Mesas zurück.

Saftige Orangen kann man überall frisch genießen.

6 Rund um den Roque Nublo

Der sagenumwobene Kultfelsen der Altkanarier: La Goleta – Roque Nublo – Degollada Blanca – La Goleta

- leicht
- 5 km
- 2 Std.
- ↑220 m ↓220 m
- ja

Tourencharakter: Nur beim Anstieg zum Roque Nublo kurzer steiler Abschnitt.
Beste Jahreszeit: Ganzjährig.
Ausgangs-/Endpunkt: La Goleta (1578 m), Passhöhe oberhalb des Weilers Ayacata.
Wanderkarte: Kompass-Wanderkarte 237 Gran Canaria, 1:50 000.
Markierung: Farbige Zeichen an Felsen und Steinen, ansonsten keine.
Verkehrsanbindung: Keine Busse. Mit dem Pkw in ca. 3 km ab Ayacata (Abzweigung zum Roque Nublo beschildert) auf die Passhöhe, begrenzte Parkmöglichkeiten. Über guten Camino Real auch zu Fuß in knapp 1 Std. von Ayacata.
Einkehr: Keine. In La Goleta meist mobiler Kiosk mit Getränken und kleinen Snacks.
Unterkunft: In der näheren Umgebung nur einfache Landhäuser, weitere Unterkünfte in Tejeda und allen Talorten.
Tourist-Info: Infopoint im Museo Abraham Cárdenes, C/ Leocadio Cabrera 3, 35360 Tejeda, Tel. 928/66 61 89.

Wie ein gigantischer Felsfinger erhebt sich der **Roque Nublo** (1813 m) am Rande der Caldera de Tejeda. Der Koloss galt den Ureinwohnern Gran Canarias als heiliger Ort. Und bis heute ist er überaus beeindruckend – im einen Moment noch zartrosa in der Sonne leuchtend, macht er schon im nächsten seinem Namen »Nebelfelsen« alle Ehre.

Der Wegverlauf

Vom Parkplatz **La Goleta** wählen wir den breiten Fußweg, der direkt auf den Roque Nublo zuführt. In sanftem Anstieg queren wir einen Hang und genießen den Ausblick. Links unten im Tal liegt das Bergdorf Ayacata, dessen weiß getünchte Häuser sich um die kleine Kirche gruppieren.
Langsam wird der Weg etwas steiler, und noch vor dem Nebelfelsen ragt links davon sein kleinerer Bruder

6

Wahrscheinlich standen schon die wagemutigsten der Altkanarier auf seinem Gipfel. Doch in die Alpinchroniken ging der Nebelfelsen erst 1932 ein. Drei deutsche-Ingenieure erreichten am 20. Juni seinen höchsten Punkt. Bis heute werden die Wände des Nublo und anderer Granitriesen um Ayacata und am Tamadaba gerne von Kletterern besucht. Infos zu Routen und deren Schwierigkeitsgrad bei der Federación Canaria de Montañismo, Grupo Montañero Gran Canaria, Guillermo Santana Rivero 1, Las Palmas, Tel. 928/42 74 75.

Roque Fraile auf, der »Mönchsfelsen«. In der Tat erinnert dieser schlanke Fels an einen Mönch, der sich eng in seine Kutte hüllt. Nach etwa 20 Min. kommen wir an eine Weggabelung und gehen durch einen Kiefernwald mit imposanten Felsen links aufwärts. Nach weiteren 10 Min. ist die Einsattelung Las Palomas erreicht. Hier hält man sich rechts (Hinweispfeil auf die Felsen gemalt) und strebt durch felsiges Gelände und über Steintreppen dem rötlich schimmernden Sockel des Nebelfelsens zu. Nur noch 65 Höhenmeter trennen uns am Plateau vom Gipfel des **Roque Nublo**. Ganz oben zu stehen bleibt allerdings Kletterern vorbehalten.

Nach ausgiebiger Rundschau vom Sockel, bei der wir auch den froschförmigen Felsen **Roque Rana** erkennen werden, kehren wir zur Einsattelung Las Palomas zurück. Hier folgen wir nicht dem Aufstiegsweg, sondern halten uns rechts und kommen nach etwa 1 Std. zu einer von Seitenmauern eingefassten Gabelung. Auch hier gehen wir rechts. Der Weg beschreibt einen weiten Halbkreis um den Nebelfelsen. Immer wieder eröffnen sich herrliche Ausblicke auf den Westen Gran Canarias. Nach 1:20 Std. kommen wir zur **Degollada Blanca**. Ein kurzer Abstecher (15 Min.) leitet zum Mirador Risco de la Fogalera hinüber, Tejeda liegt uns zu Füßen.

Wir setzen die Umrundung fort und ignorieren einen Trampelpfad, der linker Hand nach La Culata hinunterführt. In beständigem Auf und Ab leitet der Weg uns um die Ostflanke des Nublo, um schließlich zur Gabelung unterhalb des Roque Fraile anzusteigen. Von hier folgen wir dem bereits bekannten Anstiegsweg zurück zur Straße bei La Goleta.

Der wandernde Schatten des Nebelfelsens wird in einem Volkslied besungen.

7 Zur Playa de Veneguera

Vom einsamen Traumstrand zum Venedig Gran Canarias: Veneguera – Playa de Veneguera – Puerto de Mogán

mittel
24 km
6 Std.
↑250 m ↓500 m

Tourencharakter: Streckenwanderung auf befestigten Schotterpisten, ohne größere Höhenunterschiede. Ausreichend Trinkwasser mitnehmen! Ausgezeichnete Bade- und Schnorchelmöglichkeiten an der Playa de Veneguera.
Beste Jahreszeit: Ganzjährig, im Sommer heiß.
Ausgangspunkt: Las Casas de Veneguera.
Endpunkt: Puerto de Mogán.
Wanderkarten: Kompass-Wanderkarte 237 Gran Canaria, 1:50 000. Mapa de las Carreteras del Cabildo Insular, 1:65 000.
Markierung: Keine.
Verkehrsanbindung: Buslinie 38 Las Palmas – San Nicolás. Alternative bei der Rückfahrt von Puerto de Mogán: die Fähre nach Puerto Rico und Arguineguín. Mit dem Pkw auf der GC 810, die San Nicolás mit Mogán verbindet. Parkmöglichkeiten am Ausgangspunkt. Von Puerto de Mogán nach Las Casas de Veneguera wieder Bus 38.
Einkehr: Bar in Las Casas de Veneguera, Bars und Restaurants in Puerto de Mogán.
Unterkunft: Hotel und Appartements in Puerto de Mogán.
Tourist-Info: Centro Insular de Turismo, C.C. Yumbo, 35100 Playa del Inglés, Tel. 928/77 15 50. Informationspavillon der Gemeinde Mogán in Puerto Rico, Tel. 928/56 00 29.

Der Westen Gran Canarias ist bis heute beinahe touristisches Niemandsland geblieben. Allerdings nur beinahe, denn der Großteil der Playa de Veneguera befindet sich seit den 80er Jahren im Besitz einer Bank, die bereits ein 40 000-Betten-Projekt vorgelegt hat. Doch Umweltschützer konnten bisher die Erschließung verhindern, und so präsentiert sich die Bucht noch immer als Idyll »am Ende der Welt«.

Puerto de Mogán, ein beliebter Yachthafen.

Der Wegverlauf

Vom Weiler **Casas de Veneguera** leitet eine Asphaltpiste dem Grund des Barranco de Veneguera entgegen. Bei den letzten Häusern verläuft die Straße in einem Hohlweg, der von Palmen gesäumt wird. Wir erreichen im Talgrund bald darauf das Ende des asphaltierten Teilstücks und wandern nun auf einer Schotterpiste weiter in südwestlicher Richtung. Die Schlucht zählt zweifellos zu den schönsten der Insel, doch erschließt sich ihr Reiz nur jenem, der wüstenhafte Landschaften schätzt. Die

7

kargen Felshänge sind von Cardón überwuchert, der endemischen Kanaren-Wolfsmilch.

Nur in der Talsohle sprießt auf bewässerten Terrassenfeldern üppigeres Grün. Nachdem wir das schmale Bachbett überquert haben, passieren wir eine Avocadoplantage, einen Orangenhain und mehrere Bananenpflanzungen. Bald darauf eröffnet sich der Blick auf das Meer. Wir bleiben beständig auf dem Weg, der auf der linken Seite des Tals verläuft. An einer Gabelung wählen wir nun den Pfad zur Küste, an dem eine Palmengruppe steht. Zu unserer Linken liegt ein verlassenes Fischerhaus, und rechts breitet sich der dunkle Sand der **Playa de Veneguera** aus.

Um die Wanderung fortzusetzen, marschieren wir zur vorhin beschriebenen Wegkreuzung zurück und folgen der durch eine Schranke abgesperrten Piste nach rechts Richtung Puerto de Mogán. Anfangs gilt es einen Anstieg von insgesamt 300 Höhenmetern zu bewältigen, der uns auf ein felsiges Plateau bringt. 10 km trennen uns jetzt noch vom Zielort, doch der Weg ist einfach, da er fast beständig auf gleicher Höhe bleibt. Schließlich geht er in eine Asphaltpiste über, die uns durch ein paar Barranquillos und an einigen Bananenplantagen vorbeiführt. Zuletzt kommen wir an eine Hangkante und genießen die malerische Aussicht auf **Puerto de Mogán**, das wir über einige steile Serpentinen erreichen.

8 Zur Montaña de las Tierras

Schwindel erregende Tour am Guayadeque-Kamm: Cuevas Bermejas – Cañada de la Cruz – Montaña de las Tierras

anspr.
9 km
3 Std.
↑750 m ↓270 m

Tourencharakter: Echte Bergtour mit steilem An- und Abstieg sowie weglosen Passagen. Trittsicherheit und Schwindelfreiheit erforderlich.
Beste Jahreszeit: Oktober–Mai.
Ausgangspunkt: Cuevas Bermejas.
Endpunkt: Montaña de las Tierras (1042 m).
Wanderkarten: Kompass-Wanderkarte 237 Gran Canaria, 1:50 000. Mapa de las Carreteras del Cabildo Insular, 1:65 000.
Markierung: Hinweisschild der Umweltbehörde, Steinmännchen.
Verkehrsanbindung: Schlechte Busverbindung. Linie 27 von Agüimes bis zur Montaña de las Tierras nur einmal am Morgen; Rückfahrt allenfalls mit dem Taxi. Mit dem Pkw von Ingenio und Agüimes auf ausgeschilderten Zufahrtsstraßen.
Einkehr: Restaurants in der Montaña de las Tierras, Bar und Restaurant in Cuevas Bermejas, unterwegs keine.
Unterkunft: Landhotel und Fincas in Agüimes.
Tourist-Info: Patronato de Turismo, León y Castillo 17, 35003 Las Palmas, Tel. 928/21 96 00. Turismo Rural de Agüimes S.L., Apdo. de Correos 166, 35260 Agüimes, Tel. 928/12 41 83.

Der Barranco de Guayadeque war schon in vorspanischer Zeit dicht besiedelt; zahlreiche archäologische Relikte erinnern an diese Epoche. Bis heute sind viele Höhlendörfer bewohnt. Die Tour führt vom traditionellsten Ort über den steil aufragenden Guayadeque-Kamm zum Stumpf eines uralten Vulkans.

Der Wegverlauf

Von der Höhlenkirche in **Cuevas Bermejas** gehen wir auf der Dorfpromenade links aufwärts. Wir passieren hübsche Höhlenhäuser und ein Gatter mit Schafen und Ziegen. Wenig später halten wir uns an einer Gabelung links und überqueren einen Seitenbarranco. Gewaltige Felswände ragen vor uns auf – sie erscheinen beinahe unüberwindlich. Doch der Weg – gut ausgebaut und an exponierten Stellen mit Steinmäuerchen gesichert – schraubt sich in zahlreichen Kehren den Steilhang empor. An einer großen Höhle

8

Tipp

Am Eingang des Barranco treffen wir auf das völlig neu gestaltete **Centro Interpretación de Guayadeque** (Tel. 928/17 20 26). Die sehr sehenswerte Ausstellung mit interaktiven Objekten und Videopräsentationen lässt uns ganz in die Welt der einmaligen Schlucht eintauchen. Wir erfahren spannende Geschichten aus dem Leben der Altkanarier, lernen die pflanzlichen und tierischen Bewohner der Region kennen und entdecken die vorspanischen Wurzeln alter Traditionen.

vorbei, erreichen wir den Bergkamm mit einer Tafel »Monumento Natural«.

Auf der Anhöhe halten wir uns rechts und gehen stets am Abbruch entlang. Bald erreichen wir die **Casa de los Pastores**, ein verfallendes Steinhaus. Hier verliert sich der Weg; als einziger Anhaltspunkt dient uns eine rechts aufwärts führende Begrenzungsmauer. An deren Ende wandern wir auf eine Bergkuppe zu, von der wir einen atemberaubenden Tiefblick genießen.

Höhlenwohnung in Cuevas Bermejas mit allem Komfort.

Links am Bergrücken entlang, kommen wir zur **Cañada de la Cruz**, wo sich mehrere Wege treffen. Wir halten uns weiter westwärts und erreichen auf gut sichtbarem Weg eine Hochfläche. Der Weg verliert sich bald wieder, und wir halten auf einen hohen, spitzen Felsmonolithen zu, der von den **Cuevas de la Mesa del Moral** durchlöchert ist. Ein gut erhaltener Pfad führt uns 10 Min. in südliche Richtung zu einer toten Kiefer, die als **El Pinillo** bekannt ist. Es folgt eine kurze weglose Strecke; wir steigen die Südseite des angrenzenden Berghanges hinauf. An einer kreisförmigen Mauer tritt der Weg wieder hervor, leitet in Kehren und einer langen Geraden weiter. Über Lavageröll und aufgelassene Terrassenfelder erreichen wir nach gut 2:30 Std. den Pass **Pino Cazado** (1294 m).

In Schwindel erregender Tiefe ist bereits deutlich unser Ziel zu erkennen. Ein Steinmännchen markiert den Einstieg in Richtung Abgrund. Zunächst geht es steil nach Nordwesten bergab, doch bald leiten weite Kehren dem Barrancogrund entgegen. Terrassen mit kleinen Mandelbäumen signalisieren das baldige Ende des Abstiegs. Eine Piste nimmt uns auf und bringt uns in wenigen Minuten zur **Montaña de las Tierras**.

9 Durch den Barranco de Fataga

Schmaler Canyon unter gleißender Sonne: Playa del Inglés – Barranco de Fataga – Gítagana – Arteara

leicht

13 km

4 Std.

↑350 m ↓70 m

ja

Tourencharakter: Karg. Überwiegend auf Pisten durch die hitzeflirrende Schlucht.
Beste Jahreszeit: Oktober–Mai.
Ausgangspunkt: Nördlicher Ortsrand von Playa del Inglés, an der Straße nach Fataga.
Endpunkt: Arteara.
Wanderkarten: Gran Canaria South, Discovery Walking Guides Ltd., 1:25 000. Mapa de las Carreteras del Cabildo Insular, 1:65 000.
Markierung: Straßenschilder, sonst keine.
Verkehrsanbindung: Buslinie 18 (Playa del Inglés – Cruz de Tejeda) hält an der Werkstatt »Taller Bolaños« an der Straße nach Fataga. Mit dem Pkw in Playa del Inglés den Hinweisschildern Richtung Fataga und San Bartolomé folgen. Von Arteara mit Linie 18 zurück.
Einkehr: Bars und Restaurants am Ausgangspunkt, Bars in Arteara, unterwegs keine.
Unterkunft: Unterkunftsmöglichkeiten aller Art in Playa del Inglés, Landhotel in Fataga.
Tourist-Info: Centro Insular de Turismo, C.C. Yumbo, 35100 Playa del Inglés, Tel. 928/77 15 50.

Karge Landschaft.

Der Barranco de Fataga ist eine der einsamsten Schluchten im Süden der Insel. Wüstenfans finden hier alles, was ihr Herz begehrt. Hat man das Schotterwerk am Schluchteingang erst einmal hinter sich gelassen, ist man allein mit Felsen, Kakteen und seltenen sukkulenten Pflanzen.

Der Wegverlauf

Am nördlichen Ortsrand von **Playa del Inglés** folgen wir von der Werkstatt Taller Bolaños der Hauptstraße Richtung San Bartolomé. Nach etwa 100 m zweigen wir links in die zum Barrancogrund führende Asphaltstraße ab. Im Talgrund halten wir uns rechts und gehen auf gleicher Höhe weiter. Nach 400 m passieren wir eine Zementfabrik, die leider den gesamten Barrancoeingang verunstaltet, obwohl er bereits im Schutzgebiet »Paisaje Protegido de Fataga« liegt.

Bei der Fabrik beginnt eine Schotterpiste, auf der wir in die von steilen Felsen flankierte Schlucht hineinwandern. An einer Gabe-

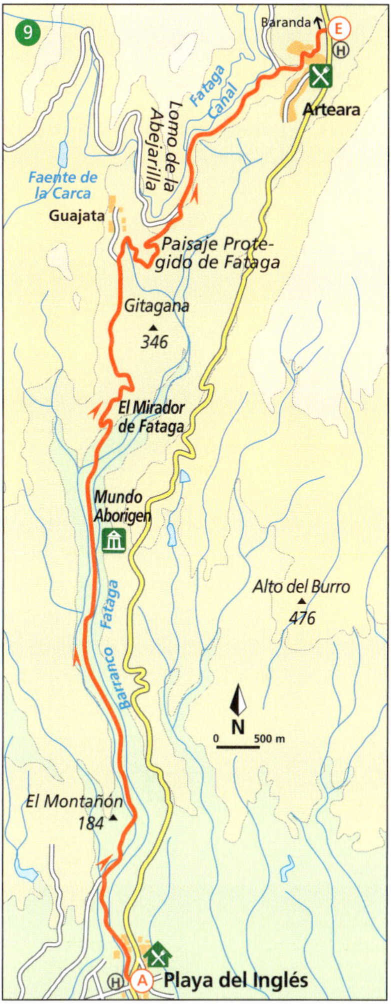

lung nach etwa 800 m wählen wir die Piste, die im Barrancogrund verläuft. An mehreren Brunnenbauten vorbei, gelangen wir nach gut 3 km zu einem Gehöft, das einen verwahrlosten Eindruck macht. Nur einige Ziegen scheinen die Stellung zu halten.

Am Gehöft wählen wir die links den Hang aufwärts führende Piste. Nach etwa 1 km nimmt die Steigung deutlich ab und nach weiteren 800 m geht es sogar leicht abwärts. Im eintönigen Rotbraun der Felsen erkennen wir rechts hoch über uns die steinfarbenen Wände des **Mirador de Fataga**, der wie ein Adlerhorst an der Schluchtkante hängt.

Nach einem weiteren Kilometer befinden wir uns in einem mit dichtem Schilf bewachsenen Seitenbarranco und an einer neuerlichen Weggabelung. Wir halten uns rechts und erreichen bald darauf ein Haus inmitten eines üppig bepflanzten Gartens. 300 m weiter ignorieren wir den Fahrweg zum Weiler Gítagana und bleiben auf der Hauptpiste. In mehreren Kehren geht es den Bergrücken **Lomo de la Abejarilla** hinauf, an dem wir auf die Piste Arteara – Ayagaures stoßen.

Wir wenden uns nach rechts und passieren das berühmte **Gräberfeld von Arteara**. An der Abzweigung des breiten Geröllwegs zum Pass der Giganten steigen wir rechts in den Talgrund hinab und kommen auf eine Piste, die uns schnell zur **Kamelstation Baranda** bringt. Im Schatten des Palmenhains genießen wir nach dieser Wüstentour die Erfrischungen an der Bar der Station.

10 Von San Agustín nach Maspalomas

Gemütlicher Strandspaziergang um die Südspitze der Insel: San Agustín – Playa del Inglés – Maspalomas

leicht
7 km
2 Std.
↑0 m ↓30 m
ja

Tourencharakter: Einfache Strandwanderung mit vielen Bademöglichkeiten, auch FKK zwischen Playa del Inglés und Maspalomas.
Beste Jahreszeit: Ganzjährig.
Ausgangspunkt: Zentrum von San Agustín.
Endpunkt: Leuchtturm von Maspalomas.
Wanderkarten: Gran Canaria South, Discovery Walking Guides Ltd., 1:25 000. Mapa de las Carreteras del Cabildo Insular, 1:65 000.
Markierung: Straßenschilder und andere Wegweiser.
Verkehrsanbindung: San Agustín liegt an der Route aller Buslinien von Las Palmas an die Costa Canaria. Mit dem Pkw auf der GC 1 bis zur Ausfahrt Tarajalillo/San Agustín und auf der GC 812 ins Ortszentrum. Wenig Parkplätze. Von Maspalomas fahren die oben genannten Linien zurück zum Ausgangspunkt.
Einkehr: Einkehrmöglichkeiten aller Art in den Küstenorten. Am Strand einfache Bars.
Unterkunft: Unterkunftsmöglichkeiten aller Art in San Agustín, Playa del Inglés und Maspalomas.
Tourist-Info: Centro Insular de Turismo, C.C. Yumbo, 35100 Playa del Inglés, Tel. 928/77 15 50.

Bis in die 60er Jahre des 20. Jhs. waren die Siedlungen im Süden Gran Canarias verschlafene Fischerdörfer, in die sich kaum jemals ein Gast verirrte. Dies hat sich grundlegend geändert, doch ist der Strand von Maspalomas noch immer eine herrliche Küstenlandschaft. Nur eines darf man nicht erwarten – das Meer hier für sich alleine zu haben …

Der Wegverlauf

Im Zentrum von **San Agustín** spazieren wir hinunter zum »Paseo Costa Canaria«, der den Küstenabschnitt bis Playa del Inglés erschließt. Wir wenden uns nach rechts und nutzen dabei die breite, gepflasterte Promenade, die an attraktiven Apartments mit schönen Gartenanlagen entlangführt. Nachdem wir einen Rettungsturm des Roten Kreuzes passiert haben, geht es weiter zum letzten Strand von San Agustín.

Gewitterstimmung über den Dünen.

An einer Reihe von Kiefern setzt sich der Weg fort, und bald nimmt uns ein weiteres Teilstück der Promenade auf. Hoch über dem Strand geht es um den San Agustín Beach Club herum. Am felsigen Rand der Klippen schlängelt sich die Promenade um die **Playa de las Burras** und in Richtung **Playa del Inglés**. Hier steigen wir über Treppen zum breiten Strand hinunter, der sich zwischen den Dünen von Maspalomas und dem Meer ausbreitet.

Am einfachsten ist es, sich hier des Schuhwerks zu entledigen, und direkt an der Wasserlinie weiterzuwandern. Im feuchten, recht harten Sand kommt man ohne größere Anstrengungen vorwärts. Eine weitere Wegbeschreibung erübrigt sich, da wir einfach dem Küstenverlauf folgen. Etwa 1 km nach dem »normalen« Strand von Playa del Inglés betreten wir die Zona Nudista, doch ist es kein Problem, auch bekleidet weiterzugehen.

Nachdem wir die **Südspitze Gran Canarias**, den südlichsten Punkt europäischen Hoheitsgebietes, umrundet haben, sehen wir den **Leuchtturm von Maspalomas**, das Ziel der Tour, bereits klar vor uns. Wir gehen auf den Leuchtturm zu und befinden uns schon bald wieder auf einem Textilstrand. Zwischen der Lagune **Charco** (→ **Tour 11**) und dem Strand hindurch kommen wir – vorbei an einem Kinderspielplatz – zur Promenade von Maspalomas. Nach wenigen Schritten stehen wir nun zu Füßen des Leuchtturms.

11 Durch die Dunas de Maspalomas

Durch die berühmte »Miniatursahara«: Playa del Inglés - Maspalomas – El Gavioto – Playa del Inglés

○	leicht
km	6 km
Uhr	2 Std.
	↑0 m ↓0 m
☺	ja

Tourencharakter: Abwechslungsreiche Strand- und Dünenwanderung mit Bademöglichkeiten. Romantisch frühmorgens und im Abendlicht. Untertags überfüllt, besonders im FKK-Gelände.
Beste Jahreszeit: Ganzjährig.
Ausgangs-/Endpunkt: Hotel »RIU Palace« in Playa del Inglés.
Wanderkarten: Gran Canaria South, Discovery Walking Guides Ltd., 1:25 000. Mapa de las Carreteras del Cabildo Insular, 1:65 000.
Markierung: Wegweiser und Pfosten mit farbiger Markierung an den zugelassenen Pfaden durchs Naturschutzgebiet.
Verkehrsanbindung: Playa del Inglés liegt an der Route aller Buslinien von Las Palmas an die Costa Canaria. Mit dem Pkw auf der GC 1 bis zur Ausfahrt Las Burras/ Playa del Inglés und auf der GC 812 ins Ortszentrum. Wenig Parkplätze.
Einkehr: Einkehrmöglichkeiten aller Art in Playa del Inglés und Maspalomas. Am Strand einfache Bars.
Unterkunft: Unterkunftsmöglichkeiten aller Art in Playa del Inglés und Maspalomas.
Tourist-Info: Centro Insular de Turismo, C.C. Yumbo, 35100 Playa del Inglés, Tel. 928/77 15 50.

Die Südspitze Gran Canarias ist nicht nur ein touristischer Hot Spot. Auch aus ökologischer Sicht ist die Region sehr bedeutsam – die Dunas de Maspalomas wurden 1987 zur »Reserva Natural Especial« erklärt. Am Rande des Massentourismus treffen wir hier auf eine einmalige Naturlandschaft, deren Erkundung immer wieder Neues entdecken lässt.

Beliebter Treffpunkt bei den Dünen.

Der Wegverlauf

Wir beginnen unsere Wanderung am Hotel RIU Palace, direkt an der **Plaza Fuerteventura** im Südwesten von Playa del Inglés. Der Zugang zu den Dünen führt direkt durch das Hotel, das wir auf einem Asphaltweg zwischen Bungalows hindurch wieder verlassen. Noch bevor wir den kleinen Aussichtsplatz am Rande der Sandfläche erreichen, stoßen wir zu unserer Rechten auf das kleine Informationszentrum.

Nachdem wir die Ausstellung besichtigt haben, gehen wir hinunter zu der weißen Balustrade und genießen einen ersten umfassenden Blick über diese »**Sahara en miniture**«. Vom Aussichtsplateau geht es auf der Westseite direkt in die Dünen hinein, wobei es sich hier oft barfuß besser läuft als in Turnschuhen (auf Glasscherben achten!). Wir wählen den Weg, der ganz rechts durch die meerfernsten Abschnitte der Dünen verläuft. Bleiben Sie bitte auf der durch die bunten Pfähle angezeigten Route, denn die Dünen sind ein sehr sensibler Lebensraum!

Nach einem üppig mit Palmen bewachsenen Tal wandern wir in westliche Richtung, bis wir auf die Lagune **Charco de Maspalomas** und die flankierenden Straßen stoßen. Der Charco ist einer der interessantesten Lebensräume des Dünengebietes. Bei starkem Regen fließt durch den Barranco de Maspalomas Süßwasser in die Lagune. Durch die anschließende langsame Austrocknung wird das Wasser wieder salziger. Besonders spannend ist die einzigartige Fischgemeinschaft, deren Lebensgrundlage auf diesem Wechsel basiert und daher nur hier vorkommt.

Auf der Straße wenden wir uns nach rechts und gehen bis zum Parkplatz am Charco entlang. Für den Rückweg nach Playa del Inglés wählen wir jenen Pfad, der die Dünen in geringster Entfernung vom Meer durchzieht. Etwa auf halber Strecke besteht die Möglichkeit, einen kurzen Abstecher zum Strand zu machen. Danach leitet der Pfad direkt zum Besucherzentrum zurück.

Lanzarote
Isla Graciosa
14
Caleta del Sebo
Salina del Rio
Orzola
1
2
3
Yé
Máguez
Haría
4
5
La Caleta de Famara
La Santa
Peñas del Chache 670 m
6
Arrieta
Sáo
Mala
Tinajo
Los Valles
Tiagua
Teguise
730
Los Cocoteros
Mancha Blanca
710
Tao
Teseguite
9
Parque Nacional de Timanfaya
700
Tahiche
Fuego 510 m
8
Masdache
Costa Teguise
El Golfo
San Bartolomé
Yaiza
730
Guardilama 603 m
Tias
La Hoya
Macher
720
Arrecife
12
7
10
11
Aeropuerto de Lanzarote
Femés
13
Puerto del Carmen
730
Hacha Grande 560 m
N
Playa Blanca
0
10 km

Fuerteventura
Corralejo
21
Isla de los Lobos
Caleta del Cotillo
600
Lajares
Villaverde
Los Molinos
La Oliva
Pargue Hollandes
Tindaya
Valle Bron
Colonia García Escámez
Puerto de Lajas
Chuchillos 625 m
600
Llanos de la Concepción
15
610
Puerto del Rosario
Casillas del Angel
Betancuria
El Matorral
Triquivijate
Puerto de la Peña
16
Valles de Ortega
Casas de las Salinas
Pájara
17
Tiscamanita
Casas de Pozo Negro
Tuineje
Tesejerague
610
Cardón 691 m
Cardón
Vigán 462 m
Gran Tarajal
La Pared
Las Playitas
Tarajalejo
Giniginamar
19
Urban Costa Calma
Pico de la Zarca 807 m
640
18
Cofete
N
20
Urban Marabu
0
10 km
Morro Jable

LANZAROTE
FUERTEVENTURA

Peter Grimm

EINFÜHRUNG

Inseln des Feuers – Inseln der Wüste

Geographisch gehören die Kanarischen Inseln eigentlich zum rund 100 km nahen Afrika. Nicht wenige Einflüsse, besonders deutlich auf den beiden nur durch eine Meeresuntiefe von rund 40 m getrennten Ostinseln Lanzarote und Fuerteventura, deuten darauf hin. Seit ihrer Eroberung im 15. Jh. durch Kultur und Geschichte Spaniens geprägt, stehen die Bewohner der Kanarischen Inseln heute mit Überzeugung zur Mitgliedschaft in der Europäischen Union.

Beide Inseln bilden eigenständige Teile der Provinz Gran Canaria im autonomen Gebiet der »Comunidad Autonoma de Canarias«. Weitgehend selbständig entscheiden Rat und Regierungen (cabildos) der einzelnen Inseln über innere Angelegenheiten. Die gefühlsmäßige Bindung an Festland-Spanien ist enger als auf den westlichen Inseln. Das Weiß-Blau-Gelb der Kanarenfahne weht im selben Wind neben dem rot-gelb-roten spanischen Flaggentuch.

Aus dem Ozean geboren – die Erdgeschichte

Gemeinsam sind beiden Inseln der Sockel, die vulkanische Prägung mit spärlicher Pflanzendecke sowie die auffallende Trockenheit. Mit Überresten des legendären Kontinents Atlantis haben die Inseln nichts zu tun. Vielmehr zerbrach in dieser Zone 150–180 Mio. Jahre alter Ozeanboden durch tektonische Schubkräfte; Bruchstücke davon wurden über die Meeresoberfläche emporgepreßt und schräg gestellt. In Fuerteventura, der geologisch ältesten aller Kanareninseln, liegen diese von ca. 38 Mio. Jahre altem Tiefengestein durchsetzten Sedimentschichten im Betancuriamassiv frei.

»... Hier wird, wer die Augen offen hält, zur Geologie gereizt« (Gerhard Nebel 1965)

Auf diesen Sockeln bauten sich die Inseln durch vulkanische Prozesse auf. Bei der nie durchgängigen Aktivität fanden die Ausbrüche in vier Zyklen statt, in Lanzarote zeitlich stark versetzt. Während auf dem älteren Fuerteventura die erste Eruptionsphase vor 22–12 Mio. Jahren das Bild durch Züge massiger basaltischer Felsbastionen bestimmt, schuf auf Lanzarote der hohe Anteil an lockerem Auswurf mehr kegelige Formen. Auf Fuerteventura endeten die jüngsten Eruptionen vor rund 5000 Jahren, in Lanzarote wurden noch bei den gewaltigen Ausbrüchen von 1730–1736 mit

bis zu 8 km hoch reichenden Aschewolken eine Fläche von 147 km^2 verwüstet und 420 Häuser an 21 Orten vernichtet. Erstaunlicherweise kam dabei, wie auch beim jüngsten Ausbruch 1824, kein Mensch zu Tode.

Unterschiede im Ablauf der vulkanischen Prozesse und in der Gesteinszusammensetzung bedingen das verschiedenartige Aussehen der beiden Inseln. Lanzarote präsentiert sich jungvulkanisch. Von zwei alten Massiven an den Inselenden flankiert, ist die abgetragene flache Mitte teils von Auswurfprodukten (Asche und Lapilli), teils von zu Schollen aufgeplatzter Lava bedeckt. Daraus erheben sich Reihen und Scharen älterer wie jüngster Vulkankegel oder Calderen. Der südwestliche Nachbar Fuerteventura hingegen ist eine gereifte Vulkaninsel, die älteste der Kanaren. Zertalte Wälle vulkanischer Felsmassen, Sedimente und Tiefengesteine des uralten Zentralgebirges und, im Süden, der isolierte »Schwanz« der basaltischen Jandiakette kontrastieren zu den charakteristischen Halbwüsten mit aufgesetzten, alten Vulkankegeln und deren Auswurfmassen. Weite Sandstrände und Dünen sind nicht aus der Sahara angeweht, sondern bestehen wie auch auffällige Kalkschichten überwiegend aus Skelettresten mariner Lebewesen. »Nackt« und ohne tiefgreifende Umgestaltung durch jungen Vulkanismus bildet Fuerteventura gleichsam ein seltenes »Museumsstück« der Erdgeschichte.

Stricklava, Asche und Feigenanbau an der »Ruta de Tremesana« auf Lanzarote.

Vorteilhaft für Touristen – das Klima

Lehmige rote Erdschichten sowie die typischen Erosionsformen V-förmiger Täler bezeugen Zwischenspiele feuchteren Klimas. Heute bilden beide Inseln mit (durchschnittlich!) 135 mm Niederschlag pro Jahr die regenärmsten des Archipels.

Passatwinde aus Nordost herrschen vor. Im Gegensatz zu den anderen Kanarischen Inseln mit ihren hohen Bergen bieten Lanzarote und Fuerteventura dem Passat wenig Widerstand: Staubewölkung bildet sich an den relativ niederen Bergen der Ostinseln also eher selten, und wenn, dann nur in Form eines relativ dünnen »Schleiers« am Famaragebirge im Norden Lanzarotes und am Jandiagebirge im Süden Fuerteventuras. Teils heftige, aber kurz dauernde Regen entstehen v.a. bei den seltenen Westwindlagen. Sie konzentrieren sich auf die Wintermonate November bis etwa Ende Februar, bleiben in nicht wenigen Jahren auch aus.
Manchmal treibt der staubführende Saharawind, Levante genannt, die Temperaturen sprunghaft in die Höhe. Die überwiegende Zeit aber funktioniert die »Klimatisierung« durch die umgebenden Wassermassen. So hält sich das Thermometer im Wanderwinter um angenehme 20° C und erreicht erst im Hochsommer Werte um 30° C. Allerdings begleitet den Wanderer häufig ein steifer bis böiger Wind. Manche deuten daher den Namen Fuerteventura als »Insel des starken Windes«.

Special

Wasser – kostbares Naß: Lanzarote und Fuerteventura haben kein trinkbares Süßwasser mehr! Jeder Tropfen muß von anderen Inseln herangeschafft oder aufbereitet werden. Auch die Aufbereitung des Brauchwassers durch Meerwasserentsalzung kostet viel Energie (Erdöl). Der Wasserverbrauch pro Tourist liegt fast doppelt so hoch wie der für den Einheimischen. Bitte gehen Sie bewußt sparsam mit Wasser um!

Ausgedörrt und doch 600 Pflanzenarten – die Flora

Die 600 Arten muß man suchen. In der Sommertrockenzeit dürr, blattlos oder eingezogen, sprießen nach den seltenen Regen buntblühende Wiesen, wie ein Wunder. Listen aufzuführen, Arten verbal zu beschreiben, nützt dem Laien nichts und bietet dem Kenner wenig. Interessierte nehmen am besten ein spezielles Bestimmungsbuch aus einer guten Buchhandlung von Zuhause mit auf die Reise.

»Die beste Jahreszeit für die Pflanzenbewunderer fällt ins Frühjahr (Februar/März)« (Günther Kunkel 1987).

Grundsätzlich enthält die karge Flora Gewächse aus dem nahen afrikanischen Festland sowie aus dem Mittelmeerraum, dazu 44 Endemiten, also nur hier vorkommende Arten. Auf diesen beiden niederen Inseln läßt sich keine deutliche Gliederung nach Höhenzonen der Vegetation unterscheiden. Vielmehr gliedern sich die Pflanzengesellschaften nach nebeneinander liegenden Standorten wie Küste, Dünen, Malpais.

Palmen und Anbauterassen und mittendurch zunehmend Erosionsgräben (Fuerteventura).

Die verbreitete Salzsteppen(küsten)- und Dünenvegetation ähnelt der im Mittelmeergebiet. In der (auf den ersten Blick) oft pflanzenleer erscheinenden Halbwüste dominieren die Zwergsträucher Dornlattich, Bocksdorn, gelbe Hauhechel, dazwischen Zwergheliotrop, rosa blühende Frankonie, gelber Hornklee und Reichardia, Schneeweißes Nagelkraut, Affodil. Im meist grüneren Malpais und im Cardonal herrschen die Sukkulenten der Kandelaber-Wolfsmilch, Balsam-Wolfsmilch, König-Juba-Wolfsmilch und Kleinia vor, dazu ein endemischer Asparagus und ein kletternder Trapp. Überall mischen sich ehemalige Kulturpflanzen (Feigenkaktus, Agave, Tabakbusch) verwildert zwischen die ursprünglichen Pflanzengesellschaften.

Besonders reich ist die Flora in geschützten Winkeln und auf Bergzügen, an denen sich hin und wieder Passatnebel bildet. Um nur einige zu nennen: Lanzarote-Hornklee, Kanarische Sonnenröschen, seidiger Goldstern, Kanarenlavendel, Natternkopfarten, gefiederte Gänsedistel, Mittagsblume, gelbe Madeira-Margerite, Lanzarote-Steckenkraut, Lanzarote-Aeonium, ein kleiner Aronstab.

Als botanisch interessante Standorte gelten: auf Lanzarote das Famaragebirge, der Nationalpark, die Gegend um Geria und Femés; auf Fuerteventura die Dünen von Corralejo, Vallebron, das Betancuriamassiv und das Jandiagebirge.

Im Gegensatz zur reichen Flechtenflora fallen vereinzelte Drachenbäume, Restbestände der Kanarischen Palme und Dattelpalme sowie Tamariskengebüsch in der Landschaft deutlich auf. 1773 war auch Fuerteventura noch voller laubreicher Wälder und rauschender Bäche. Einzelne Zeugenbäumchen, beispielsweise in den Jandiafelsen, sind ein Relikt dieser Zeit. Rücksichtslose Abholzung und achtlose Überweidung haben die natürliche Pflanzendecke weitgehend zerstört. Dem Leerfressen durch die Ziegenherden, besonders auf Fuerteventura, ließe sich gegensteuern. Nicht einzudämmen ist der wenig beachtete Verbiß durch die Nordafrikanischen Erdhörnchen und Kaninchen. Wiederaufforstung ist problematisch, auch wegen einer Politik, die dafür wenig übrig hat.

Inseln der Vögel – die Fauna

Außer den allgegenwärtigen Ziegen, Kaninchen und Erdhörnchen gibt es an Säugetieren verschiedene Fledermausarten und die Kanarische Spitzmaus. Der Nordafrikanische Igel wanderte um 1892 ein. An Reptilien zeigen sich Ostkanareneidechse, Fuerteventuragecko und der Nordafrikanische Skink. Schlangen sowie anderes giftiges Getier fehlen.

Grillen sind zu hören, wenige Schmetterlinge zu sehen; die vielartige Insektenwelt interessiert vor allem Spezialisten. Etliche Vogelschutzgebiete hingegen haben hier weitreichende Bedeutung; die Vögel nutzen beide Inseln gern als Rast- oder Brutplätze. Die Liste der zu beobachtenden Vogelarten ist lang. Von den standorttreuen Arten entwickelten sich einige sogar zu eigenständigen Unterarten,

Der vom Meer angeschnittene Kraterrest El Golfo – Lanzarote in Vulkanfarben.

(u. a. Wiedehopf, Blaumeise, Kanarenschwarzkehlchen, Bluthänfling, Triel, Turmfalke, Schleiereule, Zilpzalp). Wüstenspezialisten wie Kragentrappe, Rennvogel, Sandflughuhn und Wüstenfalke mühen sich ums Überleben. Besonders auf Barrancos beschränkt ist der Kanarenschmätzer. Unter den Wat- und Meeresvögeln ist der Gelbschnabelsturmtaucher hervorzuheben, der im Famaragebirge nistet.

Als Folge der mit den Meeresströmungen wechselnden Wassertemperaturen und Salzgehalte ist das Unterwasserleben vielfältig. So überraschen den Taucher fast 400 Fischarten. Auch Schalentiere und Kopffüßler sind in den Gewässern stark vertreten. Gelegentlich kann man von der Küste aus auch Delphine und Wale sehen, und an manchen Stränden landen sogar Meeresschildkröten an.

Verwehte Spuren der Altkanarier – die Vorgeschichte

In Fachkreisen scheint zunehmend Einigkeit darüber zu bestehen, daß zuerst Berberstämme aus Nordafrika die vordem unbewohnten Kanarischen Inseln erreichten. Über das Wann gehen die Meinungen auseinander. Eine steinzeitliche Landnahme gilt nach Kulturvergleichen als wenig wahrscheinlich. Man vermutet, daß es sich um mehrere Besiedlungsschübe gehandelt hat. Deren Datierung ist schwierig. Gesichert ist aus den Bodenfunden: Auch auf den Ostinseln hausten um die Zeitwende Menschen. Schon im 2. Jh. v. Chr. holten sich Phönizier von dort den begehrten Purpurfarbstoff der Orchillaflechte, und römische Schiffe liefen im 1. – 4. Jh. n. Chr. die Inseln an.

»... nirgendwo werdet ihr schönere und stattlichere Menschen finden als auf diesen Inseln« (Bontier und Le Verrier um 1404).

Wie diese Altkanarier hierher gekommen sind, bleibt ein Rätsel. Keine Spuren von Schiffahrt selbst zwischen den Inseln wurden je entdeckt. Diese Mahos oder Mahoreros genannten Ureinwohner standen auf einer steinzeitlichen Kulturstufe. Sie lebten in Höhlen sowie in kleinen Dörfern mit Rundbauten von wenigen Metern Innendurchmesser. Diese sahen also ähnlich wie Iglus aus, allerdings mit dem Unterschied, daß sie aus geschlichteten Steinen bestanden. Die nach den Beschreibungen der ersten Eroberer eher kleinen, breit gebauten und blond gelockten Menschen lebten vorwiegend von nomadisch betriebener Viehzucht. Die von einem Stammesfürsten beherrschte Gesellschaft gliederte sich in Adel und gemeines Volk. Aber die hartnäckig tradierten Vielmänner-Familien gehören eher ins Reich der Phantasie.

Überlieferungen wurden erst spät schriftlich dokumentiert. So ist die Forschung in hohem Maße auf Funde im Gelände angewiesen, so z.B. primitiv gefertigte Steinwerkzeuge, wie sie im Archäologischen Museum Arrecife ausgestellt sind. Dort kann man auch unterschiedliche, ohne Töpferscheibe hergestellte Tongefäße mit Ritzzeichnung bewundern; nachempfunden werden solche Gefäße heute als Souvenirs in Kunsthandwerkszentren vertrieben. Rätselhaft bleiben einige steinerne Amulettfigürchen sowie Petroglyphen: eingemeißelte Schalen, Näpfchen, Wannen und symbolisierte Fußspuren. Einige Fundstellen weisen auch eingeritzte Buchstaben berberisch-lybischer Alphabete auf, die Forscher ins 3. Jh. n. Chr. datieren. Was zu rauben war, ging mit der Vernichtung der Altkanarier unter. Steinbauten nutzte man noch bis vor kurzem zum profitablen Abbruch.

Grausame »Kolonisation« – die Geschichte der Conquista

Lanzarote und Fuerteventura scheinen erstmals 1339 auf einer Seekarte auf. Bereits 1312 war der Genueser Kaufmann Lancelotto Malocello auf Lanzerote gelandet; 20 Jahre lang residierte er in einem von ihm erbauten Fort, vermutlich auf dem Guanapay oberhalb Teguise. Seinen Spuren folgten beutegierige Abenteuerer, Glücksritter und Kaufleute aus Genua und Mallorca. Berichte über Expeditionen zwischen einem katalanischen Unternehmen 1352 und dem Auftauchen Bethencourts bleiben widersprüchlich, Sklavenhandel ist jedoch schon 1391 notariell bezeugt.

In Zozomas/Lanzarote sind die prähistorischen Ausgräber am Werk, auf Fuerteventura ist ein Freiluftmuseum geplant – die Ostinseln suchen ihre Vergangenheit.

Der endgültige Inseleroberer Jean de Bethencourt (1359 – 1426) war ein kleiner normannischer Landedelmann, der verschiedenen Kriegsherren diente. Das Bild seiner schillernden Persönlichkeit reicht vom Gesetzesbrecher bis zum strahlenden Helden. Fest steht: Ihm gelang durch seine guten Beziehungen zum spanischen Hof eine zunächst private Eroberungsfahrt zu den Kanarischen Inseln; Ziel: Purpurfarbstoff und Sklaven. Freundlich begrüßt von den arglosen Ureinwohnern, landete 1402 seine kleine Schar auf Lanzarote, empfahl sich als Schutzmacht und erbaute ein Fort im Rubicón. Ein Versuch, auch auf Fuerteventura Fuß zu fassen, scheiterte an der heftigen Gegenwehr.

Zurück in Madrid, erhielt Bethencourt den ganzen Kanarischen Archipel vom spanischen König zu Lehen, vom Papst den geistlichen Segen. Inzwischen räumte Söldnerführer La Salle auf Lanzarote unter den Einheimischen grausam auf, andere quälte die meuternde Besatzung zu Tode. Vermutlich 1404 gelang es Bethencourt, auch Fuerteventura zu erobern. 1406 setzte der Eroberer seinen Neffen Maciót als Statthalter ein; er selbst zog sich mit sicheren Einkünften aufs Festland zurück.

Maciót dehnte seinen lukrativen Sklavenraub auf die noch nicht eroberten Inseln aus. Lanzarote und Fuerteventura tyrannisierte er durch ein derart drakonisches Willkürregiment, daß sich Spanien zum Schutze der wachsenden Zahl andalusischer Siedler genötigt sah, Maciót 1418 zu enteignen, indem sie eine »Schenkung« beider Inseln an den gemäßigten spanischen Conde de Niebla durchsetzten. Dieser aber verkaufte sie 1430 an das spanische Sklavenhändlerunternehmen De las Casas weiter. Damit hatte sich die spanische Krone die Inseln endgültig ihrem Herrschaftsbereich einverleibt. Die Ureinwohner waren ausgerottet bzw. mehr oder minder friedlich assimiliert. Die Conquista – die Eroberung und die »Heidenbekehrung« – hinterließ eine Spur von Blut und Tränen.

Feudalherren, Raubzüge und Hunger – die jüngere Geschichte

Auf beiden Inseln entstand ein Feudalregime, dessen Herren zu einträglichen Sklavenrazzien nun das afrikanische Festland überfielen und zeitweise gar mit Portugal paktierten. Obwohl sich die Ostinseln mit dem Schweiß geraubter Berbersklaven zu Kornkammern des Archipels entwickelten, dezimierten die häufigen Hun-

Auch Gemüse gedeiht auf Lanzarote im Trockenfeldbau »enarenado«.

gersnöte die besitzlose, ausgebeutete Landbevölkerung; Aufstände wurden blutig unterdrückt. Eine Spitzenposition auch als erfolgreicher Sklavenjäger nahmen mit 146 Raubzügen die Marquis de Herrera y Rojas ein. Im Gegenzug holten sich die Araber 1569 – 1749 ihre Sklaven aus Lanzarote und Fuerteventura.

Auf die Verwüstungen der Vulkanausbrüche 1730 – 1736 auf Lanzarote folgten katastrophale Dürre- und Hungerjahre. Auf Fuerteventura raffte nach 1740 die Dynastie der »Coroneles«, der Militärbefehlshaber, Macht und Besitz an sich. Ein bescheidener Wohlstand etwas breiterer Kreise kam erst Ende 18.Jh. mit dem Anbau der gefragten Sodapflanze »barilla«. Mit deren Absatzerfolgen in Großbritannien bildete sich auf Lanzarote und Fuerteventura neben den weiterhin herrschenden Feudalherren auch ein neues Handelsbürgertum aus. In den spanischen Wirren zwischen den Parteigängern der absolutistischen Monarchie und den Kämpfern für die Ideen der Französischen Revolution keimten auch auf den Inseln liberale Tendenzen auf. Die unter dem Eindruck der Napoleonischen Besetzung Spaniens 1812 nach französischem Vorbild im fernen Cadiz beschlossene erste bürgerliche Verfassung blieb auf den Ostinseln indes nur ein unbedeutendes Zwischenspiel.

Tabaibas grünen zwischen den Lavabrocken.

Im Bildungsstand überflügelte Lanzarote seine Schwesterinsel. Wirtschaftlichen Aufschwung brachten vorübergehend die Exporteinnahmen aus der Zucht der Cochenille-Schildlaus. Zu den alten Adelsfamilien kam neuer Geldadel, der seine Gewinne aus den Inselgütern anderwärts investierte. Am herrschenden Großgrundbesitz änderte sich dadurch nichts, ebensowenig an den periodisch wiederkehrenden Hungerkatastrophen, die nur die verarmte Schicht der Kleinbauern traf. Eine Förderung des Handelswesens brachte nach 1852 die Erklärung der Kanarischen Inseln zur Freihandelszone, die noch heute in der EU gilt. Um 1880 brach dann der Chochenille-Export durch die Konkurrenz chemischer Farben zusammen, und ab 1923 hemmte die fortschrittsfeindliche Diktatur Primo de Riveras in Spanien auch auf den (1927 in zwei Provinzen aufgeteilten) Kanarischen Inseln die Wirtschaftsentwicklung. Durch den Wirtschaftsboykott der Westmächte gegen das Franco-Regime fielen seit den 30er-Jahren auch die wichtigsten Abnehmerländer aus. Zu dieser Zeit sowie im Zweiten Weltkrieg litten die vom Welthandel abgeschnittenen, vom Mutterland ausgesogenen Inseln wieder mal unter krassem Hunger. Erst 1982 erhielten die Kanarischen Inseln ihre lang begehrte Autonomie mit eigenem Parlament und Präsidenten. Der zuvor mit dem politischen Geschehen in Spanien jahrzehntelang einhergehende Rückstand der Entwicklung auf den Inseln beschert heute den Touristen gebietsweise noch urtümliche Ferienlandschaften.

Bauten im traditionellen Stil – die Architektur

Die weißgekalkten würfelförmigen Bauten mit buntgestrichenem Holz und teils phantasievollen Kaminen verraten maurischen Einfluß. Eiförmige Backöfen und Brunnen mit Schöpfrad bilden das Accessoire, Zisternen, Brunnenanlagen und Windmühlen in der Landschaft bezeugen alte agrarische Nutzung. Als Wohnstätten selten geworden sind alte Bauernhäuser aus Naturstein mit Dächern aus gebranntem Lehm.

Zweistöckige Gutshöfe und Stadthäuser mit stimmungsvollen Innenhöfen, den Patios, zeigen noch immer den Lebensstil der Feudalherren. Verzierte Holzbalkone vor dem einst bewohnten Ober-

»... meine künstlerische Arbeit ... ist der Versuch, eine Harmonie zwischen Formen und Ideen der Malerei, der Bildhauerei und den Räumen der Natur zu erreichen.« (César Manrique)

César Manrique: Maler, Architekt, Bildhauer, Designer, Denkmalpfleger, Ökologe (1919–1992) – ein Universalgenie, die herausragendste Künstlerpersönlichkeit des kanarischen Archipels! Seine abstrakten Bilder hingen in allen großen Galerien der Welt. Zu Hause auf Lanzarote gestaltete er markante Landschaftspunkte zu faszinierende Landmarken. Sein mit dem Fels verschmolzener Aussichtspunkt Mirador del Rio, Manriques Fundacion in der Lavablase, Monument und Casa del Campesino, Kaktusgarten, Cueva de los Verdes, die zur Festbühne gestaltete Lava-Doline Jameos del Agua, das Aussichtsrestaurant über der Magmakammer im Nationalpark, die Silhouettenspiele in Straßenkreiseln – alles seine Werke auf dem Wege zu seiner Vision: ein »Gesamtkunstwerk Lanzarote« in einer intakten Lebensgemeinschaft Mensch und Natur zu schaffen. Als wirtschaftliche Grundlage für den Wohlstand Lanzarotes erstrebte er einen »elitären Tourismus« auf einer vor Verbauung und Zersiedlung bewahrten Insel. Er regte einen Gesamtbebauungsplan an und setzte ein generelles Reklameverbot durch. Als »Verteidiger der Landschaft und traditionellen Architektur« wurde Manrique mit Europa- und Weltpreisen ausgezeichnet.

geschoß demonstrierten auf den holzarmen Inseln Reichtum. Und die zahlreichen Kapellen und Kirchen im spätbarocken Mudéjarstil, teils mit zinnengekrönten Mauern, zeigen arabische Anklänge. Diese besonders auf Lanzarote gut erhaltene traditionelle kanarische Architektur blieb dort Vorbild für viele der neueren Bauten.

Aufstieg zur völligen Abhängigkeit – die Wirtschaft

Durch die Entwaldung erschöpfte Grundwasservorräte und, besonders auf Fuerteventura, rasant fortschreitende Erosion vernichteten den einstmals rentablen Getreideanbau. Auch das natürliche Bewässerungssystem auf den Regenrückhalteterrassen der gavias taugt heute kaum mehr für Hülsenfrüchte. Nach dem Intermezzo des Sodahandels, der Cochenillezucht und der Kalkbrennerei platzte auch auf Fuertventura das Experiment mit Tomaten. Die hierzu tiefer gebohrten Brunnen versalzten durch nachdringendes Meerwasser. Stellenweise noch sichtbare Windräder bilden Grabdenkmäler der Landwirtschaft. Selbst die von der EU subventionierte Ziegenhaltung bringt weniger wirtschaftlichen Gewinn als ökologischen Schaden.

Special

- **Puchero:** Kräftiger Gemüse-/Fleischeintopf zu jeder Zeit.
- **Gemischte Fischplatte:** Abendessen nach Tagesmühen, damit man die Schätze des Meeres kennenlernt.
- **Tortilla:** Eieromelett mit verschiedenen Zutaten für den kleinen Hunger.
- **Gemischter Salat mit Meeresfrüchten:** Für alle, die frisch-knackige Küche bevorzugen.
- **Lanzarote-Wein:** Damit das kräftige Essen gut schwimmt.

Während das übernutzte Fuerteventura so zu einem Musterbeispiel der Wüstenbildung geworden ist, zieht man auf Lanzarote noch Süßkartoffeln und Zwiebeln; Gemüse und Obst decken mehr als den Eigenbedarf, und die Produktion marktgängiger Weine hat einen guten Namen. Freilich ging der ehedem bedeutende Fischfang ein. Auch die einst für die Schiffahrt zur Nahrungskonservierung wichtige Salzgewinnung gehört der Vergangenheit an.

»Dieses Getreide ist ungemein gut, und gibt ein Brot so weiß als Schnee ...« (Thomas Nicols um 1560).

So ist die Wirtschaft auf beiden Inseln zu über 80 % auf den Tourismus angewiesen und auf den durch ihn ausgelösten Bauboom. Versorgungsgüter und Material werden komplett importiert, sogar Trinkwasser. Die Inseln sind abhängig geworden. Ihre Infrastruktur aber hat dank der EU-Subventionen weitgehend europäisches Niveau erreicht.

Wirtschaftliche Chance und ökologischer Fluch – der Tourismus

Zum Wandern auf Lanzarote ausgebaut: Camino de Las Vueltas.

Auf Lanzarote begannen führende Köpfe in den 60er Jahren über den notwendigen Tourismus nachzudenken. Das international anerkannte Universalgenie César Manrique entwickelte seine Vision vom »Gesamtkunstwerk Lanzarote« als Magnet für elitären Tourismus. Viele seiner Ideen konnte er verwirklichen, Bodenspekulation und Auswüchse indes nicht verhindern. Was der mitreißende Visionär jedoch an Naturverständnis und Bewahrung des Inseltypischen bewirkt hat, überzeugte die meisten Einwohner. Ein Baustop verhinderte 1990 das Schlimmste. Nun soll ein umkämpfter Bebauungsplan die Entwicklung in vernünftigen Bahnen lenken. Bleibt zu hoffen, daß die Insel mit dem höchsten Pro-Kopf-Einkommen und einem relativ hohen Bildungsstand den Reiz des »Besonderen Touristenziels Lanzarote« bewahrt.

Nicht zuletzt hat die Leistung Manriques Lanzarote 1993 das Prädikat »Biosphären-Schutzzone« der UNESCO eingetragen. Auf Fuerteventura aber entfachte ein Wetteifer der Gemeinden um den Geldsegen aus Baulizenzen zunächst eine kaum geregelte Bauwut. Um 1970 begann die gründliche touristische Erschließung – aus deutscher Hand. Die Besucherstatistik zeigt weiter aufwärts gerichtete Tendenz. Zwei Drittel der Touristen sind Deutsche. Ihr Wunsch nach Sonne und weiten Badestränden wurde erfüllt. Wer also ist Schuld daran, wenn heute die wachsende Gästeschar dem Inland der ökologisch darbenden Insel mit einem enttäuschten Achselzucken begegnet?

Auch auf Fuerteventura findet sich die junge Generation damit nicht mehr ab. Sie nimmt das Beispiel Lanzarotes auf und beginnt ihre kulturellen Eigenständigkeit zu zeigen. Spät, hoffentlich nicht zu spät!

ALLGEMEINE HINWEISE

Viel steifer Wind bläst auf Lanzarote wie auch auf Fuerteventura. Leichtanorak und Trekkinghose gehören zum Wandern wie auch stabile Trekkingschuhe. Schnelltrocknende Funktionswäsche ist im subtropischen Klima und bei der starken Aufheizung des Körpers durch Sonneneinstrahlung angenehmer als das übliche Baumwoll-T-Shirt. Sonnenhut und auch Sonnenschutzmittel sollte man immer verwenden. Teleskop-Wanderstöcke schützen vor dem Ausgleiten auf scharfkantigem Lavagestein und damit vor meist üblen Sturzfolgen. In jedem Fall sollte der Tagesrucksack auf längeren Touren genügend Wanderverpflegung und v.a. Flüssigkeit enthalten. Bars findet man unterwegs kaum und »Hütten« schon gar nicht.

Die alten, nicht mehr benutzten Wegesysteme sind wie auf anderen Inseln untergegangen; Nachfahren sind die leider nicht immer durchgängigen Pisten. Auf Lanzarote wie auch auf Fuerteventura fehlt eine sinnvolle Wegemarkierung und Beschilderung; bei den von privater Seite in einigen Fällen (oft unauffällig) angebrachten Zeichen mangelt es am systematischen und verläßlichen Zusammenhang. Dennoch lassen sich zumindest die auf Fahrwegen verlaufenden Routen mit etwas Gespür verfolgen. Rundwanderungen sind selten, der Fels zum Klettern kaum geeignet. Das überholte amtliche Kartenmaterial mit teils ungebräuchlichen Namenseinträgen bietet zudem nur bescheidene Hilfe. Wer da Sorge hat, schließt sich vor Ort einer geführten Wanderung an.

Zum Wandern eignen sich beide Inseln bei Temperaturen um 20 °C und geringerer Neigung zu starkem Wind besonders von November bis Ende Februar. In dieser Zeit herrscht meist beste Sicht, gelegentliche und manchmal auch ergiebige Niederschläge dauern meist kurz, und danach darf man auf eine buntblühende Landschaft hoffen.

Sanft und sicher Wandern

Bitte jeden Ort so verlassen, wie man ihn anzutreffen wünscht; Abfall der geregelten Entsorgung zuführen. Rücksicht auf Natur und Mitmenschen, insbesondere auf die Gefühle der Einheimischen. Bei allen Touren Zeitreserve einplanen. Nie ohne geeignetes Schuhwerk mit Profilsohle gehen. Sonnenschutzmittel verwenden, Windschutz mitführen. Getränk und Verpflegung nicht vergessen. Abseits vom Weidevieh halten. Mut zur rechtzeitigen Umkehr!

Routen-Klassifizierung

Bei den beschriebenen Wanderungen werden in der Symbolleiste Anspruchsniveaus unterschieden. So kann jeder auf den ersten Blick nach seinen eigenen Voraussetzungen auswählen:

○ = **Leicht:**
Ohne besondere Ansprüche an Übung und Erfahrung; vorwiegend gute und wenig steile Wege, 2–3 Std.

◑ = **Mittel:**
Wege und Steige, auch steiler, bis etwa 4 Std.

● = **Anspruchsvoll:**
Längere, rauhe Wege und Steige, Trittsicherheit teilweise vorteilhaft. Tagestouren.

Die Bezeichnungen »leicht«, »mittel« und »anspruchsvoll« gelten in diesem Buch für mäßig ambitionierte Wanderer. Für ausdauernde Bergwanderer mit Alpen- und Kanaren-Erfahrung sind alle hier beschriebenen Touren leicht.

LANZAROTE

Wandern auf Lanzarote

Wandern und Bergradeln auf Lanzarote – warum nicht! Einheimische und Touristen aus dem Norden machen es dort längst vor. Als bestes Wanderparadies schlechthin bietet sich das rauhe Famaragebirge im Norden Lanzarotes an. Meist sind es Pisten durch ein verblüffend grünes Mittelgebirge, nur ein »camino« zeigt Anklänge an alpine Wege. In der Inselmitte ermöglichen Spritztouren auf die Vulkankegel phantastische Rundblicke. Im Süden Lanzarotes erheben sich die kahlen Kämme der trockenen Los Ajaches; mit Ausnahme des gern besuchten Panoramagipfels Atalaya de Femés bieten sie Wanderungen auf wenig begangenen Fahrwegen und Steigen.

Krater, Asche und Wind: Wandern auf der »Ruta de Tremesana« im Nationalpark Lanzarotes.

1 Camino de Las Vueltas

Las Rositas – Abstieg zum El Rio (Playa del Risco) – Salinas del Rio – Las Rositas

mittel

6,5 km

3 Std.

↓350 m ↑350 m

Tourencharakter: Auf sorgfältig restauriertem Bergweg durch die Steilflanke des Famara-Gebirges zum entlegenen Strand an der Meerenge zwischen Lanzarote und der Nachbarinsel La Graciosa.

Beste Jahreszeit: Nov. bis März.
Ausgangs- und Endpunkt: P am Sträßchen Las Rositas – Mirador del Rio.
Einkehr: Auf der Rückfahrt in Haría oder im nahegelegenen Mirador del Rio.

Der Camino de las Vueltas (auch: Camino de Guatifay) diente der Verbindung der Isleños mit dem wettersicheren Landeplatz für den Bootsverkehr nach → **La Graciosa**. Hier in dieser geschützten Meerenge war das Übersetzen von Mensch und notwendigen Versorgungsgütern zur Nachbarinsel selbst bei starkem Seegang möglich. Vielleicht wurde sogar Salz aus den Salinen an der Küste über die Felsflanke ins Innere der Insel transportiert. So erklärt sich dieser seltsame Steig durch den Steilabbruch des → **Famara-Gebirges** (Risco de Famara), der heute, sorgfältig wiederhergestellt, nur mehr dem Wandern dient. Besonders reizvoll ist dieser Weg auch, weil der ganze Hang zu Zeiten wie ein blühender Steingarten aussieht; und das nicht nur nach winterlichen Regenphasen.

Wie lockt hier der Blick auf die 300 m tiefer liegende Flachküste und die Schau auf die Kette kleiner Inseln im Norden Lanzarotes! Wen zieht es da nicht hinunter zu den aufgelassenen Salinen, zum entlegenen Badestrand! Den Steig kann in seinem gegenwärtigen Zustand jeder begehen, der mit alpinen Wegen zurechtkommt. Der Anflug von Luftigkeit, der großartige Weitblick, die überschaubare Wegführung und das Erlebnis der Abgeschiedenheit machen den Camino heute zur begehrtesten Wanderung auf Lanzarote.

Beim Abstieg durch den Risco de Famara: Blick auf die Inselchen La Graciosa und Montaña Clara.

Wegverlauf:

Von der Straße Máguez – Ye biegt in **Las Rositas** nach Westen das Sträßchen zum → **Mirador del Rio** ab. Der Monte Corona, Prachtstück eines Vulkans, beherrscht die wellige Landschaft. Hinter den letzten Gebäuden des Dorfes Las Rositas liegt westlich des abzweigenden

1

Sträßchens vis-à-vis eines Verkehrsschildes ein unbeschilderter kleiner **Parkplatz**. Den Merkpunkt bildet der Endmast einer Telefonleitung — die weiße Hausruine an der Straße darf man nicht passieren!

Der etwas versteckte Platz ist an seiner Pflasterung erkennbar. An seinem Ende geht er in einen ebenso mit Bruchsteinen ausgelegten Weg über. Jenseits seiner Steineinfassung zeigen mit Steinmäuerchen abgeteilte Gärtchen und Felder, wie intensiv hier noch vor wenigen Jahren Landwirtschaft betrieben wurde.

Bald hört das Pflaster auf, doch unverkennbar führt der eindeutige Weg weiter zur Abbruchkante. In der Nähe eines Starkstrommastes öffnet sich mit einem Schlag die weite Sicht auf Meer und Nachbarinseln. In den felsigen Hang gegraben, überwindet nun der Steig im Zickzack den **Steilabbruch**. Unten trifft er auf eine Erdpiste, der man nach rechts folgt, bis die Spuren zur Küste leiten. Ihr entlang zur **Punta** und den aufgelassenen Salinenbecken.

»Mit tollem Blick auf die Islotes durch einen steilen Steingarten.«

Eine eindrucksvolle Umgebung! Im geheimnisvoll orangefarben bis rosaroten Schimmer der einsamen Wasserflächen spiegelt sich die Steilwand, die den Wanderer von allen menschlichen Siedlungen trennt. Auf der anderen Seite die Meerenge **El Rio** – zu deutsch: Der Fluß. Die einen finden diesen Fleck paradiesisch, die anderen bedrückend. Alle aber sind sich einig: Der beste Badestrand weitum!

Wer solches entdecken will, muß zum Schluß allerdings den Weg nach **Las Rositas** wieder aufwärts schwitzen. Das ist der Preis für dieses einzigartige Landschaftserlebnis. Den verstürzten und stellenweise abgerutschten Fahrweg durch die Risco-Wände nach Calete de Famara kann heute niemand mehr guten Gewissens empfehlen.

2 Der Guinate-Höhenweg

Straßenabzweig Guinate (La Cerca) – La Quemada (562 m) – Valle de Guinate – Straßenabzweig

mittel

9 km

2½ Std.

400 Hm

Kinder

Tourencharakter: Weithin bequeme Wanderrunde um und durch die anmutige Landschaft des Guinate-Tals.
Beste Jahreszeit: November bis März.
Ausgangs- und Endpunkt: Straßenabzweigung Guinate (La Cerca) von der Verbindungsstraße Máguez – Ye.
Einkehr: Auf der Rückfahrt in Haría.

Über → **Haría / Máguez** schwingt sich das nicht eben gipfelreiche → **Famara-Gebirge** (Risco de Famara) zu dem Doppelhügel La Quemada (562 m) und Los Helechos (581 m) auf. An seiner Rückseite verstecken sich die Feldfluren und Weidegründe des Guinate-Tales. Für diese »Insel der Vulkane« eine geradezu anmutige Landschaft. Rechtzeitig nach Winterregen haben wir hier so bunte Bergwiesen erlebt wie auf keiner anderen Insel.
Die Wanderung verläuft zuerst auf einem Fahrweg. Von hier aus sind beide Gipfel über die Bergwiesen leicht zu ersteigen. Sonntags trifft man hier nicht selten einheimische Wanderer an. Der Abstieg vom Fahrweg in den Talgrund nutzt Viehspuren, talauswärts führt wiederum ein Wirtschaftsweg. An die vergnügliche Tour läßt sich zudem ein Besuch des **Vogelparks** und des **Mirador** von → **Guinate** anschließen.

Wegverlauf:

Von der Straße Máguz – Ye zweigt die bezeichnete Zufahrt nach Guinate und zum Vogelpark ab. Amtlich nennt sich die Gegend La Cerca. Rund 200 m südlich davor schlängelt sich eine Erdpiste nach Westen durch das kupierte Bauernland. Sie quert zwischen Feldflur und Weidegelände den Abhang der Berge **La Quemada** und **Los Helechos**. Noch vor dem einzigen Gebäude auf dieser Höhenroute kürzt man weglos durch die Wiesen hinauf zu beiden Gipfelkuppen ab. Den unnötigen Umweg über die Hochfläche am Fahrwegende kann man sich sparen. Beide Kuppen bieten einen interessanten Überblick über den Talkessel von → **Haría/Máguez** – sofern einem nicht die oft stürmischen Winde den Atem rauben.
Zurück zum Fahrweg! Ein Stück weit nach dem erwähnten Gebäude ist der Abhang in den Talschluß einzusehen. Hier wandern wir auf Viehspuren zwischen niederem Gesträuch beliebig hinab zum Talweg. Der zwischendurch verlockende Abstecher zu einer Scharte im Küstenkamm lohnt wenig. Unten im Tal mündet auch die Traktoren-

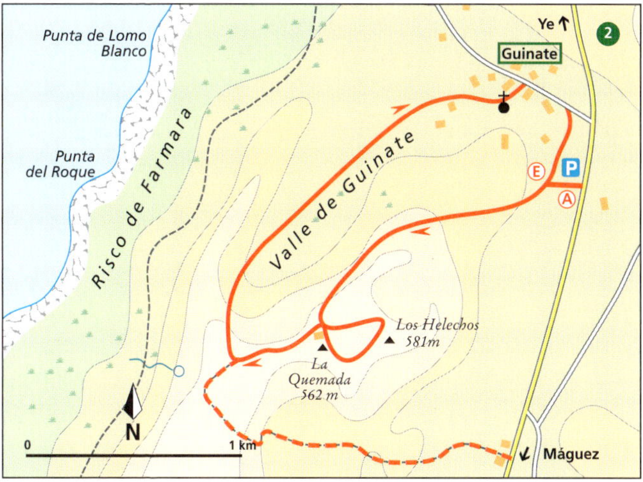

2

piste vom vorgenannten Gebäude, wer aber dringt schon ohne Not ins ummauerte Privatgelände ein!

Ganz im Talgrund vegetiert noch eine Palmenfamilie. An ihr vorbei zieht der Wirtschaftsweg zwischen den Resten einst blühenden Bauernlandes talaus zum Band der Asphaltstraße. Eine **Kapelle** – und bald zweigt rechts ein Feldweg ab zum wartenden Wagen! Kein aufregendes Abenteuer, aber eine genußvolle Runde durch eine reizvolles Stück Lanzarote. Besonders, wenn es vorher geregnet hat.

Variante: Abstieg von Las Quemadas auf Fahrweg nach Máguez, etwa gleiche Gehzeit.

Palmen, Wiesen und Aussicht am Höhenweg.

3 Camino de Los Molinos

Máguez – Los Molinos – Casas de La Breña – Órzola

mittel

12 km

3½ Std.

↓300 m ↑150 m

MTB

Tourencharakter: Vorwiegend auf Feldwegen durch das Malpais de la Corona.
Beste Jahreszeit: November bis März.
Verkehrsanbindung: Bus-Linie 7 zum Ausgangspunkt, Linie 9 vom Endpunkt (nur zwei Kurse).
Ausgangspunkt: Máguez.
Endpunkt: Órzola.
Einkehr: In Órzola.

Der Camino de Los Molinos ist der alte Verbindungsweg von → **Haría**, dem nördlichen Gemeindezentrum, zum Fischerdorf Órzola. Der historische Weg quert den Osthang des nördlichen Malpais de la Corona hinab zur Küste. Größtenteils blieb er als eigener Fahrweg erhalten, muß nur wegen der modernen Straßen zweimal den Straßenrand benutzen. Zumindest bis Los Molinos ist die Tour auch ein Ausflug für Mountainbiker.

Camino de los Molinos: Ein müheloser Fahrweg.

Wegverlauf:

Kurz bevor die östlichste Längsstraße des Dörfleins **Máguez** in die Durchgangsstraße Richtung Ye mündet, löst sich von der Dorfstraße der palmengesäumte Camino (vom Bus-Halt aus zuerst die Straße nach Osten, dann nach ca. 200 m die Straße links). Breit, aber staubig windet er sich zwischen sanften Hügeln hindurch, hinter Mäuerchen warten da und dort die Pick-up's werkelnder Bauern. Eine Geländestufe geht es bergab zwischen angestaubtem Buschwerk, dann tritt man ins **Mal-**

pais ein. Vor etwa 3000 Jahren hat jüngerer Vulkanismus aus dem Kegel des Volcán Corona rund 30 km² mit aufgebrochener Lava überdeckt und die Küstenlinie bis zu 3 km weit ins Meer vorgeschoben.

Die Hänge der Corona weisen erstaunlich viel grüne Tabaibas auf. Je mehr sich indes der Weg aschebedeckten Feldern und einem Irrgar-

3

ten von Mauern nähert, desto mehr schwinden die Farben aus dem Bild der Landschaft.

An der Nordostflanke des Vulkans kommt weiter oben das seltsame Schlößchen **Torrecilla de Domingo** in Sicht. Wie Fürsten blickten die Erbauer weit hinaus ins Land. Wen da die Neugier ablenkt, geht unwillkürlich den Fahrspuren nach rechts zur Straße hinaus. Ein Umweg! Diese seit je landwirtschaftlich genutzte Gegend heißt **Los Molinos**, auch wenn keine Mühlen mehr zu finden sind. Erheblich kürzer geht es geradeaus weiter zwischen hohen Mauern. Die **Straße Arrieta – Ye** als Ziel!

Hier links aufwärts **Richtung Ye** entlang, bis rechts in einer Kurve die Leitplanke einen breiten Durchlaß bietet; an einem Steinbrocken der Einfassung zwei gelbe Strichlein. Hier leitet ein Fahrweg zwischen Weinbergmäuerchen hinunter mit prächtiger Sicht auf den Küstenstrich ins schwarze Malpais. Auf blasse gelbe Markierungspunkte achten!

Vor einer sperrenden Steinbarriere mit beidseitigem Durchlaß geradeaus eine verwachsene Wegstrecke weiter – nicht auf der befahrenen Erdpiste nach rechts! Beim Schlußmäuerchen trifft die Route auf einen ausgefahrenen Weg, der sich im Bogen abwärts windet, vorbei an zwei komfortablen weißen Villen. Zwischen hohen Feldmauern hindurch, trifft der Fahrweg dann auf die bergab laufende Straße von **Arrieta** nach → **Órzola**; gegenüber ein grün gestrichenes eisernes Gittertor. Die amtliche Karte bezeichnet die Gegend **Casas de La Breña.** Und ein Täfelchen am Tor eines der beiden folgenden Landsitze bekräftigt dies.

Der Camino diente der Fischversorgung von Haría/Máguez, dem Zugang zu weit abgelegenen Feldern und zu den Mühlen.

Bei einer schneeweißen Herrschaftsvilla mündet der **Camino La Fuente**. Hier dreht die Landstraße scharf rechts, und da beginnt am nördlichen Straßenrand ein geschotterter Gehweg. An seinem scheinbar abrupten Ende wendet sich der Camino de Los Molinos von der Straße ab und bahnt sich seinen Weg durchs Feld der Tabaibas. Vom Schlußhang ist der Wegverlauf durch die bewirtschaftete Ebene mit ihren Gehöften zu überblicken. Er begleitet in einiger Entfernung den Straßenzug nach **Órzola**. Am Endpunkt hat man nebst müden Füßen die Qual der Wahl – unter den Fischrestaurants. Den einzigen Abendbus sollte man auch beim schönsten Fischessen nicht vergessen.

Variante: Bei Autoabholung Abbruch nach dem interessanteren Teil der Strecke in Casas de La Breña, 2 Std.

Camino de la Atalaya

4

Haría – Atalaya – Máguez – Haría

Tourencharakter: Leichter Spaziergang von Ort zu Ort über eine Aussichtskuppe.
Beste Jahreszeit: November bis März.
Verkehrsanbindung: Bus-Linie 7 (auch Máguez).
Ausgangs- und Endpunkt: Haría (auch Máguez).
Einkehr: Restaurants in Haría.

leicht
7 km
2 Std.
↑ 140 m
↓ 140 m

Der unauffällige Buckel mitten im Tal zwischen → **Haría** und Máguez würde keinen Spaziergänger aus dem angenehm kühlen Schatten des Straßencafés weglocken, böte er nicht eine so hübsche Orientierung über diesen gepflegten Talkessel im relativ grünen Norden der Insel. Nicht umsonst nennt er sich La Atalaya, der Wächter. Ein Flurweg überquert diesen nur 140 m über dem Talboden behäbig ruhenden Buckel im Osthang des → **Famara-Gebirges**. Nur suchen muß man den Zustieg aus dem Ort!

Wegverlauf:

In Haría vom stimmungsvollen **Kirchplatz** unter den schattenspendenden Bäumen zur Straße an der Ostseite der Kirche. Nach links (Nord) und auf der schräg rechts abzweigenden **Calle Molino** zum nordöstlichen Ortsrand. Leider sind Straßentafeln in Haría eine Rarität. So läßt sich der Wegverlauf nicht mit Straßennamen beschreiben. Unmittelbar an den letzten Häusern schwingt sich ein ausgewaschener Fahrweg zwischen Steinmäuerchen auf. Schon am Kammrücken erfaßt die Sicht beide Seiten. Doch nach Osten führt ein Weg zu noch besserem Rundblick weiter hinauf. Allerdings nicht ganz auf die bewachsene **Hügelkuppe** – die muß man sich durch kniehohes Buschwerk erobern. An der Rundschau gibt es nichts auszusetzen: Überschaubar ausgebreitet liegt der Kessel des Hochtals im Famara-

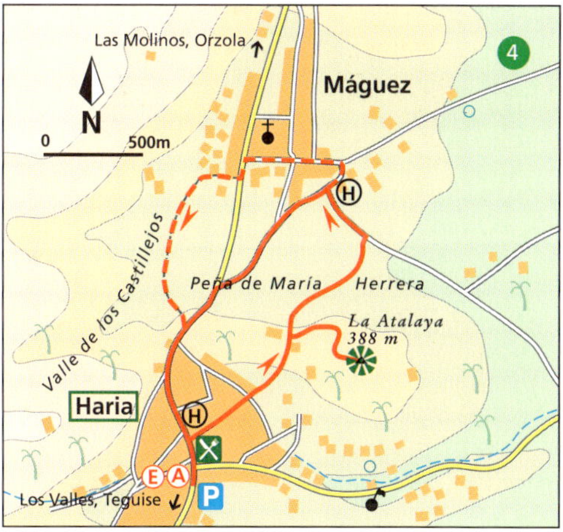

Palmen kennzeichnen zu beiden Seiten des Atalaya das Hochtal Haría-Máguez.

Gebirge da, und der Blick gleitet zudem über den Hang hinunter zum Meer.

Wo der Fahrweg von Haría den Kamm erreicht, beginnt gegenüber der etwas zugewachsene **Abstieg zur Straße Arrieta – Máguez**. Dort nach links bis zum Dorfrand und bei den äußeren Häusern wiederum die erste Asphaltstraße nach links. Sie mündet spitzwinklig in die **Hauptstraße nach Haría**. Die Asphalttreterei ist zwar kein amüsanter Abschluß des kurzen Atalaya-Vergnügens, aber niemand muß so auf einen der Busse ohne jede Beschriftung warten oder kann sich bei dieser eindeutigen Routenführung verirren. Zum Trost gibt es dann in **Haría** genügend gemütliche Gastwirtschaften mit echt kanarischem Ambiente.

Mein Tip

Nach der Tour ins »Palmendorf«: Das Famaragebirge ist bestes Wanderland, aber arm an reizvoller Gastronomie. Hungrige führt der Rückweg daher wie von selbst ins »Palmendorf« Haría. Dort und an der Straße nach Teguise liegen ein paar Restaurants. An der südlichen Ortsausfahrt bietet sich »El Cortijo« an, ein bildhübsches Lokal mit großem Parkplatz. Als eines der wenigen in dieser Region offen bis 20 Uhr –Und das Essen ist auch nicht nur für Bus-Touristen gemacht!

Variante: Nach dem Abstieg vom **Atalaya** zur **Kirche**, von dort weiter zur rechtwinkligen Einmündung in die Durchgangsstraße mit Bus-Halt. Über die Straße hinüber in die Fortsetzung und auf Dorfweg im leichten Bogen durch den Talgrund nach **Haría**; ¾ Std., Orientierung nicht einfach!

Camino del Rincón de Aganada

Haría – Valle de Rincón – Barranco de Elvira Sánchez – Mirador de Bosquecillo – Haría

5

anspr.

10 km

3 Std.

↑320 m
↓320 m

Tourencharakter: Eine Runde um Haría durch das Herz des Famara-Gebirges auf Pisten, Steigen und Trittspuren.
Beste Jahreszeit: November bis März.
Verkehrsanbindung: Bus-Linie 7.
Ausgangs- und Endpunkt: Haría.
Einkehr: Restaurants in Haría.

→ **Haría**, das »Dorf der 10 000 Palmen«, wird hufeisenförmig von den Höhen des → **Famara-Gebirges** umschlossen. Um einst die Wallfahrtskirche → **Ermita de las Nieves** zu erreichen oder, weiter, die alte Hauptstadt → **Teguise**, mußten die Bewohner dieses ehemals zweitgrößten Inselortes ihren Weg durch das Valle de Malpaso nehmen. Die Bezeichnung »böser Schritt« sollte man heute besser aus diesem Tal auf die häßliche Wegstrecke um das militärische Sperrgebiet am Peñas del Chache verlegen. Für mich endet der Camino de Las Nieves vor den Militäranlagen.
Wenn hier auch »Camino« nur im übertragenen Sinn gilt, so vermittelt die Route, kombiniert mit dem Fahrweg Camino del Rincón de Aganada, doch ein recht ursprüngliches Wandergefühl. Zumal die Flora in diesem grünen Winkel Erstaunliches bietet. Zum Ende, am Umkehrpunkt, wartet eine richtige Überraschung: ein fast nur bei Einheimischen bekannter Mirador.

Wegverlauf:

In **Haría** von der **Plaza de la Constitución** am Rathaus durch die nach Südwesten führende Ortsstraße (**Calle Barranco de Tenesía**) am Kunsthandwerkszentrum vorbei ins **Valle de Rincón**. Der Ortsrand wirkt wie ein Park: Palmen begleiten den Wanderer noch über das locker bebaute Dorfende hinaus. Neben dem mauergesäumten Traktorweg grünen gepflegte Feldchen. Auf der anderen Seite zeigt das die meiste Zeit trockene Bachbett, was sich hier bei Regen zu Tal wälzt. Obwohl weiter oben am Weg zusammengeschobe-

5

ne Erdterrassen Fluten und Erosionsmaterial aufhalten sollen. Wo die ansteigenden Raupenspuren die Scharte im Kamm erreichen, wartet ein **Mirador** mit überraschendem Tiefblick auf. Vor seiner Aussichtsplattform setzt eine Erdpiste an, die am Steilhang entlang einzelner Palmen fast eben ins Valle de Malpaso hinüber verläuft. Hier im kräftig grünen **Barranco de Elvira Sánchez** muß man den Zustieg finden zur Wegspur durch das steile Tälchen empor. Das einzelstehende Bauwerk an der Westseite führt ins Abseits, und im Graben lenkt die erstaunlich reichhaltige Pflanzenwelt mit etlichen Seltenheiten nur allzu gern von der Wegsuche ab.

Miradores an Wegen im Famaragebirge bieten Blick auf die Inselmitte.

Der anfangs zugewachsene Steig beginnt auf der Ostseite des Grabens ein Stück oberhalb der Piste. Er erinnert an so manche Südalpentour. Weiter oben harren einige Kiefern aus. Sobald ein ramponierter **Flurweg quert**, über diesen und zwischen Mäuerchen durch die ehemaligen **Anbauterrassen** hinauf. Auf der letzten Terrasse – wo weiter? Schräg rechts auf wenig ausgeprägten Trittspuren ansteigend, läßt sich der locker mit Büschen bestandene Hang überwinden. Und plötzlich ist man auf einer breiten Piste, die durch ein **Tamariskenwäldchen** führt. Nach wenigen hundert Metern rechts dann die angekündigte Überraschung: Das abgelegene Picknickgelände der Einheimischen: der im Busch versteckte **Mirador Bosquecillo**! Man möchte bei dieser Aussicht einen älplerischen Jauchzer tun, der aber paßt kaum in diese Gegend, 600 m über dem Atlantik.

Wer sich eingeprägt hat, wo die Trittspuren die Erdpiste erreichen, hat auf dem Rückweg keine Probleme. Am Ende des Steiges durch den **Barranco de Elvira Sánchez** die gleiche Piste zurück. Aber nur ein Stück weit! Bei der **ersten Palmengruppe** steigt der zugewachsene alte **Camino de Las Nieves** zum Fahrweg nach **Haría** ab. An den Feldmäuerchen die seltenen gelben Margeriten – ein Abschiedsgruß für Findige, die auch beim Wandern das Besondere suchen.

Variante: Fortsetzung zur **Ermita de las Nieves** auf Piste; 2 Std.

Wallfahrtsziel Ermita de las Nieves

Mala – Valle del Palomo – Ermita de las Nieves – Los Valles

6

Tourencharakter: Lange Wanderung, vorwiegend auf Fahrwegen, durch das faszinierende Famara-Gebirge nördlich von Teguise.
Beste Jahreszeit: November bis März.
Verkehrsanbindung: Bus-Linien 7 und 9 zum Ausgangspunkt, Bus-Linie 10 vom Endpunkt (nur werktags).
Ausgangspunkt: Mala an der Straße Arrecife – Arrieta.
Endpunkt: Los Valles.
Einkehr: Restaurant Mirador Los Valles.

anspr.
14 km
4 Std.
↑560 m
↓300 m

Von Osten her greifen in den höchsten Rücken des → **Famara-Gebirges** einige wenige Täler ein. Die Höhenstraße Los Valles – → **Haría** gewährt eine anregende Schau hinab in einen dieser grünen Talgründe. Eines der Täler ist das noch recht ursprüngliche Valle del Palomo. Durch seinen Einschnitt windet sich von der Küste her ein Flurweg hinauf auf die Hochfläche. Und da dies nicht allzuweit von der → **Ermita de las Nieves** ist, drängt sich ein Besuch dieses höchsten Aussichtspunktes der Insel geradezu auf. Die Aussicht überrascht mit rasanten Tiefblicken zur Küste und weiter ins Land. Nur im Norden behindern die militärischen Anlagen der → **Peñas del Chache** (670 m) die Rundschau. Der Abstieg zum allerdings selten verkehrenden Bus in Los Valles führt durch die teilweise noch bewirtschaftete Ortsflur. Die anstrengende, schattenlose Tour zeigt ein Paradegebiet des südlichen Famara-Gebirges.

Vor den Anhöhen des nördlichen Famara-Gebirges liegt die Küstenlandschaft ausgebreitet.

6

Wegverlauf:

In **Mala** wenden wir uns nach Norden bis kurz vor das Ortsendeschild. An der Fußgängerunterführung beim Kinderspielplatz geht von der Durchgangsstraße rechtwinklig ein asphaltiertes Sträßchen nach Westen ab und schlägt einen Haken nach rechts zum versteckten **Kirchlein**. Vis-à-vis liegt ein bescheidenes Gehöft mit gackernden Hühnern und freundlichem Landwirt.

Geteert führt der Fahrweg weiter zwischen Feldmauern und windet sich bald erdig dem Gebirge zu. Rechter Hand ist die Staumauer der Talsperre im Valle del Palomo zu sehen. Bei einer Verzweigung steigt rechts eine miserable Schotterpiste gegen **zwei weiße Behausungen** an. Und hier beginnt der Ernst des Wanderlebens: Zügig auf der Schotterpiste den Hang hinauf und im Bogen durch einen kleinen **Barranco** in die Nähe einer weißen Zisterne. Von der Anhöhe, über die der Fahrweg nun ins **Valle del Palomo** hinüberquert, bietet sich ein reizvoller Blick über die von Opuntienpflanzungen bedeckte Ebene.

Der ausgefahrene Weg windet sich zwischen den meist kahlen, lehmfarbenen Hängen ins verborgene Tal hinein zu gefälligen Landhäusern mit üppigen Gärten. **Rincón de la Mosa** heißt diese Zauberwelt im versteckten Talwinkel. Nach diesen Ansitzen überschreitet

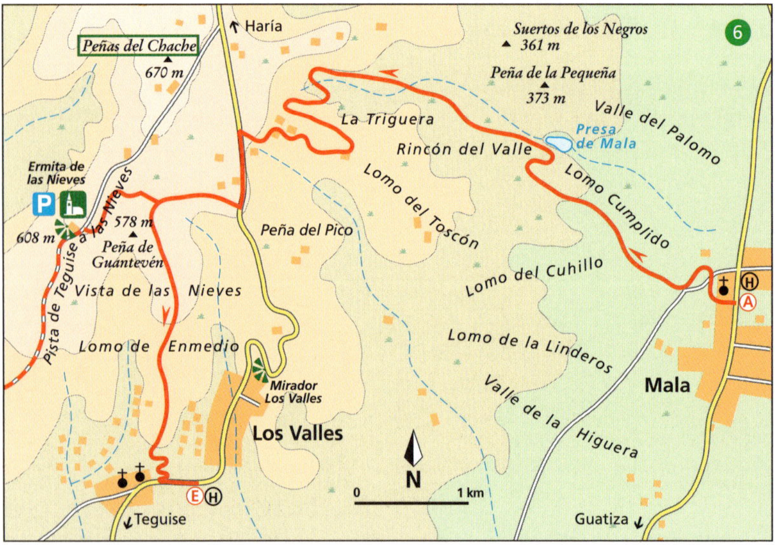

6

der Fahrweg das trockene Bachbett, das Tal wird grüner, nach Regenfällen sogar richtig bunt. Kräftige Feigenbäume schmücken die terrassierten Parzellen. Ganz hinten im Innersten des Valle wendet sich der Weg auf die andere Talseite und gewinnt in Kehren das Hochplateau. Die hier noch etwas reichhaltigere Flora sollte beim andauernden Anstieg nicht abhalten, den Blick durch das Tal und seine verschwiegene Stimmung zu genießen. Auch das ist Famara-Gebirge!

> Mein Tip
> **Gutbürgerlich in Teguise:** Führt die Heimfahrt über das königliche Städtchen Teguise, so ist dies für das Abendmahl eindeutig die beste Adresse. Ein Lokal attraktiver als das andere, alle in ehrwürdigen Patrizierbauten. Wer die Wahl hat, hat die Qual! Wir waren gerne im »Acative« und in »La Cantina«, das eine direkt am Kirchplatz, das andere in der »Calle Leon y Castillo«. Man spürt und schmeckt gewachsene Tradition!

Oben auf dem Rücken zieht die Holperpiste mit viel Aussicht, vorbei an aufgegebenen Steinhäuschen, zur **Höhenstraße** → **Haría** → **Teguise**. Auf ihr nach links, bis rechts der Fahrweg zwischen eingefriedeten Feldern zur **Ermita de las Nieves** hinübergeht. Das Landschaftsbild hat gewechselt: Hängende Talmulden modellieren ein Hochplateau. Unter der Kulmination der Peñas del Chache steuert man die weiße Kirche der Ermita an. Der stille, kühle Innenraum lädt ein zur andächtigen Rast. Ein Stück ländliches Lanzarote, ohne Manrique. Am meist leeren Parkplatz vor der abgelegenen Kirche tut man noch ein paar Schritte zum Wandabbruch. Dort, zwischen den Felsblöcken breitet sich das ganze Panorama aus auf den zentralen Teil der Insel. Weite, farbenbunte Vulkane und schwarzes Land über fahlen Ebenen. Und rechts brechen die Wände 600 m ab zur Brandung der Famara-Bucht.

Die Ermita steht im Ruf, der kälteste Punkt der Insel zu sein, ein windgeplagter dazu. Also: einen sonnigen, windarmen aber klaren Tag wählen!

Der alte Pilgerweg nach **Teguise** ist lang und, wo nicht staubig, heute asphaltiert. So geht man ein Stück zurück zur Höhenstraße und nutzt an einer Kehre die erstbeste Gelegenheit nach rechts durch Weiden und Felder nach **Los Valles** abzusteigen. Doch Vorsicht: Der auf eine lange Strecke eindeutige Fahrweg endet bei einer neu angelegten **Rebpflanzung mit Winzerhaus**. Der Rest ist leider eine weglose Suche durch den verwilderten Hang hinab ins Tal. Ist dort der einzige Bus des Tages schon abgefahren, ruft man zuletzt aus Teguise ein Taxi oder macht sich per Anhalter auf den Rückweg.

Variante: Pilgerweg nach Teguise: 1 Std. mehr – Rückweg von der Ermita de las Nieves auf der Anstiegsroute, etwa gleiche Gehzeit; möglich auch für Mountainbikes.

7 Aussichtshöhen über Puerto del Carmen

Uga – Tinasoria (503 m) – (Guardilama, 603 m) – Mácher – Puerto del Carmen

leicht
12 km
2½ Std
↑300 m ↓500 m
MTB

Tourencharakter: Auf aussichtsreichen Fahrwegen über den Kamm und durch den locker besiedelten Hang zum Ferienzentrum Puerto del Carmen; unangenehmer Gipfelaufstieg.
Beste Jahreszeit: November bis März.
Verkehrsanbindung: Bus-Linie 6 zum Ausgangspunkt, Bus-Linien 02 und 6 vom Endpunkt.
Ausgangspunkt: Uga.
Endpunkt: Puerto del Carmen.
Einkehr: In Puerto del Carmen.

Die Wanderung von Uga auf die Guardilama darf in keinem Lanzarote-Wanderbuch fehlen. Bietet sie doch Einblick ins schwarze Hochtal von → **La Geria** samt eindrucksvoller Aussicht auf die Küstenebene um → **Puerto del Carmen**. Freilich ist der stets empfohlene Steilaufstieg auf die Guardilama nicht jedermanns Sache. Man kann den Gipfel auch auslassen, der Aussichtsgenuß ist dann indes erheblich eingeschränkt.

Wegverlauf:

Von **Uga** die Straße nach **San Bartolomé** hinauf. Nach etwa 1 km steigt rechts ein staubiger Fahrweg durch Rebparzellen an. Schwarzer Grus auf dem Boden, um jeden Weinstock ein halbkreisförmiges Mäuerchen: Das ist die auf Lanzarote nach den großen Vulkankatastrophen entwickelte Anbaumethode »Enarenado«. Im

7

schwarzen »Mulch« der Lapilli, dem picón oder rofé, gedeiht der Wein erstaunlich prächtig. Diese eigentümlichen Weinberge ziehen sich durch das ganze Hochtal von → **La Geria**, das hier bei Uga seinen Ausgang nimmt.

Am Weg aufwärts sieht man aufs finstere Lavameer herab, in dessen Mitte sich die bunten Höcker der Feuerberge des Nationalparks erheben. Oben am grasigen Sattel wird es flacher, und die neugierigen Augen entdecken nun die Küstenebene um **Puerto del Carmen**. Rechts wölbt sich der Kamm zur leichten Kuppe der **Tinasoria**, dem Startplatz für das bunte Völkchen der Drachenflieger. Für einen kurzen Abstecher hinüber zu diesem Getriebe, um zuzuschauen, reicht die Zeit allemal. An Aussicht ist da freilich nicht viel mehr geboten.

Das Ferienzentrum Puerto del Carmen zieht von den Aussichtshöhen den Blick auf sich.

Links vom **Sattel** spitzt der steile Kegel der **Guardilama** aus dem Kamm heraus. Wer zur Spitze will, beginnt in der Nähe eines Mäuerchens. Achtung: Es geht weglos hinauf, zuerst über schütteres Gras, dann auf rutschigem Feingeröll und schließlich über lose Felsen! Wer nicht trittsicher ist, bleibe besser unten. So der Wind Pause macht, behindert oben nichts die Aussicht; der Gipfel steht in dieser Höhe allein. Die ganze Insel liegt da wie eine Reliefkarte und die von keinem Waldpelz verdeckten Formen und Farben laden zum Studium ein. Durch die Schutzmäuerchen um die Rebstöcke sehen die nahen Hänge lustig aus, wie onduliert.

Vorsichtig wieder zum **Sattel** hinunter! Von da senkt sich der Fahrweg dem Vulkanhang entlang in Richtung La Asomada. Wer nach → **Puerto del Carmen** will, muß schon bei der zweiten Abzweigung vom geradeaus weiterführenden Weg nach rechts zwischen Gehöften tüchtig bergab, auf die Küste zu. Nächster Anhaltspunkt ist der **Camino del Meson**, der in **Mácher** auf die Straße Arrecife – → **Yaiza** trifft. Ihr ein Stück entlang nach links (Nordost) bis schließlich ein Sträßchen rechtwinklig abwärts auf die breite Asphaltstraße zum Ziel **Puerto del Carmen** führt. Ein Hin und Her im zunehmend besiedelten Gebiet als wenig erfreulicher Ausklang einer schönen Wanderung über Aussichtshöhen.

Variante: Den Fahrweg vom Sattel geradeaus weiter ins Dorf La Asomada, 2 Std.

8 Die Vulkane der Eruptionskatastrophe

La Geria – Montaña del Cuervo–Montaña Negra (510 m) – La Geria

mittel

9 km

2½ Std.

↑190 m
↓190 m

Tourencharakter: Bequem durchs Lavafeld in eine Caldera und etwas mühsam auf den Kegel der Montaña Negra; von dort interessanter Rundblick.
Beste Jahreszeit: November bis März.
Ausgangs- und Endpunkt: Km 1 der Straße La Geria – Mancha Blanca.
Einkehr: Auf der Rückfahrt im Restaurante al Campesino bei Mozaga.

Aus den zerborstenen Lavafeldern der Ausbrüche 1730–1736 erheben sich nördlich von → **La Geria** die Ruinen und Kegel der jungen Vulkane. Hier auf der Asphaltstraße nach → **Mancha Blanca** hindurchzufahren, verschafft selbst bei Sightseeing-Tempo nur einen recht oberflächlichen Eindruck von dieser »Mond«-Landschaft der Inselmitte. Wie wär's also, ein Stück durch die Lavawüste zu wandern und von oben die chaotische Szenerie anzusehen? Hier, knapp neben der Straße und vor den Grenzen des Nationalparks, darf man das! Die vorgeschlagene Kurzwanderung vermittelt eine eindrucksvolle Kostprobe.

Montaña Negras Nachbar Caldera Colorada, die »rötliche«, inmitten der Lavafelder der Eruptionen 1730–1736.

Wegverlauf:

Etwa **1 km nach dem Abzweig von der La-Geria-Straße** geht von der Route nach Mancha Blanca links (Westen) eine gesperrte Erdpiste ab. Von ihrem Ende führen ebene Spuren durch die Lavafläche leicht

8

Eine alte Zisterne, Wahrzeichen am Fuße der Montaña Negra.

zum steinernen Backenzahn der Vulkanruine **Montaña del Cuervo**. An ihrem Rand nach Norden herum, bis eine Bresche problemlos, wenn auch etwas rauh den Zugang hinein in den nicht allzu großen Krater ermöglicht. So also sieht eine Caldera von innen aus! Gänzlich umschlossen vom Wall des Eruptionstrichters bereitet das Wissen ein merkwürdiges Gefühl, daß hier am 1. September 1730 die große Vulkankatastrophe begann.

Wir gehen außen um die Caldera herum – oder direkt zurück zur Straße. Gegenüber fällt am Fuß des schwarzen Vulkankegels **Montaña Negra** ein Bauwerk auf: eine alte **Zisterne**. Dorthin und auf einem Pfad steil den rutschigen Aschehang hinauf. Nach 600 m erreicht man den längst begrünten **Kraterboden**, in dem sich zäh ein Wäldchen aus Ölbaumgebüsch behauptet. Von hier ist man ohne Trittspuren schnell über den Wiesenhang am **Gipfelkamm**. Welcher Ausblick! Im Süden die behaglichen Weingüter im Geria-Tal mit Scharen hufeisenförmiger Schutzmäuerchen wie Windangeln um die Rebstöcke. Im Norden aber die öde, schwarze Vulkanwüste. Farbig, ja bunt ragen die vielen Kegel wie Riffe aus diesem Meer heraus, direkt gegenüber die Caldera Colorada. Ein exotisches Bühnenbild. Und der Platz auf dieser Panoramaloge kostet vom Wagen aus wirklich nur ein paar Tropfen Schweiß.

9 Camino litoral

Tinajo – Playa de la Madera – Punta de la Ensenada – Tinajo

mittel

9 km

3½ Std.

wenige Hm

Tourencharakter: Küstenwanderung auf rauhem Pfad über die Lavascherben an der wilden Küste des Nationalparks.
Beste Jahreszeit: November bis März.

Ausgangs- und Endpunkt: Playa de la Madera (sehr entlegen, keinesfalls Gegenstände im Auto lassen!), Pkw-Anfahrt von Tinajo.
Einkehr: In Tinajo.

Nach Norden hin streicht das extrem rauhe, erstarrte Lavameer des **Parque Nacional de** → **Timanfaya** flach zum Ozean aus. Seine Brandung hat aus den Steinmassen eine wilde Steilküste ausgenagt. Hier entlang verläuft der einzige erlaubte Pfad auf Nationalparkgebiet, der Camino litoral. Wer dieses Stück Vulkannatur eingehend kennenlernen will, nimmt am besten an einer von Nationalpark-Guides kostenlos geführten Wanderung Playa de la Madera – → **El Golfo** teil; An- und Abfahrt besorgt die Nationalparkverwaltung. Allein endet die Tour meist an der Punta de la Ensenada – schließlich muß man zu seinem Auto zurück. Versäumen aber sollte man den Gang durch dieses eigenartige menschenferne Vulkanerbe auf keinen Fall.

Der Atlantik nagt an der Lavaküste des »Camino litoral«.

Wegverlauf:

Von → **Tinajo** aus windet sich die fahrbare Piste des Camino de la Montaña de Tenezar ca. 9 km zur Playa de la Madera. In Tinajo beim Sportfeld also weiter Richtung **Playa Tenezar**. Bei einer Rechtsabzweigung nach etwa 7 km geradeaus! Kurz vor der Küste passiert man die **Islotes los Camellos**, ein schönes Beispiel jener grünen, von Lava und Ascheregen verschonten Vegetationsinseln.

Vor der **Playa de la Madera**, dem Pistenende, ist reichlich Platz zum Parken. Der anfangs schlecht erkennbare Pfad beginnt jenseits der Bucht hinauf zu steinernen Unterständen. Bald wird der Steig durch die Steineinfassung deutlich, die leider später ausläßt. Längst sind die fernen Vulkankegel verschwunden, rundum nichts als Lavaschollen, und unterhalb donnernde Brandung. Kein Grün, keine Spur von Leben! Hat so zu Zeiten der Schöpfung unsere Erde ausgesehen?

9

Einzige Abwechslung in der grandiosen Monotonie: das Studium der Lavaformen und -arten, für Spezialisten auch der Flechten. Irgendwann kommt dann ein **Steinmann** in Sicht und schließlich auch eine kleine Landzunge aus schwarzen Basalten: die **Punta de la Ensenada**! Nichts Besonderes, nur Gischt und Treibgut. Was hätte man hier auch erwarten sollen! Immerhin ist es eine Landmarke. Und: Man kann getrost umkehren. Zurück zum Wagen, zurück zur **Playa Madera**.

Variante: Bei Führung durch die Nationalparkverwaltung oder vereinbarter Abholung geht die Tour von der **Punta de la Ensenada** weiter bis zum Dorf **El Golfo**, etwa gleiche Gehzeit.

Islotes los Camellos, grüne Inselchen im erstarrten Lavameer.

10 Zwischen Fischerhafen und Jachtpier

Puerto del Carmen – Puerto Calero–(Playa Quemada–) Puerto del Carmen

leicht
8 km
2–4 Std.
wenige Hm

Tourencharakter: Leichte Küstenwanderung.
Beste Jahreszeit: November bis März.
Verkehrsanbindung: Bus-Linie 02.
Ausgangs- und Endpunkt: Puerto del Carmen, Fischerhafen.
Einkehr: In Puerto Calero.

Die Küstenumgebung des berühmten Ferienortes → **Puerto del Carmen** zu erkunden ist Ehrensache, wenn man dort wohnt! Man kann dies nach Osten hin bis → **Arrecife** tun, doch nach Westen Richtung Puerto Calero ist es interessanter. Dort hat sich das Meer in die Küste hineingenagt, und kleine Barrancos queren den Weg. Ein pures Strandsand-»Hatschen« ist dies nicht, man muß auch mal hinauf und hinunter. Aber der Blick auf die Klippen, aufs Meer vor dem scharf geschnittenen Hintergrund der Ajaches-Berge zeigt doch eine typische Landschaft an der Südküste Lanzarotes.

Wegverlauf:

Los geht es im sehenswerten alten **Fischerhafen** von **Puerto del Carmen**. Wir gehen neben dem Restaurant Varadero am Westende eine Treppe hinauf und geradeaus durch die von niederen Häusern gesäumte Calle Los Infantes. Nach den letzten Appartementanlagen wiederum auf Stufen einen felsigen Hang aufwärts. Der kurze, steile Pfad hat es in sich, aber beim Blick auf den Hafen verschnauft man ohnehin gerne bei einem Foto-Stop.

Jetzt geht die Route haushoch **über der Küste** entlang und passiert einige Nobelvillen. Im Hintergrund locken die Berge um → **Femés,** und linker Hand brechen die Klippen gegen das Meer imposant ab. Das Rollen der Brandung liefert zu diesem tollen Bild einer Küste das Furioso der Begleitmusik. Nach den letzten Häusern quert der Weg eine **Ebene**; an ihrem Ende steht direkt am Meer ein **verlassenes Häuschen**. Einige Windungen, und ein **Barranco** scheint den Weg zu versper-

10

»Ferienküste« Puerto del Carmen (rechts) – Puerto Calero (links), von den Hängen des Ajaches-Gebirges aus gesehen.

ren, doch mit ein paar aufmerksamen Schritten ist das Hindernis rasch überwunden. Wenige Minuten weiter erinnern grobsteinerne **Fischerhütten** unterhalb der Klippen daran, daß diese heute touristisch wie sportlich so gefragte Gegend einstmals nur Heimat einfacher, naturnah lebender Isleños war. Wäre dies bißchen Rest an Abseits vom Tourismus nicht ein Anlaß zu einigen Schwimmzügen im Meer?

Nach dieser Erfrischung gibt es keine Hindernisse mehr. Man zieht einfach auf leicht welligem Weg Richtung **Puerto Calero** davon. Den Schlußpunkt setzt dieser noble neue Jachthafen. Kein Zweifel, hier hat man sich eine Stärkung verdient. Und man kann am Hafenbecken wählen: anspruchsvoll Essen in der Bar del Club oder Tapas im El Tomate.

Nach dem Cafe solo steht die letzte Entscheidung an: Reprise, die **Route zurück** – oder als Alternative vom Hafen die **Straße hinauf**! Nach etwa 150m ermöglicht eine Asphaltstraße nach rechts den Rückweg auf einer Erdpiste geradeaus nach **Puerto del Carmen**. Dort kommt man am Kreisel der Straße von Mácher heraus. Von wo man schließlich zum Ausgangspunkt findet.

Variante: Von **Puerto Calero** auf Fahr- dann Fußweg weiter bis **Playa Quemada** mit zwei Fischrestaurants, 1 Std.

11 An der Westküste der Rubicón-Ebene

Playa de Janubio – Piedra Alta – Playa de Janubio

mittel

13 km

3 Std.

wenige Hm

Tourencharakter: Flache, jedoch teils etwas mühsame Küstenwanderung auf Lava über der Steilküste im Süden von Las Salinas de Janubio.
Beste Jahreszeit: November bis März.

Verkehrsanbindung: Bus-Linie 6, Halt La Hoya.
Ausgangs- und Endpunkt: Playa de Janubio.
Einkehr: Auf der Rückfahrt in einem der Restaurants in El Golfo.

Im Inselsüden bricht die Ebene → **El Rubicón** im Westen mit einer Steilküste zum Ozean ab. Kein Badestrand nach Lanzarote-Art, aber im Fels versteckte Lagunen – und daher ein Stück Einsamkeit! Man kann dort die Zeit verträumen, während die Kinder an den Wasserbecken spielen. Der zeitlose Akkord von Felsenklippen und schäumender Meeresbrandung entschädigt für die Mühen der groben Wegspur; zurück geht es zum guten Teil auf einem brauchbaren Weg. Zugabe dieser Tour: der Blick über die Felder der Verdunstungsbecken der → **Salinas de Janubio** – bis 1987 größte Anlage zur Meersalzgewinnung auf den Kanarischen Inseln (Spitzenproduktion 50 000 t pro Jahr).

Wegverlauf:

Wer mit dem Bus kommt, pilgert vom Bus-Halt **La Hoya** der alten **Straße nach** → **Playa Blanca** entlang nach Süden zu einer **Parkfläche über der Laguna de Janubio**. Ein paar Steinblöcke am Straßenrand kennzeichnen einen Mirador, der nichts weiter ist als der Abbruch zur Lagune und Saline. Dennoch: Er gewährt eine prächtige Aussicht auf die Anlagen. Unterhalb liegen die quadratischen Felder der rosa angehauchten Verdunstungsbecken, daneben die grüne Lagune und hinter einer Düne der Ozean. Verlassene Gebäude und einige Windräder der Pumpanlagen stehen im Gelände herum. Und über allem verlockt die reiche Vogelwelt zu eingehenden Beobachtungen verschiedener Reiherarten und Sperber. Für Zugvögel ein beliebtes Ziel! Nun wandert man nach Süden weiter, bis ein Schild hinab zur **Playa** weist. Der Abstieg auf der staubigen Piste zu den fast immer unterhalb der Straße parkenden Autos ist für Fußgänger kein Vergnügen. Um wieviel leichter hat es da der Fahrer, der bis dorthin seinen Wagen benutzt. Ganz unten am schwarzsandigen Uferstreifen sonnen sich kleine Figuren: Der Platz an der Saline hat sich zum beliebten

11

Strandaufenthalt entwickelt und der Betrieb entspricht der Anzahl der wartenden Fahrzeuge.

Vom wilden Parkplatz oberhalb der Küste entflieht ein grober **Küstenpfad nach Süden** in die Einsamkeit. Es geht immer entlang im leichten Auf und Ab nahe am Plateaurand. An manchen Stellen kann man unschwer zu Plantschbecken im Fels absteigen, zu wassergefüllten Badeverstecken, wo gewiß niemand stört.

Landeinwärts tauchen hier und da die Berge der → **Los Ajaches** auf. Die nahe Umgebung ist farblos, grau, ausgedörrt und monoton. In der Hälfte der Wanderstrecke kommt man am freistehenden gelben Gebäude der **Wasserentsalzungsanlage** vorbei. Tanklaster holen sich hier ihre nasse Fracht. Ins Meer hinein ziehen sich Lavabänke, immer wieder schwappt gischtende Brandung in einzelne Felstümpel.

Nach einer kleinen Senke umgeht die Route einen großen Lavafelsen und erreicht schließlich die trigonometrische Betonsäule der **Piedra**

11

alta. Von der Spitze einer Felsklippe genießt man einen dramatischen Blick auf die Küste. Zu Füßen liegen zwei Tümpel in einer Lavaschwelle, dahinter eine Höhle, der Eingang groß wie ein Kirchenportal. Das ist **El Convento**. Das ist üblicherweise der Umkehrpunkt. Sofern man nicht waghalsig zum Wasser hinunterklettert, kann man da ¼ Std. weitergehen zu einem **Blasloch**, aus dem die Brandung Meerwasser in Fontänen herausspritzt. Von Piedra alta aus ließe sich auch die Straße erreichen. Die **Route zurück** aber folgt etwas landeinwärts deutlichen Fahrspuren; Abzweigungen nach rechts in die Tristesse der Rubicón-Ebene bleiben unberücksichtigt. Man hält sich immer im **Küstenbereich**, und gleichsam als Landmarke sieht man vor sich den orangeroten Vulkankegel von → **El Golfo**. Am Ende schließt sich die Schleife am Parkplatz, an dem die merkwürdige Küstenwanderung zwischen langweiliger Einförmigkeit und wilder Meeresdramatik begonnen hat. Und, wer bei der Herfahrt den unscheinbaren **Mirador der Saline** übersehen hat, sollte spätestens jetzt den Besuch nachholen.

Variante: Man kann die Tour auch erst beim freistehenden gelben Gebäude der Wasserentsalzungsanlage beginnen, Zufahrt mit Pkw ca. 2,5 km südlich des El Golfo-Straßenkreisels an der alten Straße nach Playa Blanca, 2 Std. Anderer Zugang zum Tourenbeginn vom nördlichen Parkplatz an der El-Golfo-Straße bei Ebbe über die Düne vor der Saline.

Thema am Wege mit Variationen: Der Atlantik rollt in die Playa de Janubio.

Bergwandern über dem Femés-Tal

12

Yaiza – Los Lomos – Atalaya de Femés (608 m) – Femés – (Yaiza)

mittel

9 km

3 ½ Std.

↑430 m ↓250 m

Tourencharakter: Problemlose Bergwanderung über einen Höhenrücken zum besten Panoramagipfel im Inselsüden.
Beste Jahreszeit: November bis März.
Verkehrsanbindung: Bus-Linie 6 zum Ausgangspunkt, Bus-Linie 5 vom Endpunkt (jedoch keine brauchbare Verbindung).
Ausgangspunkt: Yaiza.
Endpunkt: Femés,.
Einkehr: Restaurants in Femés.

Im Süden der Insel bricht das altvulkanische Bergmassiv → **Los Ajaches** gegen die Küstenebene → **El Rubicón** ab. Ganz am Rande steht der Berg Atalaya de Femés, ein »Atalaya«, ein »Wächter« mit prächtiger Aussicht. Lebenswichtig zu Zeiten der Piratenraubzüge, wird er heute für Zwecke der Telekommunikation genutzt. Diesen erstaunlich wenig besuchten Panoramagipfel kann man von → **Femés** aus leicht auf einer Piste ersteigen. Ein ausgiebigeres Landschaftserlebnis

Das Paßdorf Femés im Ajaches-Gebirge.

bietet indes der Anstieg von → **Yaiza** her über den schütter begrasten Höhenzug. Er verdient das Spitzenprädikat »schönste Bergwanderung im Inselsüden«!

Wegverlauf:

In **Yaiza** von der **Plaza de los Remedios** bei der Kirche nach Süden ins Tal Richtung Degollada. Am Ortsausgang zweigt 50 m vor dem Friedhof ein Sträßchen nach links ab, das sich bald als schmaler Fahrweg gegen den Bergrücken hin fortsetzt. Zwischen Weingärten, Erbsen- und Zwiebelfeldern steigt man zunehmend den Hang an. Schritt für Schritt weitet sich der Blick auf die Talfläche Yaiza – Uga mit grünen und weißen Flecken auf tiefschwarzem Grund. Dahinter entfaltet sich das Panorama der Feuerberge. Als Wegmarke dient eine von weitem sichtbare **Windmühlenruine**.

12

Weiter geht es den kahlen, steinigen Hang der **Los Lomos** aufwärts. Bei der ersten Wegegabel wählt man den rechten Ast, linker Hand erscheint über der Caldera Riscada die Küstengegend um → **Puerto del Carmen**. Bei der nächsten, einer dreifachen Gabelung wiederum rechts und weiter tüchtig bergauf. An einer felsigen Kuppe sieht man verfallene Terrassen über dem Tal von Femés. Auf dem steingespickten Grat ist der »Weg« kaum zu erkennen, doch bilden jetzt die Antennen am Gipfel des **Atalaya de Femés** einen markanten Hinweis. Und schließlich trifft man auf die Piste zum höchsten Punkt.

Der herausgehobene Atalaya bietet an schönen Tagen meist ebensoviel steifen Wind wie gute Sicht.

Im nützlichen Windschatten der häßlichen Fernmeldeanlagen läßt sich ein herrlicher Ausblick über die Ajaches und die Rubicón-Ebene mit den weißen Pünktchen des Ferienzentrums → **Playa Blanca** genießen. Jenseits der Meerenge schauen die Gebirgszüge Fuerteventu-

12

ras herüber, und im Westen und Norden bietet sich das Relief Lanzarotes wie auf dem Servierbrett dar. Farbige Hügel auf schwarzem, steingrauem bis leicht grüngesprenkeltem Grund.

Beim **Abstieg** leitet die Piste wie von selbst nach Femés hinab. Bäumchen von wildem Tabak stehen am Fahrwegrand. Im Dorf ist dann Ausruhen auf der schattigen Plaza vor der Wallfahrtskirche angesagt, und schließlich in einem der drei Restaurants ein Prosit auf die gelungene Bergwanderung. Wer danach die Stunde Fußmarsch zurück nach **Yaiza** scheut, ruft sich von dort ein Taxi.

Mein Tip

Ausflugsrestaurant der »besseren« Insulaner: Die etablierten Einheimischen wissen schon, wohin sie zum Essen fahren: nach Femés, in die »Casa Emiliano«! Ganztägig eine wunderschöne Gartenterrasse am »Balcón de Femés« mit Speisen, die sich die anspruchsvollen Lanzaroteños wünschen. Am Abend gibt's selbst unter der Woche kaum einen freien Platz. Wer mit dem Wanderappetit in eines der beiden anderen Lokale am Kirchplatz ausweichen muß, ist vom Gebotenen auch nicht enttäuscht. Touristenbusse haben wir in Femés nicht gesehen.

Variante: Kurzwanderung für Bequeme vom Auto in **Femés** aus auf den Atalaya: Von der Kirche in Fémes nach Nordosten auf gepflastertem Ortssträßchen zur Fahrpiste, nach dem letzten Haus beim Abzweig links durch die Schranke und weiter auf der Piste zum **Atalaya-Gipfel**, 2 Std.

Im Blickfeld des Atalaya bauen sich in der Inselmitte die Vulkane um das Hochtal La Geria auf.

Lanzarotes ideale Badebuchten, einladende Rastplätze auch für Wanderer: Die Papagayostrände bei Playa Blanca.

Alpine Kostprobe: Ajaches-Gebirge

13

Maciót – Femés – Degollada del Portugués – Maciót

Tourencharakter: Auf Fahrwegen und etwas luftigen Felssteigen durch die Einsamkeit des extrem trockenen Ajaches-Gebirges.

Beste Jahreszeit: November bis März.
Ausgangs- und Endpunkt: Maciót.
Einkehr: Restaurants in Femés.

anspr.
10 km
3 Std.
↑300 m
↓300 m

Der unwirtliche Ostteil des Felsengebirges → **Los Ajaches** gilt als das trockenste Gebiet Lanzarotes. Selbst Ziegenherden bedürfen dort menschlicher Hilfe zum Überleben. Als 1402 die spanischen Eroberer ausgerechnet an dieser Küste landeten und im Barranco del Higuera ein Fort samt der ersten Kapelle gründeten, hat es hier anders ausgesehen. Üppiger Buschwald auf fruchtbarer Erde bedeckte die nun nackten Hänge, und ein Brunnen spendete im Barranco genügend Naß.

Von → **Femés** aus scheint das Gebirge gar nicht so weglos zu sein. Tatsächlich wandern bergtüchtige Gruppen unter kundiger Führung auf den verfallenden Steigen durch den Barranco del Higuera nach Playa Quemada hinaus. Sicher eine interessante Tour auf historischen Spuren, doch ohne Rückkehrmöglichkeit per Bus. So bietet sich als kürzere Alternative der noch weitgehend intakte Felsenweg zur Degollada del Portugués an. Und, weil am Rückweg der Wiederaufstieg nach Femés nervt, beginnt die landschaftlich aufschlußreiche Tour in der → **El-Rubicón-Ebene**. Das Kernstück bildet ein luftiger, aber sicherer Felsensteig. Wer sich dem nicht gewachsen fühlt, sollte unter den 30 Routenvorschlägen dieses Buches ein leichteres Ziel wählen. Für die anderen ist dies eine Tour von Niveau, wie sie anspruchsvollere Bergwanderer schätzen.

Wegverlauf:

Ausgehend von den Parkgelegenheiten in der Rubicón-Ebene um **Maciót** bleibt der Aufstieg nach Fémes auf der Asphaltstraße nicht erspart. Aus diesem so sympathischen Bergdörfchen ist direkt auf dem östlichen Kamm eine **Ziegenstallung** zu sehen. Dort hinauf auf einer Erdpiste. Die Tiere sind an Menschen gewöhnt, doch hat man meist seine liebe Not, die dichten Herden zu durchqueren.

Die schmale Senke im Kamm ist zwar mit 408 m kartiert, hat aber nicht einmal einen Namen. Jäh bricht sie in den Abgrund des Barranco del Higuera ab, der seine menschenfernen Trockenmäander

13

hinaus zum Ozean zeichnet. Rechts, also westlich, flankiert ein flaches Betongebäude den Kamm, und von da aus senkt sich deutlich ein ausgesetzter Steig durch die östliche Felsflanke des **Pico de la Aceituna**. Das Wegstück sieht zunächst beängstigend aus, hat man es aber einmal unter die Füße genommen, merkt man: Der Steig ist sicher wie tausend andere Wege in den Alpen. Ja, etwas luftig ist es hier, doch das gibt dieser Tour den Pfeffer. Und am Wegrand wachsen sogar Tabaibas, hier und da auch niederes Gebüsch.

Auf einem sandigen **Sattel** mit ausgelegter **Steinmarkierung** wechselt der Weg in die **Westflanke des Pico Redondo**. Aus dem Fels heraus-

Wandergruppe auf dem Weg von Femés zum Barranco del Higuera.

13

gegraben, meistert er die steile Schrofenflanke. An einem herabstreichenden Seitenkamm dann ein instruktiver Blick auf die Degollada del Portuguéz. Das verborgene Tal des Barranco Parrado, das längste auf Lanzarote, öffnet sich ein Stück weit und auch der begleitenden Bergzug des Ajache Grande (560 m) zeigt seine Formen.

Im folgenden **Steilhang** ist der Weg allerdings etwas abgerutscht – vorsichtig durch die Hohlkehle hinüber und auf schmalem Pfad zum **Rücken über der Degollada**! Hier ließe es sich gemütlich weitergehen in die innersten Gründe des Ajaches-Gebirges. Weiterwandern zu den Überresten alter Felder, zu den Spuren vergangener Wege, sogar zu vereinzelten grünen Flecken und zu Gebüsch. Erstaunlich, was diese ausgetrocknete, verödete Landschaft doch zu bieten hat.

Ende des Staunens – zurück und hinab! Das Ziel ist der breite Sattel der **Degollada del Portugués**, Kennzeichen: Ziegenstall. Da geht der Blick in die Weite, streift tief unten die staubgraue Ebene El Rubicón, schweift hinaus aufs Meer.

Dann folgt unabwendbar der Abstieg. Ein gute ½ Std. knirscht unter den Sohlen der Schotter der Bergstraße. Am Wagen atmet man erleichtert auf: Nach Femés muß man nicht zu Fuß zurück.

Variante: Von Femés auf den Kamm, vom Ziegenstall nur bis zum Blick zur Degollada del Portugués und zurück nach **Femés**, 2 Std.

Die Westflanke des Pico Redondo.

14 Die Graciosa-Runde

Caleta del Sebo – Playa de las Conchas – Pedro Barbara – Caleta del Sebo

mittel

18 km

4½ Std.

wenige Hm

Tourencharakter: Leicht, aber lang um den Nordteil der Insel, großenteils auf Wegen.
Beste Jahreszeit: November bis März.
Verkehrsanbindung: Zweimal täglich Fähre von Órzola.
Ausgangs- und Endpunkt: Caleta del Sebo.
Einkehr: Restaurants in Caleta del Sebo.

Wohl nur wenige der Gäste Lanzarotes werden eigens zum Wandern nach → **La Graciosa** fahren. Den meisten genügt der Blick vom berühmten → **Mirador del Rio** auf das dürre Wüsteninselchen mit seinen vier kleineren Vulkanen. Die knapp kniehohe Vegetation ist schütter und artenarm; Salz- und Wüstenpflanzen wie trockener Dornlattich, Strandwolfsmilch, Meerträubchen und das Kanaren-Bruchkraut beherrschen das Pflanzenbild. Vogelkennern gibt das Schutzgebiet allerdings reichlich Gelegenheit zu Beobachtungen. Wanderfreunde können den Nordteil der Insel vorwiegend auf Pisten und Wegen umrunden, einsames Badevergnügen eingeschlossen. Doch allein schon die Überfahrt vom Hafen → **Órzola** aus über die Meerenge macht richtig Spaß, und die Ruhe dieser abgeschiedenen Welt hinterläßt eine eigene Erfahrung.

Unter dem Risco de Famara breitet sich jenseits der Meerenge El Rio der Südteil der Insel La Graciosa aus.

Wegverlauf:

In **Caleta del Sebo**, Landungsziel der Fähre, wandert man auf dem Fahrweg einwärts zur Inselmitte. Immer geradeaus gelangt man zum Sattel zwischen den Vulkanen Pedro Barbara und Montaña del Mo-

14

jón. Der Boden neben der Piste ist mit groben Lavabrocken bestreut. Hier geht man bei den aufgelassenen **weißen Zisternen** an der **Hauptgabelung** weiter geradeaus zwischen Mäuerchen, Gemüsegärtchen und Hütten. Der aus den Wellen aufsteigende Berg Montaña Clara rückt ins Bild, und allmählich öffnet sich auch der Blick zu den Feuerbergen Lanzarotes. An der Küste aber wartet einsam der

Ein bißchen Seefahrt zum alten Seeräuberversteck für Einsamkeitsfanatiker – Lanzarote anders.

14

Blickpunkt La Graciosa vom Mirador El Rio aus – um den Nordteil mit dem Vulkan Pedro Barba schlingt sich die übliche Graciosa-Runde herum.

weiße Badestrand der **Playa de las Conchas** gleichsam auf die raren Badegäste. Ist da nicht eine Rast fällig?

Die Montaña Bermeja wird südseits umgangen. Und plötzlich betritt man eine perfekte Dünenlandschaft, die von der Nordküste inseleinwärts zieht; Wegspuren sind längst im Sande verweht. Zur Küste und an ihr entlang geht man weiter auf festgebackenem Sand in Richtung der bald sichtbaren Nobeldomizile begüterter Festlandsspanier. Die einstige Einwohnerschaft hat **Pedro Barbara** verlassen, gibt doch der Fischfang keine Lebensgrundlage mehr ab. Außerhalb der Sommerferien wirkt das schicke Örtchen jetzt wie eine Geisterstadt. Fast zuviel Ruhe für die zweite Rast!

Als Ausklang des Kapitels insularer Einsamkeit führt der Rückmarsch nach Caleta del Sebo auf gebahntem Weg am Rande von Dünen und Sandstränden der Südküste entlang. Jenseits über der Meerenge El Rio steigen die Felswände der Riscos de Famara über 400 m aus dem glitzernden Wasser auf. Ein Traumbild, das die Wartezeit aufs Fährschiffchen zurück nach Órzola in einem der vier Restaurants von **Caleta del Sebo** zusätzlich würzt.

Variante: Runde um den **Südteil Graciosas**, 2 ½ Std., teils anstrengend.

FUERTEVENTURA

Wandern auf Fuerteventura

Die beschriebenen Routen haben es gezeigt: Lanzarote ist eine Urlaubsinsel auch für Wanderer. Aber Fuerteventura? Zuviel Wind und ein Domizil nur am Wasser – sagen mögliche »Kenner«. Sie liegen nicht ganz daneben. Doch die eigenartigen Landschaftsbilder dieser »vergreisenden«, zunehmend wüstenhaften altvulkanischen Insel bieten unvergleichliche Wandererfahrungen.

»Oase warst du mir, gesegnete Insel, die Zivilisation ist eine Wüste.« (Miguel de Unamuno y Jugo, auf Fuerteventura verbannter Philosoph, 1924)

Das noch kaum entdeckte Wanderrevier Fuerteventura fällt aus der üblichen Vorstellungswelt heraus. Wer es nur mit dem Auto durchfährt, tut es ab als öde und trist. Den Wanderer lassen die Halbwüsten und Malpais-Areale im Norden wohl kaum unbeeindruckt, und die weitläufigen Hügelkämme im zentralen Betancuriamassiv ziehen ihn unwiderstehlich von Gipfel zu Gipfel. Im Inselsüden kann man stundenlang dem Strand- und Dünenwandern frönen oder auf der Halbinsel Jandia Felsscharten sowie (problemlos) den höchsten Inselgipfel ersteigen. Mit üblicherweise Gewohntem hat das Wandern im kleinen »Atlasgebirge Europas« wenig gemein. Allerdings schränkt die Randlage der beiden Ferienzentren Corralejo (im Norden) und Jandia (im Süden) den Aktionsradius auf Fuerteventura ein.

Steinwüste und Sandstrand: Auch das ist Wandern auf Fuerteventura.

15 Zum Mirador am Rande der Basaltberge

Tindaya – Vallebrón – Fuente und Mirador de Tabaiba – La Oliva

anspr.

11 km

4 Std.

↑300 m ↓260 m

Tourencharakter: Durchs Hochtal auf Fahrweg zum Ausblick über die nördliche Ebene der Insel mit etwas mühsamem weglosen Steilabstieg.
Beste Jahreszeit: November bis März.
Verkehrsanbindung: Bus-Linie 07 zum Ausgangspunkt, Bus-Linie 07 und 08 vom Endpunkt.
Ausgangspunkt: Tindaya.
Endpunkt: La Oliva.
Einkehr: Bar in La Oliva.

Südlich von → **La Oliva** reckt sich die Gipfelkette des alten Basaltgebirges (erste Eruptionsserie) abrupt aus der Ebene auf. Leider fehlen dort leichte Anstiege. An ihrem äußersten nordwestlichen Rand wurde nun der Ziegenpfad aus dem Valle Chico zur Fuente de Tabaiba zum Fahrweg ausgebaut und nahe den Quellen ein Mirador angelegt. Dieser wenig bekannte Aussichtspunkt zählt zu den schönsten der Insel. Was für ein Tiefblick auf den Inselnorden!

Allerdings führt der Abstieg gegen La Oliva weglos über einen Steilhang. Der Anstieg nach Vallebrón muß hingegen die Teerstraße benutzen. Keine Buslinie berührt den Ort, bliebe also nur das Taxi von La Oliva. So dürfte sich also der Besuch meist auf die lohnende Kurzwanderung Vallebrón – Mirador beschränken.

Leicht erreichbar, gewährt der Mirador de Tabaiba einen Überblick über den Inselnorden.

Wegverlauf:

Ob Bus oder Pkw – vom Ausgangsort → **Tindaya** bleibt nur der Straßenmarsch nach Vallebrón. Also los zunächst in Richtung La Oliva! Beim Ortsschild »Tindaya« rechts hinüber zum Abzweig Vallebrón von der Hauptstraße Corralejo – Puerto del Rosario. Das Asphaltband leitet aufwärts zur Paßhöhe. Auf der Straße wandern wir weiter nach **Vallebrón**. Daß dieses in eine Hangmulde geschmiegte Dörfchen durch überraschend hohe Niederschlagsmengen begünstigt ist, zeigt die blühende Gartenlandschaft mit wohlentwickelten Bäumen. Und die Kulisse umstehender wilder Felsgipfel verleiht dem Bild einen gebirgigen Touch.

Gleich am Ortseingang bei der Schule nach links zum **Centro socio cultural**. Hinter dem Gebäude steigt die Dorfstraße ins **Valle Chico** hinein. Schon vor einer recht abenteuerlichen Viehhaltung wird

15

der Fahrweg zur Waschbrettpiste, und langsam kommt der Talgrund mit Resten bebauter Terrassen zum Wegrand herauf.

Szenenwechsel nach einem **Sattel** am höchsten Punkt: Das Sträßchen schneidet nun in den Felshang ein, Gänsedistel, Euphorbien und anderes Gewächs zwängt sich aus Steinspalten. Tief unterhalb schiebt sich die mit Vulkanhügeln gespickte Ebene gegen das blaue Meer vor. Dann sperren Felsblöcke die Schotterpiste. Ein Stück weiter tröpfeln die beiden **Fuentes** (Quellen) in Felströglein, und ein **Mirador** lädt zur Rast. La Oliva greift mit seinem Flickenteppich an Feldchen ins Malpais aus, und am Horizont lugen die Berge Lanzarotes über dem Wasser hervor.

Nun wird es ernst. Eine schmale Wegspur zieht fast eben zu einer **Hangkante** hinüber. Dort neigt sich der Felshang etwas zurück und weicht einer schrofendurchsetzten **Geröllflanke**. Da muß man vorsichtig weglos hinab! Hinunter ins dornige Gestrüpp zu den von oben sichtbaren Weidemäuerchen und Fahrspuren, bis schließlich Erdpisten nach **La Oliva** führen.

Variante: Kurzwanderung von **Vallebrón** zum **Mirador** und zurück, knapp 2 Std.; auch mit Mountainbike zu fahren.

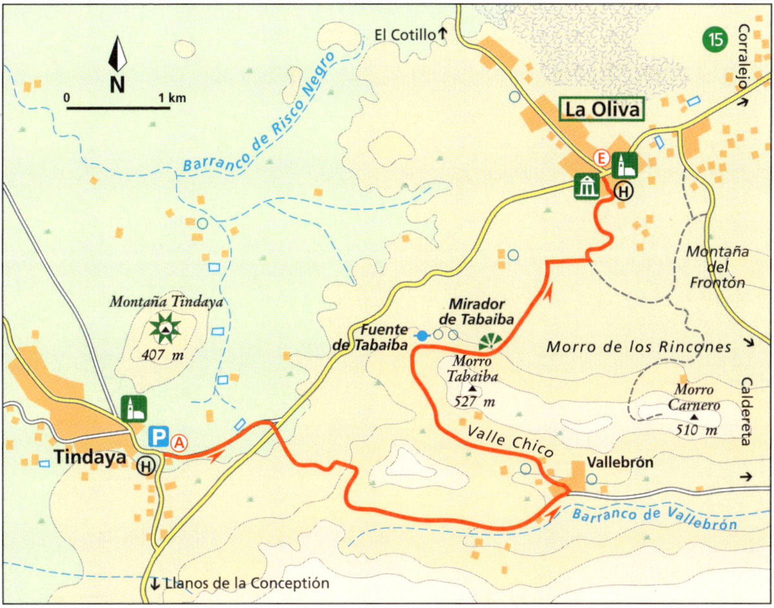

16 Höchster Gipfel im Zentralmassiv

Betancuria – Pico de Betancuria (724 m) – Betancuria

mittel

5 km

2½ Std.

↑350 m
↓350 m

Tourencharakter: Leichte weglose Besteigung des Zentralgipfels im Betancuria-Massiv.
Beste Jahreszeit: November bis März.

Ausgangs- und Endpunkt: Straße Betancuria – Vega de Rio Palmas, bei km 36.
Einkehr: Casa Sta. Maria in Betancuria.

Er wäre nichts Besonderes, dieser bis oben hin beweidete Pico, böte seine zentrale Lage nicht einen hervorragenden Einblick in den Bau des → **Betancuria-Massivs**. Die einheimische Bezeichnung La Atalaya (= Auslug) kennzeichnet dies deutlicher als der offizielle Name. Und vielleicht schauten von hier Wächter aus → **Betancuria** nach den häufig einfallenden Piraten aus.
Aufgestellter Meeresboden der Jura-/Kreidezeit konnte im Pico unter einem Deckel aus Tiefengestein höchste Höhe bewahren. Insgesamt liegt ja im Betancuria-Massiv der sogenannte Basalkomplex der insularen Erdgeschichte aufgeschlossen.
Den Anstieg auf Wegen von Betancuria über die roten Auswurfhügel aus einem der ältesten Inselvulkane finden Ortsfremde kaum. An die ehemals eigenständige Siedlung Llano de Santa Catalina erinnert nur mehr der Flurname. Klar vor Augen liegt indes die weglose Anstiegsroute von der Autostraße im Talgrund aus direkt über die Flanke empor.

Wegverlauf:

Südlich von **Betancuria** zweigt eine unbeschilderte Fahrpiste hangaufwärts nach Osten zu einem Erholungsgelände ab. Knapp 500 m nach dieser Abzweigung geht rechts, also westlich, eine Fahr-

Gipfelfelsen am Pico de Betancuria.

spur ins ausgetrocknete Bachbett hinab. Bei den Tamarisken findet der Wagen Platz. Jenseits wandern wir weglos durch verfallende Weidemäuerchen den Rücken des **Morro de Agua Salada** beliebig empor und steiler den Gipfelhang hinauf. Während des ganzen Aufstiegs weitet sich das Panorama des Talschlusses. Im Beckengrund ruht behäbig die weiße Häuserschar von Betancuria im Grün der Palmen.

Wo sich der Gipfel verflacht, geht es über eine Traktorspur und die begleitende Weidemauer. Ein paar Schritte noch, und dann steht man erstaunt zwischen Felsresten auf einer natürlichen Aussichtstribüne: unten das Quertal mit der Palmenoase → **Vega de Rio Palmas**, dahinter der von Häubchen hellen Tiefengesteins gekrönte Bergzug der Cuchillo de Esquen. Und nochmals weiter ein Kamm nach dem anderen, bis die Gebirge im Sonnensilber der See verebben. Rechter Hand aber schwingt sich eine alte Weidemauer über das absinkende Gehügel gegen das Meer. Wir haben im Windschutz der Felstrümmer den Blick bei Ziegenkäse und Wein ausgiebig genossen.

Findige können den **Abstieg** auf einem Fahrweg über **Llanos de Santa Catalina** nach **Betancuria** mit Überblick von oben aufspüren. Sonst steigt man einfach auf dem Anstiegsweg ab.

17 Auf den Spuren der Conquistadores

Durch den Barranco de las Peñitas

leicht
6 km
2 Std.
↓100 m ↑100 m

Tourencharakter: Aus Fuerteventuras schönster Palmenoase zum Vogelparadies am Speichersee und auf »alpinem« Saumpfad durch einen tollen Barranco.
Beste Jahreszeit: November bis März.
Verkehrsanbindung: Bus-Linie 02 (schlechte Verbindung).
Ausgangs- und Endpunkt: Vega de Rio Palmas.
Einkehr: In Betancuria.

Wer würde ausgerechnet auf Fuerteventura einen Barranco vermuten, der an südalpine Granitschluchten erinnert? Hier hat eine Laune der Erdgeschichte Tiefengestein vom Meeresboden von unten nach oben gekehrt. Durch den so entstandenen harten Syenitriegel sägte sich in wasserreicheren Klimaphasen der einzige heute noch ganzjährig rinnende Wasserlauf hindurch.
In dieser für die Insel geradezu exotischen Landschaft siedelte die Legende die Erscheinung der Inselpatronin an, der »Virgen de la Peña«. Die hier auf wundersame Weise im 17. Jh. aufgefundene Alabasterfigur der 1675 zur Schutzherrin erhobenen Virgen wurde beim Pratenüberfall 1593 auf → **Betancuria** in einer Felsspalte versteckt. Man nimmt an, daß es sich bei dem im Altar der Kirche von Vega de Rio Palmas aufgestellten Skulptur um die vom Eroberer Béthencour mitgeführte Marienfigur handelt. Der Barranco gehört heute zum Wander-Standardrepertoire auf Fuerteventura. Er wurde zum Sonntagsvergnügen einheimischer Jugend.

Die »Ermita« im Barranco de las Peñitas.

17

Wegverlauf:

Von **Vega de Rio Palmas** aus ist der Weg leichter zu finden. Das landwirtschaftlich geprägte Dorf breitet sich im grünen Grund zwischen Palmen aus. Vom **westlichen Ortsteil**, jenseits der Abzweigung von der Durchgangsstraße, beginnt vor einer kleinen Brücke der Weg. Er verliert sich bald im Geröll des Bachbetts. Sobald möglich aufs **nördliche Barranco-Ufer** – nicht in den Tamariskenwald vor dem Stausee eindringen! Vielmehr auf ausgetretenem Steig am Stausee entlang unterhalb einer parallel führenden Fahrwegtrasse zur Staumauer. Wer will, beobachtet dabei die Vogelwelt!

Hier setzt der kunstvoll mit Steinen in den Fels geschlichtete Weg an, der über dem Grund des Barranco durch die Steilflanke führt. Ein echter »alpiner« Saumpfad. Unten glitzern Wasserbecken und jenseits wuchtet bauchiger Fels empor. Ein paar luftige Schritte abwärts vom Weg klebt die weiße **Ermita Nuestra Señora de la Peña** am steilen Hang. Im Inneren der Kapelle finden sich naive Malereien und ein Besucherbuch. Unglaublich, daß gerade durch diese verborgene Schlucht die spanischen Conquistadores zur Eroberung der Insel eingedrungen sind.

Palmenoase, Tamarisken, fließendes Wasser und Windräder der Grundwasserpumpen im schmalen Gebirgstal – ein Rest nordafrikanisches Märchen. In Europa

Zu Ende des Barrancos geht der Blick nochmals auf einige Gumpen hinab, in die sich der Bachlauf auflöst, bevor er im Geröll versiegt. Beim **verfallenen Gehöft** holt der Weg etwas nach Norden aus und führt, im Geröll schlecht kenntlich, über das trockene Bachbett zur **Palmengruppe** hinüber auf das Südufer. Ende des Barranco-Abenteuers und Umkehr! Zurück hinauf ins **»Palmendorf«**!

18 An Fuerteventuras Traumstränden

Jandia Playa –
Playa Barca

leicht

9 km

4 ½ Std.

wenige Hm

Tourencharakter: Leichte Strandwanderung auf Sand.
Beste Jahreszeit: November bis März.
Verkehrsanbindung: Bus-Linien 01, 04 und 05 zum Ausgangspunkt, Bus-Linie 05 vom Endpunkt.
Ausgangspunkt: Jandia Playa.
Endpunkt: Playa Barca.
Einkehr: Unterwegs Bars im Strandbereich.

Wo findet sich in Europa ein Gegenstück zu solchen Traumstränden? Soweit das Auge reicht, streicht heller Sand flach ins Meer – und das windabgewandt unter einem blauen Sonnenhimmel. Wie eigens zum Bade- und Sonnenvergnügen geschaffen! Kein Wunder, daß die Reiseveranstalter ihre Gäste hierher umdirigieren, wenn Naturgewalten über die Karibik herfallen. 22 km Sandstrand bilden ein Charakteristikum → **Jandias**. Warum also zwischen Badefreuden nicht einmal auch entlangspazieren durch diesen typischen Landschaftsteil Fuerteventuras. Nur einen windigen Tag sollte man vermeiden: Sand in den Augen ist kein Spaß!

Wegverlauf:

Los geht man meist vor **Jandia Playa** beim **Club Aldiana**. Nördlich der Anlage gelangt man hinunter zum Strand. Einsamkeit ist zwar nicht seine Stärke, aber Platz bleibt für alle. Am Ende dieser Sandpartie geht es zur Abwechslung über Steine zum nächsten Badestrand in

Fuerteventuras Kapital: Die Sandstrände der Playa de Sotavento.

18

einer Bucht mit Gebäuden. Noch dominieren Liegen und Sonnenschirme. Doch bald verblassen die Zeichen eines massierten Tourismus. Weiter wandert man nach Norden von Strandsaum zu Strandsaum. Naht- und problemlos reiht sich einer an den anderen. Was sollen all die Namen – das Wander- und Badevergnügen zählt!

Zum glücklichen Ende wird Fuerteventuras Strandtraum erreicht, die **Playa de Sotavento de Jandia**: Sand, grüne Lagunen und draußen das blaue Meer – wie auf Titelfotos touristischer Werbung. Und hier reicht es wohl auch den meisten. In **Playa Barca** beendet man beim Hotel Los Gorriones Sol die Wanderung und sucht gesättigt nach so viel Strandgenuß den Bus-Halt auf.

Variante: Verlängerung der Wanderung bis Costa Calma, zusätzlich 1 ½ Std.

19 Ins Sandgebirge des Istmo de la Pared

Barranco de Pecenescal – Barranco Tras del Lomo – Degollada de Mojones – El Jable – Loma de la Ruda – Barranco de Pecenescal

anspr.

17 km

4½ Std.

↑220 m ↓220 m

Tourencharakter: Auf einem Fahrweg zwischen Felsgebirge und Dünen in den Sand von El Jable.
Beste Jahreszeit: November bis März.

Ausgangs- und Endpunkt: Fahrwegabzweig bei km 34 von der Straße FV 2 Costa Calma — Morro Jable.
Einkehr: In Costa Calma.

Wie oft sind wir an der Dünenlandschaft des → **Istmo de la Pared** vorbeigefahren! Auch Stippvisiten im leicht welligen nordöstlichen Teil entfachten wenig Wanderlust. Bis ein naturkundlicher Beitrag die Neugier auf den Südwesten lenkte. Hier hebt sich der auf dem basaltischen Inselsockel auflagernde, kalkverkittete »fossile« Sand am Rande der → **Jandia**-Berge zu fast gebirgigen Formen. Das Wandern – mal auf verfestigtem Dünenboden, mal auf angewehtem Sand – beschert in diesem Kontaktbereich kaum je gesehene Landschaftseindrücke.

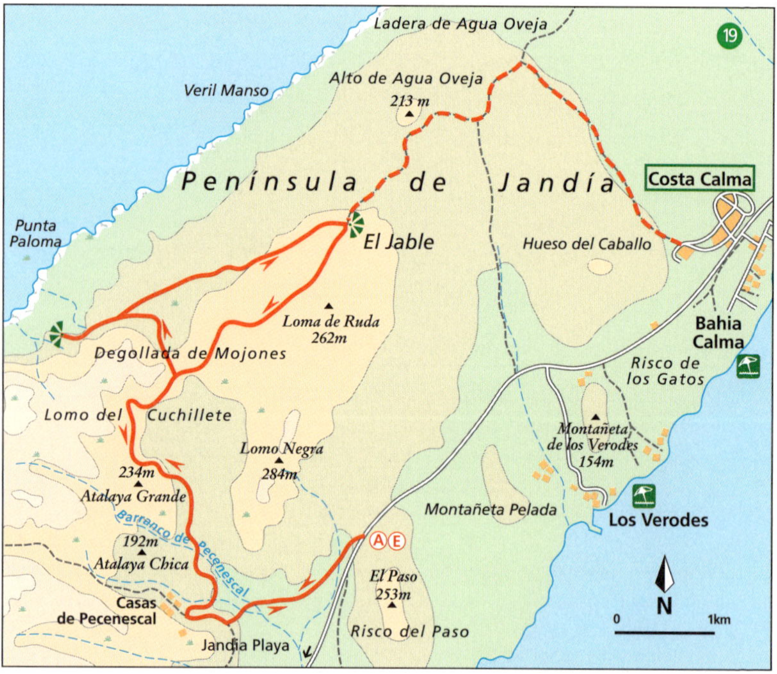

19

Wegverlauf:

Nahe km 34 überquert die Straße nach →**Morro Jable** den **Barranco de Pecenescal**. Hier zweigt nach Nordwesten eine Erdpiste ab und folgt dem Barranco in Richtung Gebirge. Platz zum Parken gibt es am Rande genug.

Die ausgefahrene Piste hält sich an die **Sohle des Trockentals**, zieht schließlich eine Schleife nach links, ohne die im oberen Barranco sichtbar werdenden Hirtenhütten zu berühren. Dahinter wölbt sich steiles, finsteres Gebirge auf. Dann schiebt sich rechts, vom Lomo Negra her, gelber Sand gegen den Fahrweg. Und plötzlich nimmt ein **ausgetrocknetes Bachbett** den Wanderer auf. Genau auf der Naht zwischen versteinertem Sand und dunklen Basalthängen windet sich der Weg im Taleinschnitt um den **Atalaya Grande** herum. Links ein Gebirgszug, wie in ariden Teilen der Alpen, rechts nichts als Sand, gesprenkelt von Punkten dürrer Büsche.

Dann geht es steil auf sandverwehter Pflasterpiste zur **Degollada de Mojones** hinauf. Westlich zieht der bebuschte **Lomo del Cuchillete** zum Joch herab. Wer Lust hat, kann zusätzlich diesen Kamm besteigen. Die Aussicht lohnt die Mühe! Jenseits der Degollada ein einsamer Betonpfosten – und nur mehr Sand. Er trägt. Wo nicht, schlurft man halt hinunter zum Vorsprung unter der Cuchillete: Meeresblau, Brandungsweiß, darüber die Kette der Jandia-Berge – was für ein Fotomotiv!

Noch einen **Abstecher zur Klippenküste** oder gleich hinauf zur Kuppe der **Loma de la Ruda**? Wie auch immer, der Blick aufs Meer bleibt. Und oben, auf dieser Basaltbeule über den Dünen, kommt die lichte Weite der Jables hinzu, der Sandwüste mit dem grauen Anflug an Bocksdorn- und Dornlattichbüschen. Aus der Ferne grüßt die

Sanddünen am Istmo de la Pared.

19

Silhouette des → **Betancuria-Massivs**, unten aber, wie zum Trotz, die spielzeugkleine Reihe der Windgeneratoren. Dort könnte man die »Sandwanderung« als Runde nach → **Costa Calma** recht einförmig beschließen. Stände der Wagen nicht im Barranco de Pecenescal.

So quert man den **Loma de la Ruda** wieder zurück, findet im Sand die Reste eines alten Pflasterweges, entdeckt nebenbei die abplatzende Kalkkruste der versteinerten Dünen. Und schließlich hupft man im Sand bergab zur im Aufstieg begangenen Piste südlich unterhalb der **Degollada de Mojones**. Im Blickfeld ein großer steinerner Tisch aus älteren Sedimenten. Der Rückmarsch folgt dann wieder der auffallenden Scheidelinie zwischen gelbem Sandstein und dunklem Basalt. Ein würdiger Ausklang des Streifzugs durch eine der seltsamsten Landschaften der Kanarischen Inseln.

Variante: Einförmige Fortsetzung vom **Loma de la Ruda** über den **Windpark** nach **Costa Calma**, etwa gleiche Gehzeit.

Vereinzelte Büsche harren im Sandgebirge aus.

Pflichttour auf den Pico de la Zarza

20

Jandia Playa – Monte Redondo (243 m) – Pico de la Zarza (807 m) – Jandia Playa

Tourencharakter: Auf vorwiegend guten Wegen vom gelben Sandstrand über den wüstenhaften Kamm in die grüne Hochregion.
Beste Jahreszeit: November bis März.
Verkehrsanbindung: Bus-Linien 01, 02, 04, 05, 09, 10.
Ausgangs- und Endpunkt: Jandia Playa bei Morro Jable.
Einkehr: In Jandia Playa.

anspr.
km 17 km
5 Std.
↑800 m
↓800 m

Der höchste Berg Fuerteventuras steht im Süden auf der Halbinsel → **Jandia**. Dieser → **Pico de la Zarza** nennt sich auf manchen Karten schlicht »Jandia«. Das gleichnamige Jandia-Gebirge, die Montañas Cardonés, bildet den Rest altvulkanischer, durch die Erosion fragmentierter Basaltmassen. Nach Nordwesten brechen sie ungemein steil zum Meer hin ab. Gegen Südosten hingegen streichen die Gipfel mit gerundeten Kämmen wüstenhaft zum sandigen Badestrand aus. Die Hochlagen erhalten durch Passatwinde etwas Feuchtigkeit; hierher hat sich die Pflanzenwelt mit 160 Arten zurückgezogen. Freilich nehmen auch häufig Passatwolken am Felskamm jede Sicht. Für die beliebte Bergwanderung wähle man einen klaren, windarmen Tag.
Der Pico liegt im Aktionsradius der gefragten Ferienhochburgen. So erhält dieser Berg häufig Besuch, auch durch geführte Gruppen. Die Spitze ist zudem leicht auf vorwiegend guten Wegen erreichbar, der Anstieg für Verhältnisse der Insel allerdings weit und streckenweise recht einförmig!

Mein Tip

Abends mal im Landgasthaus: Wer auf der Halbinsel Jandia wohnt, hat ohnehin seine Stammkneipe. Wer von Touren auf Jandia zur Inselmitte zurückfährt – und sich dabei in der Straßenführung nicht verirrt – kommt am Dörfchen Agua de Buyes vorbei. Direkt an der Landstraße liegt da eine ländliche Wirtschaft, davor bequem Platz zum Parken. Uns hat da nach dem Wandervergnügen Fuerteventuras Küche im Original besser geschmeckt als feine Mahlzeiten in Ferienzentren.

Der Wegverlauf:

Den Wegbeginn zum Pico de la Zarza zu finden, ist nicht ganz leicht. Eine Urbanisation geht in die andere über, Ortsschilder fehlen (noch?), und Wegtafeln darf man auf Fuerteventura ohnehin kaum erwarten. So achte man auf der Anfahrt von Osten her, noch vor → **Morro Jable**, rechter Hand auf die großen Lettern der Hotelburg **Riu Ventura**. Nordöstlich dieser Anlage ist die Piste Richtung Zarza oben am Hang von der Küstenstraße aus zu erkennen. Dorthin muß

20

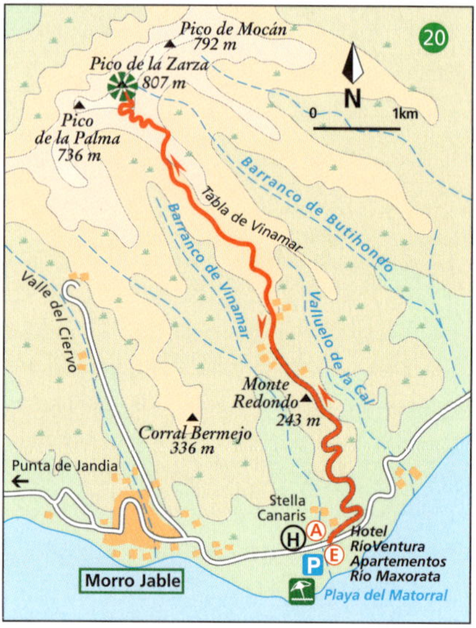

man durch unbebautes Gelände hinauf. Wie lange diese Möglichkeit allerdings noch besteht, bleibt bei dem Bauboom die Frage!

Die so erreichte Piste gewinnt in kräftigem Anstieg die Anhöhe des **Monte Redondo** (243 m). Zunächst eben und dann steigend führt der Fahrweg über den rundlichen lehmig-sandigen Kamm. Stetige Aussicht auf das Meer tröstet über die ausgedorrte Nähe hinweg. Zudem grüßen aus den blauen Buchten der Barranco-Mündungen weiß die Ferienanlagen herauf.

Nach monotonen Wegstrecken weicht das dürre Gestrüpp allmählich grünen Flecken, es blüht hier und da. Sogar einzelne Büsche gedeihen und Steinbrocken zeigen den Beginn der alten Basalthaube an. Links und rechts schneiden tiefe Täler in den Gebirgskörper ein und, so das Gewölk will, sieht man auch etwas vom Kammverlauf. Sollte irgendwo auch eine der wilden Ziegen auftauchen – bitte die scheuen Tiere nicht verschrecken.

Vom Pistenende ziehen deutliche Trittspuren durch den blühenden Steingarten des Gipfelhangs zum Hüttchen der **Wetterstation** empor. Zwischen den Brocken leuchtet der Fuerteventura-Goldstern heraus, stellenweise sieht man auch weiße Margeriten oder gar einen blauen Natternkopf. Droben fühlt man sich am Dachfirst dieser Insel. Welche Aussicht! 800 m tiefer die einsame Meeresküste, im Gratverlauf Felsspitzen, zum Greifen nah. Bei günstiger Wetterlage reicht der Blick bis hin nach Lanzarote.

Der Aufstieg über den Kamm zum »Zarza« gewährt Einblick in die Topographie des Jandiagebirges.

Für die verdiente Gipfelrast bieten die Wände des Hüttchens etwas Windschutz – und das ist nur allzu oft eine dankbar genutzte Wohltat.

21 Isla de Lobos – eine unbesiedelte Insel

Corralejo – Isla de Lobos – Corralejo

mittel

10 km

3 Std.

wenige Hm

Tourencharakter: Wege und Steige auf einer flachen Insel.
Beste Jahreszeit: November bis März.
Verkehrsanbindung: Überfahrt mit Fährboot »Isla de Lobos«, Anfahrt 10.15 Uhr, Rückfahrt 16 Uhr; sowie mit den teureren Glasbodenbooten, Anfahrt 10 Uhr, Rückfahrt 17 Uhr. Der Fahrplan kann sich ändern!
Ausgangs- und Endpunkt: Hafen Corralejo.
Einkehr: Restaurant Isla de Lobos in Casas El Puertillo, Bewirtung nur am Tag, keine Übernachtung!

Ist es die Siedlungsleere, der Lockruf des Naturschutzgebiets oder schlicht die anrührende Eigenart der Landschaft? Sicher ist nur, daß das Inselchen Isla de (Islote del) Lobos tagsüber immer mehr Besucher hat. Zwei, drei Fährboote braucht das Fahrgastaufkommen für die Überfahrt. Ein neues Restaurant wird besonders von Einheimischen stark frequentiert. Surfer schleppen ihr Brett quer über die Insel und Freiluftfans zelten auf einem einfachen Campingplatz. Erzähle also niemand mehr etwas von »Einsamkeit«!
Die Wesensart dieser Insellandschaft liegt in ihrer Entstehung begründet. Gleichzeitig mit dem Bayuyo-Malpais schüttete der Vulkan Montaña Lobos vor rund 6000–8000 Jahren die gleichnamige Insel auf. Unzählige Hügel aus Lavagestein bedecken den Boden wie Warzen; sie sind die stummen Zeugen. Zwischen diesen »hornitos«, den Beulen geplatzter Gasblasen im Lavafluß, schlängelt sich ein Netz von Wegen und Steigen durch begrünte Mulden und über niedere Rücken. Achtung: Verlassen der Wege verboten!
In den hellsandigen Senken blühen Strandflieder, leuchtendrote Knotenblättrige Mittagsblumen, die »Sodapflanzen« der Kristall-Mittagsblume und das Meerträubchen *Uvilla del mar*, an den Geröllhügeln wachsen Büsche von *Tabaibas dulce* und Wildem Tabak. Vogelfreunde können die verschiedensten Seevögel beobachten. Ein Garten Eden ist diese merkwürdige, kleinsträumig gegliederte Lava-/Aschelandschaft dennoch nicht.

Wegverlauf:

Kann man den Landungssteg im Hafen von → **Corralejo** als Wegbeginn bezeichnen? Wird doch das erste Wegstück per Schiff zurückgelegt. Das bescheidene Fährboot vermittelt so recht den Kontakt mit Wasser, Wind und Wellen, und ganz gemütlich geht es auch zu. Ein Hupf an der Hand des graubärtigen Leichtmatrosen auf die Mole –

21

das Inselabenteuer kann bei den Wegweisertafeln beginnen. Mitten in der Kolonne spaziert man auf dem Fahrweg nach rechts zu den Steinhütten der **Casas de Puertito** und zum **Restaurant**. Schnell sind dort alle Tischchen über dem Ufer besetzt.

Hinter dem flachen weißen Kasten des Restaurants pilgert man unbeschildert und unmarkiert am seichten **Bootshafen** vorbei, die buchtige **Küste** entlang und schließlich auf verschwiegenen Steigen landein. Da ist man plötzlich allein. Nur der Schrei der Möwen unterbricht die Stille. Keinesfalls wild am Ufer weiter – hinauf auf eine Landschwelle! Vor einem Agavenfeld kommt der Leuchtturm in Sicht. Dort ein Blick zurück inseleinwärts: Hinter der Masse an La-

Ein bißchen Seefahrt mit der Lobos-Fähre.

21

vahügeln ist Fuerteventuras Küste verschwunden, über dem Wasser aber ragt die Skyline von Lanzarote auf, der Kamm des Ajaches-Gebirges und die südlichen Vulkankegel.

Zurück auf breitem Wege, hält man auf den **Lobos-Vulkan** zu. An seinem Rücken krabbeln Mutige (und Trittsichere) aufwärts wie Ameisen. Wie interessant muß von oben der Blick über das Inselchen sein!

Bald nach einer Schwelle ist die verlockende Badebucht der **Playa de la Calera** erreicht. Vor der Kulisse Fuerteventuras plätschert jung und alt in der flachen Lagune. Hier kann man in Sand und Sonne ruhen, picknicken oder sonstwas treiben. Denn bis zur Fährbootmole sind es nur mehr ein paar Minuten.

Varianten: Auf dem Netz an Steigen kreuz und quer durchs Inselchen sind viele Varianten möglich.

*Aus der Lava-Ascheland-
schaft ragt die Montaña
Lobos auf.*

LANZAROTE IM ÜBERBLICK

Fläche:	805 km²
Längsausdehnung:	58 km
Größte Breite:	34 km
Einwohner:	86 000
Gästebetten:	64 000
Höchste Erhebung:	Peñas del Chache (670 m)
Hauptstadt:	Arrecife

ARRECIFE

Höhe: 0–80 m
Einwohner: 34 000

Seehafen, Handels-, Verkehrs- und Schulzentrum sowie **Hauptstadt** mit allen zentralen Diensten, eine echte, putzmuntere Metropole der kleinen Insel. Freilich holt die Huldigung als »Venedig des Atlantik« nicht nur geographisch zu weit aus. Sie ist als Hinweis auf die vom Menschen geschaffene, reizvolle Verflechtung von Lagunen und Kanarenstadt zu verstehen. César Manrique hat sie mitgestaltet. Der Name Arrecife stammt von den Felsenriffen, in deren Schutz hier im 15. Jh ein kleiner Hafen für die alte Hauptstadt → **Teguise** entstand. Nach Abklingen der Piratenangriffe bildete sich Ende des 18. Jh. eine Siedlung, die 1812 zur eigenen Gemeinde wurde. Mit dem Aufstreben des Sodapflanzen- und Cochenillehandels löste der bevorzugte Hafenort Arrecife im Jahr 1852 Teguise als Hauptstadt ab. Das große Wachstum aber kam ab 1970 mit dem einsetzenden Touristenboom.

Sehenswert: Für die Besichtigung von Sehenswürdigkeiten reicht ein Tag: die **Uferanlagen**, der in die See hinausgreifende **Fußgängerdamm** zur Insel des Castillo San Gabriel (1590–1599), das Wahrzeichen der auffallenden Zugbrücke **Puente de las Bollas** (1772), die stimmungsvolle **Promenade** rund um die Lagune Charco de San Ginés, mitten im Stadtgebiet. In den Festungsgewölben des kleinen Castillo zeigt das **Archäologische Museum** sein Kunterbunt an Funden (9–14 Uhr, P). Nahe der La-

Essen & Trinken

Das 1776–1779 zur Arbeitsbeschaffung für hungernde Landarbeiter erbaute Castillo de San José hieß im Volksmund »Hungerfort«. Heute stillt dort das Manrique-Nobelrestaurant den Hunger Kunstbeflissener. Billiger und durchweg gut bis ausgezeichnet speist man in dem Dutzend Gassenlokalen für die Einheimischen. Dort und im Gedränge der Geschäftsstraßen ist man mitten im urbanen Leben der Insel. Hotels für Durchschnittseuropäer: Miramar, Lancelot.

gune erhebt sich die **Pfarrkirche San Ginés** mit spätbarocken Figuren aus Kuba, Barockaltar und geschnitzter Decke. Hier im Altstadtviertel verstecken sich romantische Winkel. Weiter nordöstlich ankern im **Puerto de Naos** neben der rostigen Fischereiflotte Lanzarotes die weißen Jachten der Weltumsegler. Container- und Fährschiffe landen im modernen Hafenbecken **Puerto de los Mármoles** beim Industriegebiet ihre Ladungen an. Oberhalb das 1976 von César Manrique zu einem **Museum Zeitgenössischer (spanischer) Kunst** (Mo bis Sa 11–21 Uhr) umgestaltete **Castillo de San José**.

Feste: Heilig-Drei-Könige, Karneval, Fronleichnam.

Tourist-Info: Auskunft und Stadtplan in der Oficina de Turismo im Parque Municipal (Mo bis Fr 10–14, 17–20 Uhr, Sa 10–14 Uhr).

Pfarrkirche San Ginés in der Altstadt Arrecifes.

ATALAYA DE FEMÉS

Höhe: 608 m

Vulkankegel im Süden der Insel, einer der wohl schönsten Aussichtsberge Lanzarotes. Die nicht mehr aktive Vulkankuppe ist leicht auf einer Piste zu erreichen.

Der Atalaya, bester und leicht erreichbarer Aussichtsberg im Inselsüden.

ATLANDIDA-TUNNEL → Jameos del Agua

BALCÓN DE FEMÉS → Femés

CASA DE LOS VOLCÁNES → Jameos del Agua

CASTILLO DE LAS COLORADAS → Playa Blanca

CASTILLO DE SAN JOSÉ → Arrecife

▶ CASTILLO DE SANTA BARBARA

Höhe: 452 m

Festung auf dem Vulkankegel Guanapay hoch über der Stadt → **Teguise** in beherrschender Lage mit einzigartigem Rundblick. Ein erster befestigter Stützpunkt entstand hier Anfang des 14. Jh., 1551 neues Fort, 1586 völlige Zerstörung durch algerische Freibeuter, 1588 Wiederaufbau in der gegenwärtigen Form. Einst Fluchtburg bei Piraten-Überfällen ausschließlich für den Adel, beherbergt das instandgesetzte Bauwerk heute das **Auswanderermuseum Museo del Emigrante Canaria** (Di bis Fr 10–17 Uhr, Sa/So 11–14 Uhr); in den Kasematten viele Zeugnisse der Auswanderungswelle im 18. und 19. Jh.

▶ CASTILLO SAN GABRIEL → Arrecife

▶ CÉSAR-MANRIQUE-STIFTUNG → Tahiche

▶ COSTA TEGUISE

Höhe: 0–40 m
Einwohner: (40 000 Gästebetten geplant)

Dies ist das **zweitgrößte Ferienresort** und für gehobenere Ansprüche ausgelegt. Die anfänglich unter Beratung César Manriques mitten im windigen Ödland auf 11 km² entstandene Stadt aus der Retorte wirkt etwas künstlich und steril. Hier stehen, vom Inselleben isoliert, in üppiger mediterraner Vegetation die schönsten Nobel-Großhotels für die feinere Lebensart (Meliá Salinas, Oasis Lanzarote, Teguise Playa). Restaurants, fünf angelegte Strände, ein Sportzentrum, ein Wasserpark und der einzige Golfplatz Lanzarotes entsprechen dem Niveau.

Gerühmt werden die Küstengewässer als eines der weltbesten Surfsportreviere (fünf Surfschulen), auch Tauchen kommt nicht zu kurz (zwei Tauchschulen). Wer mag, kann statt dessen im Esoterikzentrum »Etora« meditativen Kräften nachspüren.

Tourist-Info: Büro neben dem Hotel Mélia Salinas.

▶ CUEVA DE LOS VERDES → Jameos del Agua

▶ ECHADERO DE LOS CAMELLOS → Timanfaya

▶ EL GOLFO (CHARCO DE LOS CLIQUOS)

Höhe: 0–126 m

Durch die Brandung angenagte und halb abgetragene **Ruine eines Tuffkraters** mit wechselndem Farbenspiel von Schwarz über Gelb, Braun bis Rot. Der Krater ist von einem Parkplatz im Süden an der Straße von Salinas de Janubio sowie von Norden in der Nähe der Häuser und Restaurants von El Golfo her zugänglich. Im Inneren eine durch Algen grün gefärbte **Meereslagune** (durch Seilgeländer abgesperrt). Ein interessantes Schauspiel der Natur! In der Umgebung faustgroße Gesteinsbrocken mit dem Mineral **Olivin**, das zu Schmuck verarbeitet wird. An der Straße von den Salinen her **Aussichtspunkt** auf die Meeresklippen.

Krater und Lagune El Golfo.

▶ EL RUBICÓN

Höhe: 20–140 m

Wüstenhafte, fast unbesiedelte **Ebene** mit nur wenigen Erhebungen im Süden der Insel, öd und trist. Durch El Rubicón verläuft die Schnellstraße nach → **Playa Blanca**, dem Ferienzentrum am Südrand. Im Norden und Osten wird die Ebene vom Gebirgszug der → **Los Ajaches** eingerahmt, im Westen bricht die Steilküste mit Lavafels ins Meer ab.

▶ ERMITA DE LAS NIEVES

Höhe: 608 m

Wallfahrtskirche auf dem Kamm des südlichen → **Famara-Gebirges** mit hervorragender Aussicht auf die Inselmitte und eindrucksvollem Tiefblick auf das Meer. Der stilvolle schneeweiße Kirchenbau mit schlichtem Innenraum liegt in einem Gärtchen und ist von einigen Palmen und Kiefern umstanden. Vor der Kirche großer Parkplatz, ausgeschilderte Zufahrt von der Famara-Höhenstraße → **Teguise** – → **Haria**. In der Ermita wird die regenspendende Schutzpatronin der Insel, die »Jungfrau vom Schnee«, verehrt; Fest am 5. August.

Früher fand alle vier Jahre eine Prozession zur Wallfahrtskirche statt.

▶ FAMARA-GEBIRGE (RISCOS DE FAMARA)

Höhe: 670 m

Der **altvulkanische Gebirgsrumpf** (erste Eruptionsphase vor etwa 10 Mio. Jahren) bildet den reizvollen Nordteil der Insel. Von der Ostküste her greifen einige Schluchten und Talbuchten in die kupierte Hochfläche ein, die im Nordosten infolge des Ausbruchs der Vulkane La Corona und Las Quemadas vor rund 3000 Jahren gestuft und mit Lava bedeckt abdacht. Spektakulär ist der durch die Erosion des Meeres entstandene Steilabsturz nach Westen, unscheinbar hingegen die von Militäranlagen gekrönte Kulmination → **Penas del Chache (670 m).**

Durch die höchsten Niederschlagsmengen der Insel (200–250 mm jährlich) und feuchte Seeluft wachsen hier 90% aller auf der Insel vorkommenden **Pflanzenarten**; darunter zwei Dutzend Endemiten. Einst waren die Höhen sogar waldbedeckt, heute leben die verbliebenen Landwirte vom Anbau von Kartoffeln, Zwiebeln und Gemüse. Schönster und bedeutendster Ort ist das Palmendorf → **Haría**. Straßen erschließen diese landschaftlich reizvollste Ecke der Insel und erreichen die Ausgangspunkte der Touren. Für Wanderer ein Dorado!

Grün und steil: Das Famara-Gebirge.

FEMÉS

Höhe: 392 m
Einwohner: etwa 200

Schmuckes **Dorf** im altvulkanischen Gebirge der → **Los Ajaches** in Kammlage am Talschluß. In einer Paßmulde scharen sich kalkweiße Häuser um die 1733 dem heiligen Marcial von Limoges, Schutzpatron der normannischen Eroberer, geweihte **Kirche**. In diesem Nachfolgebau der ersten auf Lanzarote im Barranco de los Pozes errichteten Kirche viele Votivgaben, besonders für die Heilung von Nutztieren. Im Tal einst reiche Landwirtschaft.

Der Balcón de Femés mit seinem relativ frischen Klima ist ein auch von Einheimischen gern aufgesuchtes Ausflugsziel; drei Restaurants (besonders empfehlenswert die Casa Emiliano).

GUATIZA

Höhe: 130 m
Einwohner: über 700

Dorf im Zentrum der **Cochenillezucht** mit Eukalyptusallee und schöner ländlicher **Kirche**. Auf den angenehm grünen **Opuntienfeldern** der Umgebung wird die Schildlaus gezogen, ihre Larven werden geerntet und ihre getrockneten Kadaver zum karmesinroten Farbstoff für Kosmetikprodukte und Getränke verarbeitet.

Andere Kakteen sind im **Jardín de Cactus** zu sehen (tägl. 10–18 Uhr), der letzten verwirklichten Idee César Manriques. Dieser Kaktusgarten zeigt 1420 Arten: stachelige Polster, Kandelaber, Arme, und immer blüht in dieser borstigen Arena irgend etwas. Dazu – wie könnte es anders sein – ein Manrique-Restaurant und ein origineller Verkaufskiosk.

Am höchsten Punkt dieser einstigen Sandgrube befindet sich eine restaurierte **Gofio-Mühle**.

GUINATE

Höhe: 360 m

In Guinate gibt es einen 4500 m² großen **Vogelpark** (tägl. 10–17 Uhr) an der Stichstraße zum **Mirador Guinate**. Etwa 300 seltene, teils vom Aussterben bedrohte Vogelarten in Volieren, Kakadu- und Papageien-Show. Das Sträßchen ins Dorf Guinate geht von der Straße Máguez – Ye ab.

HARÍA

Höhe: 270 m
Einwohner: 3000

Besterhaltenes **Dorf** der Insel im »Tal der 10000 Palmen« im grünen → **Famara-Gebirge**. Obschon ohne besondere Sehenswürdigkeiten, besitzt das »Palmendorf« Atmosphäre: Gut erhaltene oder restaurierte Bürgerhäuser mit kanarischen Holzbalkonen reihen sich um blumengeschmückte Plazas; im Schatten von Eukalyptus und indischen Lorbeerbäumen liegen Straßencafés und Bars; in Nebenstraßen und am südlichen Dorfeingang stehen stilvolle Restaurants. An der Famara-Höhenstraße befindet sich ein gut bewirtschafteter Mirador. In der Umgebung Bauerngehöfte unter Palmen, ein bißchen Afrika, ohne Wüste. Haría war der **Heimatort von César Manrique** – vielleicht wird seine letzte Idee, ein Botanischer Garten, doch einmal Wirklichkeit.

Haría: Weiße Bauten unter grünen Palmen.

ISLOTE DE HILARIO → Timanfaya

JAMEOS DEL AGUA

Höhe: 0–40 m

Eines der interessantesten vulkanischen **Röhren- und Höhlensysteme** der Welt im Malpais de Corona. Es reicht 7,5 km lang bis ins Meer hinaus zum Roque del Este. Solche Röhren bilden sich unter der rascher erstarrenden Oberfläche in der darunter weiterfließenden heißen Lava; dabei werden Hohlräume durch Gase aufgebläht und platzen. Einsturzkessel und Höhlen im küstennahen Bereich gestaltete César Manrique 1968 zum **architektonischen Kunstwerk** Jameos del Agua um (tägl. 11–19 Uhr). Vom unterirdischen Restaurant mit tropischen Pflanzen führt ein gewaltiger Tunnel zum Salzwassersee mit kleinen, weißen Tiefseekrebsen. Danach ein Kessel mit phantastischem Palmengarten und Wasserbecken; am Ende riesige Konzerthöhle für 600 Besucher. Eine einzigartige Attraktion von stark beeindruckender Stimmung!
Über den mit einheimischer Flora bepflanzten Kesselwänden steht das **Vulkangeologische Museum Casa de los Volcánes** – seine didaktische Qualität konkurriert mit der architektonischen Leistung.

Zusammen mit den Jameos del Agua eine vulkangeologische Sensation: die Cueva de los Verdes.

In der Nähe befindet sich die **Cueva de los Verdes**. Ein 2 km langer, mehrsprachig geführter Rundgang (tägl. 10–18 Uhr) erschließt bei Effektbeleuchtung und dezenter Sphärenmusik die ansonsten naturbelassene Zauberwelt im Inneren der Lava; in einer großen Höhle ein Auditorium. In dem inzwischen ganz erforschten Grottensystem dieses Atlandida-Tunnels suchten Inselbewohner im 17. Jh. Zuflucht vor der Plage der häufigen Piratenüberfälle.

▶ LA GERIA

Höhe: 220–350 m

Eigenartiges **Hochtal** im Herzen der Insel, weiße Bodegas (Winzerhöfe) auf schwarzer Erde, halbkreisförmige Windschutzmäuerchen aus Stein um die Rebstöcke. Im Norden die Schar nackter jüngster Vulkankegel, im Süden die älteren begrünten: Das Bild eines Weinbaugebiets, wie es auf den Kanaren kein zweites gibt.

Weine aus dieser kanarenweit berühmten Lage werden in Probierlokalen und Restaurants entlang der Durchgangsstraße um Masdache angeboten (z. B. Bodega Barreto, El Grifo). Die Reben wachsen in Trockenfeldbau Enarenado. Eine Bodenabdeckung aus vulkanischem Auswurfgrus (Lapilli) um die vor dem Wind geschützte Pflanze speichert Tau aus der Luft und verhindert ein Austrocknen der Bodenfeuchte. Auf gleiche Weise werden auf Lanzarote auch Feigen und Mandeln gezogen.

▶ LA GRACIOSA

Höhe: 0–266 m
Einwohner: etwa 500

Ruhige, tourismusferne nördlich benachbarte **Insel** (27 km2), anregend vom → **Mirador del Rio** zu überblicken. Einziger ständig bewohnter Ort ist **Caleta del Sebo** mit Restaurants und zwei kleinen Pensionen; die Einwohner des erst 1876 besiedelten Piratenverstecks leben vom Fischfang und von den Ausflüglern. Es gibt keine Straßen, aber verborgene Strände, wie die **Playa de las Conchas**.
Vier Vulkane überragen die flache, wüstenhafte und spärlich bewachsene Insel. Die **Vogelwelt** ist sehr artenreich. Der ganze Archipel kleiner Inseln steht unter Naturschutz.
Wer Ferien vom Urlaubertourismus machen will, ist hier richtig. La Graciosa ist der Geheimtip tourismusscheuender Sonnen- und Badefans.

▶ LOS AJACHES

Höhe: 0–608 m

Zweithöchstes **Bergmassiv,** im Inselsüden, Rest eines stark durch V-Täler zerschnittenen Schildvulkans der ältesten Eruptionsphase (etwa 19 Mio. Jahre). Das Gebirge kulminiert mit 608 m in dem später entstandenen Vulkankegel → **Atalaya de Femés**. Der ursprüngliche Waldboden wurde ins Femés-Tal abgeschwemmt. Die hier einst reiche Landwirtschaft ist weitgehend aufgegeben; die nahe der Südostküste gelegenen Höhenzüge sind extrem trocken und kahl. Die einzige querende Bergstraße überwindet den Gebirgskamm im schmucken Dorf → **Femés.** Einheimische und Residenten besuchen den »Balcón de Femés« gern ob seiner Aussicht und des relativ frischen Klimas.

▶ MANCHA BLANCA

Höhe 280 m
Einwohner: etwa 650

Nachbarort von → **Tinajo**. Im Barockaltar des 1781 auf einem Hügel geweihten **Kirchleins** residiert die Inselpatronin »Nuestra Señora de los Dolores«, 1736 Retterin des Dorfes vor dem Lavafluß. Die seither als »Señora de los Vólcanes« Verehrte soll 1824 dieses Wunder ein zweites Mal vollbracht haben. Deshalb wird hier jeden 15. Septem-

ber das bedeutendste Inselfest mit großer Prozession, Kunsthandwerksmarkt und Folklorekonzert gefeiert.
Das zu Mancha Blanca gehörende Centro de Visitantes des **Nationalparks** → **Timanfaya** informiert mit Ausstellungen und Vorführungen gratis über den Vulkanpark (tägl. 9–17 Uhr; Verkauf insularer Produkte).

MASDACHE

Höhe: 330 m

Asche, Weingüter und Vulkane: Masdache.

Kleiner **Ort** an der »Weinstraße« durch → **La Geria**. Hier säumen die teilweise seit dem 18. Jh. in Familienbesitz befindlichen Weingüter die Durchgangsstraße (z. B. El Grifo, Bodega Barreto). An den Probierstuben mit Weinverkauf in Mitnahmepackung halten die Ausflugsbusse. Weite **Weinberge** im Trockenfeldbau Enarenado; angebaut wird vielfach die bereits im Mittelalter eingeführte Malvasier-Traube, heute auch moderne Sorten.

MIRADOR DE HARÍA

Höhe: 500 m

Aussichtspunkt mit umgebauter Finca an der Famara-Höhenstraße in den Kehren über → **Haría**. Der Blick umfaßt das Talbecken von Haría. An der Straße am Beginn der Kehren das **Aussichtsrestaurant Los Helechos**.

MIRADOR DEL RIO

Höhe: 479 m

Am Nordende des → **Famara-Gebirges** in den Fels der Gipfelwand integrierte **Aussichtsanlage** (tägl. 10–18 Uhr). Ein Meisterwerk César Manriques! Aus einem Gärtchen steigt man im Bergesinneren durch lichtdurchflutete Räume zum Restaurant mit seinen breiten Glasflächen und Skulpturen des Künstlers auf. Keine Spur der militäri-

schen Felskaverne, aus der dieser Mirador 1973 entstand, statt dessen Verkaufstheken. Von den offenen Terrassen schweift der phantastische Blick hinunter auf den Meeresarm El Rio und schwingt frei hinüber zum Archipel der Inselchen → **La Graciosa**, Allegranza und Montaña Clara. Architektonisch wie landschaftlich ein Genuß! Einer der Glanzpunkte Lanzarotes!
An der Nordspitze der Insel, in der Nähe des Miradors La Batería, befindet sich eine aufgegebene **Artilleriestellung**. 1898 zum Schutz eines auf La Graciosa projektierten Kriegshafens errichtet, bewachte sie noch im Zweiten Weltkrieg Lanzarote.

▶ MIRADOR DEL VALLE

Höhe: 430 m

Aussichtsrestaurant, eine umgebaute Finca, an den Straßenkehren oberhalb von Los Valles mit Blick in die Gegend von → **Teguise**.

▶ MONTAÑA DEL CUERVO

Höhe: 384 m

Vulkankrater, in dem die Eruptionskatastrophe 1730–1736 begann. Der Kraterboden ist auf einem Steig zugänglich.

▶ MONTAÑA DE GUANAPAY

→ **Castillo de Santa Barbara**

▶ MONTAÑA DEL FUEGO → Timanfaya

▶ MONTAÑA ROJA → Playa Blanca

▶ MONTE CORONA

Höhe: 481 m

Idealltypischer **Vulkankegel**, der das Landschaftsbild des nördlichen → **Famara-Gebirges** beherrscht. Er entstand bei Ausbrüchen vor etwa 3000 Jahren, seine Lavamassen haben im → **Malpais** de la Corona rund 30 km^2 überdeckt und die nordöstliche Küstenlinie bis zu 3 km weit ins Meer vorgeschoben. Die Besteigung ist möglich, aber steil und mühsam.

▶ MONUMENTO DEL CAMPESINO

Höhe: etwa 280 m

Metallskulptur an einer Straßenkreuzung bei Monzaga im geographischen MIttelpunkt der Insel. Das 15 m hohe, aus weißlackierten Wassertanks alter Boote zusammengeschweißte Denkmal wurde von **César Manrique** entworfen und 1968 von Jesús Soto verwirklicht. Es ist den »vergessenen Mühen des unbekannten Bauern von Lanzarote« gewidmet. Die avantgardistische Skulptur stellt einen Bauern mit Dromedar, Esel und Hund dar.

Der Campesino – avantgardistisch.

Nebenan ein idealtypisches **Gehöft mit Werkstätten des einheimischen Kunsthandwerks** (Töpfern, Sticken, Weben). Ein **Museum** zeigt ehedem gebräuchliche Werkzeuge, Wirtschaftsgeräte, Hausrat sowie eine alte Küche. Das in den Schaukomplex integrierte **Restaurant** serviert traditionelle kanarische Speisen zu zivilen Preisen.

▶ ÓRZOLA

Höhe: 0–60 m
Einwohner: 100

Typischer **Fischerhafen** an der Nordspitze der Insel mit kleinem Badestrand, hübscher Hafenpromenade und einigen Fischrestaurants. Fährhafen für → **La Graciosa**; hier landen auch die Fischer dieser Insel ihren Fang aus den fischreichen Gewässern der Meerenge El Rio an. Es riecht nach Fisch und Meer. Órzola ist beliebtes Wochenendziel der Einheimischen. In der Nähe **Kinderbauernhof** mit Eselreiten sowie Landeplatz der **Drachenflieger**.

▶ PALACIO SPINOLA → Teguise

▶ PAPAGAYO-STRÄNDE

Höhe: 0 - 30 m

Papagayo: Sandstrände in Felsbuchten.

Sechs benachbarte Strände an der Südspitze Lanzarotes, die wohl schönsten der Insel, mit gelbem Sand in reizvollen Felsbuchten. Von → **Playa Blanca** zu Fuß in 1 1/2 Std. oder mit Pkw/MTB auf holpriger Piste zu erreichen.

▶ PARQUE EÓLICO

Höhe: 470 m

Windpark in der Nähe des → **Mirador del Valle** zur Erzeugung alternativer Energie. Das gärtnerisch gestaltete, ökologische Vorzeigeprojekt erzeugt mit 48 Windrotoren 5000 kW/h und deckt ein Drittel des Energiebedarfs der Meerwasserentsalzungsanlage von → **Arrecife**.

▶ PARQUE NACIONAL DE TIMANFAYA

→ **Timanfaya**

▶ PEÑAS DEL CHACHE

Höhe: 670 m

Nur wenig über den Kamm des → **Famara-Gebirges** herausragende Kuppe, **höchster Punkt der Insel**. Die Anhöhe ist von militärischen Radaranlagen zur Luftraumüberwachung belegt und unzugänglich.

▶ PLAYA BLANCA

Höhe: 10 m
Einwohner: 500 (4000 Gästebetten)

Das ehemalige Fischernest am Südzipfel hat sich in letzter Zeit zum bedeutenden **Touristenzentrum** gemausert. Ohne Rummel und Highlife bietet der breitflächig, aber locker bebaute Familien-Urlaubsort am Rande der Küstenebene **El Rubicón** drei künstlich angelegte Strände, eine schöne Strandpromenade sowie nur neue Hotels (Corbeta, Lanzarote Park und Princess, Timanfaya Palace, Playa Dorada), wohnliche Appartements und Bungalowanlagen. Dazu Shopping für Normalbedarf und zahlreiche Restaurants mit gutem Service. Das vielsprachige Ferienresort hat die meisten Sonnenstunden der Insel – aber nur eine Fahrradvermietung!

Der Strand von Playa Blanca vor der Kulisse der Montaña Roja.

Vom Hafen aus verkehrt mehrmals täglich die Großfähre mit Fahrzeugbeförderung nach Fuerteventura. Ausflugsspaß bieten Motor- und Segeltörns (→ **Papagayo-Strände**, Lobos). Einen Besuch wert ist die **Aussicht vom**

Vulkankegel Montaña Roja (194 m, ½ Std.). Sehr schön: ein Bad an den berühmten Papagayo-Stränden (1½ Std.); am Weg dorthin das runde **Castillo de las Coloradas** aus dem 18. Jh. Für viele der größeren Wanderungen auf der Insel muß man eine längere Anfahrt in Kauf nehmen.

▶ PUERTO DEL CARMEN

Höhe: 0 - 30 m
Einwohner: 2700 (über 35 000 Gästebetten)

In den 70er Jahren aus dem Fischerort La Tiñosa entstandenes **größtes Urlaubszentrum der Insel**. Puerto del Carmen glänzt mit dem Ambiente einer lebenssprühenden Ferienstadt. Viele Deutsche, Briten und Skandinavier bevorzugen diese endlos scheinende Agglomeration im Stil Manriques – kaum Hochhäuser und wenige Großhotels (Los Fariones, Fariones Playa, Jameos Playa, San Antonio, La Geria, Riu Palace), aber zahllose wohnliche Appartementanlagen. Architektonisch gelungen ist auch das **Kulturzentrum »Fondeadero«**.

Die Flaniermeile der Strandstraße **Avenida de las Playas** mit Blick auf Palmen, Blumen, Meer und Berge erfüllt Träume aus Reiseprospekten. Und das Wichtigste an diesen 12 km Küste: die drei weitläufigen gelben **Sandstrände Playa Blanca**, **Playa de los Pocillos**, **Playa de Matagorda**. Gemütlich ist es noch im **Fischerhafen** mit beliebten urigen Lokalen. Über 200 Restaurants mit vielen Küchen der Welt von sehr unterschiedlicher Qualität drängen sich in der Strandmeile, Shopping-Center liefern sich dort heftige Konkurrenz. Und das schillernde Nachtleben im **»Centro Atlantico«** gilt als das aufregendste der Insel.

Kaum überschauen läßt sich die weitgehend von Reiseveranstaltern belegte Unterkunftsszene mit vielseitigem Unterhaltungs- und Sportangebot. Tauchparadies ist der **Unterwasserpark »Los Erizos«**. Fünf Tauchschulen, eine Surfschule, zwei Sportzentren und viermal »Rent a Bike« stehen Aktivurlaubern zur Verfügung. Auch Segelausflüge werden angeboten.

Tourist-Info: Playa Blanca, Strandstraße und Calle Lanzarote.

▶ RISCOS DE FAMARA → Famara-Gebirge

▶ RUTA DE LOS VOLCÁNES → Timanfaya

SALINAS DE JANUBIO

Höhe: 0 m

Lagune und Salzbecken von Janubio.

Salzgewinnungsanlage durch Meerwasserverdunstung in Becken; bis 1987 größte Meersalzgewinnung auf den Kanarischen Inseln (Spitzenproduktion 50000 t Salz pro Jahr). Die Saline ist von einem Aussichtspunkt an der alten Landstraße nach → **Playa Blanca** sowie von einem Parkplatz an der südlichen Zugangsstraße nach → **El Golfo** zu überblicken.

SALINAS DEL RIO

Höhe: 0 m

Aufgelassene Meersalzgewinnungsbecken in abgeschiedener Lage am abgelegenen Badestrand der **Playa del Risco** unter den Wänden des → **Famara-Gebirges**.

TAHICHE

Höhe: 160 m
Einwohner: 1000

Dorf im Einzugsgebiet von Arrecife. Im Ortsteil Taro die »César Manrique-Stiftung«: Eigenwilliger, in Blasen eines Lavastroms eingebauter und oberirdisch ergänzter ehemaliger Wohnsitz von Manrique mit seinen persönlichen Kunstsammlungen (Mo bis Fr 10–19 Uhr, Sa/So 10–14 Uhr). An der Straße nach San Bartolomé die prähistorischen Ausgrabungen von Zonzomas (zeitweise abgedeckt).

TEGUISE

Höhe: 360 m
Einwohner: 8000

1418 als **älteste Stadt der Kanaren** auf dem Boden einer Guanchensiedlung gegründet, blieb die Villa real de Teguise bis 1852 die

Hauptstadt Lanzarotes. Die »königliche Stadt« wurde im 16. und 17. Jh. mehrmals von arabischen Räuberhorden niedergebrannt, die Bewohner abgeschlachtet, zuletzt 1618. So stammt das in Schachbrettform gegliederte grandiose Ensemble stilvoller Gebäude aus dem Ende des 17. Jh. Und was für ein Ensemble! Der unter Denkmalschutz stehende Stadtkern soll der besterhaltene der Kanaren sein, sagen Kenner, darüberhinaus ein Vorbild für koloniale Stadtgründungen in Lateinamerika.

Sehenswert: Im südlichen Teil gleich zwei **Klöster**: der imposante **Convento de San Francisco** und der barocke **Convento Santo Domingo** von 1726; beide leider nur selten zugänglich. Charakteristisch ist die Flucht der drei zusammenhängenden **Stadtplätze** vor harmonischen Fassaden. Von der 1909 nach Brand wiederaufgebauten und versperrten **Kirche Nuestra Señora de Guadelupe** mit ihrem schönen Portal beeindruckt der eigentümliche Turm. Großartiger ist gegenüber, neben dem alten **Getreidespeicher**, die Residenz des Generalkapitäns, der **Palacio Spinola** (1730–1780). Perfekt restauriert, veranschaulicht er jetzt als Museum (Mo bis Fr 9–15 Uhr, Sa/So 9.30–14 Uhr) die aufwendige Wohnkultur der Feudalherren im 18. Jh. An der Rückseite befindet sich das **Pfarrhaus Casa Torres** (18. Jh.), ein Stück weiter der **Stadtpalast** sowie noch ein **Herrenhaus der Herrera y Roja**. In den alten Herrensitzen vier stimmungsvolle Restaurants mit phantasievoller kanarischer Küche.

Teguise – ein echtes belebtes Freiluftmuseum lanzarotenischer Kultur und Geschichte. Jetzt herrscht hier Lanzarotes Künstler-, Aussteiger-, Esoterik-, Öko- und sonstige bunte Szene, lauert in Kunstgalerien und Boutiquen auf Neugierige. Und jeden Sonntagvormittag stürmen neugierige Touristen den berühmten **Trödelmarkt** (9–14 Uhr). Zauberhaft aber ist die **Villa real** am Abend – auch wenn kein Generalkapitän mehr persönlich erscheint. Das **Castillo de Santa Barbara** (1588) auf dem Vulkankegel Guanapay hoch über der Stadt würde dazu passen. Einst Fluchtburg bei Piratenüberfällen ausschließlich für den Adel, hat heute das **Auswanderer-Museum** diese Festung besetzt (Di bis Fr 10–17 Uhr, Sa/So 11–14 Uhr).

Iglesia Nuestra Señora de Guadelupe in Teguise.

TIAGUA

Höhe: 220 m

Altes Anbaugebiet von Getreide **(Windmühlen)**, später Sodapflanzen, Tabak und Wein. Im **Kirchlein** von 1612 prachtvoller silberner Kronleuchter.

Das von der Familie Barreto aus einem verkommenen Landgut geschaffene **Freilichtmuseum Museo Agrícola El Patio** zeigt vergangene Lebensweisen und traditionelle Landwirtschaft. In der einer alten Dorfkneipe nachempfundenen Bodega gibt es Kostproben einheimischen Weins (Mo bis Fr 10–17.30 Uhr, Sa 10–14.30 Uhr).

Vor dem Dorf der vegetationslose **Vulkankegel Montaña Clérigo Duarte**, an dem 1824 die vorerst letzten Eruptionen auf der Insel begannen.

TIMANFAYA, PARQUE NACIONAL DE

Höhe: 0 - 540 m

Dieser seit 1974 bestehende **Nationalpark** in der **Montaña del Fuego** umfaßt 51 km² der von den Ausbrüchen 1730–1736 und 1824 bis zu 40 m dick verschütteten Fläche. Die Erdwärme beträgt noch heute knapp unter der Oberfläche 100–120° C, in 10 m Tiefe 600° C! Das gewaltige Lava- und Aschemeer mit schwarzen bis roten Farbtönen hat im Trockenklima vielfältigste vulkanische Formen bewahrt (Lavablasen/-tunnels, Hornitos, Calderen, Kegel, über 30 Krater). Eine bizarre »Mond«-Landschaft.

»...die eben erstarrte, fast noch flüssige Jugend der Schöpfung...« (Gerhard Nebel 1965)

Das menschlichem Einfluß entzogene Schutzgebiet von Weltgeltung dient der Erforschung dieses Ökosystems sowie seiner Wiederbesiedlung durch Flora und Fauna; derzeit gibt es im Parkgebiet 71 Flechten- sowie 239 höhere Pflanzenarten. Streifzüge auf eigene Faust sind im Park nicht möglich; als Lehrpfad gratis geführt ist die **Ruta de → Tremesana** zu begehen, mit oder ohne Führung entlang der Küste die **Ruta del Litoral**.

Straßenzufahrt mit eigenem Wagen von → **Mancha Blanca** über das **Centro de Visitantes** (Information; Ausstellung, Vorführungen, tägl. 9 –17 Uhr; auch Verkauf insularer Produkte – Eintritt frei!), von → **Yaiza** über die **Kamelstation Echadero de los Camellos** (Ausritt auf Dromedar, kleines unterirdisches Museum). Weiter gegen Gebühr zur **Islote de Hilario** (9–17 Uhr, P) mit einem von César Manrique

Im Parque Nacional de Timanfaya.

entworfenen **Aussichtsrestaurant** mit Grill über der Hitzestrahlung der Magmakammer. Davor **Demonstration der Erdhitze** durch in Gruben entflammendes Astwerk. Hier beginnt die im Eintrittspreis enthaltene 14 km lange **45-Minuten-Rundfahrt** mit mehrsprachigen Erläuterungen vom Band in parkeigenen Bussen auf der **Ruta de los Volcánes**.

TINAJO

Höhe: 195 m
Einwohner: 2000

Dorf in landwirtschaftlich wichtigem Anbaugebiet, kaum vom Tourismus berührt. An der stolzen **Plaza mit Drachenbäumen** die **Pfarrkirche San Roque** mit Mudéjar-Decke, spätbarockem Christus und Madonnenfigur. Hinter dem Lucha Canaria-Stadion der führenden Ringkampfmannschaft Lanzarotes Sitz der Nationalparkverwaltung. Tinajo berührt den Nachbarort → **Mancha Blanca**. Unweit an der Küste die Hotelanlage **»Club Santa«** mit Gelegenheit für 64 Sportarten!

TREMESANA, RUTA DE

Höhe: etwa 160 m

Einzige zu Fuß begehbare Besucherroute im Südteil des **Parque Nacional** → **Timanfaya**, vulkangeologischer **Lehrpfad** (ohne Lehrtafeln). Nur unter Führung (gratis) von Parkwärtern zu begehen. Ausgezeichnete Erläuterungen in Englisch; ca. 3 Std. Anmeldung im Centro Visitantes → **Mancha Blanca**.

UGA

Höhe: 200 m
Einwohner: 550

Schmucker, nahezu afrikanisch wirkender Nachbarort von → **Yaiza** mit weißen würfelförmigen Häusern unter Palmen; vielfach Flachdächer mit Regensammelbecken. Das **Dorf** wurde bei den Vulkanausbrüchen des 18. Jh. unter 10 m dicker Asche begraben und ist völlig neu aufgebaut. **Dromedargehege** für etwa 200 Tiere, auch Zucht, für die Kamelausritte im Nationalpark, **Ringkampfschule** für die »Lucha Canaria« und Zufahrt zur »Weinstraße« durch → **La Geria**.

YAIZA

Höhe: 183 m
Einwohner: 2000

Zentrum des Inselsüdens. Adrettes **Dorf** mit gepflegten knallweißen Gebäuden zwischen dem Rand der schwarzen vulkanischen → **Timanfaya**-Ausbruchsmassen und den grauen Berghängen der → **Los Ajaches**; viel Grün und Blumenschmuck. Eine Augenweide! Der 1730–1736 fast völlig unter der Asche begrabene Ort wurde danach wieder aufgebaut.

Heute gilt Yaiza als das schönste Dorf Lanzarotes. Am großzügigen Dorfplatz die **Pfarrkirche »Nuestra Señora de los Remedios«** (Ende 17. Jh.) mit eindrucksvollem Portal und schöner Fassade; im Inneren geschnitzte, bemalte Holzdecke, barocke Statue der Kirchenpatronin, steinernes Taufbecken und Christusfigur. Gegenüber **Herrenhaus** im kanarisch-andalusischen Stil, jetzt **Casa cultural** mit Ausstellung einheimischer Künstler (Mo bis Sa 10–13 Uhr). Am Ortsrand Richtung → **Playa Blanca** in 400 Jahre altem Bauernhaus die **Galerie Yaiza** eines deutschen Malers mit Werken einheimischer Künstler, Kunsthandwerk, Verkauf (Mo bis Sa 17–19 Uhr). Linker Hand der Durchgangsstraße steht das besuchenswerte, nach Plänen von Manrique zum Traditionsrestaurant umgestaltete **Landgut La Era** mit ausgezeichneter kanarischer Küche und eigenem Wein (11–23 Uhr, Reservierung).

Im ebenfalls wiederaufgebauten Nachbarort **Uga** Stall der 200 Dromedare für Ausritte im → **Nationalpark Timanfaya** vom Echadero de los Camellos aus.

ZONZOMAS → Tahiche

FUERTEVENTURA IM ÜBERBLICK

Fläche:	1660 km²
Längsausdehnung:	93 km
Größte Breite:	31 km
Einwohner:	44 000
Gästebetten:	50 000 (1995)
Höchste Erhebung:	Pico de la Zarza (807 m)
Hauptstadt:	Puerto del Rosario

▶ AJUY → Puerto de la Peña

▶ ANTIGUA

Höhe: 254 m
Einwohner: 1200

Lage und Geschichte: Die Ansiedlung soll vor 1485 von Andalusiern gegründet worden sein; 1784 eigene Pfarrei. 1808 bildete sich hier im wichtigsten Landwirtschaftszentrum (Windmühlen!) das erste, 1815 nach feudalistischer Militärintervention Teneriffas wieder aufgelöste Inselparlament; 1834 für ein Jahr Inselhauptstadt. **Sehenswert:** Weitläufige und inseltypische Ortschaft in der Aufschüttungsebene am Osthang des → **Betancuria-Massivs**. Der zentrale Ort des ländlichen Gebiets mit Dienstleistungen, Einkaufsmöglichkeiten, Restaurants und Straßencafés weist vor der stattlichen **Pfarrkirche** (um 1785, schöne Mudéjar-Decke, Ölgemälde) die neben → **Pájara** schönste »grüne« Plaza der Insel auf. Der Ort gilt als Brauchtumszentrum mit Folklorefesten und Kunsthandwerksmesse. An der Einfahrt von Puerto del Rosario her das **Kulturzentrum des Mühlenhandwerks Centro de Artesiana Molino** (tägl. 10–18 Uhr) mit restaurierter Windmühle, Ausstellungen, Bar und Restaurant. Feste: 8. September, und Faschingsdiens-

Restaurant im Kulturzentrum.

tag. Zum Gemeindegebiet gehören → **Caleta de Fustes**, die Salzgärten **Las Salinas** sowie an der Lavazunge **Pozo Negro** mit landwirtschaftlichem Versuchsgut der Inselregierung und vorspanischen Siedlungsspuren.

BARRANCO DE LAS PEÑITAS

Höhe: 100–260 m

Palmen und Wasser am Barranco-Ausgang.

Großartige, durch einen Syenitriegel eingesägte **Schlucht mit einzigem heute noch ganzjährig rinnende Wasserlauf** auf Fuerteventura. Ein ausgebauter Weg führt an einer schlichten **Kapelle** vorbei. Hier soll die beim Piratenüberfall 1593 auf → **Betancuria** in einer Felsspalte versteckte Alabasterfigur der Inselpatronin **»Virgen de la Peña«** auf wundersame Weise im 17. Jh. aufgefunden worden sein. Die Skulptur der 1675 zur Schutzherrin erhobenen Virgen steht in der Kirche von → **Vega de Rio Palmas**. Durch den Barranco eroberte Béthencour mit seinen Söldnern die Insel.

BARRANCO MADRE DEL AGUA

→ **Puerto de laPeña**

BETANCURIA

Höhe: 396 m
Einwohner: etwa 550

Lage und Geschichte: Historischer Ort, verborgen im → **Betancuria-Massiv**. Das 1404 vom gleichnamigen Eroberer als zweitwichtigste »Stadt« der Kanaren gegründete Betancuria kam 1405 an die spanische Krone. Trotz versteckter Lage wiederholte Piratenüberfälle. Ab 1667 war das Dorf Residenzstadt der Feudalherren und Sitz der Inselverwaltung. Erst 1834 verlor es seine Funktion als Inselhauptstadt an → **Antigua**. Da der Ort jedoch bereits im 17. Jh. jede wirtschaftliche Bedeutung verlor, blieb dieses Juwel unversehrt erhalten.
Sehenswert: Das denkmalgeschützte **»lebende Museumsdorf«** muß man gesehen haben! Unübersehbares Wahrzeichen: die **Kathedrale Santa Maria**, eine mächtige dreischiffige Wehrkirche verschiedener Stilelemente (Gotik bis Spätrenaissance). Der bedeutendste Sakralbau der Insel entstand im 17. Jh. auf Resten des 1593 zerstörten allerersten Gotteshauses (1405) der Kanaren. Im Inneren reiches Schnitz-

werk, Mudéjar-Decken, Altäre (Hauptaltar 1684) sowie barocke Skulpturen und flämische Malereien. Besuch, geführt Mo bis Sa 10–16.30 Uhr, anschließend Besichtigung des **Museo de Arte Sacro** im restaurierten alten Pfarrhaus mit Ausstellung von Gemälden und Plastiken aus den Kirchen Fuerteventuras. Ein überraschendes Erlebnis! An der Südfront der Parkanlage am Kirchplatz der gediegen instandgesetzte Komplex des **Herrenhauses Casa Santa Maria** (tägl. 12–17 Uhr); Ausstellung traditioneller Handwerkskunst, Kaktusgarten, Wein- und Käseprobe, 12–16 Uhr interessante Fuerteventura-Multivisionsschau. Im stilvollen Restaurant hervorragende kanarische Küche zu zivilen Preisen. Östlich der Durchgangsstraße ist in einem beachtlichen Patrizierhaus das **Inselmuseum (Casa museo)** mit altkanarischen, volkskundlichen und geologischen Exponaten zu besichtigen (Di bis So 10–17 Uhr). In der Nähe das **Staatliche Kunsthandwerkszentrum**. An einzelnen Häusern des Ortes weisen noch gotische Details auf Bausubstanz vor der Zerstörung 1593 durch berberische Piraten hin. Zu der **Ruine** des 1416 gestifteten und im 17. Jh. neu aufgebauten **Franziskanerklosters San Buenaventura** (aufgelöst 1836) sowie zur aufgegebenen **Kirche San Diego de Alcalá** (17. Jh.) verirren sich selten Touristen.

▶ BETANCURIA-MASSIV

Höhe: 724 m

Zusammenhängendes Mittelgebirge mit bewegtem Relief um den gleichnamigen Barranco. Der höchste Berg des Massivs ist mit 724m der **Pico de Betancuria** (auch: La Atalaya). Das sich gegen Westen in ein Gewirr absinkender Kämme auflösende Massiv besteht aus emporgedrücktem und verworfenem Meeresboden der Kreidezeit. Hier liegt der prävulkanische Inselsockel aus 100 Mio. Jahren alten Sedimentgesteinen und Intrusionen frei. Trotz

Kathedrale Santa Maria in Betancuria.

Aufforstungsversuchen blieben die einst bewaldeten höheren Lagen überwiegend baumlos, sind jedoch schütter mit niederer Vegetation bedeckt. Von Norden her erreicht die Autostraße über einen namenlosen Paß (herrliche Aussicht! Abzweig zum Mirador Morro Velosa) das zentrale Tal bei Betancuria. Im Süden verläßt sie das Massiv bei der **Palmenoase** → **Vega de Rio Palmas** (schöne Landkirche im Mudéjar-Stil mit »Virgen de la Peña«, ältester Heiligenfigur der Insel; Zugang zum Barranco de la Peña) in »alpiner« Streckenführung nach → **Pájara**. Das als Naturpark geschützte und in den Höhenlagen unbesiedelte Gebiet ist von eigenartigem landschaftlichem Reiz. Für Bergwanderer eines der interessantesten Ziele!

Gipfelblick vom Pico de Betancuria.

▶ CALETA DE FUSTE(S)

Höhe: 0–40 m
Ferienzentrum: 11 000 Gästebetten

Im 18. Jh. Exporthafen des damaligen Wirtschaftszentrums → **Antigua** mit 1741 errichtetem **Wachturm Castillo de Fustes**. Unter Einbeziehung dieses steinernen Rundbaus hat sich am schönen, kindergeeigneten Sandstrand um 1980 ein internationales **Ferienzentrum** mit 11 000 Betten entwickelt. Dieses architektonisch annehmbare »El Castillo« mit weiten Bungalowanlagen erhielt einen Tourismuspreis der spanischen Regierung. Surf- und Tauchschule, Bootsausflüge, Fahrradverleih, bescheidenes Nachtleben. Im Jachthafen internationale Seglerszene, in der Nähe weitere Urbanisationen in reizloser Gegend.

▶ CASA DE LOS CORONELES → La Oliva

▶ CASA SANTA MARIA → Betancuria

▶ CASILLAS DEL ANGEL → Puerto del Rosario

▶ CASTILLO DE FUSTES → Caleta de Fuste(s)

▶ CENTRO DE ARTESANIA MOLINO → Antigua

▶ CENTRO DEL ARTE CANARIO → La Oliva

▶ COFETE

Höhe: etwa 60 m

Lage: Kleine, weltabgeschiedene Ansiedlung an der Nordküste der Halbinsel → **Jandia**. Eine Handvoll ärmlicher Hütten aus Stein oder Beton ducken sich ins Geröll unter dem fast 700 m hohen Steilabfall des Jandia-Gebirges und dem weiten Küstensaum der Playa de Barlovento. Schon die Anfahrt entlang der Ostküste von Morro Jable her ist ein Abenteuer! Die Erdpiste verlangt Fahrkönnen und ein geeignetes Fahrzeug. Die Abzweigung zum Cofete-Paß (Degollada de agua oveja) ist nur an der nach Norden ansteigenden Trassenführung zu erkennen. Von der Paßhöhe (wenig P) bietet sich ein Traumblick auf die vom Abbruch des Basaltgebirges eingefaßten Strände. Einer der landschaftlich großartigsten Punkte der Insel!

Geschichte: Cofete, früher »El Golfo«, war einst ein grünes, relativ süßwasserreiches Landwirtschaftsgebiet. Noch zu Ende des 19.Jh. soll es in diesem Talkessel unter dem bewaldeten Gebirge Obstpflanzungen und riesige Viehherden gegeben haben; im 20.Jh. ging die Landwirtschaft infolge Überweidung und Entwaldung an Wassermangel ein, der Ort wurde verlassen. Im Zweiten Weltkrieg entstand hier eine legendenumrankte Sperrzone, deren Relikt der auffällig festungsartige »Landsitz« der sogenannten »Villa Winter« ist. Man munkelt von einem nie vollendeten deutschen U-Boothafen, der 1945 Nazigrößen zur Flucht nach Lateinamerika verholfen habe. Gesichert ist nur: Ab 1941 waren große Teile der Halbinsel Jandia mit Stacheldraht abgesperrt und scharf bewacht. Kein Inselbewohner hatte Zutritt, auf See sich nähernde Boote sollen beschossen worden sein. Als Geschäftsführer einer spanischen Festlandsgesellschaft amtierte hier der deutsche Ingenieur Gustav Winter, angeblich rein »landwirtschaftlich«. Zu seinem Imperium gehörte auch die Landepiste am Leuchtturm von Jandia. Um 1950 hörte man tagelang Sprengungen bei Cofete, und spanische Armeepioniere beseitigten den Stacheldraht. 1968 erhielt Winter für seine »Verdienste« die landwirtschaftlich nutzbaren Gebiete Jandias als Geschenk. Offizielle Stellen in Spanien schweigen über das »Territorium Winter«. Daß

»Die Geschichte der wenigen Bewohner ... ist ab 1939 die Geschichte eines Exils auf ihrer eigenen Insel.« (Prof. Luis Fernández Fúster 1991)

Winters Erben die zugemauerte Villa noch immer streng bewachen lassen, nimmt der Angelegenheit auch nicht die Pikanterie.
Sehenswert: Heute lockt das Geheimnis Touristen in diese vermutlich erste deutsche Kolonie auf Fuerteventura. Das Ödland aber steht seit 1987 als **Naturpark Jandia** unter Schutz. Sehr ländliches, aber gutes Fischrestaurant. Kein Badestrand!

▶ CORRALEJO

Höhe: 0–40 m
Einwohner: 3500 (ca. 18 000 Gästebetten)

Stark besuchtes **Ferienzentrum** im Norden der Insel mit buntem internationalen Publikum. Vom alten Fischernest ist nur in der Hafengegend Atmosphäre geblieben. Früher nur Ankerplatz für Schmuggler, siedelten sich vor den Vulkanausbrüchen 1730–1736 aus Lanzarote Flüchtende hier an. Erst um 1980 kam der Boom zur ausgedehnten Urlaubersiedlung mit flachen Appartement- und Bungalowanlagen. Das Ziel für jüngere sportive Gäste hat ein **reiches Shopping- und Sportangebot** (Tennis, Wellenreiten, Fahrradverleih, Tauch- und Surfschule), und am Abend ist immer etwas los. Die Meerenge zwischen Corralejo und Lobos gilt als das interessanteste Tauchparadies der Kanaren, auch Surfkönner zieht es in diese Gewässer.

»Stadtbus« in Corralejo.

Im Hafen legen die Fähre nach Lanzarote und die Ausflugsboote zur → **Isla de Lobos** an, dort auch Glasbodenboot und Mitfahrgelegenheit zum Fischen. Als herrlicher 7 km langer Sandstrand liegt 3 km südlich nach den paar einzelstehenden Großhotels die Playa de Corralejo, landeinwärts gegenüber das Dünengebiet → **El Jable**.
Tourist-Info: Oficina de información, Plaza Pública.

▶ COSTA CALMA → Istmo de la Pared

▶ DUNAS DE CORRALEJO → El Jable

▶ EL COTILLO → Las Lajares

▶ EL JABLE (DE CORRALEJO)

Höhe: 0–40 m

Riesiges **Wanderdünengebiet** von 24 km² südlich → **Corralejo** neben der Küstenstraße nach → **Puerto del Rosario**. Der Sand besteht wie im Jable des → **Istmo de la Pared** aus zerriebenen Resten maritimer Schalentiere, Foraminiferen und Rotalgen. Die in Küstennähe wandernden Sande bewegen sich jährlich 4 m fort!

Unter den immerhin rund **18 Pflanzenarten** dominieren Strandwolfsmilch, je zwei Zypergräser und Sodakräuter. Zur **Flora** zählen Horste des afrikanischen Sandspezialisten *Traganum moquinii*. Das selten gewordene Sandflughuhn und inselspezifische Unterarten von Kragentrappe, Rennvogel oder Triels genießen hier den Schutz des **Naturparks Dunas de Corralejo** (2669 ha). An freigewehten Stellen sind subfossile Urnen der Pelzbiene und leere Landschneckengehäuse zu finden. Ein interessantes Gebiet für ausgedehnte Spaziergänge über die Sandflächen und das wellige Hinterland. Autofahren verboten! Den Dünen gegenüber liegt der Strand Playa de Corralejo.

El Jable: Von der EU als Besonderes Schutzgebiet ausgewiesen – vom Internationalen Rat für Vogelschutz zum besonders wichtigen Gebiet erklärt.

▶ EL RIO

Höhe: Meereshöhe

Nur 10 m tiefer Meeresarm zwischen → **Corralejo** und → **Isla de Lobos** mit stark felsigem Untergrund. El Rio steht mit Lobos und den Dünen von Corralejo (→ **El Jable**) als **Dünen- und Meerespark** unter Naturschutz. Der Meeresarm gilt als das interessanteste **Tauchparadies** der Kanaren.

▶ EMBALSE DE LOS MOLINOS → Los Molino

▶ ESQUINZO → Jandia

▶ GRAN TARAJAL

Höhe: 0–80 m
Einwohner: etwa 3700

Zweitgrößte Ortschaft der Insel in einem mit Tamarisken und Palmen bestandenen Tal. In der einst häufig von Piraten heimgesuchten Bucht entstand der Ort mit pulsierendem Leben erst im 20. Jh. als Hafen für landwirtschaftliche Produkte, v. a. Tomaten.

▶ ISLA DE (ISLOTE DEL) LOBOS

Höhe: 0–127 m

Unbesiedelte **kleine Insel** von 6 km² im Nordosten von → **Corralejo**, von Fuerteventura durch den nur 10 m tiefen Meeresarm → **El Rio** getrennt. Lobos ist beliebtes Ausflugs- und Erholungsziel insbesondere der Einheimischen. Fährverbindung mit Boot »Isla de Lobos« sowie Glasbodenboote von Corralejo täglich um 10 Uhr. Auf der Insel neues Restaurant, kleiner Campingplatz und schöne Badegelegenheit in der geschützten Bucht der Playa de la Calera nahe der Landemole.

Hornitos, Malpais und sandige Senken.

Die flache bis leicht wellige Insel entstand beim Ausbruch der Bayuyo-Serie vor 6000–8000 Jahren. Sie ist übersät von unzähligen Steinhügeln, sogenannten »hornitos, und kulminiert in einem 127 m hohen, besteigbaren Krater. Tonig-sandige Senken im Malpais und eine sehr unruhige Küstenlinie mit vielen Lagunen geben der auffallend kleinräumig gegliederten Landschaft einen eigenen Reiz. Vom 1863 erbauten **Leuchtturm** im Norden (Reichweite 13 Seemeilen) guter Blick auf die Insel.

Lobos, einst »Insel der Mönchsrobben« und Seeräuberversteck, war nie besiedelt und landwirtschaftlich nicht genutzt. Seit 1982 steht es als Teil des **Dünen- und Meeresparks Corralejo-Lobos-El Rio** unter Naturschutz. Auf der Insel gut entwickelte **Salz- und Küstenflora** mit einigen endemischen Pflanzen; artenreiche Seevögel. Ein Netz gebahnter Wege und Steige erschließt Lobos als interessantes Wanderziel. Verlassen der Wege und jede Beschädigung der Pflanzenwelt ist verboten!

▶ ISTMO DE LA PARED

Höhe: 0–123 m

Landenge mit dem weitläufigsten Dünenfeld (Jable) der Insel. Sie verbindet im Süden die Hauptmasse Fuerteventuras mit der Halbinsel → **Jandia**. Auf altem basaltischen Grundschild lagert teils schon durch Kalke verkitteter Sand auf. Er entstammt wie in → **El Jable** zer-

riebenen Bruchstücken mariner Krustentiere und Muscheln und ist nicht von Afrika eingeweht.
In dieser hügeligen Halbwüste verbirgt sich eine schüttere **Vegetation** spezieller Überlebenskünstler (Dornlattich, gelbe Hauhechel, Zwergheliotrop, Schneeweißes Nagelkraut, Hornklee). Stärker als unter Sand, Wind und Tourismus leidet sie unter dem Weidedruck der Ziegenherden. Als Lebensraum seltener **Vogelarten** – besonders das Sandflughuhn – sowie als Rast- und Überwinterungsstätte von Zugvögeln steht der Istmo zumindest rechtlich unter Schutz.
Er wird von der Straße nach La Pared durchquert. Im Norden sollen noch Reste der **Zyklopenmauer** stehen, die nach der Legende die altkanarischen Königreiche Maxorota und Jandia schied. An der Playa de Sotavento befindet sich der wohnliche **Urlaubsort Costa Calma**.

▶ JANDIA

Höhe 0–807 m

Sichelförmige **Halbinsel** am Südende Fuerteventuras; sie macht über ein Viertel der Insellänge aus. Verbindung mit der Inselmasse durch die flachere Dünenlandschaft des → **Istmo de la Pared**. Das Rückgrat dieser einst isolierten Inseleinheit bilden Basaltlagen, die in der ältesten Ausbruchsphase (22–12 Mio. Jahre) aus dem gehobenen Meeresboden ausgeflossen sind. Daraus hat die Erosion eine nach Norden steil abfallende Kette von Felsgipfeln herausmodelliert, die nach Süden sanfter ausstreicht. Ihr höchster, der **Pico de la Zarza**, ist mit 807 m auch der höchste Berg Fuerteventuras. Theorien eines übrig geblieben Caldera-Restes hat die Forschung inzwischen verworfen. Dieses weitgehend einsame, unwegsame Gebirge war bis in die Neuzeit bewaldet und unbewohnt. Zwar heute völlig baumlos, grünt noch jetzt auf den Höhen eine ansehnliche **Pflanzenwelt**: rund 160 Arten sollen sich einschließlich von Elementen eines ehemaligen Lorbeerwaldes hierher in das feuchtende Gewölk zurückgezogen haben. Das Ödland steht seit 1987 als **Naturpark Jandia** unter Schutz. Ob das die wilden Ziegen wissen?

»In ... Jandia gibt es Ländereien voll seltener Frische, voll grüner, laubreicher Wälder, von verschiedenen Bächen durchrieselt« (Pedro Augustin del Castillo 1737).

Einen starken Gegensatz zum Gebirge bildet der Küstensaum der windabgewandten **Playas de Sotavento**. Flacher hellsandiger Strand soweit das Auge reicht – rund 22 km! An diesen größten und schönsten Sandstränden Europas liegen die Feriensiedlungen, die Urbanisationen, wie an einer Kette aufgereiht: Costa Calma mit Playa Barca

Westküste der Jandia-Halbinsel vom Istmo de la Pared.

– Esquinzo – → **Jandia Playa** an der Playa mattoral – → **Morro Jable** (mit 3000 Einwohnern!). Diese Urbanisationen sind das beliebteste Urlaubsziel Fuerteventuras für deutsche Bade, Tauch-, Surf- und Sonnenfans! Sie bieten alles Erdenkliche an Freizeitkomfort und Animation – nur muß man solche Urlaubsagglomerationen mögen.

Die rauhe Piste von Morro Jable zum Faro de Jandia an der westlichen Landspitze verläuft am Gebirgsrand über Terrassen und durch Barrancos einer entlegenen, steinigen Halbwüste. In den versteckten Buchten baden nur Kenner. Der Leuchtturm, die verwehte Landebahn und die ärmlichen Katen von **Puerto de la Cruz** mit einfachem Fischrestaurant verstärken den Eindruck der Verlassenheit. Von hier führt eine zu Fuß benutzbare Piste weiter zur **Caleta Madera** in urtümliches Niemandsland. Menschenleere unweit der Ferienhochburgen, nackte sterile Geländeformen, zerfallende Berge, fahlfarben von Gelb über Ocker bis Braun – und keine Vegetation. Eine Urzeitödnis!

JANDIA PLAYA → Morro Jable

LA AMPUYENTA

Höhe: 289 m

Kleines **Dorf** in der Nähe → **Casillas de Ángels** mit fruchtbaren roten Lehmböden, zu Zeiten höheren Grundwasserspiegels mit blühender Landwirtschaft. Die durch eine zinnenbewehrte, weiße Mauer umfriedete **Ermita San Pedro de Alcántara** zählt zu den schönsten und besterhaltenen Kirchen der Insel. Im Inneren reiche Ausstattung mit Ölgemälden und Illusionsmalerei; schöner Altar (1782), bemalte Kanzel und Deckenbinder.

LA CILLA (MUSEUM) → La Oliva

LA OLIVA

Höhe: 219 m
Einwohner: 600

Lage und Geschichte: Hauptort der größten Inselgemeinde in der nördlichen, während einer Ausbruchsphase vor 10000 Jahren aufgeschütteten Ebene. Seine interessante, aufgelockerte Mischung aus Alt und Neu deutet auf die historisch gewachsene Bedeutung hin.
Nach archäologischen Funden vermutlich Sitz des altkanarischen Königtums Maxorota, stammt die erste europäische Ansiedlung »bei den Oliven« aus dem 14. Jh. In diesem zweitgrößten Landwirtschaftszentrum etablierte sich ab 1708 die Feudalherrschaft der Obristen als erbliche Chefs einer Militärregierung. 1711 eigene Pfarrei, 1835–1836 Inselhauptstadt. Erst in den 70er Jahren des 20. Jh. fand La Oliva durch den Tourismusboom in dem zur Gemeinde gehörenden → **Corralejo** wieder Anschluß an die Wirtschaftsentwicklung.

Ölgemälde in der Kirche von La Oliva.

Sehenswert: Bekannt ist das Haus der Obristen, die **Casa de los Coroneles**. Dieses Herrenhaus aus dem 18. Jh. hat auf den Kanarischen Inseln kein Gegenstück. Zinnengekrönte Türme flankieren die zweigeschossige, festungsähnliche Residenz mit ihrer charakteristischen Fensterreihe und reich geschnitzten Holzaltanen. Das vom Alter gezeichnete Gebäude wird derzeit (1999) restauriert. Sehenswert ist auch die **Iglesia Nuestra Señora de Candelaria** (wohl spätes 17. Jh.) mit mächtigem Turm aus schwarzem Stein. Diese neben → **Betancuria** einzige dreischiffige Kirche der Insel belegt den früheren Rang des Orts. Im Inneren schöner Rokokoaltar, Ölgemälde und Illusionsmalerei, teilweise wohl vom »Meister von → **Ampuyente**«. Hinter Sozialwohnungsblocks verfällt das Kleinod der **Casa del Capellan**, und unter Zinnen verkommt das **Haus der Manrique de Laras.** Besuchenswert sind die Ausstellung moderner kanarischer Kunst (**Centro del Arte Canario**) in der samt Gartenanlage sorgfältig renovierten **Casa Mané** sowie das neue **Landwirtschaftsmuseum La Cilla** (tägl. 10–18 Uhr). Zwei **Verkaufsausstellungen einheimischen Kunsthandwerks** wurden südlich von La Oliva errichtet.

▶ LAS LAJARES

Höhe: etwa 50 m
Einwohner: 650

Das noch sehr ländliche **Dorf** ist für **Stickerei** (Stickschule) und **Kunsthandwerk** bekannt. Landwirtschaft wurde bis in die 60er Jahre betrieben. Nach Aufgabe der Feldarbeit sollen über 200 hier gezogene Dromedare nach Nordafrika verkauft worden sein.

Am Ortseingang ein **Molino** und eine **Molina**. Die männliche Windmühle entspricht der aus Bildern bekannten Vorstellung: kegelförmiges Dach, auf gemauertem Mühlenkörper nach Windrichtung drehbare vier oder sechs Flügel. Die weibliche, erst im 18. Jh. aufgekommene ist nur ein einfaches Holzgestell mit ebenfalls hölzernen Schaufeln. Die Inselregierung bemüht sich, diese für Fuerteventuras Landschaftsbild bezeichnenden Mühlen stilvoll zu restaurieren.

Beiderseits des Dorfes vor rund 10 000 Jahren entstandene Blockfelder der vierten Ausbruchserie. Dieses sporadisch begrünte **Malpais** bedeckt die von Osten hereinstreichenden verfestigten älteren Sanddünen der → **El Jables**. Artenreichere **Flora** hat sich im aufgegebenen Kulturland angesiedelt. Ein Abstecher von Las Lajares führt nach **El Cotillo**, einem vom Tourismus bescheiden veränderten Fischerort an der Westküste. Der **Wachturm El Tostón** (1740–1743) bezeugt die historische Bedeutung des geschützten Hafens. Heute ist dieser Küstenstrich Tummelplatz für ausgekochte Surfprofis. »Normale« Gäste fahren lieber nordwärts zu den seichten Tümpeln am **Leuchtturm**, dem **Faro Tostón**.

▶ LAS PLAYITAS

Höhe: 0–40 m
Einwohner: 430

Muster eines **Fischerdörfchens** an der Südostküste: Weißgekalkte, ineinander verschachtelte Häuser mit viel Blumenschmuck kleben an der Steilküste; eine Piste führt hinunter zum schwarzen, steinigen Strand.

Viele empfinden Las Playitas (auf Karten oft als »Las Playas« bezeichnet) als den schönsten Küstenort Fuerteventuras.

LOS MOLINOS

Höhe: 5 m

Von der Verbindungsstraße Tefía – Los Llanos de la Concepcion zweigt das neue Asphaltband zum Geheimtip Los Molinos ab. Im ergrauten Dörfchen **Tefía**, gleichbedeutend mit »Wald«, werden erste Erfolge planmäßiger Restaurierung sichtbar. Hier in der zentralen Aufschüttungsebene vor den rotbraunen Felsbergen wuchs einst Getreide (instandgesetzte Molino, Reste von Ackerflora). In der Nähe der Streusiedlung **Las Parcelas** (Franco's »Colonia Garcia-Escámez«) liegt der versalzte, verschlammte Speichersee, der **Embalse de los Molinos**, eine Heimstätte der **Vogelwelt**. Niederes Grün begleitet den Barranco sowie das Rinnsal, das in die Bucht von Los Molinos mündet. Im Brackwasser planschen Seevögel und Kinder. Vor dem nur zeitweise bewirtschafteten Restaurant genießen Kenner fangfrischen Fisch. Ringsum bricht der flache Küstenstreifen steil zur heutigen Gezeitenzone ab; cremeweiße Kalklagen zwischen den dunklen Basalten bezeichnen höhere Meeresniveaus im Spättertiär.

Restaurierte »molino« bei Tefía.

MALPAIS GRANDE, MALPAIS CHICO

Höhe: 40–300 m

Ausgedehnte Lavafelder, die beim Höhepunkt der vierten Eruptionsserie vor 10000–15000 Jahren entstanden sind. Die Flächen werden von kleineren Vulkankegeln überragt. Die Basaltschollen sind von Flechten überzogen, im wilden Steingewirr typische **Flora**, vorwiegend Tabaibas. Das ganze Gebiet wurde als **Parque Natural** unter Schutz gestellt. Die hindurchführende Straße von → **Calete de Fustes** nach → **Gran Tarajal** vermittelt einen charakteristischen Eindruck von diesen Lavaflächen.

MIRADOR DE MORRO VELOSO

Höhe: 680 m

Großartiger Aussichtspunkt mit einem von **César Manrique** projektierten **Restaurant** auf dem Gipfel des Morro Veloso. Gebührenpflichtige Zufahrt auf einer Stichstraße nördlich unterhalb des namenlosen Passes auf der Straße → **Antigua** oder Valle Sta. Ines nach → **Betancuria**.

Am Mirador de Morro Veloso.

MORRO JABLE , JANDIA PLAYA

Höhe: 0–80 m
Einwohner: 3000

Größtes **Touristenzentrum** auf der Halbinsel → **Jandia**. Der Doppelort mit vielen Großanlagen und Hotels im Blumenschmuck ist ein Beispiel künstlicher touristischer Erschließung. Trotz gleichsam städtischer Ausmaße kein Zentrum – aber vorzügliche Unterkünfte (z.B. Spitzenhotels der RIU-Kette, Clubs) und ein erfüllter Traum von riesigem **Sandstrand**! Dazu vielfältige **Sportmöglichkeiten** (besonders Tauchen, Surfen, Segeln) und reiches **Shoppingangebot**. Nichts scheint zu fehlen!
Etwas mehr Flair hat der **Hafen** von Morro Jable. Wem ein solcher auf Sonne und Wasser reduzierter Komplex für Urlaubermassen weniger liegt, mietet sich im wohnlichen *Costa Calma* am (allerdings windigen) → **Istmo de la Pared** ein.
Tourist-Info: Oficina de Turismo im Shopping-Center.

MUSEO DE ARTE SACRO → Betancuria

PÁJARA

Höhe: 196 m
Einwohner: 1000

Gepflegtes ländliches **Dorf** mit Grünanlagen am Südrand des → **Betancuria-Massivs**. Die zweischiffige **Iglesia Nuestra Señora de la Regla** (1711–1733) mit eindrucksvollem Portal und stimmungsvollem Inneren gilt als eine der interessantesten Kirchenbauten der Insel; die Entstehung aztekischer Motive am Portal im entlegenen Ort geben Rätsel auf. Vor der Kirche schattiger **Park**, viele Blumen, gegenüber altes **Wasserschöpfrad**, rundum einige **historische Bürger-**

häuser, an der Hauptstraße gut besuchte Konditorei. Ein imposanter Ort!

Im 16. Jh. als Hirtensiedlung an weiten, ehemals saftigen Bergweiden entstanden, erhielt Pájara 1729 eine Garnison zum Schutz gegen die häufigen Pirateneinfälle; 1812 eigene Gemeinde. Heute verschwinden Viehzucht, Tomaten- und Kartoffelanbau, die Gemeinde lebt aus den Tourismuseinnahmen auf dem Gemeindegebiet der Halbinsel → **Jandia**.

Ortsfeste: 2. Juni, 16. Juli.

Östlich eines niederen Passes grenzt die Gemeinde **Tuineje** an. In der zweischiffigen **Kirche** erinnern Malereien am Altarsockel an den Sieg am Tamarcite, 1740. Zweimal wurden dort überlegene britische Landungskorps von der einheimischen Bauernmiliz aufgerieben.

▶ PARED → Istmo de la Pared

▶ PICO DE LA ZARZA → Jandia

▶ PLAYAS DE SOTAVENTO → Jandia

▶ POZO NEGRO

Höhe: 0–20 m

Abgeschiedener **schwarzer Sandstrand** mit einem aus dunklem Vulkangestein gemauerten Brunnen, ein paar Fischerhütten und zwei einfachen Fischrestaurants an der Talmündung des gleichnamigen Barrancos ins Meer. Zwischen den Felswänden schiebt sich die 10 000–15 000 Jahre alte zerborstene Lavazunge des → **Malpais Grande** bis fast an die Küste heran. Im Malpais vorspanische Siedlungsspuren; ein **Archäologischer Park** ist vorgesehen. Am Rande der Lavazunge das landwirtschaftliche Versuchsgut **Finca Experimental del Cabildo Insular** mit Landwirtschaftsmessen und Folkloreveranstaltungen. Dort auch Versuche zur Wiederaufforstung.

▶ PUERTO DE LA PEÑA

Höhe: 0–40 m
Einwohner: 50

Abgelegene **Bucht** an der Westküste. Ankerplatz der spanischen Eroberer Anfang des 15. Jh., danach Hafen des alten Hauptorts → **Be-**

tancuria. Bis ins 20. Jh. wurden von hier Kalk und Stein verschifft. Von den paar Häuschen und Restaurants am schwarzen Sandstrand verläuft nach Norden ein Spaziergang, vorbei an auffallenden Kalkerosionsformen, zu einem **Mirador** über der Ufersteilwand. Der Weg führt am Hochufer weiter zu den Resten der **alten Hafenanlage** mit Kalköfen und ist bis zum Felsentor der **Peña Horada** begehbar. Landeinwärts vom Puerto an der Mündung des Barranco Madre del Agua schöner Rest eines **Palmenwaldes**.

▶ PUERTO DEL ROSARIO

Höhe: 16 m
Einwohner: 17 000

Lage und Geschiche: Die bescheidene **Hauptstadt** Fuerteventuras gibt sich mit einem kleinstädtischen Flair zufrieden. Die mit der touristischen Bedeutung der Insel anwachsende Stadt breitet sich entlang der Ausfallstraßen aus. Das planmäßig angelegte Zentrum beherbergt Behörden, Banken, Büros und die zentralen Dienstleistungen der Insel sowie gute Einkaufsmöglichkeiten.

Herausragende Sehenswürdigkeiten fehlen. Die Stadt hat sich erst im 19. Jh. aus dem »Ziegenhafen«, dem jahrhundertelang Piratenüberfällen ausgesetzten Puerto de las cabras, entwickelt. Noch bis ins 18. Jh. trieben hier Hirten aus Tetir ihr Vieh zu den Süßwassertränken. In der windstillen Hafenbucht nahmen einst Afrikafahrer Käse und Ziegenfleisch an Bord. Das Recht des Warenexports lag ausschließlich bei den Häfen → **Puerto de la Peñas**, → **Caleta de Fustes** und El Cotillo. Erst während der Herrschaft der mächtigen Obersten von → **La Oliva** im 18. Jh. nutzten diese den ihnen nahe gelegenen Hafen zum Warenumschlag. 1795 eröffnete eine Señora aus Tetir im ersten Steingebäude eine Taverne, und um 1805 begannen Seefahrer zwischen Ziegenställen Behausungen zu bauen. Spanische wie ausländische Kaufleute siedelten sich an und betrieben den einträglichen Export der zur Seifenherstellung begehrten Sodapflanze. Das bedeutendste Handelshaus schuf der Brite James (Diego) Miller, dem die noch heute erkennbare planmäßige Anlage des Stadtkerns zugeschrieben wird.

Im Jahre 1806 trennte sich Puerto de las cabras von der Pfarre Tetir und errichtete der mitgeführten Statue der »Jungfrau des Rosenkranzes«, der Virgen del Rosario, einen Altar. Durch Export von Sodakraut und Farbstoffen der Orseilleflechte und Cochenilleschildlaus sowie von Branntkalk zu Bedeutung gelangt, bildete sich 1835 eine eigene Gemeinde. Als Handelszentrum und Seehafen wurde der wachsende Ort 1860 Inselhauptstadt. Mit dem Aufkommen der Chemiefarben Ende des 19. Jh. geriet das Städtchen dann ins wirtschaftliche Abseits.

Leben kam erst wieder 1975 mit dem Rückzug der spanischen Fremdenlegion aus Afrika auf diese Insel ins 1956 in Puerto del Rosario umbenannte Städtchen. Und als schließlich die Legion nach üblen »Zwischenfällen« drastisch verkleinert wurde, blühte Fuerteventuras Ferientourismus auf. Dienstleistung, Transport, Verkehr, Handel, Bauwesen und Industrie sind heute die markanten Wirtschaftszweige der Stadt. Viele ihrer Einwohner arbeiten jedoch als Pendler in den Tourismushochburgen.

Reizvolles Gemäuer an der Seeseite der Hauptstadt.

Sehenswert: Wer Puerto del Rosario nicht besucht, kennt Fuerteventura nicht! Auch ohne kulturhistorische Sehenswürdigkeiten lohnt es sich, einmal in das »städtische« Leben Fuerteventuras einzutauchen. Durch die **Avenida 1 de Mayo** zu schlendern, von der **Kirche Nuestra Señora del Rosario** (erbaut ab 1824) die **Calle Leon y Castillo** hinunterzubummeln zur Hafenpromenade. Hinter der Palmenreihe an der **Avenida de los Reyes de España** ankern Jachten, Hochseeschiffe und manchmal sogar ein graues Kriegsschiff. Angenehme Beobachtungsplätze bieten die Ruhebänke in kleinen **Parkanlagen**. Neben der häßlichen Hochhausruine eines ehemaligen Stundenhotels liegt gegenüber der Hafenbehörde die **Kommandantur der Legion** mit martialischen Kriegssouvenirs. Von der Hafenmole aus betrachtet, entfaltet die Stadt zur See hin ihren Reiz, und in den Restaurants über dem Ufer sitzen mit Blick aufs Meer Einheimische und Touristen bei guter kanarischer Küche. Alte **Kalköfen** in der Hafengegend zeugen von der einst blühenden Kalkindustrie. An der Ausfahrt zum kürzlich aufwendig vergrößerten Aeropuerto steht das Zentralhospital. Unten am Ufer baden die Städter an der **Playa Blanca** bis hin zum stattlichen **Parador Nacional**.

Die Ausfallstraße nach → Antigua passiert das erst 1930 eingemeindete **Casillas del Angel**. Nur die weithin sichtbare **Pfarrkirche Sta.**

Ana (1781) mit ihrer wuchtigen, dunklen Fassade erinnert an die Eigenständigkeit. In der Kirche spätbarocker Altar und Rosenkranzgemälde.

Puerto del Rosario besitzt die einzigen nicht vom Ferientourismus vereinnahmten Hotels und Hostals der Insel (Roquemar, Rubén Tinguaro, Tamaste, Valerón).

Fest der Stadtpatronin: 1.–7. Oktober.

Tourist-Info: Av. de la Constitucion, 5

SALINAS DEL CARMEN

Höhe: 0 m

Salinenbecken zur Meersalzgewinnung wenige Kilometer südlich von → **Caleta de Fustes**. Die Anlage versorgte bis vor ein paar Jahren die Insel mit Salz. Sie soll zu einem Freilichtmuseum umgestaltet werden.

TEFÍA → Los Molinos

TETIR

Höhe: 281 m
Einwohner: 630

Wohlhabendes **Dorf** mit **Palmenallee** und großzügigem **Kirchplatz**. Die Anfang des 18. Jh. errichtete **Pfarrkirche** besitzt einen dreiteiligen, mit rötlichem Naturstein eingefaßten Turm. Im Inneren bemalter und vergoldeter Barockaltar mit lateinamerikanisch inspirierter Ornamentik, ein beachtenswertes Gemälde der Rosenkranzmadonna und eine Figur des hl. Andreas.

Tetir war einst ein landwirtschaftliches Zentrum mit Viehzucht, Getreide-, Opuntien- und Sisalagavenanbau. Heute ist der Ort der nahen Hauptstadt → **Puerto del Rosario** eingemeindet, wohin die meisten Einwohner zur Arbeit pendeln.

TINDAYA, MONTAÑA

Höhe: 401 m

Auffallender **Felskegel**, ein Magmapropf, beim gleichnamigen Dorf in der Ebene von → **La Oliva**. Der legendenumrankte Berg war eine **Kultstätte** der Altkanarier: auf der Kuppe über 100 in den Fels gravierte schematisierte Fußumrisse, in Richtung Teide auf Teneriffa orientiert. Der Berg ist über den Südwestkamm steil über Felsschrofen in 3 Std. zu ersteigen. Im Dorf barocke **Landkirche** mit guten Gemälden.

▶ TISCAMANITA

Höhe: 340 m

Das **Informationszentrum mit restaurierter Mühle** in Betrieb führt durch Ausstellung und Demonstration in das Kulturgut des Mühlenwesens auf Fuerteventura ein (tägl. 10 – 18 Uhr). Diese Einrichtung der Inselregierung liegt an der Straße → **Antigua** – Tuineje.

▶ TUINEJE → Pájara

▶ VEGA DE RIO DE LAS PALMAS

Höhe: 280 m
Einwohner: 230

Verstreute **Talsiedlung** in eindrucksvoller Gebirgsumgebung des → **Betancuria-Massivs**. Der Ort mit lockerem **Palmenbestand** ist eine »Palmenoase« auf dieser dürren und baumlosen Insel. Noch wird Landwirtschaft betrieben, Wasserschöpfräder weisen auf ausreichend Grundwasser hin. An der Durchgangsstraße schöne **Landkirche** (17. Jh.) im Mudéjar-Stil mit Renaissanceportal und barockem Glockenturm; im Inneren reich geschnitzte Decke und prachtvoll bemalter Hauptaltar (1779). In der Ermita steht die **»Virgen de la Peña«**, die Schutzheilige der Insel, als **älteste Heiligenfigur Fuerteventuras**. Die Skulptur soll der Eroberer Béthencour selbst auf die Insel gebracht haben.

Wo bewässert wird, quillt der Blumenschmuck über.

Westlich des Dorfes 1942 fertiggestellter Stausee, dort Zugang zum → **Barranco de las Peñitas**. Südlich führt die Straße durch das Betancuria-Massiv in alpin anmutender Streckenführung nach → **Pájara**.

Ein kostenloses Gesamtverzeichnis erhalten Sie beim
Bruckmann Verlag
D-81664 München

www.bruckmann.de

Lektorat: Kerstin Sydel-Franz, München
Umschlaggestaltung: Heinz Kraxenberger, München unter Verwendung eines Fotos von Cornel Braun
Kartografie: Elsner & Schichor, Karlsruhe; Anneli Nau, München
Herstellung: Thomas Fischer

Bildnachweis:
Teneriffa: Alle Fotos von Peter Mertz.
La Gomera/El Hierro: Fotos von Heinrich Bauregger, Cornel Braun, Peter Grimm, Gerold Jung und Wolfgang Heitzmann.
La Palma: Fotos von Peter Grimm, Dr. Gerhard Hirtlreiter, Ilse Raneburger und Gerald Schwabe.
Gran Canaria: Alle Foto von Karin Pegoraro und Manfred Föger.
Lanzarote/Fuerteventura: Fotos von Peter Grimm, Dr. Gerhard Hirtlreiter und Ilse Raneburger.

Alle Angaben dieses Werkes wurden vom Autor sorgfältig recherchiert und auf den aktuellen Stand gebracht sowie vom Verlag geprüft. Für die Richtigkeit der Angaben kann jedoch keine Haftung übernommen werden. Für Hinweise und Anregungen sind wir jederzeit dankbar. Bitte richten Sie diese an:
Bruckmann Verlag
Lektorat
Innsbrucker Ring 15
D-81673 München
e-mail: lektorat@bruckmann.de

Die Deutsche Bibliothek – CIP Einheitsaufnahme
Ein Titeldatensatz für diese Publikation ist bei der Deutschen Bibliothek erhältlich.

Hinweis
Nach Redaktionsschluss erreichte uns die Information, dass sich auf den Kanaren die Straßennumerierung geändert hat.
Wir bitten Sie, das bei Ihrer Routenplanung zu berücksichtigen.

Printed in Italy by Printer Trento
ISBN 3-7654-4069-8